DIREITO E NANOBIOTECNOCIÊNCIA

REFLEXÕES NA ENCRUZILHADA DA INOVAÇÃO, DO RISCO E DA CRISE DO(S) DIREITO(S)

DIREITO E NANOBIOTECNOCIÊNCIA

REFLEXÕES NA ENCRUZILHADA DA INOVAÇÃO, DO RISCO E DA CRISE DO(S) DIREITO(S)

2021

Eduardo António da Silva Figueiredo

Assistente Convidado da Faculdade de Direito da Universidade de Coimbra
Investigador Associado do Centro de Direito Biomédico

ALMEDINA

DIREITO E NANOBIOTECNOCIÊNCIA
REFLEXÕES NA ENCRUZILHADA DA INOVAÇÃO, DO RISCO E DA CRISE DO(S) DIREITO(S)

AUTOR
Eduardo António da Silva Figueiredo

EDITOR
EDIÇÕES ALMEDINA, S.A.
Rua Fernandes Tomás, n.os 76, 78 e 79
3000-167 Coimbra
Tel.: 239 851 904 · Fax: 239 851 901
www.almedina.net · editora@almedina.net

DESIGN DE CAPA
EDIÇÕES ALMEDINA, S.A.

PRÉ-IMPRESSÃO
Patrícia Boleto

IMPRESSÃO E ACABAMENTO
AAAAAAAAA

Julho, 2021
DEPÓSITO LEGAL
000000/21

ALMEDINA | GRUPOALMEDINA

BIBLIOTECA NACIONAL DE PORTUGAL – CATALOGAÇÃO NA PUBLICAÇÃO
DIREITO E NANOBIOTECNOCIÊNCIA:
REFLEXÕES NA ENCRUZILHADA DA INOVAÇÃO, DO RISCO E DA CRISE DO(S) DIREITO(S). – (Monografias)
FIGUEIREDO, Eduardo António da Silva
ISBN 978-972-40-9649-0
CDU 347

Ao Ivo Fernandes,
À Juliana Campos,

E ao Senhor Professor Doutor André Dias Pereira, com penhorada gratidão e sincera estima.

“Todas as opiniões que há sobre a Natureza
Nunca fizeram crescer uma erva ou nascer uma flor.
Toda a sabedoria a respeito das cousas
Nunca foi cousa em que pudesse pegar, como nas cousas.
Se a ciência quer ser verdadeira,
Que ciência mais verdadeira que a das cousas sem ciência?
Fecho os olhos e a terra dura sobre que me deito
Tem uma realidade tão real que até as minhas costas a sentem.
Não preciso de raciocínio onde tenho espáduas.”

Alberto Caeiro, 29.05.1918
“Poemas Inconjuntos”. Poemas Completos de Alberto Caeiro. Fernando Pessoa.
(Recolha, transcrição e notas de Teresa Sobral Cunha), Lisboa: Presença, 1994.

ÍNDICE

NOTA INTRODUTÓRIA DO AUTOR

A obra que ora se publica corresponde à fusão, com várias alterações e atualizações, dos trabalhos que apresentámos a propósito da conclusão do *12.º Curso de Pós-Graduação em Direito da Farmácia e do Medicamento* (2018-2019) e do *Curso de Pós-Graduação em Direito da Medicina* (2018-2020), ambos organizados pelo Centro de Direito Biomédico da Faculdade de Direito da Universidade de Coimbra (CDB/FDUC). Parte da temática abordada nesta obra foi também tratada, com algum desenvolvimento, no relatório que realizámos com vista à aprovação na unidade curricular "Crise, Administração Pública e Cidadania", do Curso Geral de Doutoramento em Direito Público, da Faculdade de Direito da Universidade de Coimbra (1.º ano; 1.º semestre; ano letivo 2019/2020).

De forma breve, a publicação deste texto visa cumprir dois desideratos fundamentais: por um lado, divulgar e submeter a escrutínio público parte das humildes reflexões que, desde 2017, vimos tecendo e amadurecendo nos domínios da genética e da(s) nanotecnologia(s) – e que têm servido de base para as aulas que leccionamos em diversos Cursos de Pós-Graduação ou de Especialização no quadro do Direito Biomédico; por outro lado, tentar preencher o tendencial vazio que se faz sentir no nosso país relativamente ao tratamento ético-jurídico de alguns dos temas aqui abordados. Note-se, porém, que não foi nosso objetivo tratar estas temáticas de forma exaustiva e esgotante; na grande maioria dos casos, limitá-mo-nos ao mero levantamento de problemas e à colocação de questões que nos pareceram pertinentes, o que, em todo o caso, não deixa de ser útil no sentido de estimular o tão necessário debate público em torno do domínio da *nanobiotecnociência*.

De todos os modos, não seria justo procedermos à divulgação deste trabalho sem agradecermos penhoradamente ao CDB/FDUC por todo o apoio que nos tem prestado ao longo desta nossa (ainda) curta, mas (já) gratificante caminhada pelos meandros da vida académica. Em especial, dirigimos um sentido agradecimento ao Senhor Professor Doutor *André Gonçalo Dias Pereira*, atual Presidente do Centro de Direito Biomédico, por cedo nos ter convidado a integrar esta família de investigadores e por constantemente nos guiar e incutir os mais elevados valores e princípios profissionais e académicos.

Além disso, não podemos deixar de dirigir uma palavra de especial apreço à Senhora Professora Doutora *Ana Raquel Gonçalves Moniz*, que, não obstante todas as dificuldades em tempos de pandemia global, abrilhantou muitas das aulas a que assistimos durante o ano curricular do Curso Geral de Doutoramento em Direito Público, estimulando-nos a aventurar-nos por terrenos desconhecidos e a alargar, sempre de forma crítica, os nossos horizontes (por exemplo, pensando a crise do(s) direito(s) em tempos de propagação da nanotecnologia e de outras tecnologias de ponta).

Por fim, um bem-haja a todos os que, direta ou indiretamente, nos acompanham e guiam pelas veredas deste *mundo nanobiotecnocientífico*. Correndo o risco de estar a ser injusto, permitam-nos destacar aqui os inestimáveis contributos do Senhor Professor Doutor *João Carlos Loureiro* e das Senhoras Professoras Doutoras *Ana Elisabete Ferreira, Carla Barbosa, Heloísa Santos* e *Ilise L. Feitshans*.

Coimbra, 30 de janeiro de 2021

Eduardo António da Silva Figueiredo

NOTA DE APRESENTAÇÃO

NANORREVOLUÇÃO E DIREITO(S) NUM TEMPO 4.0

João Carlos Loureiro
Professor da Faculdade de Direito da Universidade de Coimbra

A presente obra de Eduardo Figueiredo – *Direito e nanobiotecnociência: reflexões na encruzilhada da inovação, do risco e da crise do(s) direito(s)* – é um convite a pensar, a partir do mundo da juridicidade, os desafios da nanotecnologia, sem descurar outras dimensões de cogitação.

Ainda que não tenha as mesmas consequências, não queremos fazer aqui o papel de desmancha-prazeres, do sujeito que, logo no princípio, tendo já lido a obra, antecipa o fim, nem elaborar uma síntese ou, continuando em registo "confusionista", escrever recensão. Descansando o leitor, que poderá sempre, à cautela, mergulhar no livro saltando o prefácio (na verdade, temporalmente, um posfácio), retornando, ou não, mais tarde, sempre diremos que aqui não há, verdadeiramente, um fim na aceção de término, mas sim uma pluralidade teleológica. É verdade que autor e editora não fazem, em jeito de magia, um contínuo e interminável aumento de páginas, transformando a pensada última página sempre numa penúltima. Mas o livro não termina, pois, como qualquer obra interessante, é para ser relido e repensado por cada leitor, numa apropriação que não apaga a autoria e a dívida; além disso, espera-se que Eduardo Figueiredo continue, noutros trabalhos, a dialogar com o mundo académico e com públicos mais vastos, num tempo já adjetivado de 4.0. (indústria 4.0[1], medicina 4.0[2], administração 4.0[3], trabalho 4.0[4], segurança social 4.0[5], *etc.*).

Esta apresentação propõe as seguintes etapas: 1) Pessoa(s): sob(re) as máscaras do investigador; 2) Modo(s): pensar na encruzilhada e "sobre a linha"; 3) Tema(s): o fio da nanotecnociência; 4) Leitura(s): do convite à "ressonância".

1. Pessoa(s): sob(re) as máscaras do investigador

> "Ah quantas máscaras e submáscaras,
> Usamos nós no rosto de alma, e quando,
> Por jogo apenas, ela tira a máscara,
> Sabe que a última tirou enfim?"
>
> Fernando Pessoa[6]

Eduardo Figueiredo é um jovem académico que se tem dedicado ao campo vasto do direito da saúde, conferindo especial atenção à genética. Antes desta obra consagrada, no essencial, à nanotecnologia, confrontou-nos já com dois livros. Em primeiro lugar, a sua dissertação de Mestrado – *Desagrilhoar Prometeu? Direito(s), genes e doença(s). Desafios constitucionais na era da engenharia genética*[7] – também na crista

[1] Klaus Schwab, *A quarta revolução industrial*, Lisboa: Levoir, 2017; especificamente na relação com o mundo jurídico, vd. Thomas Sassenberg / Tobias Faber (Hrsg.), *Rechtshandbuch Industrie 4.0 und Internet of Things: Praxisfragen und Perspektiven der digitalen Zukunft*, 2.ª ed., München: C.H. Beck, 2020.
[2] Ralf Huss, *Künstliche Intelligenz, Robotik und Big Data in der Medizin*, Berlin: Springer, 2019 (desde logo, 2.1. "Die intelligente Revolution – Medizin 4.0: Der Weg einer analogen Kunst zur digitalen Wissenschaft").
[3] Jörn von Lucke, "Smart Government", in Margrit Seckelmann (Hrsg.), *Digitalisierte Verwaltung – vernetztes E-Government*, Berlin: Erich Schmidt Verlag, 2019, 81-106, 84.
[4] Por exemplo, Marc de Vos, "Work 4.0 and the future of labour law", 2018 (SSRN: https://ssrn.com/abstract=3217834; http://dx.doi.org/10.2139/ssrn.3217834).
[5] Deutsche Sozialversicherung, Arbeitswelt im Wandel – Soziale Sicherheit 4.0: Impulspapier der Deutschen Sozialversicherung vom 7. März 2018 (https://dsv-europa.de/lib/02_Positionspapiere/2018_-DSV_Impulspapier-Arbeitswelt-im-Wandel-Soziale-Sicherheit-4.0_de.pdf).
[6] "Ah! Quantas máscaras e submáscaras", in *Poemas ingleses* (Edição bilingue, com prefácio, traduções, variantes e notas de Jorge de Sena e traduções também de Adolfo Casais Monteiro e José Blanc de Portugal) Lisboa: Ática, 1974, 165.
[7] Lisboa: Petrony, 2020.

da onda, privilegiando uma análise da edição genómica (mais exatamente, do sistema *CRISPR/Cas*)[8]. Assinala-se ainda um ensaio sobre a corrupção, não da corporeidade humana, mas enquanto palavra síntese de um conjunto de práticas a que não escapa o território da medicina e do medicamento. Falamos de *O princípio anticorrupção e o seu papel na defesa e efetivação dos direitos humanos*[9], já em segunda edição, obra menos conexionada com o tema do livro que ora se apresenta. Contudo, ainda aqui se encontram subsídios para a discussão. Desde logo, os direitos humanos são reiteradamente convocados no campo do direito da saúde, apesar das críticas que, recorrentemente, lhe são dirigidas[10]. Depois, o tratamento da questão do desenvolvimento, que articula com os Estados frágeis[11], essa categoria que tem merecido interesse crescente na análise da estatalidade[12]. Embora todas as comunidades políticas sejam mais ou menos vulneráveis, é indubitável que algumas carregam de modo especialmente acentuado esta marca. Ora, os chamados Estados frágeis trazem associada a falha de provisão de bens como a saúde, no que toca à suficiência e à qualidade. Vulnerabilidades agravadas do Estado que se fazem sentir não apenas na falta de acesso a cuidados médicos de alta tecnologia, ilustrados em vários dos temas curados neste livro, mas, desde logo, ao nível mais básico de acesso aos

[8] CRISPR – *Clustered, Regularly Interspaced Short Palindromic Repeats*; *Cas – CRISPR Associated (Proteins)*.

[9] Campinas: Editora Brasílica, 2020.

[10] Justine Lacroix / Jean-Yves Pranchère, *Le procès des droits de l'homme: généalogie du scepticisme démocratique*, Paris: Éditions du Seuil, 2016. Na obra, identificam-se várias tradições críticas: Edmund Burke e a convocação da herança contra os direitos do homem; Jeremy Bentham e Auguste Comte, a partir do utilitarismo; Louis de Bonald e Joseph de Maistre, em nome dos direitos de Deus; Karl Marx, em nome da ideia de emancipação; Carl Schmitt, a partir da defesa do político. A questão não desapareceu: basta pensar, no plano jurídico, em Michel Villey, *Philosophie du droit: I. Définitions et fins du droit*, 3.ª ed., Paris: Dalloz, 1982, 157-163; Jean-Louis Harouel, *Les droits de l'homme contre le peuple*, Paris: Desclée de Brouwer, 2016; e também em Alain de Benoîst, *Au-delà des droits de l'homme: pour défendre les libertés*, Paris: Pierre-Guillaume de Roux, 2016.

[11] Vd., por exemplo, Rosana Garciandía Garmendia, *De los Estados fallidos a los Estados frágiles: un reto para el Derecho internacional contemporáneo*, Granada: Editorial Comares, 2013.

[12] Em relação aos diferentes tipos de estatalidade, vd. Gunnar Folke Schuppert, "Von Staat zu Staatlichkeit – Konturen einer zeitgemässen Staatlichkeitswissenschaft", in Idem (Hrsg.), *Von Staat zu Staatlichkeit: Beiträge zu einer multidisziplinären Staatlichkeitswissenschaft*, Baden-Baden: Nomos, 2019, 11-39, 15.

cuidados de saúde. É verdade que alargando a paleta para países em vias de desenvolvimento, deixando o domínio mais restrito dos Estados frágeis, encontramos uma medicina a diferentes velocidades (com alguns cuidados de saúde de topo para camadas privilegiadas, cuja capacidade de poder pagar o preço dos serviços de saúde resulta, não raro, de esquemas de corrupção, recebendo parte delas cuidados de saúde no estrangeiro). Ainda na reta final do século passado, Maria de Lourdes Pintasilgo recordava a necessidade de conjugar universalização e contextualização, ao escrever que a "bioética é ao mesmo tempo universal e situada"[13]. Quando a prioridade é sobreviver, escapando ao flagelo da fome, questões relativas à aplicação das nanotecnologias soam estranhas para grande parte da população mundial. Contudo, importa ter presente que há ensaios clínicos realizados em alguns desses países.

Passando das obras enquanto aguarela de facetas da investigação a pertenças institucionais no território da investigação, assinala-se a sua ligação ao Centro de Direito Biomédico, lugar de (re)criação, uma escola na Escola – Faculdade de Direito de Coimbra –, que se abre ao mundo. Aqui tem lidado com uma paleta temática alargada, construindo pontes com profissões que não pertencem ao universo do direito, antes convocam outros saberes e artes. Este encontro, nomeadamente com médicos e profissionais de saúde e outras pessoas cuja vocação é curar da corporeidade, ajuda a um contacto com a realidade enfrentada pelo comum dos mortais. Eduardo Figueiredo alia teoria e prática, como testemunha esta obra. Com efeito, a par da exposição dos fundamentos da "nanobiotecnociência"[14], percorre, sem descurar o enquadramento normativo, campos como a responsabilidade, as bases de dados e a inserção dos perfis de ADN, entre outros. Direito constitucional e direito administrativo, direito civil e direito penal, direito do trabalho e direito da União Europeia comparecem na obra por via de redes normativas que não ficam confinadas deste lado da fronteira. Com efeito, uma marca de água da sua obra, considerável em extensão (atendendo à idade), mas sobretudo em qualidade, é este percurso pela doutrina

[13] "A bioética e os países em desenvolvimento", in Luís Archer/ Jorge Biscaia / Walter Osswald (Coord.), *Bioética*, Lisboa/ São Paulo, 1996, 122-130, 122.

[14] Termo cunhado por Eduardo Figueiredo.

de vários países, promovendo diálogos com teoria, dogmática e jurisprudência estrangeiras, mas que lhe não são estranhas.

Mais recentemente, passou a ser colaborador do Instituto Jurídico da Faculdade de Direito da Universidade de Coimbra, integrando a área *Vulnerabilidade e Direito*, mote que contribui para unificar escritos agora convocados.

Em síntese: estamos perante um jovem que revela já uma maturidade significativa, alimentando um diálogo multipolar que envolve académicos e práticos. Na unidade da sua pessoa – tecida na relação, como já ensinava Ricardo de S. Vítor[15] –, afivela várias máscaras. Máscara (*prósopon*) que evoca a estrutura dramática da experiência humana: o nosso palco é o mundo e nele o direito é chamado a proteger a pessoa humana, a sua irredutível dignidade, tendo presente o horizonte biomédico, que cerze valores, riscos e interesses. Máscara que é "aquilo por onde passa a *vox*, o «logos originário», dador de sentido"[16]. Máscara que transporta igualmente a imagem da ocultação, também de interesses. Máscara que rima ainda com a prática médica: pense-se nas máscaras de oxigénio, de anestesia ou de queimados, no que se refere ao paciente; nas máscaras cirúrgicas, com fins de proteção, no que toca aos profissionais de saúde. Máscaras que se democratizaram coloridamente na "sociedade corona"[17] e que beneficiam do uso das nanotecnologias, possibilitando, por exemplo, a neutralização imediata do vírus e a sua autoesterilização[18].

[15] Sobre a compreensão relacional de pessoa proposta por Ricardo de S. Vítor, vd., com outras indicações, João Carlos Loureiro, "Pessoa, dignidade e cristianismo", in Jorge de Figueiredo Dias / José Joaquim Gomes Canotilho/ José de Faria Costa (Org.), *ARS IVDICANDI: Estudos em homenagem ao Prof. Doutor António Castanheira Neves*, vol. I: Filosofia, teoria e metodologia, Coimbra: Coimbra Editora, 2008, p. 669-723, 676-677.

[16] Orlando de Carvalho, "Para uma teoria da pessoa humana (Reflexões para uma desmistificação necessária)", in J.A. Pinto Ribeiro (Coord.), *O homem e o tempo: Liber amicorum para Miguel Baptista Pereira*, Porto: Fundação Eng. António de Almeida, 1999, 527-545. A parte entre aspas dentro das vírgulas altas é já uma citação de Celestino Pires, "Pessoa", *Enciclopédia Verbo*, c. 1891.

[17] Michael Volkmer/ Karin Werner (Hrsg.), *Die Corona-Gesellschaft: Analysen zur Lage und Perspektiven für die Zukunft*, Bielefeld: transcript, 2020.

[18] M. Mufamadi, "Nanotechnology shows promise for next-generation vaccines in the fight against COVID-19", *MRS Bulletin 45* (2020) 981-982. doi:10.1557/mrs.2020.307: "The impact of nanotechnology in the COVID-19 crisis is seen in the design of effective nanotech-based antiviral disinfectants; the new generation of facemasks that could kill the virus immediately; masks that are washable, reusable, recyclable, and self-sterilized; and rapid COVID-19 diagnostics kits".

2. Modo(s): pensar na encruzilhada e "sobre a linha"

> "[D]esperto na encruzilhada, não sabia de onde viera. Vi que estava em cena e não sabia o papel que os outros diziam logo, sem o saberem também."
>
> Bernardo Soares, *Livro do Desassossego*[19]

Eduardo Figueiredo propõe-se pensar na(s) encruzilhada(s), como anuncia o complemento de título deste livro. A palavra evoca o encontro de caminhos, a necessidade de tomar decisões. Transporta uma imagem geográfica e comparece numa série de mapas já na Idade Média. Na modernidade e olhando para a etimologia do inglês *crossroads*, aparece como "ponto de viragem" ou "momento de decisão"[20]. Na cultura ocidental, encruzilhada remete-nos para a Hélade, para uma história que remontará ao sofista Pródico, onde Hércules (Héracles) tem de escolher entre o vício e a virtude personificados no feminino. A bela mulher que representa o vício promete o caminho mais curto, mas Hércules opta pela via mais longa e trabalhosa e esta última é também a que deve ser seguida em termos de tecnociência, até em virtude da prudência (*phrónesis*), juridicamente traduzida em precaução. É que as escolhas não comprometem apenas uma pessoa, mas, pela seriedade dos seus efeitos, no quadro de uma convergência de tecnologias, poderão ter impacto na espécie. Hércules na encruzilhada é uma imagem que tem uma longa receção para além da literatura: foi representada pictograficamente por Albrecht Dürer, em 1498; Bach[21] e Händel[22] acolheram a história na sua música; Diogo Rivera, o muralista mexicano, pintou um controvertido *Man at the Crossroads*, que se socorre da tradição revolucionária, o que aqui se pode expressar nas consequências políticas, sociais e económicas desta mudança tecnológica,

[19] Fernando Pessoa, *Livro do Desassossego: composto por Bernardo Soares, ajudante de guarda-livros na cidade de Lisboa*, ed. Richard Zenith, Linda-a-Velha: Abril/Controljornal, 2000, 107, n.º 155.

[20] https://www.etymonline.com/word/crossroad.

[21] Johann Sebastian Bach, *Laßt uns sorgen, laßt uns wachen*, BWV 213.

[22] Georg Friedrich Händel, *The Choice of Hercules*, HWV 69.

quando as representações apocalíticas parecem agora obscurecer as utopias (ainda que a morte destas se afigure exagerada).

Este modo de pensar pode cruzar-se com a ideia de linha, que evoca Ernst Jünger e Martin Heidegger[23] e que teve uma feliz receção na bioética em Portugal pela mão de um nome maior, José de Faria Costa[24]. Na verdade, no quotidiano, sobretudo por causa das questões ambientais, mas também da inteligência artificial, discute-se se estamos à beira de cruzar a linha da irreversível destruição, uma *hybris* (excesso). Némesis, que pune a *hybris*[25], é convocada por um antropoceno que destrói os fundamentos naturais da condição humana; Némesis inscrita como possibilidade quando se anuncia o novaceno como "advento da era da hiperinteligência"[26] que, no limite, pode, literalmente, levar ao fim da espécie humana. Pois, não é certo o cenário de coexistência com que James Lovelock termina a obra: "pela primeira vez, estaremos a partilhar a Terra com outros seres mais inteligentes do que nós"[27].

Continuando a convocar as imagens da encruzilhada e da linha, podemos dizer que caminhos há que estão praticamente por traçar, sendo necessário esboçar a linha. É que, em face dos riscos, mesmo que, como Alice, não se saiba "qual o caminho (...) para sair daqui"[28], não basta "que [se] chegue a qualquer lado"[29]. Na proposta da obra que prefaciamos, a encruzilhada associa inovação, risco e crise do(s) direito(s). Para Faria Costa, a linha é lida também como risco[30]. Numa magistral síntese que joga com a plasticidade da nossa mátria língua, sublinha

[23] Cf. a edição em espanhol: Ernst Jünger / Martin Heidegger, *Hacia la pregunta del ser*, Barcelona: Paidós, 1994.

[24] José de Faria Costa, "A linha (Algumas reflexões sobre a responsabilidade em tempo de 'técnica' e de 'bio-ética')" in J. A. Pinto Ribeiro (coord.), *O homem e o tempo: Liber amicorum para Miguel Baptista Pereira*, 397-411.

[25] Para uma breve introdução, vd. "Némesis", in René Martin (Dir.), *Dicionário cultural da mitologia greco-romana*, Lisboa: Publicações Dom Quixote, 1995, 176.

[26] James Lovelock, *Novaceno: o advento da era da hiperinteligência*, Lisboa: Edições 70, 2020.

[27] James Lovelock, *Novaceno: o advento da era da hiperinteligência*, 113.

[28] Lewis Carroll, *Alice no país das maravilhas*, Porto: Público, 2004, 53.

[29] Lewis Carroll, *Alice no país das maravilhas*, 53.

[30] Em nota (13), esclarece que "a *linha* deixa de ser *linha* para ser *risco*" (José de Faria Costa, "A linha (Algumas reflexões sobre a responsabilidade em tempo de 'técnica' e de 'bio-ética')", 402 (itálico no original).

"que vivemos em *risco*, com os *riscos* que *riscamos*"[31], tendo presente a liberdade e responsabilidade humanas.

O *novum* – a inovação – é uma marca da condição humana que não olvida o horizonte da tradição. Quanto à nanotecnologia, apresenta-a como contributo para um desenvolvimento sustentável [32]; recorda o *Código de Conduta para uma Investigação Responsável em matéria de Nanociência e de Nanotecnologia*, que consagra o princípio da inovação[33]; relembra a obrigação do Estado em "promover o acesso equitativo à inovação em saúde nas suas vertentes integradas e complementares de ciências de informação e comunicação, nanotecnologia, genética e computação, em particular no recurso à robótica e à inteligência artificial, com salvaguarda das questões éticas por estas suscitadas"[34]; conjuga direitos de patente e inovação[35], sem prejuízo de defender que a propriedade intelectual não é a única via para "se incentivar a inovação e recompensar os investigadores[36]; pergunta-se pelo sentido de uma inovação em matéria de saúde que deixe na zona de exclusão os mais desfavorecidos nos países em desenvolvimento[37]. Acresce que não ignora a importância de adequados mecanismos em sede de responsabilidade civil, nomeadamente a consagração de uma *responsabilidade civil objetiva limitada*, como quadro estimulador e não obstaculizador da inovação tecnológica[38].

Na multiplicidade de crises que se entrecruzam – da tecnociência, do direito, da economia, entre outras – privilegia a crise do direito e dos direitos. Em matéria de tecnociência, pergunta-se se o direito conseguirá garantir a pedra angular chamada dignidade da pessoa humana e qual o lugar da regulação jurídica neste território, no quadro de um

[31] José de Faria Costa, "A linha (Algumas reflexões sobre a responsabilidade em tempo de 'técnica' e de 'bio-ética')", 402 (itálico no original).

[32] Eduardo Figueiredo, *Direito e Nanobiotecnociência: reflexões na encruzilhada da inovação, do risco e da crise do(s) direito(s)*, Coimbra: Almedina, 2021, 50, n. 159.

[33] Eduardo Figueiredo, *Direito e Nanobiotecnociência*, 138, n. 459.

[34] Lei de Bases da Saúde (Lei n.º 95/2019, de 4 de setembro), Base 33.

[35] Eduardo Figueiredo, *Direito e Nanobiotecnociência*, 279.

[36] Eduardo Figueiredo, *Direito e Nanobiotecnociência*, 280.

[37] Eduardo Figueiredo, *Direito e Nanobiotecnociência*, 280-281.

[38] Eduardo Figueiredo, *Direito e Nanobiotecnociência*, 297 e 300.

mundo que encolhe e onde se desenvolvem redes de normatividade. Do ponto de vista jusfundamental, realça os riscos para os direitos[39] que, antes de mais, afetam bens jurídicos, não esquecendo a problemática dos deveres, quer estatais quer pessoais[40].

3. Tema(s): o fio da "nanobiotecnociência"

"A pensar coisas a fio"
Fernando Pessoa[41]

A obra tem uma linha condutora – a "nanobiotecnociência" –, uma espécie de novo fio de Ariadne que nos permite seguir a rota na complexidade, não raro labiríntica, dos desafios neste campo. Em termos necessariamente breves, propomos as seguintes etapas: a) cartografia: sobre as incompletudes do mundo; b) *ánthropos:* adeus ao homem? c) corpo e informação; d) jogando (com) (a)os dados; e) práticas: (bio)medicina(s) e outras artes; f) atores: sujeitos e responsabilidades; g) tempos: sobre a intergeracionalidade; h) redes: internormatividade e pluralismo de ordens de referência; i) bem comum, democracia e pessoa.

3.1. Cartografia: sobre as incompletudes do mundo

Tirando alguns recantos de dificílimo acesso, o espaço mundial é terreno conhecido, mais ou menos cartografado. Contudo, na conclusão desta obra, fala-se, em registo de interrogação, em "dar novos mundos ao mundo"[42]. Tal como nas vésperas da epopeia trágico-marítima, os mapas do saber continuam a ter espaços marcados pelo erro ou pura e simplesmente em branco. Na verdade, a partir da corporeidade, este

[39] Eduardo Figueiredo, *Direito e Nanobiotecnociência*, por exemplo, 305.

[40] Eduardo Figueiredo, *Direito e Nanobiotecnociência*, 187-188.

[41] "Dá-me as mãos por brincadeira", in *Pessoa Inédito* (Orientação, coordenação e prefácio de Teresa Rita Lopes), Lisboa: Livros Horizonte, 1993, 8.

[42] Eduardo Figueiredo, *Direito e Nanobiotecnociência*, 305.

específico modo de ser humano, somos crescentemente "intranautas"[43], também por força das possibilidades trazidas pelas nanotecnologias. Isto sem prejuízo de um "marcionismo técnico"[44], que expressa a ideia de que o mundo e a natureza seriam maus ou, pelo menos, muito imperfeitos, impondo-se que fossem redesenhados.

Há um século e meio, um dos grandes nomes da física, Maxwell, falava já, no quadro da discussão da segunda lei da termodinâmica, do que, na formulação de William Thomson[45], foram denominados "minúsculos demónios" (*tiny demons*) que poderiam redirecionar átomos. Na verdade, em rigor, e dadas as conotações maléficas que o termo demónio tem na nossa cultura, deveríamos preferir a fórmula grega *daimon*, que é a sua fonte de inspiração. Escrevia:

> "if we conceive of a being whose faculties are so sharpened that he can follow every molecule in its course, such a being, whose attributes are as essentially finite as our own, would be able to do what is impossible to us"[46].

Estes "demónios" são fontes de conhecimento, capazes de fornecer elementos decisivos para o diagnóstico, observadores pelo interior.

[43] A expressão é de Joseph Fletcher, *The ethics of genetic control: ending reproductive roulette*, Garden City, N.Y.: Anchor Press, 1974, 9.

[44] Rémi Brague, *Il futuro dell' Occidente: nel modelo romano la salvezza dell'Europa*, Milano: Bompiani, 2008, 189.

[45] Vd., sobre este ponto, a síntese constante da versão em inglês da Wikipedia ("Maxwell's demon", https://en.wikipedia.org/wiki/Maxwell%27s_demon): "William Thomson (Lord Kelvin) was the first to use the word "demon" for Maxwell›s concept, in the journal *Nature* in 1874, and implied that he intended the Greek mythology interpretation of a daemon, a supernatural being working in the background, rather than a malevolent being".

[46] James Clerk Maxwell, *Theory of heat*, 3.ª ed., London: Longmans, Green, and Co., 1872, 308 (a primeira edição é de 1871).

3.2. *Ánthropos*: adeus ao homem?

As nanotecnologias têm potencial para uma modificação dos seres humanos. Partimos de um "*a priori* corporal"[47] que se confronta com um mundo linguisticamente mediado. Corpo que traz inscrita a fragilidade da nossa condição: somos seres que nascem e morrem, que adoecem e envelhecem. Na verdade, já na esplendorosa escrita de uma mística como Santa Teresa de Ávila se lê, de forma insuspeita, que "não somos anjos, temos corpo. Querermos fazer de anjos estando na terra [...] é desatino"[48]. As nanotecnologias abrem-nos portas para uma dimensão terapêutica que marca o campo da saúde, mas também trazem consigo possibilidades de outros usos que, no limite, (se)alimentam (de)uma atitude gnóstica de desvalorização do corpo.

Assim, a nanotecnologia é uma via que, como se lê nesta obra, pode ter implicações claras na imagem do homem, *rectius*, nas imagens do homem (entendido como *Ánthropos*, *Mensch* na língua alemã, isto é, abraçando, como dizia um saudoso amigo, Padre Aníbal Castelhano, o homem e a mulher). Ora, te(re)mos de considerar valores, interesses e riscos. Na nossa contemporaneidade não se podem ignorar riscos – entendido o termo em sentido amplo, quer de forma a abarcar a incerteza, se o referente for a conhecida distinção de Knight[49], no campo

[47] Vd. D. Blanco Fernández, "El a priori corporal: insuficiencia de la ética discursiva", in D. Blanco Fernández / J. A. Pérez Tapias / L. Sáez Rueda (eds.), *Discurso y realidad: en debate con K.-O. Apel*, Madrid: Trotta, 1994, 46-74.

[48] Santa Teresa de Jesus, *Livro da Vida*, Capítulo XXII, 10, in Santa Teresa de Jesus, *Obras completas*, 3.ª ed., Paço de Arcos: Edições Carmelo, 1994, 177.

[49] Frank H. Knight, *Risk, uncertainty, and profit*, Boston MA: Hart, Schaffner and Marx; Houghton Mifflin, 1921, Parte III, Cap. VII (disponível em https://oll.libertyfund.org/title/knight-risk-uncertainty-and-profit). Mas antes desse capítulo pode ler-se: "[b]ut uncertainty must be taken in a sense radically distinct from the familiar notion of Risk, from which it has never been properly separated. The term 'risk', as loosely used in everyday speech and in economic discussion, really covers two things which, functionally at least, in their causal relations to the phenomena of economic organization, are categorically different. (...) The essential fact is that 'risk' means in some cases a quantity susceptible of measurement, while at other times it is something distinctly not of this character; and there are far-reaching and crucial differences in the bearings of the phenomenon depending on which of the two is really present and operating. There are other ambiguities in the term 'risk' as well, which will be pointed out; but this is the most important. It will appear that a *measurable* uncertainty, or 'risk' proper, as we shall use the term, is so far different from an *unmeasurable* one that it is not in effect an uncertainty at all. We shall accordingly restrict the term 'uncertainty' to cases of the non-quantitative type".

da economia, entre riscos e incertezas, quer, numa perspetiva jurídica, alojando perigo, risco e risco residual, na esteira da dogmática alemã[50], com tradução jurídica na emergência de um novo princípio – precaução –, de contornos controvertidos, mas distintos do clássico princípio da prevenção.

A Revolução GNR – Genética, Nanotecnologia e Robótica – é, em si, um programa de transformação dessa corporeidade. Nesta obra, privilegia-se a nanotecnologia sem que se ignorem questões da genética, mas também da robótica. No limite, abrem-se as portas à superação do homem, a um adeus que passaria por cenários de ciborguização ou de robotização pura e simples. Com efeito, o dolorismo, que marcou tempos da humanidade, parece ter dado lugar a uma "sociedade paliativa"[51], que procura a todo o custo evitar não apenas a dor, mas também o sofrimento. Não está em causa eliminar as dores que, no limite, tornam impossível a autonomia, mas antes a recusa de um modelo de abolição não apenas de todas as dores, mas do sofrimento. Ora, para isso, seria preciso abrirmo-nos ao transumanismo ou ao pós-humanismo, deixarmos de ser humanos. O corpo não é mero *hardware* descartável, prisão ou túmulo, um simples acidente[52], mas modo de ser próprio da condição humana. Como nota Byung-Chul Han:

> "A vida sem dor, com felicidade permanente, deixará de ser uma vida humana. A vida que persegue e expulsa a sua negatividade eleva-se a si própria. A morte e a dor andam de mãos dadas. Com a dor, a morte é antecipada. Quem quer eliminar toda a dor também terá de abolir a morte. Mas a vida sem morte e sem dor não é uma vida humana, mas uma vida morta-viva"[53].

[50] Vd., por exemplo e por todos, Detlef Groß, *Die Produktzulassung von Novel Food: das Inverkehrbringen von neuartigen Lebensmitteln und Lebensmittelzutaten nach der Verordnung (EG) Nr. 258/97 im Spannungsfeld von Europa-, Lebensmittel- und Umweltrecht*, Berlin: Duncker und Humblot, 2001, 362.

[51] Byung-Chul Han, *A sociedade paliativa*, Lisboa: Relógio D'Água, 2020.

[52] Na dupla aceção de que não é "substancial", mas também de que é o resultado atribulado da evolução.

[53] Byung-Chul Han, *A sociedade paliativa*, 72.

3.3. Corpo e informação

A materialidade do corpo não apaga a sua virtualização em termos de informação. Tendo presente o desenvolvimento biomédico, fala-se crescentemente de um corpo virtual ou "pixelizado"[54], que conhece novas aplicações, a acrescer à diferença entre o corpo objetivo (*Körper*) e o corpo vivido (*Leib* ou carne, ou seja, a dimensão de experiência subjetiva da corporeidade). Este corpo virtual e imaterial introduz novas possibilidades e novos problemas. Deparamo-nos com "corpos codificados", uma pluralidade de corpos, cuja importância na prática médica tende a crescer.

Importa distinguir entre a digitalização na aceção de *Digitization*[55], assente num processo de tratamento informático, por exemplo, dos tradicionais registos de paciente, crescentemente alargado no quadro de uma revolução informática, e a digitalização entendida como *Digitalization*, que, no que nos importa, remete para a mudança de paradigmas de decisão (desde logo, o emprego de algoritmos). Esta articulação entre nanociências e digitalização traduz-se, por exemplo, na possibilidade de acompanhamento do estado de saúde em tempo real[56] – pense-se, desde logo, em relógios "inteligentes" (*smartwatches*) e vestuário conectado (*wearables*), uma verdadeira "Internet vestível"[57]. Trata-se de elementos que permitem falar de um "paciente 4.0"[58], quando o 4.0 surge também com outras associações no campo da (bio)medicina em tempos de inteligência artificial: médico 4.0, clínica 4.0, hospital 4.0, cuidados 4.0, riscos 4.0, investigação e ensino 4.0[59]...

[54] Dominique Folscheid / Anne Lécu / Brice de Malherbe, *Le transhumanisme c'est quoi?*, Paris: Les Éditions du Cerf, 2018, 94.

[55] Esta distinção entre *digitization* e *digitalization* é corrente em língua inglesa.

[56] Cf. Paul Stannard, "Converging nanotechnology and digital currency", 19/12/2019 (https://nano-magazine.com/news/2019/12/19/converging-nanotechnology-and-digital-currencies).

[57] Klaus Schwab, *A quarta revolução industrial*, 119.

[58] Ralf Huss, *Künstliche Intelligenz, Robotik und Big Data in der Medizin*, 97; também Christian Juhra / Judith Born, "Klinik 4.0 – Das digitale Krankenhaus", in Walter Frenz (Hrsg.), *Handbuch Industrie 4.0: Recht, Technik, Gesellschaft*, Berlin: Springer, 2020, 1037-1051, 1047, referindo-se a uma "monitorização em casa" (*home-monitoring*), que sublinha a transferência de responsabilidade para o paciente.

[59] Christian Juhra / Judith Born, "Klinik 4.0 – Das digitale Krankenhaus".

3.4. Jogando (com) (a)os dados

Um dos termos recorrentes na obra é dados, que comparece centenas de vezes. Diferentemente do inglês, onde os dados do jogo aparecem referidos como *dices*, entre nós a expressão abraça a dimensão de jogo de dados. Nesta obra, relevam os dados da ciência, tendo presente o estado das artes, que Eduardo Figueiredo não ignora, numa análise da *realitas*. Há, assim, um jogar com os dados que passa pela relação entre ciência e direito, dados que integram um "momento material"[60] a que não deve ser cego o direito que, numa ótica tridimensional, é uma arte de cerzir factos, normas e valores[61].

Se o *homo ludens* marca presença nas imagens mobilizadas para caraterizar o ser humano[62], também o direito já foi visto como um jogo[63]. Numa análise mais restrita, o direito é lido a partir da "teoria dos jogos", em que, por exemplo, se procura, em sede de responsabilidade civil, encontrar soluções que contribuam para promover o cuidado dos agentes, minimizando custos[64].

Mesmo jogando com dados há sempre uma dimensão de jogar aos dados, de riscos, em termos de probabilidades. Este ponto merece especial consideração na obra, quer no plano da identificação dos riscos quer no que toca ao seu tratamento dogmático.

[60] António Castanheira Neves, "Fontes do direito", in *POLIS - Enciclopédia Verbo da sociedade e do Estado*, 2, Lisboa/São Paulo: Editorial Verbo, 1984, c. 1546-1547.

[61] Miguel Reale, *Teoria tridimensional do direito; teoria da justiça; fontes e modelos do direito*, Lisboa: Imprensa Nacional - Casa da Moeda, 2003.

[62] Referimo-nos à leitura de Huizinga, que não acompanhamos, na medida em que faz do jogo o motor genético da cultura, não apenas da religião, mas também, por exemplo, da ciência e do direito. Para este ponto, cf. também Robert N. Bellah, *Religion in human evolution: from the Paleolithic to the Axial Age*, Cambridge (Mass.)/ London, The Belkanap Press of Harvard University Press, 2011 (reimp. 2017), 76-77, que critica expressamente René Girard (643, n. 57: "It would seem that a possible relation between religion and terror goes way back, though perhaps not, contrary to René Girard (...), all the way back"). Girard (*La violence et le sacré*, Paris: Arthème Fayard/ Pluriel, 2010) sustenta, no entanto, que é preciso inverter a tese de Huizinga.

[63] Sobre a questão, vd. Michel Van de Kerchove / François Ost, *Le droit ou les paradoxes du jeu*, Paris: PUF, 1992.

[64] Douglas G. Baird / Robert H. Gertner / Randal C. Picker, *Game theory and the law*, Cambridge (Mass.)/ London: Harvard University Press, 1998, 6.

Ilustrando o primeiro, dá conta dos dados constantes de relatórios sobre os riscos:

> "Existem, pois, consequências negativas para a saúde humana e ambiental derivadas da utilização de materiais nanoestruturados que ainda nem sequer conhecemos e, mesmo relativamente a aquelas que são conhecidas, não é possível determinar, com certezas, qual a probabilidade de que as mesmas venham a verificar-se ou qual a sua verdadeira extensão."[65]

Em relação ao segundo – tratamento dogmático – convoca o princípio da precaução, que não se confunde com a tradicional prevenção, em termos que convidamos o leitor a descobrir[66]. Desta forma, pretende-se evitar que os contributos da nanociência expressos em dados se transformem em dardos que vulnerem (no sentido etimológico de ferir) a pessoa ou, pelo menos, reduzir danos, outro operador que merece reiterado tratamento em sede de responsabilidade civil.

3.5. Práticas: (bio)medicina(s) e outras artes

Eduardo Figueiredo reconduz um conjunto de práticas à "nanobiotecnociência". Tecnociência reenvia-nos para a obra de Gilbert Hottois[67], que cunhou o termo nos anos 70 do século passado[68]. Hottois está consciente da existência de uma "pré-história" que remete para René Descartes e Francis Bacon, num cruzamento entre técnica e ciência. Temos criticado a conceção unidimensional e simples de identidade[69],

[65] Eduardo Figueiredo, *Direito e Nanobiotecnociência*, 192.

[66] Eduardo Figueiredo, *Direito e Nanobiotecnociência*, 191.

[67] Gilbert Hottois, *O paradigma bioético: uma ética para a tecnociência*, Lisboa: Edições Salamandra, 1992.

[68] Socorremo-nos aqui da síntese de Gilbert Hottois ["Technoscience", in Gilbert Hottois/ Jean-Noël Missa/ Laurence Perbal (dir.), *Encyclopédie du transhumanisme et du posthumanisme: l'humain et ses préfixes*, Paris: Librairie Philosophique J. Vrin, 2015, 455-465].

[69] Sobre esta, vd. David L. Schindler, *Heart of the world, center of the church: Communio ecclesiology, liberalism, and liberation*, Eerdmans/ T&T Clark, Grand Rapids, Michigan/ Edinburgh, 1996, 197.

defendida pela tradição cartesiana, uma leitura reducionista expressa na ideia do corpo como máquina.

Analisando o percurso da tecnociência[70], Hottois realça que ela remete para a "Grande Ciência" (*Big Science*), numa paleta de domínios que vão da genética ao nuclear, entre outros, cobrindo as NBIC (*Nano-Bio-Info-Cogno*), numa linha de tecnologias convergentes[71], ideia que atravessa esta obra. Mas também refere "a ciência e a técnica em sociedade", o mesclar de ciência e sociedade, num cruzamento de uma pluralidade de retóricas que ameaça dissolver o conceito na intertextualidade[72].

No seu périplo, Eduardo Figueiredo concede particular relevo à Medicina Personalizada de Precisão, onde se inscrevem a farmacogenómica e a farmacogenética. Fala de "medicina do futuro", que se vai antecipando numa "nova medicina"[73], onde se integra a nanomedicina[74].

A digitalização da medicina é tratada também na obra. Desde logo, considera-se a questão da constituição de bases de dados e a sua proteção. As nanotecnologias contribuem para o crescimento significativo de recolha de dados, multiplicando-se os riscos, ainda para mais pelo facto da anonimização se revelar, às vezes, uma pseudoanonimização[75]. Considera o problema da gestão de uma série de dados a cargo de entidades privadas, alertando não apenas para questões jurídicas, mas também éticas[76]. Também os ensaios clínicos se revelam terreno fértil na obtenção maciça de dados. O objeto do livro não é, no entanto, um ensaio sobre a digitalização do sistema de saúde, uma reflexão em torno da saúde digital[77], sem prejuízo do contributo da nanotecnologia nesse campo. Mas adverte-nos: as possibilidades da nova medicina em termos de monitorização da saúde do ser humano podem servir também

[70] Gilbert Hottois, "Technoscience", 463.

[71] Gilbert Hottois, "Technoscience", 463.

[72] Criticamente, vd. Gilbert Hottois, "Technoscience", 464.

[73] João Lobo Antunes, *A nova medicina*, Lisboa: Fundação Francisco Manuel dos Santos, 2012.

[74] João Lobo Antunes, *A nova medicina*, 25.

[75] Eduardo Figueiredo, *Direito e Nanobiotecnociência*, 268: "as técnicas de anonimização existentes apresentam limitações inerentes, sendo muito dúbio que, na grande maioria dos casos, satisfaçam plenamente os critérios de anonimização eficaz".

[76] Eduardo Figueiredo, *Direito e Nanobiotecnociência*, 240-241.

[77] José Mendes Ribeiro, *Saúde digital: um sistema de saúde para o século XXI*, Lisboa: Fundação Francisco Manuel dos Santos, 2019.

para trilhar caminhos distópicos[78]. Na verdade, a hiperdigitalização está a permitir o reforço da vigilância, nomeadamente por parte de ditaduras, atingindo um nível de controlo verdadeiramente panótico.

É pacífica a utilização de formas de aconselhamento e de apoio informáticos. Contudo, qual o peso a conceder ao algoritmo? Que papel para os médicos e outros profissionais de saúde neste contexto? Qual é o lugar dos robôs nesta nova medicina?

Walter Osswald, a propósito da formação dos estudantes de medicina na nova circunstância marcada pela inteligência artificial, disse, com a sabedoria que o carateriza, que

> "[c]onciliar uma medicina centrada, efetivamente centrada na pessoa doente com uma medicina dita molecular, cada vez mais recorrente a tecnologias potencialmente desumanizantes (imaginemos um doente atendido em consulta por uma *Siri* ou outro robô vestida de médica de família e com o fonendoscópio, símbolo do passado, ao pescoço) eis o desafio de agora"[79].

3.6. Atores: sujeitos e responsabilidades

No direito, a responsabilidade é tema recorrente, cobrindo duas dimensões que, embora associadas, revestem autonomia. Por um lado, temos uma responsabilidade primeira que corresponde à *responsability* (em alemão, *Verantwortung*); por outro, a responsabilidade civil, *liability* (em alemão, *Haftung*), que, aliás, não são estanques. Fala de "responsabilidades genéticas"[80], apontando a proibição da discriminação com base nos genes. Não esquece a responsabilidade civil desde o médico ao produtor[81], passando pelos investigadores. Assume como mote "novos desafios da responsabilidade civil"[82], centrando-se nos nanomedicamentos,

[78] Eduardo Figueiredo, *Direito e Nanobiotecnociência*, 213-214.

[79] Walter Osswald, *Folhas do caminho*, Porto: Cápsula de Letras, 2021, 174.

[80] Eduardo Figueiredo, *Direito e Nanobiotecnociência*, 263, convocando Thomas Lemke.

[81] Eduardo Figueiredo, *Direito e Nanobiotecnociência*, 213-214.

[82] Eduardo Figueiredo, *Direito e Nanobiotecnociência*, Cap. X, 285.

discutindo a via da socialização das respostas a danos[83] e a necessidade de evitar "lacunas de responsabilidade"[84]. Em face dos benefícios para a comunidade, propõe, pois, uma visão "menos individualística da responsabilidade"[85]. Um rápido olhar pela discussão ao nível da União Europeia confronta-nos, por exemplo, com as implicações dos novos desafios da inteligência artificial, incluindo neste território[86].

Eduardo Figueiredo não ignora os problemas da responsabilidade ética[87], discutindo a nanoética[88] e considerando a roboética[89].

Do ponto de vista dos sujeitos, são mencionados também grupos que têm vindo a ser classificados como vulneráveis: pense-se nas comunidades indígenas[90]. Esta matéria tem projeção ainda em sede de teoria da justiça, abordando-se a questão da partilha dos benefícios.

A inclusão de atores robóticos é outro aspeto a realçar. Em causa estão os chamados robôs "autónomos", não deixando de aludir aos ciborgues[91]. Abre-se aqui, desde logo, o campo da decisão em termos de projetos no campo da cibernética. A decisão aponta para diferentes níveis, como a responsabilidade pela decisão sobre a margem de decisão dos robôs, a sua "autonomia", e o problema das decisões robóticas

[83] Eduardo Figueiredo, *Direito e Nanobiotecnociência*, 285-286, 313-314.

[84] Eduardo Figueiredo, *Direito e Nanobiotecnociência*, 301.

[85] Eduardo Figueiredo, *Direito e Nanobiotecnociência*, 301.

[86] Comissão Europeia, *Inteligência artificial para a Europa*, Bruxelas, 25 de abril de 2018, COM (2018) 237 final. Vide ainda a Resolução do Parlamento Europeu, de 16 de fevereiro de 2017, que contém recomendações à Comissão sobre disposições de Direito Civil sobre Robótica; Resolução, de 12 de fevereiro de 2020, sobre processos automatizados de tomada de decisões: assegurar a proteção dos consumidores e a livre circulação de bens e serviços (2019/2915(RSP)); Resolução, de 20 de outubro de 2020, que contém recomendações à Comissão sobre o regime relativo aos aspetos éticos da inteligência artificial, da robótica e das tecnologias conexas (2020/2012(INL)). Especificamente sobre a revisão da Diretiva 85/374/CEE, vd., na doutrina, com outras indicações, Andrea Amidei, "Intelligenza artificiale e responsabilità da prodotto", in Ugo Ruffolo (a cura di), *Intelligenza artificiale: il diritto, i diritti, l'etica*, Milano: Giuffrè Francis Lefebvre, 2020, 125-152, esp. 127-131.

[87] Eduardo Figueiredo, *Direito e Nanobiotecnociência*, 49.

[88] Com diferentes pistas bibliográficas, convoca a definição de Ricardo García Manrique ["¿Necesitamos una nanoética? (La nanoética como disciplina específica)", in María Casado (ed.), *Bioética y Nanotecnología*, Navarra: Thomson Reuters, 2010, 45], utilizando nanoética para "designar um conjunto de questões morais suscitadas pelo desenvolvimento e aplicação das nanotecnologias".

[89] Eduardo Figueiredo, *Direito e Nanobiotecnociência*, 272-273.

[90] Eduardo Figueiredo, *Direito e Nanobiotecnociência*, 276-278.

[91] Eduardo Figueiredo, *Direito e Nanobiotecnociência*, 285, n. 939.

e a ocultação algorítmica (dimensão captada pela imagem de "caixa negra"). Acresce o conflito entre decisões humanas – no caso, do médico – e as decisões automatizadas conflituantes[92] (pense-se em Watson, o robô médico da IBM).

3.7. Tempos: sobre a intergeracionalidade

Esta é uma obra que assume um "futuro presente" como problema. Desde logo, porque aborda tecnologias que já existem, mas que, de alguma forma, contribuem para desenhar a "medicina do futuro". A nanotecnociência alarga o horizonte de possibilidades e desenha caminhos de porvir. Sendo a (inter)geracionalidade uma nota da condição humana, Eduardo Figueiredo não ignora a projeção temporal dos riscos e a possibilidade de afetarem gerações futuras, mais próximas ou mais remotas. Na obra que agora prefaciamos, as gerações vindouras estão presentes no campo das fontes (veja-se a referência à Declaração sobre a Responsabilidade das Gerações Presentes em Relação às Gerações Futuras[93]), em sede de tipologia de testes genéticos (*Testes de diagnóstico de predição de riscos para gerações futuras*[94]), e ainda no quadro de uma teoria dos deveres intergeracionais, convocando *O princípio responsabilidade*, de Hans Jonas, com projeção no princípio da precaução[95].

3.8. Redes: internormatividade e pluralismo de ordens de referência

Eduardo Figueiredo não olvida que uma análise da ordem jurídica portuguesa não deve ser feita como se vivêssemos num mundo de mónadas normativas. Nascido já depois da queda do Muro, num tempo marcado

[92] Eduardo Figueiredo, *Direito e Nanobiotecnociência*, 287-288.
[93] Eduardo Figueiredo, *Direito e Nanobiotecnociência*, 132.
[94] Eduardo Figueiredo, *Direito e Nanobiotecnociência*, 150.
[95] Eduardo Figueiredo, *Direito e Nanobiotecnociência*, 190.

pela globalização, mas quando rufam tambores de desglobalização[96] e de aspirações de homogeneidade social que trazem a nostalgia de passados idealizados, não pode ignorar a multiplicidade de pertenças que se traduz numa ideia de cidadanias múltiplas no plano político, mas também numa pluralidade de cidadanias em função de esferas relevantes em termos societários (cidadania económica, mas também do consumidor, entre outras). Não se desconhece, desde logo, a pertença supranacional que resulta da participação no projeto da União Europeia, que se traduz numa comunidade promotora de ciência, também, como se pode ler nesta obra, na defesa da Medicina Personalizada de Precisão e da farmacogenómica. Aqui, num olhar jurídico, convocam-se diplomas como a Carta dos Direitos Fundamentais da União Europeia, o Regulamento Geral sobre a Proteção de Dados (RGPD)[97] ou ainda o Regulamento (UE) n.º 746/2017, do Parlamento Europeu e do Conselho, de 5 de abril de 2017, relativo a dispositivos médicos para diagnóstico *in vitro.* No quadro do Conselho da Europa, privilegia-se a Convenção sobre os Direitos Humanos e a Biomedicina (CDHB), sem excluir a relevância de outros diplomas, como é o caso da Convenção Europeia dos Direitos Humanos (CEDH) ou a Convenção para a Proteção das Pessoas relativamente ao Tratamento Automatizado de Dados de Caráter Pessoal.

No plano interno, sublinha-se, para além do Código Civil e do Código Penal, uma mobilização sistemática da legislação pertinente para diferentes campos percorridos – responsabilidade civil do produtor[98]; farmácia e medicamento[99]; saúde em geral[100]; comissões de ética para a saúde[101] e investigação clínica[102]; transplantes[103]; sangue humano

[96] Nos últimos anos, o tratamento do tema tem vindo a multiplicar-se em obras, mas o tópico era discutido antes da vitória de Donald Trump e do Brexit.

[97] Considerando também, no plano nacional, a Lei nº 58/2019, de 8 de agosto, a qual assegura a execução, na ordem jurídica nacional, do RGPD.

[98] Decreto-Lei n.º 383/89, de 6 de novembro (Responsabilidade decorrente de produtos defeituosos).

[99] Decreto-Lei n.º 176/2006, de 30 de agosto (Regime jurídico dos medicamentos de uso humano).

[100] Lei n.º 95/2019, de 4 de setembro (Lei de Bases da Saúde).

[101] Decreto-Lei n.º 97/95, de 10 de maio, que regula as comissões de ética para a saúde.

[102] Lei n.º 21/2014, de 16 de abril (Lei da Investigação Clínica).

[103] Lei n.º 12/93, de 22 de abril, sobre colheita e transplante de órgãos e tecidos de origem humana.

e componentes sanguíneos[104]; procriação medicamente assistida[105]; informação genética pessoal (e também informação de saúde)[106] e bases de dados de perfis de ADN[107].

Realce-se a abordagem a partir do direito constitucional, nomeadamente mobilizando um conjunto de preceitos da bioconstituição que tem como objeto omissões ou ações, do Estado ou de entidades privadas, centradas sobretudo na tutela da vida, da identidade e da integridade pessoais e na saúde do ser humano, atual ou futuro, em particular perante as possibilidades (nomeadamente ameaças) da biomedicina.

3.9. Bem comum, democracia e pessoa

O quadro da tecnociência (incluindo a "nanobiotecnociência") impõe exigências no plano da democracia e da legitimação. Em tempo de risco e de incerteza[108], assume especial relevância a legitimação pelo procedimento[109] e desenham-se novos atores. A participação democrática não se esgota nos procedimentos legislativos e abre-se a novos atores e a outros modos (painéis de discussão)[110]. A dialógica, fundamental na condição humana, que mereceu uma fortíssima reflexão no pensamento de autores como Martin Buber e Franz Rosenzweig, aponta caminhos também nesta esfera[111].

[104] Decreto-lei n.º 267/2007, de 24 de julho, o qual contém o regime jurídico da qualidade e segurança do sangue humano e dos componentes sanguíneos.

[105] Lei n.º 32/2006, de 26 de julho (Lei da Procriação Medicamente Assistida).

[106] Lei n.º 12/2005, de 26 de janeiro, sobre informação genética pessoal e informação de saúde; Decreto-lei n.º 131/2014, de 29 de agosto.

[107] Lei n.º 5/2008, de 12 de fevereiro, relativa a bases de dados de perfis de ADN.

[108] Para a distinção de Knight entre incerteza e risco, aplicada ao campo da bioética e do direito da saúde, vd., entre nós, António Barbosa de Melo, "A incerteza na decisão em bioética: a visão de um jurista", *Revista Portuguesa de bioética* (2007/2) 157-169, esp. 166-167.

[109] Que não deve ser confinada à leitura sociológica de Niklas Luhmann, *Legitimação pelo procedimento*, Brasília: Editora Universidade de Brasília, 1980.

[110] Eduardo Figueiredo, *Direito e Nanobiotecnociência*, 49.

[111] Sobre a dialógica, vd., entre nós, Miguel Baptista Pereira, "Filosofia e crise actual de sentido", *Tradição e crise* – I, Coimbra: Faculdade de Letras, 1986, p. 5-167, 81-166 (no que toca às relações entre dialógica e medicina, vd. 156-166).

Na decisão biomédica é preciso escutar a pluralidade de vozes, com as suas histórias e mundividências. Não nos movemos agora no nível micro da relação médico-paciente, que no primeiro polo se tende a dizer crescentemente em registo de equipa e onde, no segundo – o do paciente –, se assistiu, ao menos na *law in books*, a uma redução da matriz familiarista, especialmente forte nos países do Sul da Europa[112]. Naturalmente que essa dimensão dialógica é fundamental no referido plano relacional e tem importantes refrações em sede de consentimento informado, enquanto expressão da autonomia, que Eduardo Figueiredo expressamente considera, criticando a sua redução ritualista a "mera formalidade processual"[113] nos casos em que os formulários de consentimento são erigidos em alfa e ómega. Escreve:

> "o processo de prestação do consentimento não poderá ser outro senão um processo eminentemente dialógico e interativo, alicerçado numa relação crescentemente marcada pela alteridade e confiança mútua."[114]

Aqui trata-se de anteceder a decisão política de um diálogo colaborante, num mundo em que a representação tradicional dos partidos como "redutores da complexidade" conhece novos desafios em sociedades hipercomplexas. Ideia que passa pela regulação[115] e que se pode fundar logo no reconhecimento dos limites da racionalidade. Se o autor, convocando Fernando Pessoa, anuncia que pretende ancorar a sua análise na realidade[116], então há que ter presente os riscos da chamada "ilusão sinótica", expressão de um "racionalismo construtivista" [117].

Na concretização dos direitos assumem especial relevância a organização e o procedimento.

[112] Recorde-se Diego Gracia e a sua tese das diferentes comunidades bioéticas: "The intellectual basis of bioethics in Southern European countries", *Bioethics* (1993), 97-107.

[113] Eduardo Figueiredo, *Direito e Nanobiotecnociência*, 159-160.

[114] Eduardo Figueiredo, *Direito e Nanobiotecnociência*, 159-160.

[115] Eduardo Figueiredo, *Direito e Nanobiotecnociência*, 148.

[116] Eduardo Figueiredo, *Direito e Nanobiotecnociência*, 7.

[117] Sobre a "ilusão sinótica" e o "racionalismo construtivista", vd. Friedrich Hayek, *Derecho, legislación y libertad*, vol. I, Madrid: Unión Editorial, 1985, Cap. I.

Bem comum que tem associado o campo da teoria da justiça, uma disciplina que mereceu especial consideração, no mundo anglo-saxónico, na obra de John Rawls, *A Theory of Justice*, publicada há meio século (1971)[118]. Justiça que compreende quer a justiça distributiva quer a justiça comutativa e ainda a justiça geral (obrigações das pessoas para com a comunidade). Na obra, a justiça comutativa é expressamente convocada no âmbito de partilha de benefícios resultantes da utilização de recursos genéticos[119]. A justiça distributiva perpassa por uma série de problemas, nomeadamente em termos de acesso a cuidados de saúde e, em geral, o "acesso equitativo à ciência e tecnologia"[120]. Sem prejuízo do papel central dos Estados nacionais, importa não olvidar a relevância de um bem comum mundial[121] (*bonum commune generis humani*[122]), ilustrado já na Segunda Escolástica ou Escolástica Ibérica.

A pandemia, tema que já comparece nesta obra[123], mostrou a necessidade de reforço das dimensões de justiça global e de um paradigma pós-vestefaliano no campo da saúde. O autor suscita algumas questões, entrando também no domínio do direito da propriedade intelectual, no que toca às patentes das vacinas, em termos que não podemos discutir aqui.

[118] Edição portuguesa: *Uma teoria da justiça*, Lisboa: Editorial Presença, 1993.

[119] Eduardo Figueiredo, *Direito e Nanobiotecnociência*, 276-279.

[120] Eduardo Figueiredo, *Direito e Nanobiotecnociência*, 279-281.

[121] Entre nós, cf., por todos, sobre a refração jurídica da categoria, Afonso Rodrigues Queiró, "A autoridade", in: *Estudos* 35 (1957), agora in: *Estudos de Direito Público*, Vol. II, Obra dispersa, t. II, Coimbra, 2002, 25-52, esp. 49-52, em que o bem comum estadual é apresentado como uma "espécie de bem particular em relação ao bem comum internacional".

[122] Citando Francisco Suárez, cf., sobre este ponto, Bardo Fassbender, "Zwischen Staatsräson und Gemeinschaftsbindung: Zur Gemeinwohlorientierung des Völkerrechts der Gegenwart", in Herfried Münkler / Karsten Fischer (Hrsg.), *Gemeinwohl und Gemeinsinn im Recht: Konkretisierung und Realisierung öffentlicher Interessen*, Berlin: Akademie Verlag, 2002, 231-274, 232.

[123] Eduardo Figueiredo, *Direito e Nanobiotecnociência*, 62, 282.

4. Leitura(s): do convite à "ressonância"

"Criei-me eco e abismo, pensando.
Multipliquei-me aprofundando-me."
Bernardo Soares[124]

Para os resistentes que tenham chegado até aqui ou que, em salto de leitura, agora espreitem estas linhas, fica apenas uma palavra breve de justificação-convite à leitura. *Direito e Nanobiotecnociência* é uma obra para ser lida, em primeiro lugar por juristas, mas também por um público que não abdica de pensar sobre a condição humana, na nossa comum e partilhada circunstância. Quando se louva a hibridação e as trombetas anunciam a pós-humanidade, é relevante ver que muralhas importa preservar, na névoa embriagada, em tempos de aceleração da "aceleração"[125].

O livro que agora chega aos leitores é uma boa introdução a um território cada vez mais presente. Com seiva intelectual, ajuda-nos a percorrer parte do labirinto do tempo numa perspetiva onde se conjugam macro e micro, cerzindo direito e "nanobiotecnociência". Tarefa a continuar pelos destinatários, em registo de personalizada recriação do eco, preferindo o fundamento (*Grund*) ao abismo (*Abgrund*)[126].

É tempo de o ler!

[124] Fernando Pessoa, *Livro do Desassossego*, 71, n.º 93.

[125] Sobre a aceleração como marca da modernidade, vd. Hartmut Rosa, *Social acceleration: a new theory of modernity*, New York: Columbia University Press, 2013; Idem, *Resonancia: una sociología de la relación con el mundo*, Madrid: Katz, 2019, que, logo a abrir, apresenta a aceleração ("incremento em quantidade por unidade de tempo") como o problema e a ressonância como a solução (15).

[126] Jogamos aqui, com liberdade, com uma conhecida formulação de Martin Heidegger.

PARTE I.
A TÍTULO DE INTRODUÇÃO: A(S) CIÊNCIA(S) EM CRISE?

"Science sans conscience n'est que la ruine de l'âme."

François Rabelais

A alvorada do Terceiro Milénio fez-se acompanhar de um vertiginoso desenvolvimento tecnocientífico em áreas tão diversas como a genética, a(s) nanotecnologia(s) e a robótica, abrindo caminho a "profecias cada vez mais otimistas, como a possibilidade de vencer a própria morte"[127], a dor, o sofrimento, o medo ou a angústia, os quais desde sempre se apresentam como símbolos por excelência da intrínseca *fragilidade humana* não só no plano biológico-ontológico, mas também circunstancial ou epocal[128].

Há mesmo quem afirme que estamos a vivenciar a *Revolução GNR* (*Genética, Nanotecnologia, Robótica*)[129] ou uma *Quarta Revolução Industrial* (KLAUS SCHWAB), assistindo à mudança constante e expressiva das "normas, regras, expetativas, objetivos, instituições e incentivos que todos os dias orientam o nosso comportamento, bem como [d]as infraestruturas e [d]os fluxos de bens e pessoas que são fundamentais para a nossa vida económica, política e social"[130].

[127] HARARI, Yuval Noah, *Homo Deus: história breve do amanhã* (trad. por Bruno Vieira Amaral), 4.ª Edição, Amadora: Elsinore, 2017, pp. 35-36.

[128] LOUREIRO, João, *Constituição e biomedicina – contributo para uma teoria dos deveres bioconstitucionais na esfera da genética humana – vol. I*, Coimbra: Faculdade de Direito da Universidade de Coimbra, 2003, p. 39.

[129] LOUREIRO, João, "Prometeu, *golem* & companhia: bioconstituição e corporeidade numa sociedade (mundial) de risco", in *Boletim da Faculdade de Direito da Universidade de Coimbra*, vol. 85, 2009, p. 161.

[130] SCHWAB, Klaus, *Moldando a quarta revolução industrial* (trad. por Rui Candeias), Portugal: LEVOIR, 2019, p. 24.

Atualmente, os benefícios de um "progresso tecnológico virtualmente ilimitado" com vista à melhoria da raça humana e do próprio planeta são uma bandeira recorrentemente hasteada pelos diversos membros da comunidade científica e seus apoiantes[131]. E a verdade é que, aos poucos, o ser humano tem procurado controlar tudo o que o rodeia e o seu próprio substrato biológico, incrementando as suas capacidades físicas, psicológicas e emocionais, já não apenas por via do melhoramento de instrumentos externos, mas também pela "melhoria do espírito e corpo humanos, ou uma fusão direta com aqueles instrumentos"[132]. Tudo isto nos tem feito questionar o que significa, atualmente, ser-se humano e, indo ainda mais longe, qual o estatuto, mormente ético e jurídico, que devemos reconhecer, no futuro, aos chamados "transumanos" – os quais apresentarão uma constituição biológica aperfeiçoada, seja pela melhoria do seu «*pedigree*» genético, seja pela fusão do seu corpo com o de outras espécies animais (o que nos remete para o problema da criação de *híbridos* ou de *quimeras*) – ou aos "pós-humanos" surgidos da hibridação entre o homem e a máquina

[131] Honnefelder, Ludger, "Science, law and ethics: the biomedicine convention as an ethico-legal response to current scientific challenges", in *Health Law, Human Rights and the Biomedicine Convention: Essays in Honor of Henriette Roscam Abbing* (ed. por J. Gevers, E. H. Hondius e J. H. Hubben), The Netherlands: Martinus Nijhoff Publishers, 2005, p. 13.

[132] Harari, Yuval Noah, *Homo Deus: história breve do amanhã*, *op. cit.*, 55. Na base de tais pretensões está uma drástica alteração das hodiernas representações sobre o ser humano, abrindo portas à possibilidade de modificação do corpo, mas também tornando-o obsoleto e ultrapassado (transmutando-o numa parte do próprio sistema tecnológico – num "*corpo-hardware*").

(os *ciborgues*)[133/134]. Há mesmo quem, no limite, avance com tentativas – *ab initio* frustradas – de definir cientificamente a pessoa[135], como se esta não fosse "uma categoria ético-axiológica, ainda que com pontes reconhecidamente ontológicas"[136].

Assim, como é fácil de ver, as novas potencialidades científicas e tecnológicas influenciam, moldam e transformam a sociedade

[133] Está, hoje, portanto, relançada a discussão em torno do tema do melhoramento de seres humanos – com vista a estimular a sua função cerebral, a fortalecer a sua estrutura óssea, a incrementar a sua velocidade ou longevidade... –, prática encarada por muitos como o *fim da vida tal como a conhecemos* e, por outros, como o *início de uma era promissora* em que o indivíduo toma as rédeas do seu destino e na qual o melhoramento deixará de ser uma mera possibilidade disponível ao ser humano, para se tornar uma autêntica necessidade prescrita pela sua própria obsolescência Cf. GORDIJN, Bert, "Ethical issues in nanomedicine", in *Nanotechnologies, Ethics and Politics* (ed. por Henk A. M. J. ten Have), Paris: UNESCO Publishing, 2007, p. 119; LENK, Christian / BILLER-ANDORNO, Nikola, "Nanomedicine-emerging or re-emerging ethical issues? A discussion of four ethical themes", in *Med. Health Care Philos.*, n.º 10, vol. 2, 2007, pp. 173 e ss.; PYRRHO, Monique / SCHRRAM, Fermin Roland, *Nanotecnociência e humanidade*, Coimbra: Imprensa da Universidade de Coimbra, 2016, pp. 114 e 150; MELO, Helena Pereira de, "*Does size matter?* A nanotecnologia e o Direito", in *Estudos Comemorativos dos 10 anos da Faculdade de Direito da Universidade Nova de Lisboa* (coord. por Diogo Freitas do Amaral, Carlos Ferreira de Almeida e Marta Tavares de Almeida), vol. I, Coimbra: Almedina, 2008, pp. 274-275; e ainda, MILLER, John, "Beyond biotechnology: FDA regulation on nanomedicine", in *The Columbia Science and Technology Law Review*, vol. 4, 2003, p. 19.

[134] GRÉGOR PUPPINCK afirma, a este propósito, que há "dois poderes que operam de forma concertada para fazer emergir um homem novo, *transumano* ou *sobre-humano*: a tecnologia como poder de transformação do real, e o direito como poder de representação do real. O Homem transformado pela tecnologia é «normalizado» pela sua representação «normativa»". Cf. PUPPINCK, Grégor, *Os direitos do homem desnaturado* (trad. por Maria José Figueiredo), Cascais: Princípia Editora, 2019, p. 175; e ainda, SUSANNE, Charles / CASADO, María / BUXÓ I REY, María Jesús, "What challenges offer nanotechnology to bioethics?", in *Revista de Derecho y Genoma Humano*, n.º 22, 2005, p. 34.

[135] A este propósito, atente-se nas sábias palavras de HELMUT SCHELSKY, na sua obra *Einsamkeit und Freiheit* (1963): "Com a civilização científica, que o homem leva a cabo de um modo planificado, surge uma nova ameaça no mundo: o perigo de que o homem se explicite só mediante ações externas que transformam o mundo e fixe e trate tudo, aos outros homens e a si mesmo, nesta esfera objetiva de ação construtiva. Esta nova auto-alienação do homem, que lhe pode roubar a sua identidade e a do outro..., é o perigo de que o criador se perca na sua obra e o construtor na sua construção. O homem afadiga-se sem tréguas por transcender-se na objetividade autoproduzida, no seu ser construído, e trabalha incessantemente no desenvolvimento deste processo de auto-objetivação científica". A referência foi retirada de HABERMAS, Jürgen, *Técnica e ciência como "ideologia"* (trad, por Artur Morão), Lisboa: Edições 70, 2016, p. 147.

[136] LOUREIRO, João, "Bios, tempo(s) e mundo(s): algumas reflexões sobre valores, interesses e riscos no campo biomédico", in *Estudos em Homenagem ao Prof. Doutor Jorge de Figueiredo Dias – Vol. IV* (coord. por Manuel da Costa Andrade, Maria João Antunes e Susana Aires de Sousa), Coimbra: Coimbra Editora, 2009, p. 494.

e despertam reações verdadeiramente antagónicas, catapultando a ciência para um cenário de tensão, discórdia e incerteza. Um tal processo surge, atualmente, agravado pelo facto de a tecnologia ser encarada como uma "espécie de força externa, quase determinista, que não pode ser mudada nem interrompida"[137], abrindo caminho a discursos fatalistas e demonizadores do progresso tecnocientífico, os quais, aliados aos novos desafios e inquietações do mundo (pós-)moderno – como a desigualdade, os extremismos, a tensão social, a fragmentação política e o agudizar da(s) vulnerabilidade(s) das populações[138] –, inauguram um período de verdadeira crise, mormente no plano científico-tecnológico.

Desde logo, como a própria história se encarregou de nos ensinar – na maior parte das vezes, da forma mais hedionda possível –, importa não esquecer que o avanço tecnocientífico não é, nem pode ser, neutro (*scilicet*, inserido num vácuo desassociado de quaisquer valores morais ou sociais)[139]; antes, ele encontra-se profundamente comprometido com distintas conceções mundividenciais, diferentes premissas axiológico-valorativas e interesses políticos, económico-financeiros, sociais e individuais heterogéneos (senão mesmo conflituantes). A ciência pretende servir, portanto, o planeta, a sociedade e a pessoa, mas não partindo de uma formulação verdadeiramente holística dos mesmos que abarque todas as formas como estes se nos apresentam empiricamente (ou até, de forma bem mais complexa, num plano metafísico). Queremos com isto dizer que um determinado advento científico visará sempre servir, pelo menos num primeiro momento, a específica e historicamente situada conceção ou ideologia social e/ou individual que funda e justifica a(s) escolha(s) científica(s) apoiada(s) pela comunidade ou tomada(s) pelo próprio investigador[140]. Por isso é que é tão importante que se identifiquem os valores associados a uma determinada tecnologia, procurando-se compreender como é que ela pode influenciar as nossas escolhas

[137] Schwab, Klaus, *Moldando a quarta revolução industrial, op. cit.*, 51.

[138] *Idem*, 30.

[139] As teses defensoras da neutralidade da ciência tendem a colocar em evidência o "caráter moral dos utilizadores das tecnologias". Cf. *Idem*, 52.

[140] Rose, Steven / Rose, Hilary, "Can science be neutral?", in *Perspectives in Biology and Medicine*, n.º 16, vol. 4, 1973, pp. 607 e ss.

e tomadas de decisão e, em consequência, a própria vida no mundo e em sociedade[141] – embora seja conveniente não esquecer que um tal processo se pode afigurar altamente complexo e especialmente propício à incubação de reações indesejáveis e redutoras, quer "tecnofílicas", quer "tecnofóbicas"[142].

Além disso, impõe-se uma referência ao chamado "dilema do duplo-uso"[143], o qual se prende com o facto de uma mesma tecnologia – tal como *Janus* e a sua dupla face – poder ser utilizada para a prossecução de um conjunto de finalidades absolutamente louváveis e socialmente valorizadas e, *pari passu*, para o cometimento de um conjunto de atos nefastos que colocam em causa os mais básicos e fundamentais direitos e liberdades da pessoa – e até, quem sabe, a própria sobrevivência da espécie humana e das demais espécies que compartilham connosco este planeta, já hoje largamente ameaçado[144]. A doutrina tem considerado que esta ambivalência do progresso científico é um dos principais fatores justificativos da atual frustração dos investigadores e da perigosa descrença da sociedade na ciência (mormente legitimando e fortalecendo os conhecidos argumentos da "rampa resvaladiça" ou da "rutura do dique"), impondo-se a tomada de medidas urgentes de reconciliação

[141] SCHWAB, Klaus, *Moldando a quarta revolução industrial*, *op. cit.*, 69.

[142] WOLPE, Paul Root / WU, Lindsey, "Nanotechnology, neurotechnology and the ethical challenges of human interventions", in *The Role of Health Law, Bioethics and Human Rights to Promote a Safer and Healthier World* (ed. por Paula Lobato de Faria), Lisboa: Fundação Luso-Americana para o Desenvolvimento, 2006, p. 96.

[143] HONNEFELDER, Ludger, "Science, law and ethics: the biomedicine convention as an ethico-legal response to current scientific challenges", *op. cit.*, 13.

[144] A este propósito, HERBERT MARCUSE afirmava que "enquanto universo de meios, a técnica pode tanto debilitar como aumentar o poder do homem". A referência foi encontrada em HABERMAS, Jürgen, *Técnica e ciência como "ideologia"*, *op. cit.*, 54. Vide, ainda, FEITO GRANDE, Lydia, *El sueño de lo posible: bioética y terapia génica*, Madrid: Comillas, 1999, p. 186. Pense-se, por exemplo, na utilização da *nanobiotecnociência* para fins bélicos (*v.g.* para o desenvolvimento de melhores equipamentos de proteção contra químicos ou balas ou, ainda, para a produção de materiais que tornem as armas mais leves, pequenas e precisas e as dotem de um maior potencial letal e de destruição maciça). Segundo a doutrina, os países que mais têm investido neste domínio são os EUA, mas também a França, Alemanha, Japão e, possivelmente, a China. Cf. SIMPSON, Robert / SPARROW, Robert, "Nanotechnologically enhanced combat systems: the downside of invulnerability", in *In Pursuit of Nanoethics* (ed. por Bert Gordijn e Anthony M. Cutter), Dordrecht: Springer, 2014, p. 97.

desta com aquela, e *vice-versa*[145]. Nesse sentido, deve adotar-se um modelo relacional que afirme a ciência como "socialmente determinante", ao mesmo tempo que reconhece que a mesma será sempre "determinada socialmente"[146].

Mas note-se, mesmo a utilização da tecnologia para fins socialmente louvados – como são casos exemplares a proteção da saúde, do ambiente ou do bem-estar humano – acarreta inúmeros riscos desconhecidos ou, pelo menos, incertos, obrigando os indivíduos a tomar as suas decisões sob um "véu de ignorância" (John Rawls) quanto aos efeitos negativos que delas podem resultar[147]. Tal facto surge agravado pela ascensão de uma ciência híper-veloz que vai deixando para trás a *tartaruga ético-jurídica* e que se rende às forças disruptivas dos mercados, fazendo suceder a 'verificação' à 'implementação' e anteceder a 'produção' à própria 'investigação'[148]. Nos dias que correm, o diálogo com o risco é, pois, uma constante global incontornável, geradora de profundas tensões, as quais resultam, desde logo, da sua marcada ambivalência: por um lado, o risco difunde um *medo paralisante*; por outro, parece criar novos *espaços de ação de valor incalculável*[149].

Além disso, as próprias mudanças estruturais no contexto e nas condições ao abrigo das quais a investigação científica é, atualmente, levada a cabo (principalmente tendo em conta os complexos processos de globalização económico-financeira e de mundialização) também têm colocado enormes desafios neste domínio, por exemplo, tornando bastante difícil "identificar quem exerce o poder e que objetivos visa alcançar", desde logo em razão da proliferação de redes de investigação multicêntricas e transnacionais e do complexo e nem sempre transparente

[145] Esta mesma ideia foi expressa, de forma exemplar, por Guy Paillotin na obra de Kahn, Axel, *Société et révolution biologique*, Paris: INRA Éditions, 1998, p. 82.

[146] Pyrrho, Monique / Schrram, Fermin Roland, *Nanotecnociência e humanidade*, *op. cit.*, 45.

[147] Loureiro, João, "Estatuto del *nasciturus*: una(s) mirada(s) europea(s) – vulnerabilidad, derecho(s) y el «imperativo tecnocientífico»", in *La protección jurídica del nasciturus en el derecho español y comparado* (coord. por Antonio José Sánchez Sáez), Granada: Editorial Comares, 2018, p. 124.

[148] Beck, Ulrich, *Sociedade de risco mundial: em busca da segurança perdida* (trad. por Marian Toldy e Teresa Toldy), Lisboa: Edições 70, 2015, p. 78.

[149] *Idem*, 114; e ainda, Delgado Ramos, Gian Carlo, "El paradigma económico de la nanotecnología", in *Comercio Exterior*, vol. 57, n.º 7, 2007, p. 547.

sistema de financiamento (público e/ou privado) dos projetos de investigação científica[150]. Como alertam BEATRIZ CAMPILLO VÉLEZ e GUILLERMO ZULETA SALAS, são "inúmeros os investimentos que os Estados e entidades privadas levam a cabo no domínio da indústria (...), esperando com isso obter elevados lucros, o que não deixa de levantar dilemas quanto à sua responsabilidade ética, num contexto de alta competitividade com os demais atores"[151]. E note-se, tal aspeto tenderá a revestir-se de uma importância cada vez maior, especialmente à medida que tomamos consciência das elevadas consequências sociais, políticas, económicas e até mesmo culturais da atividade científica (por exemplo, no que respeita à "redistribuição do poder na sociedade" e à transfiguração dos processos de tomada de decisão que influenciam os nossos padrões individuais e comunitários de atuação[152]).

Ante desafios tão complexos, será exigível um elevado sentido de responsabilidade a todos os elementos da comunidade científica[153], cuja atuação se encontra, cada vez mais, sujeita a escrutínio e dependente de legitimação por via de intensa participação democrática (através de consultas e audiências públicas, grupos de reflexão, painéis de cidadãos, conferências de consensos, do *lobbying*, *etc.*[154]) no momento da tomada de decisões fraturantes que, em larga medida, moldam o futuro da humanidade[155]. Nesse sentido, é necessário investir na elaboração

[150] HONNEFELDER, Ludger, "Science, law and ethics: the biomedicine convention as an ethico-legal response to current scientific challenges", *op. cit.*, 15.

[151] CAMPILLO VÉLEZ, Beatriz / ZULETA SALAS, Guillermo, "Bioética y nanotecnología", in *Revista Lasallista de Investigación*, vol. 1, n.º 1, 2014, p. 68.

[152] BYK, Christian, "Droit et complexité: l'exemple du bio-droit", in *Revue de la Recherche Juridique*, vol. XLI – 164, 2016, p. 1537.

[153] SANTOS, Nivaldo / NOLASCO, Loreci, "A ênfase sobre conduta ética e os fatores incerteza e a condição humana inerentes às nanotecnologias", in *Revista da Faculdade de Direito UFMG*, n.º 69, 2016, p. 468.

[154] GONÇALVES, Maria Eduarda, "Regulação do risco e «risco» da regulação: o caso dos organismos geneticamente modificados", in *Estudos Comemorativos dos 10 anos da Faculdade de Direito da Universidade Nova de Lisboa* (coord. por Diogo Freitas do Amaral, Carlos Ferreira de Almeida e Marta Tavares de Almeida), vol. I, Coimbra: Almedina, 2008, p. 463.

[155] Neste sentido, ULRICH BECK defende que a opinião pública deve intervir como uma espécie de "segundo lugar de verificação discursiva dos resultados científicos obtidos em laboratório". Cf. BECK, Ulrich, *Sociedade de risco mundial: em busca da segurança perdida*, *op. cit.*, p. 93; SCHWAB, Klaus, *Moldando a quarta revolução industrial*, *op. cit.*, 205; e ainda, em geral, v. NELKIN, Dorothy, *Technological decisions and democracy: European experiments in public participation*, California: Sage Publications, 1977.

e implementação de políticas educativas e de consciencialização que permitam o debate social em torno desta temática (e de outras), afastando perceções erradas por parte do público e, assim, evitando-se a ascensão do sensacionalismo e de um certo alarmismo social larvar[156], os quais surgem como verdadeiras ameaças ao progresso tecnocientífico e ao bem-estar societal no seu todo.

Posto isto, ao longo da presente investigação, iremos dedicar-nos a analisar algumas das principais questões éticas e jurídicas em dois setores tecnocientíficos que têm sido considerados um "verdadeiro milagre tecnológico"[157]: a *genética* e a *nanotecnologia*. Como veremos, ambos apresentam um elevado potencial social, económico e até político (relembremos o conceito de *biopolítica* proposto por MICHEL FOUCAULT...) e poderão contribuir para a resolução de uma série de desafios societais[158], mormente no domínio da saúde, que é aquele em que iremos, *hic et nunc*, concentrar o nosso estudo[159].

Nesse sentido, tentaremos caraterizar, ainda que de forma meramente perfunctória, a designada *Revolução (Pós-)Genómica* e, mais especificamente, a evolução da *Medicina Personalizada de Precisão* (MPP) na arena global e europeia, mormente analisando as suas principais vantagens e oportunidades, mas também algumas das suas desvantagens

[156] CASADO, María / LÓPEZ BARONI, Manuel J., "Nanotecnología e inseguridad jurídica: análisis de los criterios sostenidos por la Unión Europea a la luz del principio de precaución", in *Revista de Derecho y Genoma Humano*, n.º 49, 2018, p. 39.

[157] GARÍ RAMOS, Manuel, "Nanotec: megaganancias y gigarriesgos", in *Bioética y Nanotecnología* (coord. por María Casado), Navarra: Thomson Reuters, 2010, p. 149.

[158] V. Comunicação da Comissão ao Parlamento Europeu, ao Conselho, ao Comité Económico e Social Europeu e ao Comité das Regiões, "Preparar o futuro: conceber uma estratégia comum para as tecnologias facilitadoras essenciais na UE", Bruxelas, 30 de setembro de 2009, disponível em: <https://eur-lex.europa.eu/legal-content/PT/TXT/PDF/?uri=CELEX:52009DC0512&from=EN>. Consultado em: 12 de novembro de 2019.

[159] A doutrina tem colocado em destaque as potencialidades da nanotecnologia para a prossecução dos vários Objetivos do Desenvolvimento Sustentável (ODS) da Organização das Nações Unidas (ONU) (da chamada "Agenda 2030"), não deixando, porém, de pontuar que, nesse sentido, será "necessária uma reorientação das políticas nacionais de ciência, tecnologia e inovação". Cf. KARIM, Md. Ershadul *et al.*, "Nanotechnology within the legal and regulatory framework: an introductory overview", in *Malayan Law Journal*, vol. 3, 2014, p. 3; e ainda, BADIA MARTÍ, Anna, "Nanotecnología: elementos de conexión con el ordenamiento jurídico internacional", in *Bioética y Nanotecnología* (coord. por María Casado), Navarra: Thomson Reuters, 2010, p. 119.

e ameaças. Além disso, tentaremos delimitar os conceitos de nanociência e de nanotecnologia e traçar um pequeno roteiro evolutivo das mesmas. Logo após, mencionaremos as principais aplicações (efetivas e potenciais) da nanotecnologia, especialmente no domínio médico e farmacológico, referindo-nos aos chamados sistemas de nanodiagnóstico, de nanoterapia e de nanogenética (*Parte II*).

Aqui chegados, tentaremos sintetizar o modo como o Direito (em especial, no contexto dos ordenamentos jurídicos europeu e interno) tem procurado dar resposta aos novos desafios colocados pela ascensão da MPP e de um autêntico *mercado nanobiotecnológico*, a qual tem tornado cada vez mais premente a necessidade de se garantir proteção adequada e efetiva aos direitos e liberdades da pessoa. A este propósito, iremos, de forma especial, abordar alguns desafios que têm sustentado e alimentado a hodierna crise do(s) direito(s) no domínio da *nanobiotecnociência*, exigindo novas e complexas respostas técnico-jurídicas, mormente no que respeita à realização em massa de testes genéticos; à investigação científica em torno do genoma e no setor da nanomedicina; à avaliação, gestão e comunicação de riscos incertos; à prestação do inabdicável consentimento esclarecido; à privacidade e confidencialidade de dados de saúde e de dados genéticos; ao risco de discriminação genética; à crise do(s) direito(s) de propriedade intelectual face aos novos imperativos de partilha de benefícios derivados do progresso científico; à utilização de sistemas de decisão automatizados no domínio da saúde; e à responsabilidade civil no quadro da "medicina do futuro" (*Parte III*).

Nesta *Quarta Revolução Industrial*, parafraseando Paulo Ferreira da Cunha, "as caricaturas e lugares comuns poderão apresentar uma sociedade pintada com as cores da conquista do espaço, hiperdependente da tecnologia, hoje cada vez mais micro – ou nano – e poderes políticos em alguma medida totalitários (...) usufruindo de abundantes meios de controle que uma tal sociedade lhes fornece"[160]. Seremos, pois, confrontados, em todos os planos da vivência individual e societal, com novíssimos desafios, para os quais dificilmente encontraremos uma

[160] Cunha, Paulo Ferreira da, "Do direito fundamental à felicidade: introdução aos seus fundamentos e alguns desafios na sociedade de informação", in *Revista da Faculdade de Direito da Universidade do Porto*, n.º 12-16, 2015-2019, p. 200.

resposta linear e evidente. Tal não significa, porém, que exista apenas um único desfecho possível: o de um *futuro caótico e opressivo*. Caberá ao jurista – e a cada cidadão – a procura de novas soluções, mobilizando o Direito (sempre considerando as suas múltiplas e incontornáveis limitações...) para a compatibilização dos diversos interesses e premissas jusfundamentais em jogo, procurando respostas, *pari passu*, justas e promotoras do progresso científico-humanitário.

PARTE II.
A ERA DA NANOBIOTECNOCIÊNCIA

"É mais importante saber que tipo de pessoa tem uma doença do que saber que tipo de doença tem uma pessoa."

Hipócrates

Afirma JOÃO LOUREIRO que "para a modernidade dominante, o progresso, nas suas vestes tecnológicas, assumiu-se como o novo nome da esperança"[161]. Neste contexto, "duas descobertas (...) podem ser encaradas como paradigmáticas [de todo o desenvolvimento tecnocientífico moderno] (...) [tendo modificado] a relação entre a ciência e a ética: a descoberta da estrutura atómica dos materiais e a descoberta por geneticistas (...) da estrutura molecular do material genético em organismos vivos"[162]. No fundo, estamos a referir-nos, *inter alia*, à ascensão da *nanotecnologia* e da *genética* (a qual está na base do desenvolvimento das designadas *biotecnologias*). O caráter verdadeiramente inovador, impactante e até, porventura, disruptivo de tais descobertas prende-se, no essencial, com o facto de as mesmas terem permitido aos cientistas "modificar os processos causais", em vez de apenas lhes permitirem "lidar com os seus efeitos e sintomas"[163].

Ora, é justamente na intersecção entre estes dois fascinantes domínios (*«nânos»* + *«bios»*) que situamos a designada *nanobiotecnociência*[164], a qual tanto congrega o domínio da *produção de conhecimento* através

[161] LOUREIRO, João, "Tripórtico da esperança e do Direito: I. Esperanças(s), escatologia(s), direito(s): aproximações", in *Revista Portuguesa de Bioética*, n.º 19, 2014, p. 93.

[162] HONNEFELDER, Ludger, "Science, law and ethics: the biomedicine convention as an ethico-legal response to current scientific challenges", *op. cit.*, 13.

[163] *Idem*, 15.

[164] A primeira vez que nos deparámos com o termo (embora não com esta exata formulação) foi na obra de PYRRHO, Monique / SCHRRAM, Fermin Roland, *Nanotecnociência e humanidade, op. cit.*; já antes, vide também HOTTOIS, Gilbert, *O paradigma bioético: uma ética para a tecnociência*, Lisboa: Ed. Salamandra, 1990.

da investigação metódica de determinado objeto, fenómeno ou processo ("ciência", do grego «*scientia*»), como a própria *aplicação prática* desse conhecimento à realidade (técnica, do grego «*téchnē*»)[165].

Procuraremos, em seguida, caraterizar alguns dos principais avanços no domínio da genética (e os seus contributos para o desenvolvimento da biotecnologia moderna) e da nanotecnologia, limitando-nos, no essencial, às suas aplicações em contexto sanitário. Em cada um dos casos, trataremos de sintetizar as principais vantagens e oportunidades de tais aplicações, mas também as suas desvantagens e ameaças (seguindo, como já se vê, a metodologia analítica SWOT: *Strong Points; Weak Points; Opportunities; Treats*). Afinal de contas, por mais fascinantes que possam ser os hodiernos avanços tecnocientíficos, é de evitar um qualquer "otimismo eufórico" que possa escamotear os perigos e riscos emergentes[166].

Assim, nesta *Parte II*, o nosso principal objetivo será o de que o leitor se familiarize com os notáveis avanços em cada um destes campos, de modo a facilitar a compreensão e análise crítica das reflexões que, já na *Parte III*, se seguirão sobre o atual enquadramento ético-jurídico de cada uma destas práticas, bem como sobre o modo como as mesmas têm desafiado a comunidade jurídica e obrigado a (re)pensar os direitos e liberdades fundamentais da pessoa humana à luz dos diferentes valores e interesses em conflito. Note o leitor que a nossa formação de base é estritamente humanista e jurídica, pelo que seria injusto da nossa parte, senão mesmo presunçoso, não anunciar o risco de eventuais enlanguescências no que respeita ao rigor científico do discurso ou à própria completude das análises que encetaremos já de seguida. Por outro lado, cabe anunciar que, porque presumimos que os nossos principais leitores serão juristas, procuraremos utilizar, tanto quanto possível, uma linguagem simples e acessível.

[165] Tecendo algumas considerações em torno da relação entre a ciência e a técnica, v. Habermas, Jürgen, *Técnica e ciência como "ideologia"*, *op. cit.*, 95. Vide, em particular, o seguinte excerto: "as informações de natureza estritamente científico-natural só podem entrar num mundo social da vida, por meio da sua utilização técnica, como saber tecnológico".

[166] Bodiroga-Vukobrat, N. / Horak, H., "Challenges of personalized medicine: socio-legal disputes and possible solutions", in *Personalized Medicine: A New Medical and Social Challenge* (ed por. Nada Bodiroga-Vukobrat, Daniel Rukavina, Kresimir Pavelic e Gerald G. Sander), Switzerland: Springer, 2016, p. 37.

CAPÍTULO I
A REVOLUÇÃO GENÓMICA E A ASCENSÃO DA MEDICINA PERSONALIZADA DE PRECISÃO (MPP) NA ARENA GLOBAL E EUROPEIA

Como pontuámos *supra*, uma vez confrontado com a sua intrínseca *fragilidade* e as suas múltiplas condições ou posições de *vulnerabilidade*, o ser humano procurou utilizar a técnica como forma de amenizar as suas debilidades, seja conhecendo-se e controlando-se a si mesmo, seja procurando compreender e dominar tudo aquilo que o rodeia. Tais pretensões impulsionaram, *inter alia*, uma busca incessante pelo conhecimento e controlo daquilo que lhe é mais íntimo: os seus *genes*.

Ora, segundo a literatura científica, o genoma corresponde à *totalidade do complemento genético de um organismo*, isto é, ao conjunto de todo o material genético contido nos seus cromossomas, sabendo-se que todas as suas células contêm essa informação genética[167]. O genoma apresenta uma *componente nuclear* (albergada no núcleo da célula) e uma *componente mitocondrial* (de origem exclusivamente materna e localizada na mitocôndria, a qual funciona como uma espécie de fornalha oxidativa da célula).

Foi com a conclusão do *Projeto do Genoma Humano* (PGH), em 2003, *verbi gratia*, logrando-se o mapeamento e sequenciação do genoma do ser humano, que se iniciou a designada *Revolução (Pós-)Genómica*, por alguns autores considerada como "um dos capítulos mais excitantes do livro da vida" (Allan Bradley). Desde então, os consideráveis avanços

[167] A este propósito, Fernando Regateiro afirma: "Nos vírus e nos organismos unicelulares o genoma corresponde ao total de sequências nucleotídicas presentes, enquanto que nos organismos pluricelulares, o genoma diz respeito ao total de sequências nucleotídicas presentes numa das células nucleadas do organismo". Cf. Regateiro, Fernando J., *Manual de genética médica*, Coimbra: Imprensa da Universidade de Coimbra, 2007, p. 19.

na área da genética humana (e não só) vão abrindo portas a novas possibilidades e a aquilo a que alguns autores chamam de "democratização da genética"[168] ou de uma "realidade da genética-para-todos"[169]. Vejamos alguns exemplos.

Desde logo, nos últimos treze anos, têm sido desenvolvidos os conhecimentos em matéria de *genética clínica*, nomeadamente com a descoberta de mais de 1800 doenças genéticas (e, na grande maioria dos casos, logrando-se identificar os genes nelas implicados), o que facilita a sua previsão, diagnóstico e tratamento atempado, seguro e eficaz.

No domínio terapêutico, muito se tem falado do surgimento de "novas formas de terapia na qual o ADN é o medicamento" (Luísa Mota Vieira). Ora, a edição ou engenharia genética consiste no conjunto de técnicas que permitem a realização de intervenções específicas ao nível molecular da função do ADN ou do ARN (*inserção, substituição, modificação, supressão ou inibição* genéticas), de forma deliberada ou intencional e destinada a alterar caraterísticas estruturais ou funcionais de entidades biológicas, *i.e.* de animais humanos, não-humanos ou de plantas[170].

Há já algum tempo que a comunidade científica consegue editar o genoma humano com recurso a tecnologias de ADN recombinante e a nucleases modificadas (ZFNs e TALENs). No entanto, foi a emergência do sistema *CRISPR* («*Clustered Regularly Interspaced Short Palindromic Repeats*») que inaugurou um novo capítulo na prática da edição genética, permitindo que a mesma seja levada a cabo de forma simples, barata, rápida e precisa.

Em geral, as diferentes técnicas de edição genética podem ser utilizadas com vista (1) à prossecução de *fins preventivo-terapêuticos*, isto é, para se eliminarem genes defeituosos ou causadores de doenças, prevenindo o seu futuro aparecimento ou tornando o organismo editado

[168] Rose, Nikolas, "Personalized medicine: promises, problems and perils of a new paradigm for healthcare", in *Procedia – Social and Behavioral Sciences*, n. º 77, 2013, p. 347.

[169] Cordeiro, João, "Ethical and legal challenges of personalized medicine: paradigmatic examples of research, prevention, diagnostic and treatment", in *Revista Portuguesa de Saúde Pública*, n. º 32, vol. 2, Portugal, 2014, p. 167.

[170] Nuffield Council on Bioethics, "Genome editing: an ethical review", setembro de 2016, p. 4, disponível em: <https://www.nuffieldbioethics.org/publications/genome-editing-an-ethical-review>. Consultado em: 28 de janeiro de 2021.

saudável, e ainda para dotar o indivíduo de certas caraterísticas físicas ou psicológicas "positivas", independentemente de qualquer necessidade terapêutica (*edição genética em sentido positivo*); mas também para (2) se dotar o indivíduo de caraterísticas geralmente qualificadas de "negativas" (*i.e.*, desvantajosas ou limitativas), como sejam uma qualquer doença ou deficiência" (*edição genética em sentido negativo*).

A análise dos recentes e complexos desafios éticos e jurídicos no quadro da edição genética do ser humano não será objeto deste nosso estudo[171], limitando-nos, por isso, a deixar claro que, atualmente, as práticas de *edição genética em sentido negativo* têm sido assertivamente rejeitadas por grande parte da doutrina; já no que respeita às práticas de *edição genética em sentido positivo*, cabe pontuar que, atualmente, a regulamentação – internacional, supranacional e nacional – em vigor aponta, com raríssimas exceções, para a exclusiva admissibilidade da edição genética de células somáticas para fins preventivo-terapêuticos (a designada "terapia génica" ou "terapia genética"). Assim, quer a edição genética de células germinais para fins preventivo-terapêuticos[172], quer a edição genética – na linha celular somática ou germinal – com vista ao melhoramento de seres humanos têm sido, no essencial, rejeitadas.

Por outro lado, especificamente no quadro da *genética preditiva e de diagnóstico*, é imperativo destacar o hodierno desenvolvimento das novas tecnologias de análise do ADN, nomeadamente com o surgimento dos testes genéticos de "nova geração" («*Next Generation Sequencing Genetic Tests*»), os quais são cada vez mais fiáveis, precisos e acessíveis. É, aliás, neste contexto que se tem discutido a possibilidade de implementação de um modelo preventivo-terapêutico personalizado, o qual simboliza

[171] Para maiores desenvolvimentos, tomamos a liberdade de remeter para o nosso estudo: Figueiredo, Eduardo, *Desagrilhoar Prometeu? Direito(s), genes e doença(s): desafios constitucionais na era da engenharia genética*, Lisboa: Petrony Editora, 2020; e ainda, Figueiredo, Eduardo, "Super--man syndrome: Vulnerability(ies) and enhancement(s): Legal and ethical implications of human genetic enhancement", in *Revista de Derecho y Genoma Humano*, vol. 50, Enero-Junio, 2019, pp. 89-115.

[172] As *células da linha somática* são todas as células do organismo cuja informação genética não será transmitida à descendência; já as *células da linha germinal* são todas as células destinadas à reprodução e cuja informação genética é transmitida hereditariamente à descendência.

a total superação da ideia tradicional de «*one-size-fits-all*» ou de «*one medicine for all the patients with the same disease*»[173].

Tendo em conta a considerável amplitude do conceito de MPP – a qual será explicitada mais adiante –, iremos concentrar-nos na análise de alguns dos principais desafios colocados pelo desenvolvimento da *farmacogenética* e da *farmacogenómica*, principalmente tendo em conta que é "nos progressos em certos campos científicos específicos, como no âmbito da farmacogenómica, que o projeto da personalização dos tratamentos médico-farmacológicos apresenta chances [mais] realistas de vir a melhorar a saúde em larga escala"[174], possibilitando a implementação de novos modelos – não exclusivamente mas, pelo menos, determinantemente – baseados no conhecimento do património genético do paciente.

E a verdade é que, hoje em dia, um pouco por toda a Europa, se assiste à multiplicação das iniciativas que visam promover e financiar o desenvolvimento e institucionalização desta "medicina do futuro". A própria União Europeia (UE) – a qual tem pretendido afirmar-se como pioneira e líder universal no desenvolvimento da MPP e da farmacogenómica[175] – tem apostado em vários projetos de cooperação científica e de inovação. Desde 2010, já foram investidos mais de 3,2 mil milhões de euros para financiamento de vários projetos, tais como o «*Personalized Medicine 2020 and beyond – preparing Europe for leading the global way*» (PerMed)[176], a «*Innovative Medicines Initiative*» (IMI)[177]

[173] Ruiz García, Juan A., "Aspectos jurídicos de la medicina personalizada", *in InDret - Revista para el Análisis del Derecho*, n.º 286, 2005, p. 6.

[174] Chadwick, Ruth, "Ethical issues in personalized medicine", in *Drug Discovery Today: Therapeutic Strategies*, n. º 4, vol. 10, 2013, p. 171.

[175] Nimmesgern, Elmar / Norstedt, Irene / Draghia-Akli, Ruxandra, "Enabling personalized medicine in Europe by the European Commission's funding activities", in *Personalized Medicine*, n. º 14, vol. 4, 2017, p. 357.

[176] Este projeto evoluiu e deu origem, em novembro de 2016, ao chamado "Consórcio Internacional para a Medicina Personalizada" (ICPerMed). Cf. Nimmesgern, Elmar *et al.*, "Personalized Medicine in Europe", in *Clinical and Translational Science*, n. º 10, 2017, p. 62.

[177] A IMI trata-se de uma parceria público-privada entre a União Europeia, representada pela Comissão, e a indústria farmacêutica sediada no espaço europeu, representada, no seu todo, pela *European Federation of Pharmaceutical Industries and Associations* (EFPIA). Tem como principal objetivo apoiar a investigação e inovação farmacêutica na arena europeia. Cf. Nimmesgern, Elmar / Norstedt, Irene / Draghia-Akli, Ruxandra, "Enabling personalized medicine in Europe by the European Commission's funding activities", *op. cit.*, 357.

ou o chamado «*U PGx Project: Ubiquitous Pharmacogenomics: actionable pharmacogenomic data and effective treatment optimization accessible to every citizen*»[178]. Além do mais, vários impulsos têm sido dados, seja através da aprovação de regulamentos e diretivas que apoiam a implementação e desenvolvimento da MPP, seja através da assinatura de declarações através das quais alguns países europeus se comprometem a partilhar bases de dados genéticos entre si, permitindo uma "melhoria na compreensão e prevenção da doença" e potenciando uma maior personalização dos tratamentos (e da própria prescrição de medicamentos)[179]. A tudo isto acresce a adoção de políticas nacionais de estímulo à investigação no campo da MPP (sendo que, segundo dados recentes, as áreas em que, nos últimos anos, se tem levado a cabo um maior número de estudos são as relacionadas com as doenças infeciosas e oncológicas, embora se denote uma recente extensão dos mesmos ao domínio das doenças metabólicas[180]), à organização e promoção de debates sobre este novo modelo de prestação de cuidados de saúde e, em alguns casos, à própria elaboração e implementação de medidas de personalização progressiva dos cuidados médico-farmacológicos (vejam-se os casos exemplares do Reino Unido, França ou Alemanha).

Ora, atualmente, o processo de transição para um modelo sanitário cada vez mais personalizado já se encontra em marcha, impondo-se uma profunda e urgente reflexão (não só ao nível da academia, mas também de todos os setores sociopolíticos e económicos) sobre quais as suas implicações técnicas, económicas, organizacionais, pessoais, sociais, políticas e ético-jurídicas.

Ao longo dos próximos capítulos, tentaremos sintetizar alguns dos principais desafios colocados pela ascensão da MPP e, em particular, da farmacogenética e da farmacogenómica. Para tal, (1) procuraremos forjar um conceito (amplo e tipológico) de MPP; (2) tecer algumas

178 *Idem*, 360.

179 Até 2022, pretende-se disponibilizar cerca de um milhão de genomas de cidadãos europeus. Cf. Digital Single Market, "EU countries will cooperate in linking genomic databases across borders", 10 April 2018, disponível em: <https://ec.europa.eu/digital-single-market/en/news/eu-countries-will-cooperate-linking-genomic-databases-across-borders>. Consultado em: 12 de dezembro de 2020.

180 Pinho, João Renato Rebello, "Medicina de Precisão", in *Revista Einstein*, n.º 15, vol. 1, 2017, p. 9.

considerações acerca da influência do genoma no que diz respeito ao metabolismo dos fármacos; e (3) apresentar, ainda que de forma breve, algumas notas sobre o surgimento e evolução da farmacogenética e da farmacogenómica. Em seguida, analisaremos as suas (4) potenciais vantagens e oportunidades, mas também os seus (5) principais desafios de ordem técnica e científica, económico-financeira, pessoal e social. Afinal de contas, "o contexto da medicina personalizada é um espaço em que o tecno-otimismo e o tecno-pessimismo andam de mãos dadas"[181]. Iniciemos, então, o nosso percurso.

1.1. Medicina Personalizada de Precisão: uma aproximação conceitual

Atualmente, a medicina tem-se deparado com desafios absolutamente hercúleos, mormente os resultantes das bruscas transformações sociais derivadas dos processos de globalização e de mundialização, do surgimento de novas doenças infectocontagiosas (pense-se na pandemia causada pelo vírus *SARS-CoV* que, tão arduamente, temos combatido), da alteração das caraterísticas de algumas patologias, bem como das profundas alterações climáticas e demográficas[182]. Segundo alguns autores, a MPP pode vir a afirmar-se como uma arma eficiente na superação de muitos destes desafios, estimando-se que a sua plena implementação levará ainda cerca de duas décadas[183].

Ora, hodiernamente, ao discutir-se a personalização dos tratamentos médico-farmacológicos, não nos parece correto que se afirme que a mesma se apresenta como uma ideia inteiramente nova e pioneira. Na verdade, tal como alertam alguns autores, certos debates levados

[181] Micovic, Vladimir / Turina, Iva Sorta-Bilajac / Malatestinic, Dulija, "Personalised medicine and public health", in *Personalized Medicine: A New Medical and Social Challenge* (ed por. Nada Bodiroga-Vukobrat, Daniel Rukavina, Kresimir Pavelic e Gerald G. Sander), Switzerland: Springer, 2016, p. 84.

[182] Pavelic, Kresimir / Pavelic, Sandra Krajevic / Sedic, Mirela, "Personalized medicine: the path to new medicine", in *Personalized Medicine: A New Medical and Social Challenge* (ed por. Nada Bodiroga-Vukobrat, Daniel Rukavina, Kresimir Pavelic e Gerald G. Sander), Switzerland: Springer, 2016, p. 1.

[183] *Idem*, 14.

a cabo no seio da comunidade médica, nomeadamente aqueles que contribuíram para uma clara evolução histórica da relação médico-paciente[184], podem e devem ser interpretados como uma tentativa, mais ou menos explícita, de personalização terapêutica[185/186].

A designada "medicina personalizada" tem sido, em muitos casos, apelidada de "medicina genómica", "medicina individualizada", "medicina de precisão", "medicina estratificada" ou "medicina dos 4P's – personalizada, preditiva, preventiva e participativa". Parte da doutrina entende que todos estes termos podem ser corretamente tidos como sinónimos, apenas se distinguindo pela sua maior ou menor sugestividade terminológica; por sua vez, outra parte considera que, bem vistas as coisas, cada uma destas formulações nos remete para distintos modelos, procedimentos e metodologias, pelo que a utilização de umas ou de outras não é absolutamente indiferente (por mais subtis que possam ser as diferenças entre cada uma delas).

Tendemos a concordar com este segundo grupo de autores. Senão vejamos:

i) Desde já, cabe afirmar que o termo "medicina individualizada", embora seja utilizado por alguns autores, nos parece profundamente desadequado a todos os níveis, desde logo porque o que está aqui em causa não é, em caso algum, a produção, *inter alia*, de medicamentos ou

[184] Em geral, vide Pereira, André Dias, *Direitos dos pacientes e responsabilidade médica*, Coimbra: Coimbra Editora, 2015, pp. 21 e ss.; e ainda, Chadwick, Ruth, "Ethical issues in personalized medicine", *op. cit.*, p. 171.

[185] Assim sendo, há quem defenda que, em certa medida, a prática médica sempre foi personalizada já que os "bons profissionais de saúde sempre procuraram ter em consideração [, para efeitos de determinação do tratamento a aplicar,] o que sabiam sobre as formas de vida, a história familiar, as condições vitais, as outras doenças, o caráter e personalidade dos pacientes". Cf. Rose, Nikolas, "Personalized medicine: promises, problems and perils of a new paradigm for healthcare", *op. cit.*, p. 343.

[186] A análise que, *hic et nunc*, levaremos a cabo tomará como referência o *modelo médico ocidental*. Não ignoramos, porém, a existência de outros modelos (já há muito "personalizados", embora noutros moldes) como a medicina tradicional chinesa ou o chamado "*ayurveda*" indiano. Cf. Gupta, Pooja D., "Pharmacogenetics, pharmacogenomics and ayurgenomics for personalized medicine: a paradigm shift", in *Indian Journal of Pharmaceutical Sciences*, n.º 77, vol. 2, 2015, p. 14.

dispositivos médicos "à medida" de um paciente concreto e destinados à sua exclusiva utilização pelo mesmo;

ii) Por sua vez, "medicina genómica" é a expressão tendencialmente utilizada para designar o modelo de prestação de cuidados de saúde que se baseia, no essencial, no mapeamento e análise do património genético individual de cada paciente com vista à definição das medidas profiláticas e terapêuticas mais adequadas e seguras. Em muitos casos, o termo "medicina personalizada" é utilizado como sinónimo deste, o que se nos afigura desajustado, já que é absolutamente inviável reduzir a personalização dos tratamentos médico-farmacológicos à exclusiva análise do perfil genético do paciente[187];

iii) Por outro lado, "medicina estratificada" é o termo normalmente empregue para definir o modelo de prestação de cuidados de saúde que divide os pacientes em diferentes "estratos", "grupos" ou "populações" consoante a sua suscetibilidade de virem a desenvolver uma determinada doença e/ou a sua resposta a um específico tratamento. Também este conceito não pode ser mobilizado como sinónimo de "medicina personalizada", já que, embora o mesmo se possa afirmar "como um elemento chave na personalização da medicina, não capta a complexidade da abordagem que a noção que agora nos ocupa impõe"[188];

iv) Já "medicina de precisão" é a terminologia geralmente utilizada para designar um modelo de prestação de cuidados de saúde centrado na análise dos específicos elementos responsáveis pelo aparecimento e desenvolvimento de uma dada patologia num determinado indivíduo e num certo momento[189]. Este modelo, além de reforçar a importância de se analisar o perfil genético dos pacientes, confere uma forte

[187] Também criticando a mobilização dos termos "medicina personalizada" e "medicina genómica" como sinónimos, v. European Science Foundation, *Personalized medicine for the european citizen. Towards more precise medicine for the diagnose, treatment and prevention of disease (iPM)*, Strabourg, 2012, p. 13, disponível em: <http://archives.esf.org/index.php?eID=tx_nawsecuredl&u=0&g=0&t=1609180848&hash=954d8acd29e37b637ed82dca4e4ed17b30a48d98&file=/fileadmin/be_user/CEO_Unit/Forward_Look/iPM/FL_2012_iPM.pdf>. Consultado em: 26 de dezembro de 2020.

[188] Romeo Casabona, Carlos M. / Nicolás Jiménez, Pilar / De Miguel Beriain, Iñigo, *Retos éticos y necesidades normativas en la actividad asistencial en medicina personalizada de precisión*, España: Fundación Instituto Roche, 2018, p. 26-27.

[189] European Science Foundation, *Personalized medicine for the european citizen. Towards more precise medicine for the diagnose, treatment and prevention of disease (iPM)*, *op. cit.*, 14.

relevância e centralidade à análise de outros fatores não genéticos (*i.e.* ambientais) relevantes para a prevenção e tratamento da patologia em causa[190].

v) Já "medicina dos 4Ps" é a designação normalmente utilizada para pôr em destaque as principais virtualidades de abordagens personalizadas no campo da saúde. No fundo, o objetivo central da *medicina personalizada* será a de reconhecer a posição central dos pacientes e cidadãos em todo o processo de prestação de cuidados de saúde, não apenas como recetores de cuidados, mas como entes que contribuem ativamente para a tomada de decisões que promovem o bem-estar individual e coletivo (passando-se de um modelo de medicina essencialmente reativo para um modelo de medicina bem mais proativo).

Ora, aqui chegados, parece-nos que a mobilização de qualquer uma das primeiras três expressões acima mencionadas para definir a "medicina personalizada" se revela uma abordagem necessariamente redutora e até, porventura, enganosa, porque demasiado restritiva e, assim, totalmente incapaz de captar a multiplicidade de dimensões encerradas neste novo modelo de prestação de cuidados médico-farmacológicos. Por essa razão, optamos por utilizar a expressão *Medicina Personalizada de Precisão*, a qual se nos afigura a mais ampla e adequada para denominar a complexa realidade em análise. Expliquemos porquê.

A *medicina personalizada*, nas palavras certeiras de Heloísa G. Santos, traduz-se na implementação de um novo modelo terapêutico que "analisa em pormenor o fenótipo e o genótipo do indivíduo", com a finalidade de, por um lado, identificar as doenças para que este está predisposto[191] e qual o momento e a forma mais adequados para as prevenir ou atenuar e, por outro lado, auxiliar na definição da estratégia terapêutica

[190] Pinho, João Renato Rebello, "Medicina de Precisão", *op. cit.*, 7; Nimmesgern, Elmar *et al.*, "Personalized medicine in Europe", *op. cit.*, p. 61; e ainda, Pavelic, Kresimir / Pavelic, Sandra Krajevic / Sedic, Mirela, "Personalized medicine: the path to new medicine", *op. cit.*, 4.

[191] Tal é o caso de "mulheres com uma mutação deletéria BRCA1 ou BRCA2" que apresentam, relativamente às demais, um risco mais elevado de vir a desenvolver, durante a vida, cancro da mama ou dos ovários. Cf. Redekop, W. Ken / Mladsi, Deirdre, "The faces of personalized medicine: a framework for understanding its meaning and scope", in *Value in Health*, n.º 16, 2013, p. 5.

mais eficaz e segura e de qual o momento certo para a introduzir[192]. E note-se que o pendor inegavelmente forte da componente analítica do património genético individual associada a este novo modelo de cuidados de saúde[193] não exclui, nem tampouco desvaloriza, a necessária consideração de todos os fatores ambientais que, a fim de se garantir uma verdadeira personalização do tratamento médico-farmacológico, devem ser tomados em conta pelos profissionais de saúde, como é o caso do estilo de vida do paciente, dos seus hábitos alimentares ou das caraterísticas ambientais específicas dos locais onde a sua vida habitualmente se desenrola. Uma leitura distinta redundaria, aliás, na subscrição (ainda que meramente implícita) de um indesejável reducionismo genético, numa altura em que é totalmente consensual que são múltiplos os fatores, além dos genes, que influenciam a resposta do paciente à terapêutica (por exemplo, medicamentosa) implementada[194]. Justamente por esta razão é que fizemos questão de incluir na terminologia utilizada ao longo desta obra uma referência expressa à designada *medicina de precisão*.

Uma vez explicado o porquê da utilização do termo *Medicina Personalizada de Precisão*, importa esclarecer a que é que, efetivamente, nos estamos a referir sempre que o mobilizamos. Tendo em conta a sua natureza holística, multidimensional e interdisciplinar, a MPP deve ser encarada como um conceito tipológico (e não como um simples conceito definitório). Clarifiquemos o que acabámos de pontuar.

[192] Esta proposta conceitual foi-nos dada a conhecer por Heloísa Santos, na aula ministrada no 1.º Curso Breve de Pós-Graduação em Biotecnologia e Direito, intitulada *"Farmacogenética, Terapia Génica e Medicina Personalizada: Desafios Éticos"*, ocorrida no dia 5 de maio de 2018, na sala 11 da Faculdade de Direito da Universidade de Coimbra.

[193] O que, nas palavras de Ruth Chadwick, pode ser explicado da seguinte maneira: *«Personalization really came into its own in a technical sense, however, as interest increased in pharmacogenomics. (...) The central idea of pharmacogenomics, of prescription being informed by information about the variation in genetic make-up between individuals, introduced a specific sense to personalization: in effect, personalization became 'geneticized'»*. Cf. Chadwick, Ruth, "Ethical issues in personalized medicine", *op. cit.*, 171-172.

[194] Especificamente, estamos a referir-nos a fatores tão diversos como a idade, o sexo, a etnia, a existência de certas patologias crónicas (*v.g.* cirrose) ou a própria interação que pode resultar da administração conjunta de várias substâncias. Cf. Falcão, Amílcar, "Capítulo 2: Farmacocinética", in *Terapêutica Medicamentosa e suas Bases Farmacológicas* (ed. por Serafim Guimarães, Daniel Moura e Patrício Soares da Silva), 5.ª Edição, Porto: Porto Editora, 2006, pp. 31-32.

Ora, desde logo, importa destacar que o conceito de MPP não é, em si mesmo, um *conceito fechado*, antes chamando a si uma pluralidade de vetores conceituais provenientes – maioritariamente, embora não exclusivamente – da área da medicina e das ciências farmacêuticas, e que são mobilizados, de forma simultânea e sincronizada, como instrumentos concretizadores deste complexo e inovador modelo de prestação de cuidados de saúde. É justamente neste contexto que tem sentido falarmos da *farmacogenómica* (assim como, naturalmente, da sua antecessora – a *farmacogenética*), enquanto partes integrantes[195] – além, por exemplo, da *biologia molecular*, da *biologia clínica*, da *epigenómica*, da *proteómica*[196], da *nutrigenómica* e de outras *"ómicas"*[197] – deste conceito guarda-chuva (*«umbrella concept»*) que é, na nossa opinião, a MPP.

Assim sendo, qualquer tentativa de apresentação de um conceito fechado e acabado (enfim, *definitório*) de MPP está inevitavelmente destinada ao fracasso, sendo preferível uma abordagem que, colocando em destaque as suas principais propriedades ou caraterísticas, não exija a verificação cumulativa de todas elas para que possamos afirmar estar ante este tipo de práticas.

Deste modo, parece-nos que a MPP pode definida como o modelo, procedimento ou metodologia de prestação de cuidados de saúde que se carateriza por envolver, em maior ou menor medida e ao longo

[195] Kalow, Werner, "Pharmacogenomics: historical perspective and current status", in *Pharmacogenomics: Methods and Protocols* (ed. por Federico Innocenti e Ron van Schaik), vol. 311, Switzerland: Springer, 2013, p. 9; e ainda, no mesmo sentido, Becker, Ulrich, "Legal aspects of personalized medicine", in *Personalized Medicine: A New Medical and Social Challenge* (ed por. Nada Bodiroga-Vukobrat, Daniel Rukavina, Kresimir Pavelic e Gerald G. Sander), Switzerland: Springer, 2016, p. 23.

[196] A proteómica visa "a análise de cerca de 50.000 a 80.000 proteínas. [Além disso, exige-se] uma articulação destes dois níveis – genoma e proteoma – com o fisioma, isto é, com a totalidade das células, tecidos e organismos. Numa última etapa, a relação entre estes planos e o ambiente do fisioma". Cf. Loureiro, João, *Constituição e Biomedicina – contributo para uma teoria dos deveres bioconstitucionais na esfera da genética humana – vol. II*, Coimbra: Faculdade de Direito da Universidade de Coimbra, 2003, p. 608.

[197] Malhotra, Ashim, "Chapter 8: an introduction to pharmacogenomics", in *Semantic Scholar*, 2015, p. 103, disponível em: https://www.semanticscholar.org/paper/An-Introduction-to-Pharmacogenomics-Malhotra/cfe6124c7c91cb592f33170cf2da563651fd6ca8>. Consultado em: 1 de dezembro de 2020; e ainda, Pray, Leslie, *Pharmacogenomics: delivering on the promise*, Cambridge: Cambridge Healthtech Institute, 2009, p. 10.

de várias fases do percurso patológico (prevenção, diagnóstico, tratamento, monitorização do estado de saúde após o tratamento)[198], o/a:

i) Recurso a práticas de caraterização genotípica do indivíduo (análise de perfis genéticos);
ii) Recurso a práticas de caraterização fenotípica do indivíduo (análise de dados sociodemográficos, ambientais e de estilos de vida);
iii) Recurso a toda a informação clínica disponível, em todos os suportes possíveis;
iv) Aplicação das tecnologias de informação e de comunicação (TIC) ao setor médico (mormente com recurso à utilização de *inteligência artificial*);

... com vista a prevenir o aparecimento da doença em causa e/ou a aumentar a eficácia e segurança dos cuidados prestados.

Daqui se pode inferir, desde logo, que este modelo traz associado um discurso verdadeiramente bivalente: (1) relativamente aos indivíduos saudáveis, pauta-se por um discurso preventivo ou de profilaxia e (2) no que diz respeito aos indivíduos que já padeçam de alguma doença, pauta-se por um discurso de busca de maior segurança e eficácia dos tratamentos médico-farmacológicos a implementar.

Por fim, é importante pontuar que, atentas as suas caraterísticas, este modelo só é pensável mediante a criação e implementação de mecanismos que viabilizem a recolha, armazenamento e tratamento maciço, prolongado no tempo e integrado de dados de saúde (mormente, genéticos) e de dados relacionados com a saúde, os quais podem ser obtidos junto do próprio paciente ou inferidos a partir de um conjunto de outros dados. Afinal de contas, é a partir desta informação que será determinada – muitas vezes com recurso a sistemas informáticos automatizados – a concreta medida médico-farmacológica a aplicar. Assim sendo, como veremos melhor mais adiante, grande parte dos desafios ético-jurídicos emergentes neste domínio prendem-se, desde logo, com

[198] Neste sentido, v. Romeo Casabona, Carlos M. / Nicolás Jiménez, Pilar / De Miguel Beriain, Iñigo, *Retos éticos y necesidades normativas en la actividad asistencial en medicina personalizada de precisión*, *op. cit.*, 22.

a realização em massa de testes genéticos e com a recolha, armazenamento e tratamento de quantidades astronómicas de dados pessoais (dados de saúde, dados genéticos e outros dados relacionados com a saúde), já que, em todos estes casos, estão em causa ponderosos direitos e liberdades da pessoa humana.

1.2. Os casos específicos da farmacogenómica e da farmacogenética

1.2.1. Genética *vis-à-vis* Metabolismo dos fármacos

No domínio das ciências farmacêuticas (mais especificamente no estudo da farmacocinética, ao analisar-se a chamada biotransformação ou metabolismo dos fármacos), há já algum tempo que se vem defendendo que "existem condicionalismos de ordem fisiológica, patológica e farmacológica capazes de alterar algumas caraterísticas da biotransformação dos fármacos e, como consequência, modificar a atividade (a intensidade ou duração) e/ou toxicidade (para mais ou para menos, consoante os metabolitos sejam mais ou menos tóxicos do que o fármaco que os origina)"[199]. Um dos principais fatores que mais contribui para esta variabilidade interindividual do metabolismo dos fármacos é justamente o polimorfismo genético[200].

Fala-se de polimorfismos de ADN quando "as formas alternativas de um gene ou de uma sequência intergénica têm uma frequência igual ou superior a 1% numa população". Estes são herdados de forma mendeliana[201].

Ora, hoje sabe-se que diferentes indivíduos partilham cerca de 99,9% do seu ADN e que os restantes 0,01% em que o mesmo difere se

[199] Falcão, Amílcar, "Capítulo 2: Farmacocinética", *op. cit.*, 31-32.

[200] Tenha-se em conta que são vários os estudos que demonstram que a "componente genética" é responsável, em média, entre 20 a 95% da variabilidade na resposta aos medicamentos. Cf. Charlab, Rosane / Zhang, Lei, "Pharmacogenomics: historical perspective and current status", in *Pharmacogenomics: Methods and Protocols* (ed. por Federico Innocenti e Ron van Schaik), vol. 1015, Switzerland: Springer, 2013, p. 4.

[201] Regateiro, Fernando J., *Manual de genética médica, op. cit.*, 44.

traduzem, na realidade, em cerca de 3 milhões de nucleótidos. As variações que, mais recentemente, têm despertado maior interesse à indústria farmacêutica são os chamados "polimorfismos de um nucleótido" (*single nucleotide polymorphisms* ou *SNPs*)[202]. Até ao final de 2001, cerca de 1,4 milhões de polimorfismos de um nucleótido em seres humanos já tinham sido identificados no âmbito do chamado *SNP Consortium*, uma organização sem fins lucrativos que surgiu em 1999 e que foi fundada com a participação de grandes companhias farmacêuticas, como é o caso da *AstraZeneca*, *Bayer*, *Pfizer* ou *Novartis*[203]. Tal demonstra a importância da análise dos *SNPs* para esta indústria, especialmente tendo em conta o seu potencial para a compreensão das diferentes respostas dos indivíduos aos medicamentos que lhe são administrados[204]. É que, como bem relembra Fernando Regateiro, "da interação de fármacos com as enzimas envolvidas no seu metabolismo podem, por vezes, ocorrer efeitos adversos" que se podem traduzir numa reduzida ação do fármaco com ausência do efeito terapêutico esperado, numa resposta fisiológica exagerada, num aumento dos efeitos colaterais ou no desencadeamento ou precipitação de efeitos característicos de doenças geneticamente determinadas[205].

Em suma, tudo isto explica, pelo menos parcialmente, porque é que um determinado medicamento pode apresentar, em certos pacientes, um elevado grau de segurança e eficácia no tratamento de determinada patologia e, *pari passu*, ser total ou parcialmente ineficaz e/ou conduzir à verificação de reações adversas quando administrado a outras pessoas que sofram da mesma exata enfermidade. Esta foi e, como veremos,

[202] Os SNPs podem ser determinados usando técnicas de «*microarray*» de ADN. Cf. Malhotra, Ashim, "Chapter 8: an introduction to pharmacogenomics", *op. cit.*, 104; e ainda, Gupta, Pooja D., "Pharmacogenetics, pharmacogenomics and ayurgenomics for personalized medicine: a paradigm shift", *op. cit.*, 10.

[203] Fontana, Vanessa *et al.*, "O conceito de gene está em crise. A farmacogenética e a farmacogenómica também?", in *Biotemas*, n.º 19, vol. 3, 2006, p. 90.

[204] Afirma Werner Kalow que, correlacionando os *SNPs* e os dados disponíveis relativos às diferentes respostas aos fármacos, ganharemos a habilidade de prever, com níveis razoáveis de certeza, a eficácia e toxicidade de certos medicamentos quando administrados a determinados indivíduos. Cf. Kalow, Werner, "Pharmacogenomics: historical perspective and current status", *op. cit.*, 10.

[205] Regateiro, Fernando J., *Manual de genética médica*, *op. cit.*, pp. 210-212.

continuará a ser uma das grandes preocupações e desafios a encarar pelas ciências farmacêuticas.

1.2.2. Surgimento e evolução da farmacogenética e da farmacogenómica

Há quem diga que foi PITÁGORAS, em 510 *a.C.*, que levou a cabo a primeira observação farmacogenética quando alertou veementemente para os "perigos de ingerir favas"[206].

Terá sido, no entanto, a partir do início do século XX que começaram a surgir alguns lampejos desta ciência, nomeadamente com o registo de determinadas observações isoladas que precederam a definição de farmacogenética e que foram ajudando os investigadores a estabelecê-la enquanto *disciplina científica autónoma*[207]. Por exemplo, há já quase 60 anos, descobriu-se que um conjunto de pacientes com uma deficiência na enzima *glicose-6-fosfato-desidrogenase* (G6PD) desenvolveu hemólise após ter-lhe sido administrada primaquina (um medicamento que, no passado, era vastamente utilizado para a prevenção e combate da malária), tendo-se logrado estabelecer uma correlação entre a deficiência enzimática e a reação adversa verificada[208]. O mesmo aconteceu com a descoberta de uma enzima anormal de *butirilcolinesterase* em doentes psiquiátricos que desenvolveram paralisia muscular prolongada após a administração de *succinilcolina* para a realização de procedimentos de terapia electroconvulsiva[209].

[206] Atualmente sabe-se que o favismo (também conhecido por anemia hemolítica) é uma anomalia hereditária causada por uma deficiência de 80-95% na enzima *glicose-6-fosfato-desidrogenase* e despoletada pela ingestão de favas ou inalação do pólen dessa planta. Cf. NEBERT, Daniel / ZHANG, Ge / VESELL, Elliot, "From human genetics and genomics to pharmacogenetics and pharmacogenomics: past lessons, future directions", in *Drug Metabolism Reviews*, n. º 40, 2008, p. 188.

[207] KALOW, Werner, "Pharmacogenomics: historical perspective and current status", *op. cit.*, 4.

[208] SHIN, Jaekyu / KAYSER, Steven / LANGAEE, Taimour, "Pharmacogenetics: from discovery to patient care", in *American Journal of Health-System Pharmacy*, n. º 66, 2009, p. 625.

[209] MALHOTRA, Ashim, "Chapter 8: An introduction to pharmacogenomics", *op. cit.*, 105.

Foi então que surgiu o termo "farmacogenética", cunhado por FRIEDERICH VOGEL, em 1959[210], para definir "uma nova ciência que aplica genética e farmacologia para o estudo da influência da herança genética na resposta aos medicamentos[211]. Inicialmente, esta preocupava-se, de forma exclusiva, com o estudo de variações monogénicas, embora, rapidamente, se tenha estendido também ao estudo das diferenças entre populações e ao estudo de variações multifatoriais[212]. Pode, pois, afirmar-se, em suma, que esta ciência se ocupa do estudo das variações genéticas individuais na resposta à administração dos fármacos, fazendo-se os estudos experimentalmente gene a gene.

Só mais tarde, já nos finais de década de 90, poucos anos antes do término do já mencionado PGH e do seu culminar com a sequenciação e mapeamento do genoma humano e a descoberta de que muitos genes são polimórficos[213], é que começa a ser empregue o termo "farmacogenómica".

A farmacogenómica pode ser definida como o campo de investigação que, combinando a farmacologia clássica e a genómica, procura avaliar a relação entre as caraterísticas genómicas (as variações identificadas) e os respetivos efeitos com relevância farmacológica; e ainda, como esses genótipos podem influenciar a resposta à administração dos fármacos[214]. São, portanto, tomadas em consideração todas as variações ocorridas, quer na linha celular somática, quer germinal e ainda na expressão do ARN[215].

[210] Dois anos depois da publicação do conhecido artigo de ARNO MOTULSKY: "*Drug Reactions, Enzymes and Biochemical Genetics*". Cf. KALOW, Werner, "Pharmacogenomics: historical perspective and current status", *op. cit.*, 4.

[211] CHARLAB, Rosane / ZHANG, Lei, "Pharmacogenomics: historical perspective and current status", *op. cit.*, 5.

[212] KALOW, Werner, "Pharmacogenomics: historical perspective and current status", *op. cit.*, 4-9.

[213] Como bem afirma ASHIM MALHOTRA, a identificação crescente de polimorfismos de um nucleótido (*SNPs*) fez, *inter alia*, disparar o nosso volume de conhecimentos na área da farmacogenética e impulsionou a farmacogenómica. Cf. MALHOTRA, Ashim, "Chapter 8: An introduction to pharmacogenomics", *op. cit.*, p. 104.

[214] Continuamos a seguir de perto os ensinamentos de HELOÍSA G. SANTOS. Vide a nota de rodapé n.º 66.

[215] CHARLAB, Rosane / ZHANG, Lei, "Pharmacogenomics: historical perspective and current status", *op. cit.*, 4.

São três as principais formas de aplicação clínica da farmacogenómica: (1) utilização de medicamentos para tratamento de doenças herdadas geneticamente; (2) utilização da informação genética para determinar a eficácia e segurança[216] (*rectius*, a toxicidade) dos medicamentos em certos indivíduos; (3) conceção de um regime adequado de administração do fármaco com base na análise da atividade das enzimas metabólicas do paciente[217]. Segundo alguns autores, o corrente foco da farmacogenómica é esta terceira aplicação (e tudo parece indicar que continuará a ser assim no futuro)[218].

Além disso, importa deixar claro que "a farmacogenómica não pretende a produção de medicamentos feitos à medida". Na verdade, a informação farmacogenética e farmacogenómica será utilizada para dividir a população em grupos com diferentes probabilidades de responder positivamente a um determinado fármaco ou de vir a desenvolver reações adversas (aquilo a que se pode chamar *processo de estratificação populacional*). Não obstante, a informação de que se dispõe atualmente ainda não é suficiente para que esta segmentação seja levada a cabo com sucesso[219].

De todos os modos, é de destacar que, em 2008, nos Estados Unidos da América, mais de uma centena de medicamentos – mormente da área das doenças infeciosas, psiquiatria, oncologia, cardiologia, hematologia

216 Tenha-se em consideração que, no caso dos medicamentos, a segurança "não pode ser descrita como a total ausência de risco", como sucede com outros produtos. Com efeito, um determinado medicamento é considerado seguro quando "os riscos são toleráveis, a partir de uma análise que tenha igualmente em conta os benefícios esperados e as alternativas terapêuticas existentes". Cf. Raposo, Vera Lúcia, *Danos causados por medicamentos: enquadramento jurídico à luz do ordenamento europeu*, Coimbra: Almedina, 2018, p. 21.

217 Neste caso, destaca-se o teste *AmpliChip*, enquanto "sistema que analisa os genes da família do citocromo P450 envolvidos na metabolização de fármacos e de outros compostos". As variações neste gene afetam a velocidade na metabolização dos fármacos, podendo variar entre "muito rápida" ou "inexistente", pelo que a dose administrada de cada um deles deve ser ajustada em conformidade. Cf. Sales, Maria G. / Ferreira, Eugénio C. / Reis, Maria A., "Biotecnologias", in *Ética Aplicada- Novas Tecnologias* (coord. por Maria do Céu Patrão Neves e Maria da Graça Carvalho), Lisboa: Edições 70, 2018, p. 72; e ainda, Brito, Miguel, "A farmacogenética e a medicina personalizada", in *Saúde & Tecnologia*, n. º 14, 2015, p. 6.

218 Silva, Marcus / Jackson, Jonathan / Mitroka, James, "Ethical issues in pharmacogenomics", in *Pharmacy Times*, 9 de abril de 2015, disponível em: <https://www.pharmacytimes.com/publications/issue/2015/march2015/ethical-issues-in-pharmacogenomics. Consultado em: 1 de março de 2020.

219 Rose, Nikolas, "Personalized medicine: promises, problems and perils of a new paradigm for healthcare", *op. cit.*, 344.

e da neurologia – traziam na sua bula referências a várias descobertas no âmbito da farmacogenética e da farmacogenómica, devidamente reconhecidas pela *Food and Drug Administration* (FDA)[220]. Com efeito, há casos em que a prévia realização de testes de farmacogenética é condição necessária para que esses medicamentos possam ser prescritos pelo médico (*v.g. cetuximab, trastuzumab, maraviroc, dasatinib*)[221]. Nas demais situações, a referência aos mesmos surge apenas como recomendada ou com fins meramente informacionais[222/223].

Por fim, é pertinente pontuar que, não raras vezes, ambos os termos ("farmacogenética" e "farmacogenómica") são invocados de forma indiferenciada pela doutrina[224], não obstante tal possa, com razão, ser considerado uma verdadeira e indesejável imprecisão conceitual.

1.3. Vantagens e oportunidades da Medicina Personalizada de Precisão

As vantagens acarretadas pelo advento da MPP são variadas e propõem-se revolucionar sistemas de saúde um pouco por todo o globo terrestre.

Como já vimos *supra*, de forma geral, este "novo" modelo de medicina, viabilizará (1) a identificação precoce do risco de patologias em pessoas saudáveis, mormente avaliando, o mais cedo possível, a sua predisposição para o desenvolvimento de certas enfermidades e permitindo

[220] Frueh, Felix W. *et al.*, "Pharmacogenomics biomarker information in drug labels approved by the United States Food and Drug Administration: prevalence of related drug use", in *Pharmacotherapy*, n.º 28, vol. 8, 2008, p. 994.

[221] Malhotra, Ashim, "Chapter 8: An introduction to pharmacogenomics", *op. cit.*, 112.

[222] Shin, Jaekyu / Kayser, Steven / Langaee, Taimour, "Pharmacogenetics: from discovery to patient care", *op. cit.*, 630.

[223] Estas referências a dados de farmacogenética e de farmacogenómica nas bulas dos medicamentos devem-se, *inter alia*, à louvável evolução do chamado "dever de aviso" («*duty to warn*») dos riscos da toma dos mesmos, designadamente por indivíduos com uma determinada constituição genómica. A violação deste dever chegou mesmo a ser alegada em tribunal nos EUA, numa ação movida contra a *SmithKline Beecham*. Para maiores desenvolvimentos, vide Wertz, Dorothy C., "Ethical, social and legal issues in pharmacogenomics", in *The Pharmacogenomics Journal*, n.º 3, 2002, p. 195.

[224] Gupta, Pooja D., "Pharmacogenetics, pharmacogenomics and ayurgenomics for personalized medicine: a paradigm shift", *op. cit.*, 8.

que se previna o seu aparecimento através da tomada das medidas profiláticas adequadas e necessárias; (2) a realização de diagnósticos mais precisos; (3) a seleção da terapêutica médico-farmacológica mais adequada, prevenindo futuras reações adversas e incrementando a sua eficácia e segurança (por outras palavras, promovendo a "otimização dos tratamentos").

Por sua vez, no domínio da saúde pública (agora tão em voga...), torna-se possível "desenhar estratégias de prevenção de doenças através do rastreio genético das populações e da habilitação da transmissão automatizada de dados de saúde provenientes dos cidadãos monitorizados", dando aso a ações de prevenção ou combate a epidemias ou possíveis pandemias, ao mesmo tempo reduzindo-se substancialmente os custos da assistência sanitária nesses contextos[225].

Por outro lado, há também quem pontue que "a medicina personalizada pode conferir os meios necessários aos cidadãos para poderem exercer um maior controlo sobre a sua vida e a sua saúde sem dependerem diretamente de cuidados por parte de profissionais. Por exemplo, a utilização de sistemas de *biofeedback* para monitorizar variáveis tão simples como a pressão arterial, o colesterol ou a glicose podem permitir a cidadãos informados a tomada de medidas corretivas de forma autónoma, sem terem de ir ao médico". Além disso, num futuro em que o paciente seja capaz de tomar as suas próprias decisões terapêuticas com base em resultados algorítmicos, ficará reservado aos profissionais de saúde o papel de "tradutores da complexa informação" cuja compreensão é pressuposto para o exercício de tal autonomia, o que só pode tornar a relação médico-paciente "mais próxima e rica" (desde logo, por se colocar um fim ao caráter ainda assimétrico de uma tal relação, mormente no plano informacional). Naturalmente, sempre haverá pessoas (como é o caso dos menores, pessoas com deficiência ou idosos) cuja responsabilidade pela prestação de cuidados de saúde personalizados deve ser delegada, no todo ou em parte, ao sistema de saúde, quer por

[225] Romeo Casabona, Carlos M. / Nicolás Jiménez, Pilar / De Miguel Beriain, Iñigo, *Retos éticos y necesidades normativas en la actividad asistencial en medicina personalizada de precisión*, *op. cit.*, 68; e ainda, Micovic, Vladimir / Turina, Iva Sorta-Bilajac / Malatestinic, Dulija, "Personalised medicine and public health", *op. cit.*, 84.

opção pessoal, quer em função da perda de capacidade decisória. Cabe reter, igualmente, que uma maior capacitação dos cidadãos pressuporá o aumento dos investimentos na sua literacia sanitária e no desenvolvimento de um mais elevado sentido de (auto-)responsabilidade, bem como profundas alterações no plano do acesso aos cuidados de saúde[226].

Feitas estas brevíssimas considerações iniciais, importa especificar que, dada a natureza aberta, multidimensional e interdisciplinar da MPP e tendo em conta a impossibilidade de se encetar, *hic et nunc*, uma análise detalhada de todas as suas dimensões integrantes, nos iremos concentrar agora, pela sua relevância considerável, no estudo dos pontos fortes e oportunidades das já mencionadas farmacogenética e farmacogenómica. Vejamos.

Desde logo, a farmacogenética e a farmacogenómica terão como principal vantagem uma expectável diminuição progressiva dos custos de produção (e, por conseguinte, do preço) dos medicamentos[227] – os quais passam, agora, a ser apelidados de «*designer drugs*».

Por outro lado, esta permite o desenvolvimento de biomarcadores a utilizar aquando da prescrição de um determinado medicamento ou para o estabelecimento da dosagem adequada e que garanta uma elevada eficácia e segurança na sua administração[228], o que apresenta uma

[226] A "literacia sanitária" pode ser definida como o conjunto de competências pessoais, cognitivas e sociais que determinam a habilidade dos indivíduos de acederem, compreenderem e utilizarem a informação para promover e preservar a sua boa saúde. Cf. *Idem*, 89; e ainda, em geral, v. European Science Foundation, *Personalized medicine for the european citizen. Towards more precise medicine for the diagnose, treatment and prevention of disease (iPM)*, *op. cit.*, 17 e ss.; Pavelic, Kresimir / Pavelic, Sandra Krajevic / Sedic, Mirela, "Personalized medicine: the path to new medicine", *op. cit.*, 13.

[227] Há quem afirme que "a farmacogenómica poderá reduzir em até 60% os custos para a produção de um novo medicamento, atualmente [em 2004] estimado em cerca de 880 milhões de dólares". Cf. Azevêdo, Eliane, "Farmacogenômica: Aspetos éticos", in *Gazeta Médica da Bahia*, n.º 74, vol. 2, 2004, p. 145.

[228] Por exemplo, durante o desenvolvimento da doença oncológica ocorrem alterações genéticas complexas – as mutações somáticas – nas células do tumor (não ignorando que as variações genéticas na linha celular germinal do paciente também apresentam considerável relevância). Ora, estas podem ser detetadas por meio de testes genéticos utilizados em estudos de farmacogenómica e essa informação poderá contribuir para o desenvolvimento de fármacos, mais eficazes e seguros, direcionados para o tratamento da doença. É, aliás, neste sentido que se tem falado da chamada "genética do cancro". Vide Wheeler, Heather *et al.*, "Cancer pharmacogenomics: strategies and challenges", in *Nature Reviews Genetics*, n.º 14, vol. 1, 2013, pp. 23-24; e ainda, Loureiro, João, *Constituição e Biomedicina – contributo para uma teoria dos deveres bioconstitucionais na esfera da genética humana – vol. II*, *op. cit.*, 604.

relevância significativa já que, atualmente, alguns estudos apontam para que apenas 60% dos indivíduos obtenham benefícios terapêuticos a partir dos medicamentos que lhe são prescritos, sendo que, nos demais casos, estes não atuam como esperado ou são por eles pouco tolerados[229]. Com efeito, estes biomarcadores têm-se assumido como bastante úteis na identificação de pacientes que correm um risco especialmente elevado de vir a desenvolver reações adversas severas ou até fatais[230] (como acontece no caso de administração de antineoplásicos ou anticoagulantes[231]).

Apesar disso, não devemos ver na farmacogenética e na farmacogenómica a *solução mágica* para a resolução dos inúmeros problemas relativos à segurança e eficácia dos medicamentos, já que, como se sabe, não é possível imputar uma quantidade considerável de mortes de pacientes à ocorrência de reações adversas por causa genética. Como aponta HELEN WALLACE, a maioria delas é causada pela "toxicidade crescente de novos medicamentos, limitações ao nível dos ensaios clínicos e na monitorização; pela administração simultânea indevida de vários fármacos; ou [ocorrem na sequência] de prescrições *off-label* ou venda de medicamentos não sujeitos a receita médica"[232].

Acresce que a farmacogenética e a farmacogenómica constituirão um relevante auxílio na realização dos próprios ensaios clínicos para desenvolvimento de novos medicamentos – e, principalmente, daqueles que são dirigidos a determinadas subpopulações –, permitindo, *inter alia*, que se identifiquem e selecionem para participação nos mesmos só e apenas aqueles indivíduos que mais provavelmente irão beneficiar do tratamento (e, por maioria de razão, excluindo todos aqueles que

[229] RUIZ GARCÍA, Juan A., "Aspectos jurídicos de la medicina personalizada", *op. cit.*, 6.

[230] Alguns estudos apontam para que, na Europa, as "reações adversas a medicamentos sejam a causa de 5% das hospitalizações dentro do espaço da UE e a quinta causa de morte nos hospitais". Por sua vez, nos EUA, registam-se mais de 100 mil casos por ano de hospitalizações em razão da ocorrência de ADRs («*Adverse Drug Events*»), representando as mesmas a quarta principal causa de morte no país. Cf. RAPOSO, Vera Lúcia, *Danos causados por medicamentos: enquadramento jurídico à luz do ordenamento europeu*, *op. cit.*, 50; e ainda, FONTANA, Vanessa *et al.*, "O conceito de gene está em crise. A farmacogenética e a farmacogenómica também?", *op. cit.*, 88.

[231] CHARLAB, Rosane / ZHANG, Lei, "Pharmacogenomics: historical perspective and current status", *op. cit.*, 13.

[232] BRECKENRIDGE, Alasdair *et al.*, "Pharmacogenetics: ethical problems and solutions", in *Nature Review Genetics*, n.º 5, September 2004, p. 678.

apresentem um maior risco de vir a desenvolver reações adversas baseadas na sua farmacocinética e farmacodinâmica), diminuindo a quantidade de participantes necessários para a realização de cada ensaio e, por conseguinte, acelerando-os[233]. Embora seja previsível que estes fármacos tenham de vir a ser aprovados e qualificados como seguros para todos os grupos de indivíduos de forma indistinta, pode acontecer que os mesmos sejam autorizados de forma condicional e, assim, comercializados apenas ao grupo de pacientes que, com maior probabilidade, responderá positivamente aos mesmos[234].

Há quem refira, também, neste contexto, que poderemos vir a assistir a uma clara expansão dos chamados "medicamentos resgatados" («*rescued drugs*»), isto é, daqueles medicamentos que não tenham sido aprovados após a realização dos respetivos ensaios clínicos devido à ocorrência de reações adversas; reações essas, que se vem posteriormente a provar ocorrerem apenas em indivíduos com uma constituição genética específica[235].

The last but not the least, tem-se considerado, mormente tendo em conta o que acabámos de afirmar, que os avanços nesta área poderão contribuir para um aumento da produção de medicamentos especializados e dirigidos a grupos bastante restritos de pacientes – os chamados "medicamentos órfãos" –, mormente ao fornecer-se um impulso considerável para a tomada de medidas regulatórias adicionais (por exemplo, atribuição de incentivos[236]) que encorajem o desenvolvimento destes medicamentos clinicamente desejáveis, mas economicamente não rentáveis (justamente

[233] Por essa razão, será desejável que estes princípios de farmacogenómica sejam incorporados em todas as fases de desenvolvimento do medicamento, desde na fase I ou pré-clínica (por exemplo, para excluir pacientes com metabolizantes pobres), às fases II e III (para identificação genética dos grupos que se acredita que venham a responder melhor ou pior à terapêutica) ou até mesmo à fase IV (neste último caso, já após a aprovação do mesmo). Vide, para todos, Charlab, Rosane / Zhang, Lei, "Pharmacogenomics: historical perspective and current status", *op. cit.*, 17. Nem todos os autores consideram, porém, que seja certo que tal se possa efetivamente traduzir numa redução do tempo e custo necessários para colocar um novo medicamento no mercado. Cf. Pray, Leslie, *Pharmacogenomics: delivering on the promise*, *op. cit.*, 10.

[234] Kollek, Regine *et al.*, "Pharmacogenetics, adverse drug reactions and public health", in *Community Genetics*, n. º 9, 2006, pp. 51 e ss.

[235] Breckenridge, Alasdair *et al.*, "Pharmacogenetics: ethical problems and solutions", *op. cit.*, 679.

[236] Nuffield Council on Bioethics, "Pharmacogenetics: ethical issues", September 2003, p. 52, disponível em: <http://nuffieldbioethics.org/project/pharmacogenetics>. Consultado em: 18 de outubro de 2019.

porque dirigidos a um público-alvo de reduzida dimensão)[237]. Mas atenção, na ausência dessas medidas regulatórias, o efeito será, muito provavelmente, o contrário, como teremos oportunidade de pontuar mais adiante.

1.4. Desvantagens e ameaças da Medicina Personalizada de Precisão

São múltiplos os desafios colocados pela emergência da MPP e, mais especificamente, da farmacogenética e da farmacogenómica. Estas "limitações", como alguns autores lhes chamam[238], apresentam uma índole diversificada e, por essa razão, tomamos a liberdade de as agrupar de acordo com a sua específica natureza: desafios de ordem técnica e científica; desafios de ordem económico-financeira; e desafios de ordem social e pessoal. Atentemos, de forma breve, em cada uma delas e algumas das suas diferentes projeções ético-jurídicas.

1.4.1. De ordem técnica e científica

Desde logo, a realização dos testes necessários para a identificação de variações genéticas individuais relevantes para efeitos da personalização do tratamento médico-farmacológico apresenta considerável complexidade técnica, quer no que diz respeito à sua execução propriamente dita[239], quer no que se refere à sua posterior leitura e interpretação pelos vários profissionais de saúde[240].

[237] LIPTON, Peter, "Pharmacogenetics: the ethical issues", in *The Pharmacogenomics Journal*, n.º 3, 2003, p. 14.

[238] JAIN, Kewal K., *Textbook of personalized medicine*, 2nd Edition, Switzerland: Humana Press, 2015, p. 652.

[239] Em alguns tipos de cancro não é fácil recolher uma amostra do tumor (com o tamanho adequado e necessário para a realização dos testes) de modo a poder estabelecer-se a respetiva correspondência entre a alteração genética e a resposta à terapêutica. Cf. WHEELER, Heather *et al.*, "Cancer pharmacogenomics: strategies and challenges", *op cit.*, 26.

[240] CHADWICK, Ruth, "Ethical issues in personalized medicine", *op. cit.*, 172; e ainda, NETZER, Christian / BILLER-ANDORNO, Nikola, "Pharmacogenetic testing, informed consent and the problem of secondary information", in *Bioethics*, n.º 18, vol. 4, 2004, p. 354.

Estas dificuldades tendem a agravar-se, *inter alia*, com a popularização dos «*direct-to-consumer personal genetic tests*» (DTC-PGT), alguns deles dotados de baixíssima validade, utilidade, fiabilidade e precisão[241] – justificando-se, por isso, que os Estados comecem a tomar medidas regulatórias desta delicada prática, mormente através da criação de regulamentação relativa ao licenciamento dos laboratórios que oferecem este tipo de testes – exigindo-lhes, *inter alia*, preparação específica e sujeitando-os a fiscalizações periódicas – ou que imponha uma avaliação rigorosa da sua validade e utilidade antes da disponibilização dos mesmos aos consumidores, de preferência, levada a cabo por intermédio de uma entidade reguladora independente[242]. Como veremos mais adiante, em Portugal, a regulamentação nesta matéria é bastante restritiva, parecendo-nos mesmo possível afirmar que o médico pode e deve recusar legitimamente a receção e incorporação no processo clínico dos resultados deste tipo de testes[243].

E note-se, não estamos convencidos de que os profissionais de saúde estejam suficientemente preparados para, *per se*, ultrapassar – ou, pelo menos, minorar – estas dificuldades técnicas. São cada vez mais os autores que denunciam uma preocupante incapacidade dos mesmos em compreender e interpretar os resultados que lhes chegam[244], atendendo à sua fraca preparação em genómica e genética clínica. Tal circunstância é especialmente preocupante tendo em conta que, como alerta

[241] Rose, Nikolas, "Personalized medicine: promises, problems and perils of a new paradigm for healthcare", *op. cit.*, 346; e ainda, em geral, Romeo Casabona, Carlos M. / Nicolás Jiménez, Pilar / De Miguel Beriain, Iñigo, *Retos éticos y necesidades normativas en la actividad asistencial en medicina personalizada de precisión, op. cit.*, 78-79.

[242] Vide o caso do chamado *Clinical Laboratory Improvement Amendment* (CLIA), de 1988, em vigor nos EUA. Cf. Cordeiro, João, "Ethical and legal challenges of personalized medicine: paradigmatic examples of research, prevention, diagnostic and treatment", *op. cit.*, 167.

[243] Romeo Casabona, Carlos M. / Nicolás Jiménez, Pilar / De Miguel Beriain, Iñigo, *Retos éticos y necesidades normativas en la actividad asistencial en medicina personalizada de precisión, op. cit.*, 79.

[244] Neste contexto, há quem destaque a importância da criação de algoritmos (que considerem quer os fatores genéticos, quer os não genéticos), por exemplo, para a determinação da dosagem adequada do medicamento, atenuando as dificuldades práticas dos profissionais de saúde na interpretação dos resultados dos testes de farmacogenómica. Não se ignorem, porém, as várias e consideráveis limitações associadas à sua utilização, as quais serão destacadas mais adiante (*Parte III, Cap. VIII*). Cf. Shin, Jaekyu / Kayser, Steven / Langaee, Taimour, "Pharmacogenetics: from discovery to patient care", *op. cit.*, 633.

Célia Ventura, "a integração da informação genética na restante informação de saúde e a sua democratização para um número crescente de especialidades médicas cria uma maior complexidade e exigência na prática clínica e, consequentemente, aumenta os riscos de erro [em saúde]"[245].

Assim, tememos que o medicamento que se apresenta como mais eficaz e seguro para o paciente não lhe seja prescrito porque o médico recebeu resultados incorretos (pense-se, desde logo, nos *falsos positivos* ou nos *falsos negativos*) ou, em alternativa, não compreendeu e/ou interpretou incorretamente os mesmos. Por outro lado, a falta de familiarização destes profissionais com a farmacogenética e a farmacogenómica pode levar a que estes, em vez de prescreverem o medicamento indicado pelo teste, continuem a prescrever outros medicamentos da sua preferência (e para os quais a realização deste tipo de testes genéticos não se afigura necessária), muito embora eles sejam menos seguros e/ou eficazes[246/247].

Acresce que devemos reconhecer que o "papel de muitas variações do ADN na farmacocinética, na farmacodinâmica, na eficácia e na toxicidade ainda não foi claramente determinado"[248]. Além disso, há casos em que as reações adversas a uma determinada terapêutica medicamentosa surgem apenas esporadicamente, tornando-se extremamente complexo o estabelecimento, com segurança e clareza, de uma relação efetiva entre um biomarcador e a resposta à terapia[249]. Por outro lado,

[245] Ventura, Célia, "Questões éticas e sociais da medicina personalizada", in *Boletim Epidemiológico – Observações*, Instituto Nacional de Saúde Doutor Ricardo Jorge, n.º 19, vol. 6, 2017, p. 46.

[246] Netzer, Christian / Biller-Andorno, Nikola, "Pharmacogenetic testing, informed consent and the problem of secondary information", *op. cit.*, 355.

[247] Isso não impede, porém, que, uma vez ultrapassadas estas dificuldades iniciais, a MPP promova a criação de condições que permitam os profissionais de saúde tomar decisões terapêuticas com maior confiança – o que acarretará fortes repercussões positivas no domínio da relação médico-paciente e quiçá contribuirá para a diminuição dos casos de prática de medicina defensiva. Neste sentido, v. European Science Foundation, *Personalized medicine for the european citizen. Towards more precise medicine for the diagnose, treatment and prevention of disease (iPM)*, *op. cit.*, 17-18.

[248] Charlab, Rosane / Zhang, Lei, "Pharmacogenomics: historical perspective and current status", *op. cit.*, 9.

[249] Gouveia, Nélia, *Farmacogenómica/farmacogenética: Realidades e perspetivas na prática clínica*, Coimbra: Faculdade de Farmácia da Universidade de Coimbra, 2009, p. 31.

a replicação de dados de farmacogenómica entre estudos e a regular "translação da sua aplicabilidade clínica" também se tem afirmado como um dos sérios desafios a enfrentar[250]. Por tudo isto, resta-nos ter a humildade de reconhecer que ainda existe uma grande incerteza quanto aos resultados experimentais que vão sendo obtidos em estudos de farmacogenética e de farmacogenómica[251], bem como a premência de todo e qualquer investimento na educação e formação dos atuais e futuros profissionais de saúde nestas áreas de ponta[252].

Por fim, há alguns autores que consideram que não podemos olvidar que existem outros fatores, além da constituição genética individual, que fazem variar a resposta às terapêuticas medicamentosas aplicadas, exigindo-se um estudo aprofundado e consideração devida dos mesmos. Será, pois, que um mero teste de ADN, anterior à administração do fármaco, será capaz de "perscrutar as peculiaridades metabólicas de cada um, resultantes de unicidades genéticas e ambientais"[253]? Como já sugerimos acima, a resposta não pode ser outra senão negativa.

Não obstante tudo o que acabámos de pontuar, sempre importa reconhecer que há também quem desvalorize todas estas dificuldades, *inter alia*, relembrando que os profissionais serão auxiliados, ao longo de todo este complexo processo, por sistemas informáticos de ponta, os quais, inclusive recorrendo à inteligência artificial, surgirão como "meios eficazes de apoio na tomada de decisão" e de "facilitação dos cuidados prestados". No fundo, ao abrigo deste modelo personalizado de cuidados médico-farmacológicos, os médicos "esperam que a informação lhes seja fornecida rapidamente e de forma a indicar claramente o curso de ação

[250] CHARLAB, Rosane / ZHANG, Lei, "Pharmacogenomics: historical perspective and current status", *op. cit.*, 9.

[251] FONTANA, Vanessa *et al.*, "O conceito de gene está em crise. A farmacogenética e a farmacogenómica também?", *op. cit.*, 95.

[252] EUROPEAN SCIENCE FOUNDATION, *Personalized medicine for the european citizen. Towards more precise medicine for the diagnose, treatment and prevention of disease (iPM)*, *op. cit.*, 39.

[253] AZEVÊDO, Eliane, "Farmacogenômica: aspetos éticos", *op. cit.*, 147. Importa pontuar que desvalorizamos esta consideração, na medida em que entendemos, como referido *supra*, que a farmacogenómica se deve inserir num modelo holístico – a MPP – preocupado, simultaneamente, com a consideração dos fatores genéticos e ambientais que, real ou potencialmente, influenciam a terapia aplicada.

a seguir" com vista à prevenção ou tratamento da patologia em causa[254]. No entanto, e muito embora tais esperanças se nos afigurem legítimas – e oxalá que se venham a concretizar num futuro bem próximo –, cremos que ainda não estão reunidas as condições materiais, organizacionais, económicas e sociais para que o sistema de saúde mergulhe, de forma tão intensa e imbricada, no *admirável mundo novo* da *bioinformática*.

Em jeito de conclusão, parece-nos que estas dificuldades de pendor técnico (ainda) são um obstáculo efetivo à implementação da MPP e devem preocupar não só a comunidade médico-científica, mas também os diversos decisores políticos. Por um lado, devem aqueles demonstrar-se especialmente cautelosos no que concerne à interpretação dos resultados dos testes genéticos – nesta *era pós-genómica*, dispor-se de sólidos conhecimentos em genética clínica é condição fulcral para a correta prescrição e execução de tratamentos médico-farmacológicos (mais ou menos) moldados, *inter alia*, com base na informação genética individual[255/256]. Por outro lado, deve o Estado regular as condições formais, materiais e procedimentais que subjazem à realização dos testes genéticos e que norteiam a atividade das entidades que os comercializam, assegurando, na medida do possível, a sua necessária fiabilidade, precisão, validade e utilidade – porque, como afirma Heloísa G. Santos, "antes da existência de uma comprovada total confiança na interpretação dos resultados em estudos genómicos é leviano e eticamente inaceitável desencadearem-se disruptivas transformações no apoio à saúde"[257].

[254] European Science Foundation, *Personalized medicine for the european citizen. Towards more precise medicine for the diagnose, treatment and prevention of disease (iPM)*, *op. cit.*, 19.

[255] Aliás, é o próprio Código Deontológico da Ordem dos Médicos (CDOM) que indica, no seu artigo 4.º/8, que "o médico deve cuidar da permanente atualização da sua cultura científica e da sua preparação técnica, sendo dever ético fundamental o exercício profissional diligente e tecnicamente adequado às regras da arte médica". No mesmo sentido, vide o artigo 12.º do Código Deontológico da Ordem dos Farmacêuticos (CDOF).

[256] Sobre a importância crucial da promoção da literacia genómica dos profissionais de saúde, vide Nuffield Council on Bioethics, "Pharmacogenetics: ethical issues", *op. cit.*, 60 e ss.

[257] Santos, Heloísa G. / Pereira, André Dias, *Genética para todos: de Mendel à revolução genómica do séc. XXI: a prática, a ética, as leis e a sociedade*, Lisboa: Editora Gradiva, 2019, p. 53.

1.4.2. De ordem económico-financeira

No âmbito económico-financeiro, impõe-se ter em conta, em primeira linha, os elevados custos que, pelo menos numa fase inicial, surgem associados ao desenvolvimento da MPP e, mais especificamente, da farmacogenética/farmacogenómica. Esta pode, aliás, ser invocada como a principal causa explicativa do apoio limitado por parte de alguns governos e políticos à institucionalização generalizada destas práticas[258].

Colocam-se, portanto, questões de igualdade e equidade no acesso a este tipo de tratamentos personalizados que se projetarão a vários níveis[259]. Vejamos.

Desde logo, tememos um incremento da desigualdade na prestação dos cuidados de saúde, especialmente se o juízo custo-eficácia for colocado no centro do processo de tomada de decisão que subjaz à produção e disponibilização de medicamentos aos pacientes[260]. Afinal de contas, se a produção de um medicamento com eficácia acrescida para o tratamento de pacientes com uma certa constituição genómica implicar custos de produção muito mais elevados do que o desenvolvimento de um medicamento para outros pacientes com uma constituição genómica distinta, corre-se o risco de que os primeiros tenham de se sujeitar à não existência de tratamento disponível (porque não rentável),

[258] JAIN, Kewal K., *Textbook of personalized medicine*, *op. cit.*, 653.

[259] De forma geral, v. BODIROGA-VUKOBRAT, N. / HORAK, H., "Challenges of personalized medicine: socio-legal disputes and possible solutions", op. cit., 39.

[260] Alguns autores têm defendido que "um estudo fármaco-económico permite contrapor um tratamento personalizado (com recurso a testes de farmacogenómica) a um tratamento *standard* (seja recorrendo ao mesmo medicamento em todos os casos e/ou a um medicamento alternativo que não requer a realização desse tipo de testes). Quando o tratamento personalizado se assume como mais eficaz e a um custo adicional aceitável («*cost-effective*») ou mais eficaz a um custo menor («*cost-saving or dominant*»), este facto revela-se como um forte argumento para a implementação deste tipo de tratamento". Estudos recentes (2017), realizados nos EUA, apontam para que, na maioria dos casos, o tratamento personalizado se assuma como «*cost-saving*» (27%) ou «*cost-effective*» (30%). Cabe, porém, alertar-se o leitor para o facto de estes dados não poderem ser analisados sem se atender cuidadosamente à considerável variabilidade espácio-temporal dos estudos em causa, pelo que os mesmos não podem (ou, pelo menos, não devem) ser extrapolados para diferentes contextos sem a respetiva cautela. Cf. VERBELEN, Moira / WEALE, Mike E. / LEWIS, Cathryn M., "Cost-effectiveness of pharmacogenetic-guided treatment: are we there yet?", in *The Pharmacogenomics Journal*, n.º 17, 2017, p. 395.

a terem de utilizar medicamentos de eficácia e segurança (pelo menos, potencialmente) reduzidas ou, em última instância, a terem de pagar valores mais elevados por um medicamento de igual eficácia para o tratamento da mesma enfermidade – circunstância que é, no mínimo, jurídica e eticamente problemática. Qual será, nesse contexto, a resposta possível, em tempos de escassez e de necessário racionamento de recursos, de um sistema público de saúde, nomeadamente no apoio ao acesso equitativo dos indivíduos a este modelo terapêutico individualizado, em especial sempre que não disponham de meios económicos para o custear?

Além desta questão essencial, será que, em momento algum, se pode recusar a um indivíduo o acesso a um determinado medicamento, simplesmente com base no facto de vários estudos de farmacogenética/farmacogenómica apontarem para uma menor probabilidade de este vir a responder positivamente ao mesmo (ou, *a contrario*, uma maior probabilidade de este vir a revelar-se ineficaz ou mesmo perigoso para a sua saúde) – especialmente quando não exista medicamento alternativo disponível[261]? E quais serão as probabilidades de que, após ter sofrido reações adversas por ter optado por tomar esse mesmo medicamento, a resposta do sistema de saúde possa vir a ecoar, com maior ou menor acutilância, um cruel "*eu bem que te avisei*"[262]?

Por outro lado, e debruçando-nos agora sob a *arena global*, questionamo-nos se e como é que os países menos desenvolvidos – que não reúnem recursos preditivos ou de diagnóstico adequados, nem profissionais especializados na matéria – serão capazes de adotar e implementar

[261] Rose, Nikolas, "Personalized medicine: promises, problems and perils of a new paradigm for healthcare", *op. cit.*, 344.

[262] Na ausência de alternativas, parece-nos que o princípio ético da beneficência impõe que, na ausência de alternativas, se permita ao indivíduo aceder a esse medicamento, mesmo que comprovadamente de eficácia e/ou segurança reduzidas tendo em conta o seu genótipo. Cf. Herring, Jonathan, *Medical Law and Ethics*, 7nd Edition, Oxford: Oxford University Press, 2018, p. 28. E note-se, em caso de ocorrência de reações adversas, o Estado Social não pode deixar de apoiar, caso seja necessário e com pleno respeito pela designada *reserva do possível*, o sujeito para que este aceda aos tratamentos de que carece. Questão mais complexa será a de saber como deve o sistema de saúde responder àqueles casos em que o indivíduo pretende, por alguma razão em concreto, que lhe seja administrado um medicamento menos seguro e eficaz do que outros disponíveis no mercado e indicados pelos testes de farmacogenética/farmacogenómica previamente realizados.

este tipo de modelos terapêuticos personalizados. Parece-nos que o princípio da solidariedade é, pelo menos no plano ético, o único meio de se traçar uma possível solução responsável para este problema que, infelizmente, se estende a tantos outros domínios[263].

Cabe, igualmente, não olvidar que, mesmo naqueles países que dispõem de alguns recursos e de condições favoráveis à preparação de profissionais para atuar no seio de um sistema de saúde personalizado (como é o nosso caso), se impõe a tomada de decisões cautas – mormente quando relativas à necessária alocação de recursos a investir no mesmo –, na medida em que elas poderão implicar a transferência de verbas de outras áreas de relevo que, de modo algum, podem ficar comprometidas. Impõe-se, pois, um planeamento estratégico realista que possibilite uma transição faseada e prudente, que acompanhe o ritmo da nossa economia e o pulsar da própria sociedade.

Neste contexto, vários autores têm considerado que estas preocupações tenderão a atenuar-se com a progressiva diminuição do preço dos testes genéticos (nos EUA, atualmente, o seu custo médio ronda entre os 33 e 710 dólares[264]) e dos sistemas informáticos necessários para o tratamento maciço dos dados de saúde e genéticos. Além disso, a alocação de recursos para impulsionar o desenvolvimento da farmacogenética e da farmacogenómica e a crescente personalização dos tratamentos médico-farmacológicos deve ser encarado como um verdadeiro *investimento* que terá, a médio ou longo prazo, retorno económico-financeiro, mormente com a redução dos custos de produção dos medicamentos e o aumento da taxa de sucesso dos tratamentos aplicados e consequente diminuição das reações adversas verificadas. Por exemplo, nos

[263] Relembremos o disposto no artigo 15.º da Declaração Universal sobre Bioética e Direitos Humanos ou DUBDH (2005): "os benefícios resultantes de qualquer investigação científica e das suas aplicações devem ser partilhados com a sociedade no seu todo e no seio da comunidade internacional, em particular com os países em desenvolvimento".

[264] Note o leitor que, nos EUA, o seu preço médio, em 2017, rondava os 175 dólares, sendo a tendência a da progressiva redução do respetivo preço ao longo do tempo. Cf. Verbelen, Moira / Weale, Mike E. / Lewis, Cathryn M., "Cost-effectiveness of pharmacogenetic-guided treatment: are we there yet?", *op. cit.*, 399; e ainda, Berm, Elizabeth J. J. *et al.*, "Economic Evaluations of Pharmacogenetic and pharmacogenomic screening tests: a systematic review. Second update of the literature", in *PLoS ONE*, n. º 11, vol. 1, 2016, p. 5.

EUA, as despesas com o tratamento das ADEs («*Adverse Drug Events*») ascendem aos 4 mil milhões de dólares por ano, representando 5% dos internamentos e aumentando o período de hospitalização dos sujeitos em, pelo menos, dois dias, o que eleva o custo em, aproximadamente, 2.500 dólares por paciente[265]. O resultado seria, segundo alguns estudos, uma melhor "racionalização dos gastos sanitários" e o "reforço da sustentabilidade" do sistema de saúde[266].

Seja como for, na nossa opinião, não é pensável que se avance para um sistema (público) de saúde personalizado (que recorra à farmacogenética e à farmacogenómica) se não assegurarmos a existência de suficientes recursos para garantir o acesso a este por parte de todos os cidadãos e o respeito pelos direitos humanos e fundamentais de todos os intervenientes[267/268]. Afinal de contas, não podemos esquecer que a própria *Constituição da República Portuguesa* (CRP) encarrega expressamente o Estado português de "garantir o acesso a todos os cidadãos, independentemente da sua condição económica, aos cuidados da medicina preventiva, curativa e de reabilitação", "orientar a sua ação para a socialização dos custos dos cuidados médicos e medicamentos" e "disciplinar e controlar a produção, distribuição, comercialização e o uso dos produtos químicos, biológicos e farmacêuticos e outros meios de tratamento e diagnóstico" (art. 64.º/3/a)/c)/e) da CRP)[269].

[265] Pinho, João Rebello / Sitnik, Roberta / Mangueira, Cristóvão, "Medicina personalizada e o laboratório clínico", in *Revista Einstein*, n.º 12, vol. 3, 2014, p. 369.

[266] Romeo Casabona, Carlos M. / Nicolás Jiménez, Pilar / De Miguel Beriain, Iñigo, *Retos éticos y necesidades normativas en la actividad asistencial en medicina personalizada de precisión*, *op. cit.*, 73.

[267] Naturalmente, o acesso equitativo de toda a população a este modelo personalizado de medicina (e aos testes de farmacogenética e de farmacogenómica) deve ser levado a cabo "nos limites dos recursos humanos, técnicos e financeiros disponíveis". Cf. Nunes, Rui, *GeneÉtica*, Coimbra: Almedina, 2013, p. 121.

[268] Esta preocupação está patente na nossa atual Lei de Bases da Saúde (Lei n.º 95/2019, de 4 de setembro), mais especificamente na sua Base 33, a qual dispõe que: "o Estado deve promover o acesso equitativo à inovação em saúde nas suas vertentes integradas e complementares de ciências de informação e comunicação, nanotecnologia, genética e computação, em particular no recurso à robótica e à inteligência artificial, com salvaguarda das questões éticas por estas suscitadas".

[269] Loureiro, João, "Em busca do direito da saúde em tempo de risco(s) e cuidado(s): sobre a incerteza do(s) nome(s) e da(s) coisa(s)", in *Direito da Saúde – Estudos em Homenagem ao Prof. Doutor Guilherme de Oliveira – Vol. I* (coord. por João Loureiro, André Dias Pereira e Carla Barbosa), Coimbra: Almedina, 2016, p. 34.

1.4.3. De ordem pessoal e social

No que diz respeito ao plano pessoal e social, podemos começar por referir que esta mudança de paradigma nos sistemas de saúde poderá implicar uma transformação ou, pelo menos, necessidade de recompreensão de alguns conceitos já enraizados pelos vários intervenientes (profissionais de saúde, pacientes e outras partes interessadas), com consequências para os mesmos que ainda não são suscetíveis de avaliação precisa[270]. Apenas a título de exemplo, note-se que o forte pendor colocado pela MPP na capacitação do paciente, sendo louvável, acarreta consigo uma forte – e, em certos casos, crua – responsabilização do mesmo em diversos níveis, como é o caso do nível sanitário (mormente na compreensão das diversas influências e fatores estruturais e contextuais na sua saúde e estilo de vida, a qual, levada ao extremo, poderá conduzir a uma nefasta «*culture of victim blaming*») ou da recolha, armazenamento e tratamento de informações pessoais[271]. Do mesmo modo, os interesses comerciais que este modelo personalizado tende a trazer associados – e que apontam para um certa "consumerização da saúde"[272], nem sempre coincidente com os interesses individuais e coletivos em causa – ajudam a explicar o ceticismo de alguns segmentos sociais quanto à adoção do mesmo. No que aos profissionais de saúde diz respeito, há quem não hesite em afirmar que é dúbio que a grande maioria destes se revele verdadeiramente recetivo a abandonar a tradicional «*trial-and-error medicine*», modelo com o qual estão mais habituados e se sentem mais confortáveis[273].

[270] Desde logo, porque não se sabe até que ponto os pacientes estão recetivos à prescrição de medicamentos que pressupõem a realização de testes de farmacogenética/farmacogenómica. Cf. Netzer, Christian / Biller-Andorno, Nikola, "Pharmacogenetic testing, informed consent and the problem of secondary information", *op. cit.*, 355.

[271] European Science Foundation, *Personalized medicine for the european citizen. Towards more precise medicine for the diagnose, treatment and prevention of disease (iPM), op. cit.*, 46.

[272] Este fenómeno, assente no individualismo e na autonomia absoluta do paciente-consumidor, pode mesmo colocar em causa o equilíbrio entre "os valores da escolha individual e os da solidariedade social e da obrigação mútua", segundo os quais "é responsabilidade de cada um cuidar da saúde de todos, mesmo daqueles com os quais não temos nenhuma relação direta". Cf. Sales, Maria G. / Ferreira, Eugénio C. / Reis, Maria A., "Biotecnologias", *op. cit.*, 74-75.

[273] Pavelic, Kresimir / Pavelic, Sandra Krajevic / Sedic, Mirela, "Personalized medicine: the path to new medicine", *op. cit.*, 5.

Por outro lado, atenta a complexidade da matéria em questão, parece-nos de duvidar que, em tempos de liberalização do mercado dos testes genéticos, o consentimento para a sua realização seja, pelo menos, verdadeiramente *esclarecido*, mormente tendo em conta as severas dificuldades na identificação da informação que deve efetivamente ser transmitida ao paciente e do momento certo para o fazer, bem como, recorrendo às palavras de Célia Ventura, ao "tempo limitado para aconselhamento genético relativamente [aos] achados e [à fraca] literacia genómica da população"[274]. Acresce que, tendo em conta as vantagens da farmacogenética e da farmacogenómica já mencionadas, há razões legítimas para temer que se possam gerar fortes pressões sobre os pacientes para que aceitem submeter-se à realização deste tipo de testes. Tal culminará, como é evidente, numa inadmissível vulneração da sua autonomia e do seu direito a um consentimento livre e esclarecido[275/276].

Cabe ainda referir que as conclusões que se retiram dos estudos e ensaios realizados nem sempre se afiguram válidas para todos os grupos populacionais, abrindo portas à criação de novas assimetrias respeitantes a minorias étnicas e raciais[277]. Este cenário, acrescido da ausência de investigação básica nestas populações minoritárias ou do próprio "desinteresse da indústria farmacêutica em comercializar fármacos dirigidos a genótipos órfãos", põe em causa a "justiça distributiva

[274] Ventura, Célia, "Questões éticas e sociais da medicina personalizada", *op. cit.*, 45.

[275] Como bem pontua Rui Nunes, "o princípio da não discriminação em razão do património genético, nomeadamente no acesso à saúde, deve referir textualmente o direito de recusar a execução de testes genéticos no âmbito da farmacogenética [e da farmacogenómica]. E, também, que o exercício deste direito não deve influenciar a qualidade do atendimento médico, ainda que o medicamento em causa, se dependente de um teste genético, possa não ser administrado ao doente". Cf. Nunes, Rui, *GeneÉtica*, *op. cit.*, 118.

[276] A administração ao paciente de um medicamento, cuja prescrição depende da realização de testes de farmacogenética/farmacogenómica, sem a prévia realização dos mesmos, remete-nos para a interessante temática da prescrição *off-label*. Para maiores desenvolvimentos sobre a mesma, recomendamos a leitura de Raposo, Vera Lúcia, *Danos causados por medicamentos: enquadramento jurídico à luz do ordenamento europeu*, *op. cit.*, 153 e ss.

[277] Com efeito, é hoje sabido que a distribuição de variantes genéticas clinicamente relevantes pode ser diferente entre grupos étnicos distintos, de tal modo que a informação gerada pela farmacogenética/farmacogenómica numa determinada população pode não ser [validamente] aplicável a outra. Cf. Charlab, Rosane / Zhang, Lei, "Pharmacogenomics: historical perspective and current status", *op. cit.*, 10.

e a equidade no acesso à saúde"[278]. É que, como é fácil de ver, pode acontecer que venham a ser desenvolvidos, de forma prioritária, medicamentos mais seguros e eficazes para indivíduos de raças ou etnias dominantes numa determinada sociedade[279], tendo em conta o mero facto de que, dessa forma, o público-alvo para a comercialização dos mesmos tenderá a ser mais amplo, possibilitando a obtenção de maiores lucros por parte da indústria farmacêutica[280]. Por essa razão, o NUFFIELD COUNCIL ON BIOETHICS recomenda que os testes de farmacogenética e de farmacogenómica sejam validados tendo em conta, especificamente, as populações nas quais virão a ser empregues. Além disso, todos os sujeitos envolvidos na investigação levada a cabo neste domínio devem ser sensíveis ao "potencial enganador e discriminatório dos estereótipos raciais"[281]. Muito infelizmente, os riscos de exclusão não se ficam, no entanto, por aqui, sendo também de questionar, por exemplo, em que posição fica quem tiver maiores dificuldades em manusear e interagir com estas tecnologias emergentes[282].

Outro elemento a destacar é a possibilidade – deveras preocupante – de a informação genética pessoal em circulação poder ser utilizada como fator de discriminação do seu titular ou da sua família, quer por outros membros do seu círculo familiar ou social, pelos seus empregadores ou pelas próprias seguradoras[283].

Por fim, pode colocar-se a questão de saber se e como compensar comunidades, famílias ou indivíduos que, dando especiais contributos genómicos para a descoberta de novos medicamentos, não podem,

278 VENTURA, Célia / SANTOS, Heloísa, "Considerações éticas e científicas sobre a medicina personalizada", 21ª Reunião Anual da Sociedade Portuguesa de Genética Humana, Portugal, 2017, p. 40.

279 É o caso da conhecida enzima CYP2D6. Entre os caucasianos, apenas 7% das pessoas tem uma variação genética que resulta numa reduzida atividade desta enzima, a qual se revela essencial para a metabolização dos fármacos. No entanto, existem evidências de que esta mesma variação genética se encontra, com uma frequência substancialmente mais elevada, em indivíduos de países como a Etiópia e a Arábia Saudita. Cf. LIPTON, Peter, "Pharmacogenetics: the ethical issues", *op cit.*, 15.

280 BRECKENRIDGE, Alasdair *et al.*, "Pharmacogenetics: ethical problems and solutions", *op cit.*, 677.

281 NUFFIELD COUNCIL ON BIOETHICS, "Pharmacogenetics: ethical issues", *op. cit.*, 54-55.

282 ROMEO CASABONA, Carlos M. / NICOLÁS JIMÉNEZ, Pilar / DE MIGUEL BERIAIN, Iñigo, *Retos éticos y necesidades normativas en la actividad asistencial en medicina personalizada de precisión*, *op. cit.*, 75.

283 Sobre esta questão, vide a *Parte III, Capítulo VII*.

infelizmente, beneficiar deles[284] – o que nos remete para o conhecido conceito de «*benefit-sharing*»[285].

Não restam, portanto, dúvidas de que a MPP e a farmacogenética/farmacogenómica irão redesenhar o tecido social e os sistemas de saúde, impactando consideravelmente a vida de todos e de cada um de nós. Nessa medida, é ponderoso e urgente que se analise de que forma os nossos direitos humanos e fundamentais podem vir a ser ameaçados ao longo deste complexo e disruptivo processo. Reservaremos para a Parte III deste estudo algumas considerações nesse sentido.

[284] Relembremos o chamado caso *Moore* (*Moore v. Regents of the University of California* 793 P.2d 479), o qual, não dizendo diretamente respeito à questão suprarreferida, impulsionou este tipo de discussão no âmbito bioético. Muito resumidamente: JOHN MOORE era um paciente do Centro Médico da UCLA que padecia de leucemia das células pilosas e que teve, por isso, que remover o baço. Durante os tratamentos, os médicos, sem informar o paciente dos seus interesses de investigação, extraíram células e tecidos de MOORE que foram, posteriormente, usadas para criar uma "linha celular". A mesma foi, entretanto, patenteada e comercializada por DAVID GOLDE (um dos titulares da patente) e pela UCLA, dando origem a grandes lucros. Nesse contexto, MOORE recorreu a tribunal para requerer a partilha dos lucros obtidos a partir da investigação realizada com as suas células e tecidos, extraídas sem o seu conhecimento e consentimento. A *Supreme Court* da Califórnia decidiu, neste contexto e de forma polémica, "que as amostras descartadas de sangue e tecidos de um paciente não são sua propriedade e, por isso, os indivíduos não têm direito a uma participação nos lucros obtidos com as pesquisas realizadas com as suas células". Cf. WERTZ, Dorothy C., "Ethical, social and legal issues in pharmacogenomics", *op cit.*, 195.

[285] LOURTIE, Pedro, "Cooperação internacional em ciência e inovação e partilha de benefícios", in *Ética Aplicada – Novas Tecnologias* (coord. por Maria do Céu Patrão Neves e Maria da Graça Carvalho), Lisboa: Edições 70, 2018, p. 307; e ainda, para maiores desenvolvimentos, v. *Parte III, Capítulo IX*.

CAPÍTULO II
GRANDES (R)EVOLUÇÕES À NANOESCALA?

Outros dois domínios nos quais se observou um desenvolvimento marcante nas últimas décadas foram o da nanociência e o da nanotecnologia. Nos dias que correm, é impossível que alguém se revele indiferente face a realidades tão fascinantes e omnipresentes no nosso dia-a-dia. Afinal de contas, atualmente, a nanotecnologia está em praticamente tudo aquilo que nos rodeia (por exemplo, na comida que comemos, na roupa que vestimos, nos cosméticos que utilizamos, nos eletrodomésticos que temos nos nossos lares, nos medicamentos que tomamos...), conferindo propriedades únicas aos materiais e acarretando consigo virtualidades totalmente impressionantes. A expetativa de que a mesma poderá contribuir, de forma efetiva, para a resolução de um conjunto de desafios societais, mormente no domínio da saúde, explica, em grande parte, o seu elevado potencial económico e a ascensão exponcial de um sólido e dinâmico *mercado nanotecnológico*.

Tal como a *Revolução (Pós-)Genómica*, também a *Revolução Nanotecnológica* veio para ficar e transformar a realidade social e as vidas de todos e de cada um de nós. Como não poderia deixar de ser, também neste caso, os fascinantes avanços tecnocientíficos se fazem acompanhar de sérios riscos e de intensos desafios ético-jurídicos, os quais põem à prova a comunidade científica, os juristas, os bioeticistas e todos os cidadãos em geral, obrigando-nos a repensar conceitos e forjar soluções – por vezes, de forma urgente – para assegurar que o caminho em direção a um *admirável mundo novo à nanoescala* se faça sem que se coloquem irremediavelmente em causa as estruturas e fundações sociais e os direitos e liberdades fundamentais da pessoa humana.

Ao longo dos próximos pontos procuraremos, pois, delimitar os conceitos de nanociência e de nanotecnologia e traçar um breve roteiro evolutivo das mesmas. Em seguida, mencionaremos as suas principais aplicações, efetivas e potenciais, especialmente no domínio *médico-farmacológico*, referindo-nos aos chamados sistemas de nanodiagnóstico, de nanoterapia e de nanogenética. Por fim, alertaremos para os perigos da *nanotoxicidade* e para os seus potenciais impactos na saúde humana e ambiental. Iniciemos, então e sem mais demoras, o nosso percurso.

2.1. Nanociência e nanotecnologia(s): algumas delimitações conceituais

O prefixo 'nano' provém da palavra grega «*nânos*», que significa "anão"[286]. Atualmente, o nanómetro (*nm*) é a unidade de medida que, de acordo com o Sistema Internacional de Unidades (SI), corresponde à bilionésima parte de um metro ou à milionésima parte de um milímetro ($1x10^{-9}$ *m*)[287].

Todos os materiais que apresentem uma dimensão entre 1 e 100 *nm* (*i.e.* que se enquadrem na chamada "nanoescala") tomam a designação genérica de *nanomateriais*. Os mesmos podem ser agrupados em categorias distintas em função (1) da sua origem e (2) das suas dimensões (comprimento, largura e altura).

Quanto à sua *origem*, a comunidade científica distingue entre (1) *nanomateriais de origem natural* – aqueles que, desde sempre, fazem parte do meio ambiente, resultando da ocorrência de certos fenómenos da natureza, como incêndios, erupções vulcânicas ou relâmpagos – e (2) *nanomateriais de origem antropogénica*. Neste último caso, diferencia-se entre (2.1.) *nanomateriais incidentais* – os quais apresentam uma certa heterogeneidade em termos de dimensão e formato e são gerados por determinadas atividades levadas a cabo pelo ser humano, como

[286] SCHAMING, Delphine / REMITA, Hynd, "Nanotechnology: from the ancient time to nowadays", in *Foundations of Chemistry*, vol. 17, n.º 3, 2015, p. 188.

[287] Por exemplo, uma folha de papel comum pode apresentar uma espessura de, aproximadamente, 100.000 nanómetros. Cf. FEITSHANS, Ilise L., "Forecasting nano law: defining nano", in *Nanotechnology Perceptions*, n.º 8, 2012, p. 18.

é o caso da queima de combustíveis fósseis, da exploração de minérios em larga escala ou da incineração de florestas para fins agrícolas ou de exploração dos seus recursos naturais– e (2.2.) *nanomateriais fabricados* (ou «*engineered nanoparticles*») – os quais são especificamente desenhados e produzidos pelo ser humano em laboratório, sendo moldados de forma precisa quanto ao seu formato, tamanho e composição[288]. Neste último domínio, podem ser incluídos, *inter alia*, os conhecidos nanotubos de carbono e fulerenos, alguns derivados metálicos (como o dióxido de titânio e o óxido de zinco), bem como os nanocristais semicondutores (os "pontos quânticos" ou «*quantum dots*») e "metais zero-valentes, sintetizados a partir de sais metálicos"[289/290].

Já se considerarmos as suas *dimensões*, importa referir que aqueles materiais cujo comprimento, largura e altura são mensuráveis à nanoescala (*scilicet*, que são iguais ou inferiores a 100 *nm*) são, normalmente, designados de 'nanopartículas' («*nanoparticles*»); no caso de apenas duas dessas dimensões se enquadrarem nessa mesma escala, tais materiais tomam a designação de 'nanotubos' («*nanotubes*») ou 'nanofios' («*nanowires*»); por fim, se apenas uma dessas dimensões for igual ou inferior a 100 *nm*, estes denominam-se de 'nanofitas' («*nanofilms*») ou 'nanocamadas' («*nanolayers*»)[291/292].

[288] Singh, Ashok K., *Engineered nanoparticles: structure, properties and mechanisms of toxicity*, USA: Academic Press, 2016, pp. 5-6.

[289] Pyrrho, Monique / Schrram, Fermin Roland, *Nanotecnociência e humanidade*, *op. cit.*, 21.

[290] Uma outra classificação proposta na literatura divide os nanomateriais em: (1) *orgânicos* (nanopartículas formadas por átomos de carbono, como os fulerenos, os grafenos e as nanofibras de carbono), (2) *não orgânicos* (óxidos metálicos, como o dióxido de titânio e o óxido de ferro; nanopartículas de metais em transição, como o ouro e a prata; pontos quânticos compostos, principalmente, por cádmio e selénio) e (3) *híbridos* (*p.e.*, a conjugação de "biomoléculas e de nanopartículas metálicas e a associação de nanomoléculas orgânicas a matrizes nanopoliméricas com a finalidade de melhorar as propriedades térmicas, mecânicas e óticas"). Cf. Lazzaretti, Luisa Lauermann / Hupffer, Haide Maria, "Nanotecnologia: o olhar da ciência sobre a toxicidade e os potenciais riscos desses produtos", in *Revista Conhecimento Online*, n.º 10, vol. 3, 2018, pp. 84-85.

[291] Schaming, Delphine / Remita, Hynd, "Nanotechnology: from the ancient time to nowadays", *op. cit.*, 188.

[292] Costuma também distinguir-se entre "nano-objetos" e "materiais nanoestruturados", respetivamente, consoante tais dimensões mensuráveis à nanoescala sejam "externas" ou "internas". Neste sentido, v. Resolução do Parlamento Europeu, de 24 de abril de 2009, sobre os aspetos regulatórios dos nanomateriais, disponível em: <https://www.europarl.europa.eu/sides/getDoc.do?pubRef=-//EP//TEXT+TA+P6-TA-2009-0328+0+DOC+XML+V0//EN>. Consultado em: 11 de outubro de 2019.

Tenha-se em conta, além disso, que a produção dos nanomateriais pode ser levada a cabo a partir de técnicas «*bottom-up*», nas quais há uma "deposição controlada e organizada de átomos e moléculas para a formação de estruturas definidas em nanoescala"[293], ou de técnicas «*top-down*», as quais, por sua vez, se baseiam na aplicação de certos processos (*v.g.* corrosão química) aos materiais tal como os conhecemos hoje (enquanto "materiais brutos" ou «*raw materials*») com vista à produção de partículas nanométricas dos mesmos[294].

Ora, a nanociência é o campo de investigação que se dedica ao estudo dos fenómenos e propriedades dos nanomateriais, contribuindo, *a posteriori*, para a criação de mecanismos que nos permitem manipular a matéria, controlando as suas formas, dimensão e propriedades (óticas, eletrónicas, térmicas, magnéticas, mecânicas, químicas, *etc.*)[295].

Por sua vez, a nanotecnologia, de acordo com a conhecida *National Nanotechnology Iniciative* (NNI) norte-americana[296], é aquela que envolve a "manipulação da matéria à escala atómica, molecular ou macromolecular", *i.e.* cujas dimensões se encontram entre, aproximadamente, 1 e 100 *nm*. Inclui-se aqui uma ampla gama de tecnologias de imagiologia, medição, modelação e edição da matéria, com vista à atribuição, controlo ou manipulação das funções e propriedades dos materiais cuja manifestação dependa diretamente da sua dimensão (aquilo a que a doutrina vem chamando de "efeitos quânticos" ou «*quantum effects*»)[297].

293 Pyrrho, Monique / Schrram, Fermin Roland, *Nanotecnociência e humanidade*, *op.cit.*, 22.

294 Sarahan, Paul, "Nanotechnology safety: a framework for identifying and complying with workplace safety requirements", in *Nanotechnology Law and Business*, vol. 5, n.º 2, 2008, p. 192; e ainda, Naidu, David, *Biotechnology & Nanotechnology: regulation under environmental, health and safety laws*, New York: Oxford University Press, 2009, p. 11.

295 Cremades, Ana Isabel / Maestre, David, "Nanociencia y nanotecnología", in *Bioética y Nanotecnología* (coord. por María Casado), Navarra: Thomson Reuters, 2010, p. 22.

296 A NNI é uma iniciativa de investigação no campo da nanotecnologia que tem sido desenvolvida por um conjunto de departamentos federais norte-americanos (em 2017, eram cerca de 20) e agências independentes. A mesma visa criar uma estrutura organizada para a prossecução de objetivos comuns, definição de prioridades e delimitação de estratégias que garantam colaboração académica, governamental e industrial nesta matéria.

297 Como refere a doutrina, "a matéria, na forma que conhecemos, tem propriedades físicas e químicas completamente diferentes das propriedades do mesmo material quando analisada em dimensões nanométricas". É o caso do alumínio que, quando manipulado à nanoescala, adquire propriedades explosivas únicas. Cf. Lêdo, João / Hossne, William / Pedroso, Margareth, "Introdução

A nanotecnologia é, pois, um "saber-fazer" que pressupõe o conhecimento de um conjunto de "invariantes do real" (os átomos) e das leis que regem os seus comportamentos para, então, se controlar e modificar essa realidade[298].

Embora sejam inúmeras as propostas conceituais apresentadas na literatura científica (e não só)[299] – marcadas, no essencial, pela sua heterogeneidade e, em alguns casos, por uma certa imprecisão técnico-científica[300] –, parte da doutrina tem identificado pontos de convergência, os quais podemos, pois, qualificar como caraterísticas fundamentais da nanotecnologia. São eles: o facto de, no mínimo, uma das dimensões dos materiais utilizados ter de ser mensurável à nanoescala[301]; além disso, o chamado "processo de síntese deve demonstrar absoluto controlo sobre as propriedades físicas e químicas das estruturas moleculares"; por fim, o conjunto de materiais nanoestruturados iniciais, após a sua combinação química, deve ter a capacidade de produzir estruturas de maiores dimensões[302].

às questões bioéticas suscitadas pela nanotecnologia", in *Bioethikos – Centro Universitário São Camilo*, vol. 1, n.º 1, 2007, p. 63.

298 Pyrrho, Monique / Schrram, Fermin Roland, *Nanotecnociência e humanidade*, *op.cit.*, 37.

299 A doutrina distingue entre *noções nominais* (aquelas que estipulam condições necessárias do objeto definido – como, por exemplo, a possibilidade de as várias dimensões dos materiais serem mensuráveis à nanoescala), *reais ou extensivas* (aquelas que optam por elencar uma série de aspetos em investigação, aceitando-se que todos eles formam, no seu conjunto, um conceito autónomo) e *teleológicas* (aquelas que definem a nanotecnologia em função dos seus fins e das suas utilidades). Cf. García Manrique, Ricardo, "¿Necesitamos una nanoética? (La nanoética como disciplina específica)", in *Bioética y Nanotecnología* (coord. por María Casado), Navarra: Thomson Reuters, 2010, pp. 39-40.

300 Feitshans, Ilise L., *Global health impacts of nanotechnology law*, Singapore: Pan Stanford Publishing, 2018, p. 11.

301 Neste âmbito, uma das questões que tem sido mais discutida é a de saber se se deve optar por uma abordagem regulatória mais estrita e precisa, que exija total especificidade quanto à dimensão dos materiais ("*entre 1 e 100 nm*"), ou mais flexível e compreensiva, recorrendo-se a uma mera indicação aproximada da mesma ("*na ordem dos 100 nm ou inferior*"). Cf. Resolução do Parlamento Europeu, de 24 de abril de 2009, sobre os aspetos regulatórios dos nanomateriais, *op. cit.*; e ainda, parecendo manifestar-se a favor da segunda abordagem, Feitshans, Ilise L., "Forecasting nano law: defining nano", *op. cit.*, 30-31.

302 Por todos, v. Pyrrho, Monique / Schrram, Fermin Roland, *Nanotecnociência e humanidade*, *op.cit.*, 18. A *Royal Commission on Environmental Pollution* britânica defende que se deve ter sempre em consideração, além da dimensão e do formato dos materiais, a sua "funcionalidade" (o que, claro está, só poderá ser analisado casuisticamente). Criticando uma tal proposta, v. Feitshans, Ilise L., "Forecasting nano law: defining nano", *op. cit.*, 33.

Além disso, em bom rigor, e embora ao longo da presente investigação nos limitemos a empregar o termo "nanotecnologia", deve recorrer-se ao plural ('nanotecnologias'), já que este complexo domínio dificilmente se poderá reconduzir a uma "disciplina única com objetivos coerentes" ou dizer respeito a um "setor industrial único". Antes, a(s) nanotecnologia(s) trata(m) de coligar diversas áreas do conhecimento mediante uma abordagem verdadeiramente interdisciplinar, no seio da qual a nanoescala se tem afirmado como ponto de encontro de físicos, químicos, biólogos, farmacêuticos, médicos e engenheiros[303]. É nesta encruzilhada de contributos das mais variadas ciências (que tem sido apelidada de "convergência NBIC (*nano-bio-info-cogno*)"[304]) que emergem as nanotecnologias, *inter alia*, sob a forma de materiais, produtos ou dispositivos inovadores, dotados de potencialidades e aplicações singulares[305].

Por fim, tenha-se em conta que, embora sejam conceitualmente distintas, a nanociência e a nanotecnologia encontram-se profundamente ligadas, partilhando uma mesma linha evolutiva e apresentando-se, não raras vezes, como uma "única entidade dual": por um lado, o desenvolvimento da nanotecnologia depende diretamente dos contributos científico-teoréticos aportados pela nanociência; a qual, por outro lado, depende de certos instrumentos e ferramentas que só aquela é capaz de desenvolver e fabricar[306]. Assim, geralmente, ambas as aceções acabam

[303] Rocha, João, "Nanotecnologias e nanoética", in *Ética Aplicada – Novas Tecnologias* (coord. por Maria do Céu Patrão Neves e Maria da Graça Carvalho), Lisboa: Edições 70, 2018, p. 88; e ainda, Ebbesen, Mette, "The principle of justice and access to nanomedicine in national healthcare systems", *op. cit.*, 1.

[304] Campillo Vélez, Beatriz / Zuleta Salas, Guillermo, "Bioética y nanotecnología", *op. cit.*, 65; e ainda, Ameisen, Jean-Claude, "Enjeux éthiques des nanosciences et des nanotechnologies", in *La nanomédecine: Enjeux éthiques, juridiques et normatifs* (coord. por Christian Hervé *et al.*), Paris : Éditions Dalloz, 2007, p. 132.

[305] A este propósito, e de forma relevante, Ilise L. Feitshans pontua: «*one of the fascinating features of nanotechnology is that it is not born of any specific discipline; the science is inherently interdisciplinary and therefore the governance of social impacts must also be derived from a cluster of disciplines that have not previously worked closely together. Rather than a unidimensional approach to law policy and scientific research that is compartmentalized into silos, nanotechnology requires a multidimensional approach to charting and measuring the social impacts*». Cf. Feitshans, Ilise L., "Ten years after: ethical, legal and social impacts of nanotechnology", in *BAOJ Nanotechnology*, vol. 1, Iss. 1, 2016, p. 2.

[306] Cremades, Ana Isabel / Maestre, David, "Nanociencia y nanotecnología", *op. cit.*, 22.

por ser concentradas num mesmo termo – "nanotecnologia" –, o qual é mobilizado ora numa vertente teorético-científica, ora numa vertente predominantemente prático-técnica[307].

2.2. Origem e evolução da nanotecnologia: brevíssimas alusões históricas

Se apenas podemos situar o surgimento da nanotecnologia (enquanto disciplina) em meados do séc. XX, a verdade é que a base científica que a sustenta existe desde que há vida na Terra[308]. Há muito, aliás, que o ser humano se aproveitou – ainda que de forma meramente empírica[309] – das propriedades de alguns nanomateriais para o fabrico de certos artefactos, como é o caso do famoso "cálice de Licurgo de Trácia"[310], dos vitrais de algumas catedrais construídas ao longo de toda a Idade Média[311], dos famosos sabres de Damasco[312] ou da produção de certas peças de porcelana com tinta de esmalte vermelha e rosa (*v.g.* «*Famille Rose*»)[313].

[307] Há quem, a este propósito, prefira mobilizar o termo "nanotecnociência", enquanto fenómeno complexo que resulta de uma série de configurações científicas, tecnológicas, políticas e económicas. Cf. Campillo Vélez, Beatriz / Zuleta Salas, Guillermo, "Bioética y nanotecnología", *op. cit.*, 64; e ainda, Pyrrho, Monique / Schrram, Fermin Roland, *Nanotecnociência e humanidade, op.cit.*, 43.

[308] Cremades, Ana Isabel / Maestre, David, "Nanociencia y nanotecnología", *op. cit.*, 23.

[309] Parte da doutrina afirma, pois, que, até ao séc. XX, se viveu um autêntico "período de nanoempirismo". Nesse sentido, v. Rocha, João, "Nanotecnologias e nanoética", *op. cit.*, 89.

[310] Este precioso artefacto, que se acredita ter sido fabricado entre 290 e 325 *d.C.*, apresenta uma coloração diferente quando iluminado e observado a partir de diferentes ângulos (cor verde-opaca, se iluminado a partir do exterior, ou vermelha translúcida, quando iluminado a partir do interior), devido à presença de um conjunto de nanopartículas de prata e de ouro no vidro utilizado. Cf. Merali, Zeeya, "This 1,600-year-old goblet shows that the romans were nanotechnology pioneers", in *Smithsonian Magazine*, setembro de 2013, disponível em: <https://www.smithsonianmag.com/history/this-1600-year-old-goblet-shows-that-the-romans-were-nanotechnology-pioneers-787224/>. Consultado em: 3 de novembro de 2019.

[311] A utilização recorrente de nanopartículas metálicas conferia aos mesmos um conjunto de propriedades óticas singulares. Cf. Cremades, Ana Isabel / Maestre, David, "Nanociencia y nanotecnología", *op. cit.*, 23; e ainda, Singh, Ashok K., *Engineered nanoparticles, op. cit.*, 3.

[312] Estes apresentavam caraterísticas superiores à do aço forjado na Europa, especialmente graças à utilização de nanotubos de cementite, encapsulados e protegidos por nanotubos de carbono. Cf. Rocha, João, "Nanotecnologias e nanoética", *op. cit.*, 90.

[313] Schaming, Delphine / Remita, Hynd, "Nanotechnology: from the ancient time to nowadays", *op. cit.*, 191-192.

Apesar disso, o estudo destes fenómenos e a manipulação racional da matéria à nanoescala foi uma conquista do séc. XX, abrindo-se as portas ao aperfeiçoamento do conhecimento humano, impactando-se o desenvolvimento da sociedade como um todo e transformando-se a economia e o próprio nível de vida dos indivíduos[314].

Monique Pyrrho e Fermin Roland Schrram identificam três fases essenciais no desenvolvimento da nanotecnociência: uma primeira fase, na qual a nanotecnologia começa a evidenciar-se e os vários membros da comunidade científica procuram delineá-la enquanto "novo campo emergente"; posteriormente, os conhecimentos e práticas nanotecnológicas começam a ser absorvidos pelos mais diversos campos científicos a partir da "convergência de tecnologias"; por fim, começam a surgir novos campos de ação fundamentados na "integração entre leis que regem o comportamento da matéria em nanoescala, princípios biológicos e tecnologias de informação"[315]. Olhemos, pois, para os mais relevantes acontecimentos históricos que marcaram esta evolução.

Foi a 29 de dezembro de 1959 que Richard Feynman proferiu, na *Caltech*, o Instituto de Tecnologia da Califórnia, uma conferência intitulada «*There is plenty of room in the bottom*», aventando a possibilidade de se manipularem os materiais em níveis atómicos e moleculares[316]. O seu discurso – o qual se iniciou com as seguintes palavras: «*what I want is to talk about the problem of manipulating and controlling things on a small scale*» – ainda hoje é quase unanimemente indicado como o principal marco histórico no desenvolvimento e investigação da nanotecnologia[317].

Só quinze anos mais tarde, já em 1974, é que Norio Taniguchi, professor da Universidade de Ciência de Tóquio, utilizou, pela primeira vez, o significante "nanotecnologia" para descrever um conjunto de

[314] Melo, Helena Pereira de, "*No data, no market* – a aplicação do princípio da precaução à nanotecnologia", in *Revista da Faculdade de Direito da Universidade do Porto*, vol. 7, 2010, p. 343.

[315] Pyrrho, Monique / Schrram, Fermin Roland, *Nanotecnociência e humanidade*, *op.cit.*, 81.

[316] Fiolhais, Carlos, "Nanotecnologia: o futuro vem aí", in *Biologias na Noite* (coord. por Amadeu Soares), Porto: Edições Afrontamento, 2007, p. 222.

[317] Feynman, Richard P., "There's plenty of room at the bottom: an invitation to enter a new field of physics", in *Engineering and Science*, fevereiro de 1960, pp. 22-36, disponível em: <http://calteches.library.caltech.edu/47/2/1960Bottom.pdf>. Consultado em: 11 de novembro de 2019.

processos semicondutores que ocorrem à nanoescala[318]. No seu conhecido artigo «*On the basic concept of nanotechnology*», TANIGUCHI referia-se à nanotecnologia como aquela que "permitirá separar, consolidar e deformar os materiais, átomo a átomo, molécula a molécula"[319].

Recorrentemente citada é, ainda, a obra «*Engines of Creation: The coming era of nanotechnology*» (1986), de ERIC DREXLER, na qual o mesmo previu a criação de tecnologia (nanorrobôs) que, de forma autónoma, seria capaz de produzir, molécula a molécula, maquinaria e computadores. Esta obra contribuiu, em larga medida, para associar um certo catastrofismo ao desenvolvimento e ascensão da nanotecnologia, mormente pela previsão de que esses nanorrobôs, pela sua autonomia, pudessem vir a multiplicar-se indefinidamente (o que nos remete para o famoso problema «*grey goo*»)[320].

Por outro lado, para o desenvolvimento da nanotecnologia, assumiu particular relevância a invenção, em 1981, por GERD BINNING e HEINRICH ROHRER, do "microscópio de varrimento por efeito túnel" (ou «*Scanning Tunneling Microscope*»), o qual tornou possível a manipulação dos átomos consoante as intenções do próprio experimentador[321]. Nesse mesmo sentido, é também de louvar o desenvolvimento, em 1986, por GERD BINNING, CALVIN QUATE e CHRISTOPH GERBER, do "microscópio de força atómica" (ou «*Atomic Force Microscope*»)[322], o qual conduziu ao desenvolvimento de um conjunto de novas técnicas: as microscopias de varrimento por sonda[323]. Torna-se, deste modo, possível a "obtenção de imagens de elevada resolução de uma superfície, através do seu varrimento linha a linha por uma agulha («*tip*») ultrafina, montada sob uma viga flexível («*cantilever*») cuja deflexão é medida à nanoescala com

[318] HULLA, Janis E. / SAHU, Sarat C. / HAYES, A. Wallace, "Nanotechnology: history and future", in *Human and Experimental Toxicology*, vol. 34, n.º 12, 2015, p. 1318.

[319] CREMADES, Ana Isabel / MAESTRE, David, "Nanociencia y nanotecnología", *op. cit.*, 24.

[320] ROCHA, João, "Nanotecnologias e nanoética", *op. cit.*, 98.

[321] Descrevendo o seu funcionamento, v. FIOLHAIS, Carlos, "Nanotecnologia: o futuro vem aí", *op. cit.*, 224 e ss.

[322] SCHAMING, Delphine / REMITA, Hynd, "Nanotechnology: from the ancient time to nowadays", *op. cit.*, 188.

[323] ROCHA, João, "Nanotecnologias e nanoética", *op. cit.*, 93.

recurso ao ponto de incidência da reflexão de um feixe *laser*"[324]. Assim se logrou aproximar definitivamente "a investigação fundamental e a capacidade tecnológica de manipular átomos e moléculas"[325], ainda que esse processo seja (pelo menos, por ora) bastante moroso, o que condiciona a sua aplicação prática[326].

Igualmente relevante foi a descoberta de um conjunto de novos materiais que apresentam propriedades únicas e que permitem incontáveis aplicações: é o caso exemplar dos *fulerenos* (uma forma alotrópica do carbono e cuja molécula mais conhecida e simétrica se designa de "futeboleno" – as «*buckyballs*»), os quais foram descobertos em 1985 por Richard Smalley, Robert Kurl e Harold Kroto, sendo hoje considerados como componentes fundamentais da eletrónica molecular e da biotecnologia; dos *nanotubos de carbono* («*carbon nanotubes*»), cuja invenção costuma ser imputada a Sumio Iijima, em 1991; e, ainda, dos *pontos quânticos* («*quantum dots*»), descobertos por Louis Brus, em 1996. Desde então, o interesse científico (e até mercadológico) em torno destas nanoestruturas tem sido cada vez maior, especialmente considerando as suas impressionantes propriedades térmicas, óticas e elétricas[327].

Bem mais recentemente, têm sido desenvolvidas novas técnicas, por muitos consideradas já revolucionárias, como a *nanolitografia ótica* ou a *abrasão eletrónica, iónica ou fotónica*, através das quais se tem tornado possível produzir cada vez mais objetos a partir de nanomateriais, conferindo-lhes propriedades verdadeiramente únicas[328], especialmente

[324] Santos, Nuno C., "Nanomedicina – ciência, tecnologia e educação", in *Nanotecnologias e O.G.M. – Ciência, Ética, Sociedade*, Atas do 11.º Seminário do Conselho Nacional de Ética para as Ciências da Vida, Lisboa: CNECV, 2011, p. 29.

[325] Cremades, Ana Isabel / Maestre, David, "Nanociencia y nanotecnología", *op. cit.*, 25.

[326] Lubyova, Martina *et al.*, "A brief history of nanoscience and foresight in nanotechnology", in *Nanomaterials and Nanoarchitectures: a complex review of current hot topics and their applications* (ed. por M. Bardosova e T. Wagner), The Netherlands: Springer, 2015, p. 67.

[327] Por exemplo, refere a doutrina que os nanotubos de carbono são "cem vezes mais resistentes e cinco a seis vezes mais leves do que o aço. São dotados de flexibilidade e de plasticidade e são bons condutores de calor e de eletricidade". Cf. Cremades, Ana Isabel / Maestre, David, "Nanociencia y nanotecnología", *op. cit.*, 26; Melo, Helena Pereira de, "*No data, no market* – A aplicação do princípio da precaução à nanotecnologia", *op. cit.*, 346; e ainda, sobre as suas aplicações no âmbito da saúde, v. Jain, Kewal K., *The handbook of nanomedicine*, 3rd Edition, Switzerland: Humana Press, 2017, pp. 23-24.

[328] Cremades, Ana Isabel / Maestre, David, "Nanociencia y nanotecnología", *op. cit.*, 25.

graças à mudança radical que, como já referimos *supra*, as propriedades físicas e químicas da matéria sofrem quando trabalhadas à nanoescala[329].

Já no Terceiro Milénio, não podemos deixar de referir a importância de um conjunto de programas que têm contribuído, em larga medida, para o desenvolvimento da nanociência e da nanotecnologia. É o caso da já mencionada NNI, criada em 2000 por Bill Clinton com o objetivo de "coordenar o trabalho de entidades que nos Estados Unidos da América trabalham nesta área", sem esquecer, à semelhança do que ocorreu no revolucionário PGH, a investigação de várias questões éticas, sociais e jurídicas suscitadas neste domínio[330]. Na arena europeia, não podemos deixar de mencionar a criação pela Comissão Europeia de vários programas de financiamento para pesquisa e inovação (R&D) nesta matéria – como é o caso do conhecido "Programa *Horizon 2020*"[331] –, bem como o apoio que tem sido dado aos investigadores através do *European Research Council* (ERC). A União Europeia tem, pois, encetado consideráveis esforços para promover uma "abordagem integrada, segura e responsável" da nanociência e da nanotecnologia[332/333].

[329] Lechuga Gómez, Laura, "La revolución de la nanomedicina", in *Revista SEDISA*, Madrid: Sociedad Española de Directivos de la Salud, n.º 10, 2008, p. 38.

[330] Melo, Helena Pereira de, "*Does size matter?* A nanotecnologia e o Direito", *op. cit.*, 270.

[331] Este programa de apoio e financiamento foi antecedido por outros, como é o caso dos vários *European Union Framework Programmes* (FP) *for Research and Technological Development* (em especial, o FP5/1998-2002; o FP6/2002-2006 e o FP7/2007-2013). A título de exemplo, relembremos que foi o FP7 que esteve na base da realização do conhecido projeto *NANoREG* (o qual se revelou fulcral no âmbito da investigação sobre nanomateriais manufaturados). Para mais informações sobre o "Programa *Horizon 2020*", consultar <https://ec.europa.eu/programmes/horizon2020/en/h2020-section/nanotechnologies>.

[332] European Commission, "Nanotechnology: the invisible giant tackling Europe future challenges", Luxembourg: Publications Office of the European Union, 2013, p. 9.

[333] Veja-se ainda, entre nós, a criação do *Laboratório Ibérico Internacional de Nanotecnologia*, uma organização internacional criada em 2007 e sediada em Braga, tendo por objetivo principal a investigação na área da nanociência e da nanotecnologia. Os seus membros fundadores foram Portugal e Espanha, mas os seus estatutos preveem a possibilidade de adesão de outros Estados europeus e não-europeus (v. Decreto-Lei n.º 66/2007, de 19 de março). Para mais informações, consultar <https://inl.int>. Outros países que têm investido avultadas quantias monetárias na investigação nesta área são o Japão, a China, a Coreia do Sul, a Rússia, a Austrália, o Canadá, a Índia, Israel, vários países da América Latina, Malásia, Nova Zelândia, Filipinas, Singapura, África do Sul e Tailândia. Cf. European Commission, "Towards a European strategy for nanotechnology", Luxembourg: Office for Official Publications of the European Communities, 2004, p. 10.

Os múltiplos desenvolvimentos que vimos referindo (e tantos outros), permitindo a manipulação da matéria à nanoescala afirmam-se, cada vez mais, como um claro sinal do avanço científico sem precedentes com que este novo milénio nos irá brindar.

2.3. Aplicações da nanotecnologia: o caso específico da nanomedicina

Como referimos *supra*, a *Revolução Nanotecnológica* chegou em força, afetando consideravelmente animais humanos e não humanos[334]. Com os múltiplos desenvolvimentos na área, setores tão diversos como a eletrónica, as telecomunicações, a medicina, a biotecnologia, as energias renováveis[335], a construção, a alimentação (a «*nano-food*»[336]), a indústria

[334] Quanto aos impactos da nanotecnologia neste último caso, v. LEYTON, Fabiola, "Animales y nanotecnología: algunas implicaciones bioéticas", in *Bioética y Nanotecnología* (coord. por María Casado), Navarra: Thomson Reuters, 2010, pp. 182-183.

[335] Neste domínio, a nanotecnologia apresenta inúmeras potencialidades no campo da produção, conversão, armazenamento e poupança de energia (*v.g.* aumentando a eficiência dos painéis solares na captação da mesma). São, igualmente, de louvar as suas múltiplas aplicações de cariz ecológico, *inter alia*, para a diminuição da poluição (*v.g.* através da captura de agentes tóxicos e poluentes), purificação da água e dos solos ou deteção de agentes químicos em determinados ecossistemas. Cf. FEITSHANS, Ilise L., "Forecasting nano law: defining nano", *op. cit.*, 23-24.

[336] A Organização Mundial de Saúde (OMS) e a Organização das Nações Unidas para a Alimentação e Agricultura (FAO) referem que a nanotecnologia irá "revolucionar a cadeia alimentar" – da "produção ao processamento, armazenamento, desenvolvimento de materiais inovadores, produtos e aplicações". A título exemplificativo, considere-se a produção de nanobiossensores capazes de detetar a presença de bactérias ou toxinas em determinados alimentos. Cf. FEITSHANS, Ilise L., *Global health impacts of nanotechnology law*, *op. cit.*, 208; e ainda, BARTH, Wilmar Luiz, "Nanotecnologia: 'Há muito espaço lá embaixo!'", in *Teocomunicação: Revista da Teologia da PUCRS*, vol. 36, n.º 153, 2006, p. 676.

têxtil, a farmacologia, a agricultura, a cosmética[337] ou o desporto conhecerão transformações sem precedentes[338]/[339].

Nas palavras de SENENTXU LANCEROS-MENDEZ, a investigação em torno da nanotecnologia e das suas aplicações pode ser sintetizada em quatro áreas de base: (1) produtos nanoestruturados e nanomateriais; (2) nanoeletrónica, optoelectrónica e tecnologias de informação; (3) aplicações «*lab-on-a-chip*» e microprocessos; e, por fim, (4) nanomedicina e nanobiotecnologia[340].

De forma genérica, são várias as vantagens que podemos reconhecer à manipulação dos materiais à nanoescala. Por um lado, torna-se possível modificar as propriedades físicas, químicas, óticas, elétricas, mecânicas e magnéticas de tais materiais, sem que seja necessário alterar a sua composição, o que alarga exponencialmente as possibilidades de aplicação dos mesmos. Além disso, o experimentador pode proceder à "organização sistemática de entes orgânicos", utilizando-a para a sintetização dos compostos nanoestruturados, os quais passam a ser produzidos sem qualquer mediação de estímulos exteriores – é o

[337] Para maiores desenvolvimentos sobre as potencialidades da nanotecnologia neste campo, v. FEITSHANS, Ilise L., *Global health impacts of nanotechnology law*, *op. cit.*, 225-226.

[338] No que respeita à utilização de nanomateriais para a produção de bens de consumo, as possibilidades são infinitas: podem ser produzidos vidros mais finos e resistentes, auto-laváveis, com proteção face à radiação ultravioleta ou infravermelha e dotados de revolucionárias propriedades anti-embaciamento e antimicrobianas. Existem registos, igualmente, da utilização de nanopartículas para a produção de certos materiais têxteis com propriedades hidrófobas e bactericidas, de pastas de dentes que facilitam a absorção do fluor ao esmalte ou de sistemas de ventilação com filtros antibacterianos. E note-se, considerando o avultado investimento da indústria neste domínio, a tendência é de que o número de produtos nanoestruturados disponíveis no mercado aumente exponencialmente nos próximos anos. Tal facto leva-nos a acreditar que esta tecnologia (embora *nano*) terá impactos enormes na economia à escala global. Cf. CREMADES, Ana Isabel / MAESTRE, David, "Nanociencia y nanotecnología", *op. cit.*, 27; e ainda, SANTOS, Nuno C., "Nanomedicina – ciência, tecnologia e educação", *op. cit.*, 29.

[339] Bastante preocupantes são as inúmeras aplicações militares e bélicas da nanotecnologia, as quais contribuirão para que se coloque em causa a já muito frágil confiança da sociedade na mesma. A este propósito, v. DELGADO RAMOS, Gian Carlo, "Promesas y peligros de la nanotecnología", in *Nómadas: Revista Critica de Ciencias Sociales y Jurídicas*, n.º 9, 2004, disponível em: <http://theoria.eu/nomadas/9/giandelgado.htm>. Consultado em: 24 de novembro de 2019. Consultado em: 15 de novembro de 2020.

[340] LANCEROS-MENDEZ, Senentxu, "Nanotecnologia: realidade, desafio e oportunidade", in *Gazeta de Física*, Vol. 32, n.º 4, 2009, p. 8.

chamado mecanismo de «*self-assembly*»[341]. Por outro lado, a nanoescala permite tornar os materiais mais reativos e aumentar a sua densidade, aperfeiçoando-se as suas propriedades, como a sua capacidade de armazenamento de dados ou condutividade elétrica[342].

Para efeitos da presente investigação, optámos por nos limitar a abordar a utilização da nanotecnologia no domínio da saúde: aquilo a que se tem chamado de nanomedicina[343]. Afirmava ALBERT HIBBS, já na década de 50 do séc. XX, que seria fascinante se, em contexto médico-cirúrgico, fosse possível "engolir-se o cirurgião", o qual se apresentaria sob a forma de um pequeno dispositivo mecânico-tecnológico com capacidade para viajar pela corrente sanguínea e proceder, com total precisão, à respetiva intervenção[344].

Ora, a verdade é que a medicina tem evoluído, fazendo-se acompanhar de inúmeras tecnologias de ponta que têm desenvolvido as possibilidades de diagnóstico e tratamento dos pacientes. Este processo revela-se, porém, moroso, devido à necessidade de garantir a segurança e eficácia desses mesmos produtos, dispositivos e procedimentos médico-farmacológicos (mormente por via da realização dos respetivos estudos e ensaios clínicos) e aos elevados custos que normalmente lhe estão associados[345]. Na arena europeia, o desenvolvimento científico nesta área tem sido qualificado como prioritário, especialmente tendo em conta o progressivo envelhecimento da população, o aumento das expetativas na melhoria da qualidade de vida (reflexo, quiçá, da exponencial sobreposição dos conceitos de 'saúde' e de 'bem-estar'...) e a crescente mudança do estilo de vida dos indivíduos[346].

[341] Sobre este mecanismo, v. EUROPEAN COMMISSION, "Nanotechnology: the invisible giant tackling Europe future challenges", *op. cit.*, 22-23.

[342] PYRRHO, Monique / SCHRRAM, Fermin Roland, *Nanotecnociência e humanidade*, *op. cit.*, 18-19.

[343] Segundo alguns autores, este termo começou a ser utilizado na literatura científica em 1998. Cf. JAIN, Kewal K., *The handbook of nanomedicine*, *op. cit.*, 6.

[344] FEYNMAN, Richard P., "There's plenty of room at the bottom: an invitation to enter a new field of physics", *op. cit.*, p. 30.

[345] JAIN, Kewal K., *The handbook of nanomedicine*, *op. cit.*, 7.

[346] GUERRA, Giorgia, *Regole e responsabilità in nanomedicina: profili giuridici delle tecnologie biomediche avanzate*, Padova: CEDAM, 2008, p. 11.

A nanomedicina tem, neste contexto, sido caraterizada como "o conjunto de práticas [médico-farmacológicas] de prevenção, diagnóstico e tratamento de diferentes enfermidades, que requerem a utilização de tecnologias baseadas na interação entre o corpo humano e os materiais, estruturas e dispositivos cujas propriedades se definem à nanoescala"[347/348]. Estamos, pois, a referir-nos ao desenvolvimento de uma multiplicidade de tecnologias aplicadas a produtos, dispositivos, materiais, procedimentos médicos e modalidades terapêuticas que estão a ser desenvolvidas com vista ao aperfeiçoamento dos expedientes profiláticos ou tratamentos médicos destinados à melhoria da saúde e qualidade de vida das pessoas[349/350].

A este propósito, a doutrina tem distinguido entre os chamados "sistemas de nanodiagnóstico", os "sistemas de nanoterapia" e os "sistemas de nanogenética". Já em seguida iremos abordar, ainda que de forma breve, cada um destes domínios, dando conta das suas principais conquistas e potencialidades[351].

[347] Buisan Espeleta, Lydia, "Sobre la toxicidad de las nanopartículas en el ámbito de la nanomedicina", in *Bioética y Nanotecnología* (coord. por María Casado), Navarra: Thomson Reuters, 2010, p. 197. A título de curiosidade, veja-se também a definição avançada pela European Science Foundation: "a ciência e a tecnologia" destinadas a "diagnosticar, tratar e prevenir doenças e lesões traumáticas, aliviar a dor e preservar e melhorar a saúde humana, através da utilização de ferramentas moleculares e do conhecimento molecular do corpo humano".

[348] Na literatura anglo-saxónica, importa distinguir entre «*nanomedicine*» – enquanto conjunto de aplicações médicas da nanotecnologia – e «*nanomedicines*» – conceito que nos remete para a existência de certos produtos farmacêuticos com uma ou várias componentes nanotecnológicas. Cf. Hall, Rebecca / Sun, Tong / Ferrari, Mauro, "A portrait of nanomedicine and its bioethical implications", in *Journal of Law, Medicine and Ethics*, vol. 40, 2012, p. 764.

[349] Pérez Álvarez, Salvador, "Paradigmas meta-jurídicos de la nanomedicina", in *Revista de Derecho y Genoma Humano*, n.º 37, 2012, p. 64.

[350] Este domínio não se confunde, pois, com a chamada "nanocosmética". Neste sentido, v. Latham, Melanie, "Nanomedicine and body modification: critical perspectives", in *In Pursuit of Nanoethics* (ed. por Bert Gordijn e Anthony M. Cutter), Dordrecht: Springer, 2014, pp. 61-62.

[351] Neste contexto, procuraremos evitar contribuir para a afirmação de uma certa "ciência ficcional" caraterizada pelos profundos "descompassos entre aquilo que se relata como resultado científico das pesquisas e as aplicações anunciadas". Nesse sentido, tentaremos distinguir entre as aplicações efetivas de cada um desses sistemas e aquelas que não passam de meras possibilidades cuja materialização se revela, por ora, impossível. Cf. Pyrrho, Monique / Schrram, Fermin Roland, *Nanotecnociência e humanidade*, *op. cit.*, 87.

2.3.1. Os sistemas de nanodiagnóstico

Os sistemas de nanodiagnóstico emergem do "desenvolvimento de sistemas de análise e imagem para deteção de enfermidades no momento mais precoce possível, tanto *in vivo*, como *in vitro*"[352]. No primeiro caso, é necessário que os dispositivos possam penetrar no corpo humano a fim de identificarem evidências de determinada patologia (*v.g.* a existência de células que tenham padecido de uma qualquer mutação congénita) ou de traços que apontem para uma maior suscetibilidade de a mesma vir a desenvolver-se no futuro. Por sua vez, no segundo caso, emprega-se a nanotecnologia em pequenas amostras de fluidos ou de tecidos corporais, a partir dos quais se torna possível detetar a presença de agentes patogénicos ou de defeitos genéticos[353].

Neste contexto, podemos destacar o desenvolvimento de *nanobiossensores* (com recurso a nanopartículas de ouro, magnéticas, nanotubos de carbono, *etc.*) compostos por um recetor biológico destinado a detetar uma determinada substância e por um sensor que, logo após, é capaz de interpretar esta "reação de reconhecimento biológico", traduzindo-a num "sinal quantificável" e, assim, proporcionando-nos dados fiáveis acerca do estado de saúde do paciente[354]. Tal permitirá, *inter alia*, a constante monitorização da pulsação, da temperatura, da atividade cardíaca e dos níveis de glicose no sangue do doente[355].

Por outro lado, incumbe também referir a produção de "*biochips* de proteínas", os quais têm revolucionado a investigação básica em biologia molecular, a procura e localização de alvos terapêuticos e a identificação de biomarcadores associados à patologia de que padece o paciente

352 Pérez Álvarez, Salvador, "Paradigmas meta-jurídicos de la nanomedicina", *op. cit.*, 64.

353 Lechuga Gómez, Laura, "Nanomedicina: aplicación de la nanotecnología a la salud", in *Curso de Biotecnología Aplicada a la Salud Humana* (ed. por José L. Motellón e Juan Bueren), 9.ª Edición, Barcelona: Editora Edikamed, 2011, p. 100; e ainda, Daloiso, Viviana / Spagnolo, Antonio, "Nanomedicina e neurotecnologie: la convergenza delle problematiche etiche", in *Medicina e Morale*, n.º 4, 2012, p. 553.

354 Pérez Álvarez, Salvador, "Paradigmas meta-jurídicos de la nanomedicina", *op. cit.*, 65.

355 Organization for Economic Cooperation and Development, *Small size that matter: opportunities and risks of nanotechnologies*, 2005, p. 16, disponível em: <https://www.oecd.org/science/nanosafety/44108334.pdf>. Consultado em: 19 de dezembro de 2019.

(com particular relevância no caso das doenças infectocontagiosas[356]). A este propósito, SENENTXU LANCEROS-MENDEZ refere-se à produção de plataformas nanobioanalíticas para o diagnóstico de infeções causadas por micro-organismos, as quais recorrem a superfícies nanoestruturadas e biofuncionalizadas onde "reações específicas de biomoléculas serão detetadas através de transdução elétrica ou ótica"[357].

Outro domínio em claro desenvolvimento é o da chamada "nanoimagiologia", por exemplo através da utilização de nanoestruturas semicondutoras, metálicas ou magnéticas destinadas a servir de agentes de contraste, incrementando a sensibilidade e precisão das várias técnicas imagiológicas e, por conseguinte, melhorando a resolução das imagens recolhidas[358]. Tais inovações acarretam inúmeras vantagens, como permitir a identificação de pequenos tumores (e consequente remoção antecipada ou atempada dos mesmos), a absorção ou dispersão da luz no tecido orgânico ou celular em análise, bem como o aumento do contraste em ressonâncias magnéticas ou tomografias computorizadas (com a consequente redução da toxicidade que, normalmente, lhes vem associada)[359].

Por fim, cabe uma breve referência aos sistemas de «*lab-on-a-chip*», que consistem em "plataformas integradas e miniaturizadas nas quais ocorrem complexas reações bioquímicas" que contribuem para o melhoramento do diagnóstico molecular[360]. Estes *nanochips* permitirão, de acordo com a literatura científica, que se proceda à análise, a partir de uma ínfima quantidade de fluido corporal (*v.g.*, uma gota de sangue), do estado de saúde de qualquer indivíduo, mormente pela procura de vestígios da presença no seu corpo de determinados vírus

[356] Este método poderá, no futuro, afirmar-se como um meio mais rápido, simples e menos custoso de averiguação do grau de infeção de um determinado tecido orgânico ou celular, bem como de potencialização das propriedades terapêuticas dos anticorpos utilizados no tratamento das mesmas. Cf. *Idem*, 66.

[357] LANCEROS-MENDEZ, Senentxu, "Nanotecnologia: realidade, desafio e oportunidade", *op. cit.*, 8.

[358] MAUTONE, Mariela, "Conflictos éticos vinculados a la nanomedicina", in *Bioética y Nanotecnología* (coord. por María Casado), Navarra: Thomson Reuters, 2010, p. 170.

[359] PÉREZ ÁLVAREZ, Salvador, "Paradigmas meta-jurídicos de la nanomedicina", *op. cit.*, 66.

[360] *Idem*, 67.

ou de substâncias químicas prejudiciais para a saúde[361]. Estas aplicações afirmam-se, segundo KEWAL K. JAIN, como "novos paradigmas no quadro do diagnóstico médico", possibilitando a aquisição de informação química e biológica de forma rápida, barata e simples[362] – o que, inclusivamente, abre as portas à possibilidade de utilização de tais dispositivos pela larga maioria das pessoas, mesmo por aquelas que não dispõem de qualquer formação ou especialização técnico-científica na matéria[363].

2.3.2. Os sistemas de nanoterapia

A nanoterapia pressupõe a direção de "nanossistemas ativos que contenham estruturas de reconhecimento para transportar e libertar medicamentos exclusivamente em células ou zonas afetadas por algum tipo de patologia"[364]. Incrementa-se, deste modo, a efetividade e a capacidade de controlo do complexo processo de transporte do fármaco, o qual será conduzido às células enfermas por intermédio de vetores nanoestruturados que, pelas suas caraterísticas (formato, dimensão, *etc.*), são capazes de transpor certas barreiras biológicas (como os vasos sanguíneos, a pele, a placenta ou a conhecida barreira hematoencefálica), garantindo, deste modo, que o mesmo alcançará todas as partes do corpo em que se revele necessário (e apenas essas, com exclusão das demais)[365]. Tal permitirá reduzir a necessidade de ingestão de doses tão elevadas do fármaco para se lograr um nível de eficácia satisfatório, mas também diminuir a probabilidade de ocorrência de efeitos adversos derivados

[361] MAUTONE, Mariela, "Conflictos éticos vinculados a la nanomedicina", *op. cit.*, 170.

[362] JAIN, Kewal K., *The handbook of nanomedicine*, *op. cit.*, 46.

[363] LECHUGA GÓMEZ, Laura, "Nanomedicina: aplicación de la nanotecnología a la salud", *op. cit.*, 106-107.

[364] PÉREZ ÁLVAREZ, Salvador, "Paradigmas meta-jurídicos de la nanomedicina", *op. cit.*, 67; e ainda, alertando para a alteração da chamada "farmacocinética" (mormente no que respeita à absorção, distribuição e eliminação do fármaco), v. SOARES, Sara *et al.*, "Nanomedicine: principles, properties and regulatory issues", in *Frontiers in Chemistry*, vol. 6, art. 360, 2018, p. 1.

[365] JAIN, Kewal K., *The handbook of nanomedicine*, *op. cit.*, 575; MAUTONE, Mariela, "Conflictos éticos vinculados a la nanomedicina", *op. cit.*, 172; e ainda, BAWA, Raj, "Nanoparticle-based therapeutics in humans: a survey", in *Nanotechnology Law & Business*, vol. 5, n.º 2, 2008, p. 140.

da toma ou aplicação excessiva do medicamento[366/367]. Daqui resultará, em suma, uma maior eficácia e segurança dos tratamentos farmacológicos[368], por exemplo no domínio do tratamento do cancro, permitindo-nos dirigir a atuação dos antineoplásicos administrados apenas às células afetadas e, assim, reduzir consideravelmente o número de células sãs que, atualmente, são destruídas por via da utilização de certos tratamentos "clássicos", como a quimioterapia ou a radioterapia[369].

Por outro lado, a literatura científica vem apontando para as potencialidades terapêuticas associadas a determinadas nanopartículas magnéticas ou metálicas, as quais, por via do seu aquecimento, apresentam o potencial de destruir células tumorais por hipertermia, sem afetar as células e tecidos sãos que as rodeiam[370].

Além disso, no domínio dos implantes ortopédicos, as aplicações da nanotecnologia podem revelar-se extraordinárias. Por um lado, têm sido desenvolvidos nanocompósitos que incrementam a sua resistência e durabilidade[371] e promovem uma melhor biocompatibilidade entre a interface das próteses e os tecidos biológicos em contacto com as mesmas[372]. A título de exemplo, têm sido utilizadas "superfícies nanotubulares de titânio" com vista a favorecer o crescimento e diferenciação das células ósseas[373]. Além disso, estão a ser aprofundados estudos

[366] Cremades, Ana Isabel / Maestre, David, "Nanociencia y nanotecnología", *op. cit.*, 33.

[367] De que é caso exemplar a utilização de nanopartículas magnéticas encapsuladas através de lipossomas. Cf. Costa, Helena Silva, "Nanomedicina e questões éticas em perspetiva", in *Filosofia: Revista da Faculdade de Letras da Universidade do Porto*, vol. 25-26, 2008-2009, p. 72.

[368] Ashok K. Singh destaca, neste contexto, o potencial da nanotecnologia no tratamento de certas infeções bacterianas que se têm revelado altamente resistentes aos medicamentos atualmente disponíveis. Cf. Singh, Ashok K., *Engineered nanoparticles*, *op. cit.*, 517.

[369] Mautone, Mariela, "Conflictos éticos vinculados a la nanomedicina", *op. cit.*, 171; e ainda, Buisan Espeleta, Lydia, "Sobre la toxicidad de las nanopartículas en el ámbito de la nanomedicina", *op. cit.*, 194.

[370] Pérez Álvarez, Salvador, "Paradigmas meta-jurídicos de la nanomedicina", *op. cit.*, 68.

[371] Cremades, Ana Isabel / Maestre, David, "Nanociencia y nanotecnología", *op. cit.*, 34.

[372] Estes nanocompósitos podem inclusivamente possuir "propriedades eletroativas, baseadas nos efeitos piezoelétricos e piezorresistivos", sendo capazes de detetar variações de forças ou deformações, transformando-as em sinais elétricos úteis na monitorização do estado e comportamento das próteses uma vez implantadas no corpo humano. Cf. Lanceros-Mendez, Senentxu, "Nanotecnologia: realidade, desafio e oportunidade", *op. cit.*, 8.

[373] Mautone, Mariela, "Conflictos éticos vinculados a la nanomedicina", *op. cit.*, 171.

destinados à criação de outros implantes que interajam, da forma mais harmoniosa possível, com o sistema nervoso central, revolucionando-se o desenvolvimento e produção de implantes cocleares e de próteses retinianas para a recuperação da visão[374].

Já no domínio da medicina regenerativa, a utilização da nanotecnologia abre portas à produção de microfibras capazes de funcionar, dada a sua capacidade de interação com as diferentes células e, consequentemente, de não estimular mecanismos próprios de rejeição ou defesa do mesmo, como uma matriz extracelular que o organismo reconheça como "própria", facilitando vastamente a reparação dos tecidos lesionados[375]. Por sua vez, no quadro da chamada "engenharia de tecidos" (a qual visa a "manutenção, melhoria ou restauração da função das células, tecidos e órgãos"[376]), torna-se possível a produção dos mesmos "à escala industrial e com uma relação custo/benefício acessível"[377]. Por exemplo, prevê-se que será possível utilizar células estaminais do indivíduo (recolhidas em estágios precoces da vida humana e, posteriormente, armazenadas em biobancos) e combiná-las com nanotecnologia para a produção de todo o tipo de "partes do corpo" – *v.g.* dentes, fígado, coração ou osso[378].

Há quem, além disso, se refira à produção de nanorrobôs destinados a levar a cabo tarefas muito específicas no interior do corpo humano. Em princípio, os mesmos poderão ser controlados a partir do exterior por equipas especializadas ou, através do recurso a sistemas de inteligência artificial, chegar mesmo a atuar autonomamente[379]. Se algum dia for desenvolvida uma tal tecnologia, tratar-se-á da materialização daquilo que A. Hibbs, há mais ou menos sete décadas, previra que poderia vir a acontecer no domínio da nanomedicina – o que só nos relembra que, na maior parte dos casos, será uma mera questão de tempo desde o surgimento de uma qualquer ideia (muitas vezes, qualificada

[374] *Ibidem.*
[375] *Ibidem.*
[376] Pérez Álvarez, Salvador, "Paradigmas meta-jurídicos de la nanomedicina", *op. cit.*, 71.
[377] Buisan Espeleta, Lydia, "Sobre la toxicidad de las nanopartículas en el ámbito de la nanomedicina", *op. cit.*, 194.
[378] Feitshans, Ilise L., *Global health impacts of nanotechnology law*, *op. cit.*, 113.
[379] Pérez Álvarez, Salvador, "Paradigmas meta-jurídicos de la nanomedicina", *op. cit.*, 68.

negativamente como mera especulação) à sua materialização e concretização em termos técnico-científicos.

2.3.3. Os sistemas de nanogenética

Os sistemas de nanogenética traduzem-se na utilização de "nanoestruturas combinadas com material genético, com a finalidade de prevenir e/ou curar patologias de caráter genético ou, inclusivamente, regenerar tecidos orgânicos humanos *in vivo*"[380]. O seu impacto tem apresentado uma tal amplitude que há mesmo quem afirme que a nanotecnologia nos convidará "a despir o ADN do seu caráter simbólico" (enquanto "código da vida"), promovendo-o a material nanotecnológico por excelência[381].

Os primeiros desenvolvimentos nesta área prendem-se com a criação de "*biochips* que contêm fragmentos de ADN acoplados a nanoestruturas de alta densidade que permitem levar a cabo análises simultâneas de diferentes frequências do genoma humano"[382]. Tal possibilita a obtenção de informação genómica individualizada de cada paciente (tanto do seu genótipo, como do seu fenótipo[383]), o que se afigura fundamental quer para efeitos de prevenção ou profilaxia terapêutica, quer para a determinação de qual a estratégia terapêutica mais segura e eficaz a aplicar, bem como do momento certo para a introduzir. Tais possibilidades conduzem a que a nanogenética (e a própria nanomedicina no seu todo) – a par, como vimos, da farmacogenómica, da epigenética, da proteómica, da genética clínica, *etc.* – seja, a nosso ver, uma das dimensões integrantes do conceito interdisciplinar e holístico que é a moderna MPP.

Recentemente, têm sido desenvolvidas (ainda se encontrando, porém, em fase experimental) certas partículas "nanoestruturadas para a libertação de materiais genéticos (ADN, ARN e oligonucleótidos) em tipos

[380] *Idem*, 69.

[381] Pyrrho, Monique / Schrram, Fermin Roland, *Nanotecnociência e humanidade*, *op.cit.*, 141.

[382] Pérez Álvarez, Salvador, "Paradigmas meta-jurídicos de la nanomedicina", *op. cit.*, 69.

[383] Nuffield Council on Bioethics, "Emerging biotechnologies: technology, choice and the public good", dezembro de 2013, p. 31, disponível em: <https://nuffieldbioethics.org/publications/emerging-biotechnologies>. Consultado em: 19 de dezembro de 2019.

celulares específicos", com a finalidade de inibir a expressão de genes causadores de patologias de caráter congénito ou, caso tal expressão já se tenha verificado, para emitir "componentes proteínicos" para o tratamento das mesmas. O facto desses materiais (*v.g.* "dendrímeros" ou nanotubos de carbono) serem capazes de libertar eficazmente os genes em alguns tipos de células, sem a "toxicidade associada aos vetores virais" normalmente utilizados, está a revolucionar o campo da nanogenética, combinando-a com outros campos emergentes, como a engenharia genética[384]. Por exemplo, em 2017, investigadores do *Massachusetts Institute of Technology* (MIT) anunciaram o desenvolvimento de nanopartículas (ou vetores nanoestruturados[385]) capazes de auxiliar especificamente no transporte do sistema *CRISPR/Cas* e na edição dos genes, com um elevado grau de especificidade. Daniel Anderson chegou mesmo a afirmar que "dispor-se de nanopartículas totalmente sintéticas que consigam (...) desligar os genes pode ser uma ferramenta poderosa" para a cura das mais variadas doenças (*v.g.* o cancro, a fibrose quística, a hemofilia e algumas doenças infectocontagiosas, como o HIV[386]), de forma eficiente e segura. Para já, tais partículas ainda só foram empregues na edição do genoma de murganhos, mas existe grande expetativa de que, no futuro, venham a ser utilizadas em seres humanos"[387]. Decorrem, igualmente, investigações destinadas à criação de nano-robôs que, após programação prévia, procederão, de forma autónoma, à edição do genoma do organismo em que serão inseridos, por exemplo "substituindo um gene defeituoso ou evitando que uma proteína do mesmo se expresse"[388]. Naturalmente, tais pesquisas ainda se encontram

[384] Pérez Álvarez, Salvador, "Paradigmas meta-jurídicos de la nanomedicina", *op. cit.*, 70-71.

[385] Como é sabido, a entrada do ADN na membrana plasmática das células vivas é extremamente árdua; por essa razão, é tão premente a necessidade de um vetor (plasmídeos, vetores virais ou nanoestruturados) que a facilite. Cf. Linden, Rafael, "Terapia gênica: o que é, o que não é e o que será", in *Estudos Avançados*, vol. 70, n.º 24, 2010, pp. 35 e 38.

[386] Miller, John, "Beyond biotechnology: FDA regulation on nanomedicine", *op. cit.*, 9.

[387] Trafton, Anne, "CRISPR-carrying nanoparticles edit the genome", in *MIT News*, 13 de novembro de 2017, disponível em: <http://news.mit.edu/2017/crispr-carrying-nanoparticles-edit-genome-1113>. Consultado em: 24 de novembro de 2019.

[388] Buisan Espeleta, Lydia, "Sobre la toxicidad de las nanopartículas en el ámbito de la nanomedicina", *op. cit.*, 195.

numa fase verdadeiramente embrionária, sendo improvável que os seus primeiros resultados venham a ser revelados num futuro próximo[389].

Há ainda quem assevere que a combinação entre a engenharia genética e a nanotecnologia irá revolucionar, a curto ou médio prazo, o campo da medicina regenerativa, mormente através da produção de "transplantes híbridos (...) para curar e, inclusive, melhorar as capacidades funcionais de diferentes partes do corpo humano"[390].

Por fim, o desenvolvimento de *neurochips* construídos à escala nanométrica tem permitido a certos pacientes recuperar as suas capacidades motoras graças à capacidade de interação ou conexão artificial entre o cérebro humano e sistemas ou suportes robóticos[391]. Além disso, são claras as potencialidades de tal tecnologia no tratamento de doenças neurológicas, como o *Alzheimer* ou a *Parkinson*, ou no domínio do melhoramento cognitivo humano[392].

2.4. "Não se morre da doença, morre-se da cura": brevíssimas notas sobre a toxicidade das nanopartículas

A possibilidade de se controlar e manipular a matéria à nanoescala não só acarreta consigo uma vasta gama de potencialidades técnicas, mas também um conjunto de riscos, até agora não totalmente identificados, nem devidamente avaliados[393]. E note-se, este aspeto é hoje considerado especialmente relevante, tendo em conta que diversos nanomateriais têm sido gradualmente incorporados nas nossas vidas, nem sempre da forma mais transparente e percetível, através da sua aplicação nos domínios da medicina, dos cosméticos, da alimentação,

389 Miller, John, "Beyond biotechnology: FDA regulation on nanomedicine", *op. cit.*, 11-13.

390 Pérez Álvarez, Salvador, "Paradigmas meta-jurídicos de la nanomedicina", *op. cit.*, 71-72.

391 *Idem*, 73.

392 Wolpe, Paul Root / Wu, Lindsey, "Nanotechnology, neurotechnology and the ethical challenges of human interventions", *op. cit.*, 100.

393 Guerra, Giorgia, *Regole e responsabilità in nanomedicina: profili giuridici delle tecnologie biomediche avanzate*, *op. cit.*, 19; e ainda, Comitato Nazionale per la Bioetica, *Nanoscienze e nanotecnologie*, 9 de junho de 2006, p. 16, disponível em: <http://bioetica.governo.it/it/documenti/pareri-e-risposte/nanoscienze-e-nanotecnologie/>. Consultado em: 19 de dezembro de 2019.

da eletrónica ou dos bens de consumo[394]. Assim, e ainda que o ser humano se encontre exposto aos mesmos desde fases primordiais da história da humanidade, a verdade é que os índices de exposição têm aumentado consideravelmente, mormente devido ao incremento da produção de nanomateriais de origem antropogénica, quer incidentalmente produzidos, quer fabricados pelo Homem[395].

Tal facto tem contribuído para o desenvolvimento da chamada "nanotoxicologia" (que alguns autores afirmam derivar dos estudos sobre partículas ultrafinas e patologias pulmonares por aspiração de fibras[396]), uma disciplina científica cujo principal desiderato é o de estudar quais os potenciais efeitos adversos resultantes da exposição e contacto dos sistemas biológicos com certos nanomateriais[397]. Esta assenta em dois princípios fundamentais: (1) a *identificação do risco*, pressupondo recolha e tratamento de dados para se lograr identificar quais as substâncias nanoestruturadas que podem causar danos à saúde humana e planetária e em que medida o podem fazer (*scilicet*, avaliar a sua toxicidade); (2) a *avaliação da chamada "relação dose-resposta"*, pressupondo a determinação das condições ou níveis de exposição a partir dos quais a presença de uma determinada substância nanoestruturada no corpo humano fará despoletar reações biológicas por parte do mesmo (*i.e.*, aferir a sua persistência e bioacumulação)[398].

Tais princípios, como é fácil de ver, não são novos. Na verdade, estes têm sido identificados como princípios clássicos da toxicologia em geral. Quando mobilizados no campo da nanotecnologia, a sua especificidade reside, pois, na metodologia seguida para a sua aplicação, a qual deve ser cuidadosamente adaptada às particularidades deste domínio singular, *v.g.* tendo em conta a reatividade específica dos nanomateriais

[394] Singh, Ashok K., *Engineered nanoparticles, op. cit.*, 515.

[395] Hulla, Janis E. / Sahu, Sarat C. / Hayes, A. Wallace, "Nanotechnology: history and future", *op. cit.*, 1318.

[396] Pyrrho, Monique / Schrram, Fermin Roland, *Nanotecnociência e humanidade, op.cit.*, 29.

[397] Jain, Kewal K., *The handbook of nanomedicine, op. cit.*, 575; e ainda, Soares, Sara *et al.*, "Nanomedicine: principles, properties and regulatory issues", *op. cit.*, 7.

[398] Naidu, David, *Biotechnology & Nanotechnology: regulation under environmental, health and safety laws, op. cit.*, 20; e ainda, Organization for Economic Cooperation and Development, *Small size that matter: opportunities and risks of nanotechnologies, op. cit.*, 35.

quando comparados com o seu estado bruto, bem como o seu potencial para cruzar certas barreiras biológicas que outras substâncias não logram transpor, como é o caso da barreira hematoencefálica (*«blood-brain barrier»*)[399].

No que respeita ao primeiro aspeto, como nota Nuno C. Santos, não há riscos toxicológicos associados ao manuseamento do carbono quando apresentado sob a forma de um diamante, de um lápis de carvão ou de uma raquete. O mesmo já não acontece, porém, quando o carbono é estruturado em nanotubos – nesse caso, o risco toxicológico é uma autêntica realidade[400]. Assim, torna-se necessário reformular o princípio básico de Paracelsus segundo o qual "a dose faz o veneno", já que não é só a quantidade, mas também a dimensão, a concentração, a composição química, a porosidade, a estrutura, a solubilidade, o formato e a capacidade de agregação que influenciam a toxicidade das substâncias nanoestruturadas[401]. Esta elevada reatividade dos materiais quando manipulados à nanoescala deve-se, essencialmente, ao seu maior *ratio* superfície/volume por unidade de massa[402], contribuindo para a intensificação das respostas fisiológicas e patológicas à presença das nanopartículas – já foram relatados, por exemplo, casos de resposta inflamatória, fibrose, alergias, genotoxicidade, carcinogenicidade

[399] Marchant, Gary *et al.*, "International harmonization of regulation of nanomedicine", *op. cit.*, 2; e ainda, alertando para o facto de alguma literatura associar a acumulação de nanopartículas no cérebro ao desenvolvimento de doenças neurodegenerativas, v. Andorno, Roberto / Biller-Andorno, Nikola, "The risks of nanomedicine and the precautionary principle", in *In Pursuit of Nanoethics* (ed. por Bert Gordijn e Anthony M. Cutter), Dordrecht: Springer, 2014, p. 133.

[400] Santos, Nuno C., "Nanomedicina – ciência, tecnologia e educação", *op. cit.*, 32.

[401] Jain, Kewal K., *The handbook of nanomedicine, op. cit.*, 576; e ainda, Royes, Albert, "Afilando la navaja de Ockham", in *Bioética y Nanotecnología* (coord. por María Casado), Navarra: Thomson Reuters, 2010, p. 57.

[402] Melo, Helena Pereira de, "*No data, no market* – A aplicação do princípio da precaução à nanotecnologia", *op. cit.*, 346; e ainda, Naidu, David, *Biotechnology & Nanotechnology: regulation under environmental, health and safety laws, op. cit.*, 23.

e de afetação das funções cardiovascular e linfática[403/404/405]. Tal facto tem alimentado a já mencionada ambivalência da nanotecnologia, fazendo perpetuar dilemas regulatórios de monta que irão pôr à prova os decisores políticos à escala global[406].

No que respeita ao segundo aspeto mencionado, a doutrina tem procurado estudar quais os meios de "penetração" das nanopartículas no corpo humano. Segundo David Naidu, as formas mais usuais são a inalação ou exposição indevida em contexto laboral, a entrada em contacto com a pele através do manuseamento de produtos nanoestruturados (a chamada "penetração cutânea") ou a ingestão das nanopartículas, especialmente quando utilizadas em nanomedicamentos ou em aditivos alimentares[407]. Uma vez dentro do corpo, tais partículas poderão vir a ser absorvidas, acumuladas ou expelidas. É necessário analisar, pois, a partir de que momento e/ou níveis de exposição começam a ser observáveis reações biológicas que indiciem toxicidade[408]. Existe, neste domínio, uma multiplicidade de estudos que têm procurado demonstrar

[403] Pyrrho, Monique / Schrram, Fermin Roland, *Nanotecnociência e humanidade, op.cit.*, 29; e ainda, Monica, John C. / van Calster, Geert / Patsa, Agapi, "A nanotechnology legal framework", in *Nanotechnology Environmental Health and Safety – Risks, Regulation, and Management* (ed. por Matthew S. Hull e Diana M. Bowman), 2.ª Edição, USA: Elsevier, 2014, p. 265.

[404] Importa destacar a existência de consideráveis dificuldades na avaliação da toxicidade dos nanomateriais. Embora seja conhecida a sua maior reatividade (quando comparados com o seu estado bruto), pequenas diferenças no tamanho ou formato das nanopartículas podem impactar a sua atividade e, consequentemente, o seu "destino celular" e acumulação no corpo humano. Cf. Soares, Sara *et al.*, "Nanomedicine: principles, properties and regulatory issues", *op. cit.*, 7.

[405] E note-se, como destaca Helena Pereira de Melo, a dispersão e persistência de nanopartículas, intencional ou não intencionalmente libertadas, podem ter efeitos muito prejudiciais para o ambiente, *v.g.* devido à absorção das mesmas por parte dos organismos vivos ou pela possibilidade de tal vir a colocar em causa o equilíbrio natural dos ecossistemas. Cf. Melo, Helena Pereira de, "*Does size matter?* A nanotecnologia e o Direito", *op. cit.*, 279; Ray, Paresh C. / Yu, Hongtao / Fu, Peter, "Toxicity and environmental risks of nanomaterials: challenges and future needs", in *Journal of Environmental Science and Health*, n.º 27, vol. 1, 2009, p. 7; e ainda, Guzmán, Katherine / Taylor, Margaret / Banfield, Jillian, "Environmental risks of nanotechnology: national nanotechnology Initiative Funding 2000-2004", in *Environmental Science & Technology*, vol. 40, n.º 5, 2006, pp. 1401 e 1405.

[406] Singh, Ashok K., *Engineered nanoparticles, op. cit.*, 515; e ainda, Feitshans, Ilise L., *Global health impacts of nanotechnology law, op. cit.*, 155.

[407] Naidu, David, *Biotechnology & Nanotechnology: regulation under environmental, health and safety laws, op. cit.*, 29.

[408] *Idem*, 26.

que, uma vez transportadas pela corrente sanguínea, as nanopartículas podem revelar toxicidade quando entrem em interação com células, tecidos, órgãos ou sistemas[409].

Assim, o aumento da investigação, de "estudos longitudinais" e de "princípios institucionais que priorizem a saúde e a segurança das pessoas e do meio ambiente" é fundamental para a amenização dos receios em relação à aplicação potencialmente nociva das nanotecnologias e para a realização de uma adequada identificação, avaliação e gestão do risco[410].

Tecidas estas considerações iniciais, passemos, agora, à explanação dos riscos (conhecidos!) derivados da utilização de nanomateriais em contexto médico-farmacológico.

Como já foi aflorado, a nanotecnologia poderá colocar em causa a saúde humana, quer direta, quer indiretamente (*v.g.* por via da danificação, a médio ou longo prazo, do ambiente e dos ecossistemas)[411]. Devido ao facto de se desconhecerem as exatas propriedades toxicológicas dos materiais quando manipulados à nanoescala[412], há quem afirme que estamos perante um "novo amianto" – o qual era inicialmente encarado como uma "fibra natural milagrosa" que, mais tarde, se veio a revelar responsável pelo desenvolvimento de formas letais de cancro do pulmão[413].

O conhecimento dos potenciais riscos da nanomedicina para o ser humano pressupõe, desde logo, uma maior e melhor compreensão do modo como as nanopartículas interagem com as células, os organismos e os órgãos[414]. De todos os modos, sabe-se atualmente que serão

[409] Pyrrho, Monique / Schrram, Fermin Roland, *Nanotecnociência e humanidade, op.cit.*, 30.

[410] Schwab, Klaus, *Moldando a quarta revolução industrial, op. cit.*, 178.

[411] Singh, Ashok K., *Engineered nanoparticles, op. cit.*, 452; e ainda, Costa, Helena Silva, "Nanomedicina e questões éticas em perspetiva", *op. cit.*, 70.

[412] Não existem, até hoje, estudos concludentes, realizados por entidades ou especialistas independentes, que analisem os riscos dos nanomateriais para a saúde humana e para o meio ambiente. Aproveitando-se de tal facto, os tecnocratas tendem a mobilizar o argumento de que a sua toxicidade não está cientificamente demonstrada para afastar o risco. Cf. Royes, Albert, "Afilando la navaja de Ockham", *op. cit.*, 56.

[413] Feitshans, Ilise L., *Global health impacts of nanotechnology law, op. cit.*, 45.

[414] Em geral, v. Jong, De W. H. / Borm, P. J. A., "Drug delivery and nanoparticles: applications and hazards", in *International Journal of Nanomedicine*, vol. 3, n.º 2, 2008, pp. 133 e ss.

potencialmente perigosos para a saúde humana todos os nanomateriais que, uma vez introduzidos no corpo (de forma intencional ou não), não se revelem biocompatíveis ou biodegradáveis. Neste segundo caso, e ainda que exista biocompatibilidade, se os nanomateriais não forem totalmente eliminados, acabarão depositados em algum *locus* do organismo, podendo uma tal acumulação revelar-se prejudicial a curto, médio ou longo prazo[415].

Por exemplo, no caso de nanopartículas inaladas, principalmente daquelas que apresentem uma estrutura fibrosa (como os famosos nanotubos de carbono), a literatura científica tem destacado o facto de a sua acumulação no sistema respiratório poder conduzir ao desenvolvimento de asma, bronquite, enfisema pulmonar ou cancro do pulmão[416]. Além disso, uma vez no sistema circulatório, tais nanopartículas poderão fazer aumentar a pressão sanguínea, causar arterioscleroses ou tromboses e, ao serem disseminadas pelo corpo, ameaçar o bom funcionamento de órgãos bastante sensíveis, como a medula óssea, o coração (*p.e.*, causando arritmias ou outras doenças cardíacas), o cérebro (conduzindo ao desenvolvimento de doenças neurológicas, como o *Alzheimer* ou a *Parkinson*), os rins ou o fígado[417]. A literatura tem, igualmente, alertado para a possibilidade de a penetração de nanomateriais em células poder resultar numa afetação do seu normal funcionamento (com todas as consequências que daí decorrem...), na danificação do ADN nuclear ou em inibição mitocondrial[418]. Já a sua ingestão, principalmente por via dos nanomedicamentos ou de aditivos alimentares, poderá causar sérias perturbações no sistema gastrointestinal, conduzindo ao desenvolvimento de cancro do cólon ou de múltiplas patologias, como a doença de *Crohn*.

[415] Buisan Espeleta, Lydia, "Sobre la toxicidad de las nanopartículas en el ámbito de la nanomedicina", *op. cit.*, 198; Ameisen, Jean-Claude, "Enjeux éthiques des nanosciences et des nanotechnologies", *op. cit.*, 136; e ainda, The National Nanotechnology Initiative, *Environmental, health and safety research need for engineered nanoscale materials*, USA: NNI, 2006, pp. 18 e ss.

[416] Jiménez Saavedra, Ruth, "Nanotecnologías: seguridad y salud laboral", *op. cit.*, 236.

[417] Sant'Anna, Leonardo / Ferreira, Aldo / Alencar, Maria Simone, "Nanotecnologia: considerações gerais, patenteamento e implicações para a saúde pública", *op. cit.*, 163.

[418] Mautone, Mariela, "Conflictos éticos vinculados a la nanomedicina", *op. cit.*, 173; e ainda, Ray, Paresh C. / Yu, Hongtao / Fu, Peter, "Toxicity and environmental risks of nanomaterials: challenges and future needs", *op. cit.*, 3.

Por outro lado, a penetração das nanopartículas no corpo humano por via cutânea – embora mais árdua e, por isso, menos provável – poderá facilitar a produção de moléculas reativas capazes de causar graves danos celulares (*v.g.* queimaduras, dermatite, *etc.*)[419]. Não existem evidências, porém, de que as nanopartículas, logrando penetrar o tecido placentário, sejam capazes de causar danos aos embriões e fetos[420/421].

Deste modo, segundo Ricardo García Manrique, as maiores dificuldades neste campo são, *inter alia*, conseguir-se controlar o comportamento dos nanomateriais uma vez presentes no corpo humano (*v.g.*, contendo e/ou impedindo a sua absorção e acumulação em certas células, órgãos, tecidos ou sistemas) e encontrar meios eficazes e viáveis de prever e, se possível, atenuar a sua reatividade e toxicidade[422].

Atualmente, é patente, porém, a falta de consenso da comunidade científica quanto aos riscos dos nanomateriais, pelo que todos os dados que acima apresentámos estão envoltos por uma certa névoa de incerteza. Se em alguns estudos se identifica uma determinada substância nanoestruturada como sendo profundamente prejudicial para a saúde humana e para o meio ambiente, noutros trabalhos os investigadores concluem que a mesma possui uma baixa toxicidade[423]. Tal cenário de profunda divergência tem dificultado o processo de conversão da investigação

[419] Organization for Economic Cooperation and Development, *Small size that matter: opportunities and risks of nanotechnologies*, *op. cit.*, 30-31.

[420] *Ibidem.*

[421] Por todos, v. Buzea, Cristina / Pacheco, Ivan / Robbie, Kevin, "Nanomaterials and nanoparticles: sources and toxicity" in *Biointerphases*, n.º 2, vol. 4, 2007, p. 26.

[422] García Manrique, Ricardo, "¿Necesitamos una nanoética? (La nanoética como disciplina específica)", *op. cit.*, 41-42; e ainda, Casado, María / López Baroni, Manuel J., "Nanotecnología e inseguridad jurídica: análisis de los criterios sostenidos por la Unión Europea a la luz del principio de precaución", *op. cit.*, 38.

[423] Neste contexto, alguns autores alertam para a necessidade de se analisarem os resultados dos testes de nanotoxicologia realizados em animais com bastante cautela, não só porque os seus organismos não se podem equiparar, sem mais, ao organismo humano, mas também pelo facto de grande parte dos testes se traduzir na exposição a elevadas quantidades de nanopartículas ao longo de um curto período de tempo (o que tende a afastar-se da realidade, já que o mais provável é a exposição a quantidades mais baixas de nanopartículas por um período de tempo mais longo). Cf. Lazzaretti, Luisa Lauermann / Hupffer, Haide Maria, "Nanotecnologia: o olhar da ciência sobre a toxicidade e os potenciais riscos desses produtos", *op. cit.*, 95; e ainda, Oberdörster, G., "Safety assessment for nanotechnology and nanomedicine: concepts and nanotoxicology", in *Journal of Internal Medicine*, n.º 267, 2010, pp. 89 e ss.

básica em nanomedicina em produtos e técnicas médico-farmacológicas eficazes, suficientemente seguras e comercialmente viáveis[424]. A identificação, avaliação e gestão do risco, acompanhadas da tomada de medidas precaucionais, afiguram-se, pois, como uma autêntica prioridade, como teremos a oportunidade de explanar com maior desenvolvimento já na Parte III do nosso estudo (Cap. IV).

[424] BAWA, Raj, "Nanoparticle-based therapeutics in humans: a survey", *op. cit.*, 147.

PARTE III.
DIREITO(S)E NANOBIOTECNOCIÊNCIA

"The important thing is not to stop questioning. Curiosity has its own reason for existence. One cannot help but be in awe when he contemplates the mysteries of eternity, of life, of the marvellous structure of reality. It is enough if one tries merely to comprehend a little of this mystery each day."

Albert Einstein

Como é fácil de depreender, esta notável e impressionante *Revolução Nanobiotecnocientífica* acarretará inúmeras refrações, *inter alia*, nos planos ético e jurídico. Christian Byk referia-se, a este propósito, a um processo de "complexificação do direito"[425], o qual, no fundo, se traduz na *profunda e contínua "desestabilização" do sistema jurídico em razão do rápido avanço da ciência*, mormente dada a incapacidade daquele de forjar definições e conceitos suficientemente rigorosos e satisfatórios ou de empregar as suas metodologias convencionais às novas tecnologias emergentes e, assim, responder adequadamente às diversas questões que lhe vão sendo colocadas nos vários domínios que é chamado a regulamentar. Expliquemo-nos melhor.

Num primeiro momento, os maiores desafios parecem colocar-se ao nível do devido enquadramento de cada uma das técnicas e tecnologias emergentes, mormente considerando o seu caráter inovador e as inúmeras dificuldades que daí advêm no que respeita à sua delimitação e correta qualificação jurídica. Por um lado, a adoção de definições demasiado abrangentes e laxas pode gerar uma gravosa e imprestável insegurança jurídica nos setores em causa e submeter injustificadamente determinadas práticas a regimes jurídicos demasiado exigentes ou restritivos, tornando-se o Direito um indesejável freio ao avanço científico e societário; por outro lado, a adoção de definições "fechadas" e marcadas por um elevado grau de especificidade poderá fazer-nos incorrer no risco de que tais normas se transformem, num curto espaço

[425] Byk, Christian, "Droit et complexité: l'exemple du bio-droit", *op. cit.*, 1540.

de tempo, em *normas caducas e inúteis*, atenta a rapidez com que, nos dias que correm, surgem novas técnicas e novas aplicações das mesmas.

Além disso, mesmo quando se logra ultrapassar estes desafios, torna-se extremamente complexa a aplicação concreta de regras e princípios jurídicos a esses inovadores domínios. Em certos casos, poderá ser mesmo necessária a criação e desenvolvimento de novos expedientes jurídicos, mormente no domínio principiológico; noutros casos, poderá bastar a recompreensão dos expedientes que já existem e que se encontram à nossa disposição. Na maior parte das vezes, neste contexto, o Direito vê-se inclusivamente obrigado a abrir as suas portas a novas disciplinas e a novos sistemas, o que, na opinião de vários autores, não deixa de se revelar como uma verdadeira ameaça à sua autonomia científico-epistemológica[426].

Num segundo momento, as dificuldades colocam-se, essencialmente, ao nível da eficácia das respostas regulatórias aos desafios acarretados pela *nanobiotecnociência*, a qual, nos dias que correm, depende diretamente do alcance de um consenso universal (ou, pelo menos, alargado) relativamente às regras e princípios jurídicos a aplicar a estes novos domínios de ação, sob pena de uma intervenção geograficamente limitada se poder revelar, no fim das contas, pouco ou nada adequada para a prossecução dos objetivos em causa. Vale aqui, em toda a sua extensão, a ideia de que "uma corrente só é tão forte quanto o seu elo mais fraco".

Bem sabemos, porém, que, em determinados domínios fraturantes, a obtenção de um consenso universal – ou mesmo regional – não passa de uma mera miragem, senão mesmo de uma profunda utopia. O pluralismo axiológico e a multiplicação de conceções mundividenciais, políticas, económicas, culturais e sociais têm-se encarregue de inviabilizar consensos em múltiplas áreas da *nanobiotecnociência*, sendo usual o confronto voraz entre perspetivas mais conservadoras e cautas e perspetivas mais liberais e progressistas. Ora, é verdade, como afirma LUDGER HONNEFELDER, que "a pluralidade de culturas jurídicas e códigos morais é, sem dúvida alguma, um legado que reflete o progresso histórico da humanidade", afirmando-se como "um pré-requisito para

[426] *Ibidem.*

a evolução de formas de autorrealização humana sólidas e recheadas de sentido"[427]. Tal não nos deve impedir, porém, de procurar incessantemente a construção de pontes e consensos, os quais, tendo o cuidado de não afetar adversamente a riqueza das tradições jurídicas nacionais e os códigos morais estabelecidos, nos permitam edificar esquemas regulatórios adequados à salvaguarda dos bens jurídicos, interesses e expetativas em causa[428].

Por nossa parte – e sem que tenhamos a pretensão de avançar com soluções concretas para a busca dessa "uniformidade na diversidade", respeitando esta última tanto quanto possível –, estamos em crer que é no *domínio da jusfundamentalidade* que poderemos encontrar as respostas que procuramos. Essa é, aliás, a principal razão pela qual, ao longo desta Parte III, encetaremos uma análise cuidada de alguns dos desafios que nos têm sido colocados pela atual *Revolução Nanobiotecnocientífica* à luz dos direitos humanos e fundamentais da pessoa, nunca perdendo de vista o seu fundamento último: a dignidade humana, aqui entendida como verdadeiro étimo axiológico-valorativo dos ordenamentos jurídicos (pós-)modernos[429]. É, no fundo, no(s) biodireito(s) que reside a nossa maior esperança num futuro reluzente e próspero, no qual todos poderemos usufruir do avanço tecnocientífico, sem recear que o mesmo possa representar um perigo irreversível para o futuro da humanidade ou se possa vir a revelar, simplesmente, desprovido de um sentido beneficente e legítimo.

[427] Honnefelder, Ludger, "Science, law and ethics: the biomedicine convention as an ethico-legal response to current scientific challenges", *op. cit.*, 18.

[428] Neste domínio, pode revelar-se bastante útil o domínio da diplomacia científica («*science diplomacy*»), o qual é entendido com o conjunto de práticas que se encontram na interseção destes dois domínios. Normalmente, a diplomacia científica tende a ser encarada a partir de três lentes distintas e mutuamente complementares: (1) a ciência para a diplomacia (*i.e.* a utilização da ciência para a prossecução dos distintos objetivos diplomáticos); (2) a diplomacia para a ciência (*i.e.* a utilização da ação diplomática para a promoção do avanço científico e tecnológico); e (3) a ciência na diplomacia (*i.e.* o envolvimento direto da ciência e da comunidade científica nos processos diplomáticos".

[429] Nawrot, Oktawian, "The biogenetical revolution of the Council of Europe – twenty years of the Convention on Human Rights and Biomedicine (Oviedo Convention)", in *Life Sciences, Society and Policy*, n.º 14, vol. 1, 2018, p. 18.

CAPÍTULO I
ENQUADRAMENTO JURÍDICO DA GENÉTICA E DA NANOTECNOLOGIA – BREVE ANÁLISE À LUZ DOS ORDENAMENTOS JURÍDICOS INTERNACIONAL, EUROPEU E NACIONAL

A ideia de que a genética e a nanotecnologia se podem e devem desenvolver à margem da Ética[430] e do Direito (baseada na defesa de uma espécie de «*laissez-faire*» tecnocientífico...) encontra-se profundamente ultrapassada[431]. Atualmente, a discussão em torno da sua regulamentação jurídica insere-se num contexto verdadeiramente complexo

430 Embora a nossa abordagem seja maioritariamente jurídica, não podemos deixar de referir a suma importância da bioética – essa disciplina que reside, como afirmou VAN RENSSELAER POTTER, na intersecção entre a ciência dos sistemas vivos (o conhecimento biológico) e as humanidades (o conhecimento do sistema de valores humanos) – e dos seus pertinentes contributos para a formulação de respostas aos desafios que nos têm sido colocados no domínio da biotecnologia. A este propósito, afirmou STELA BARBAS que é na "fronteira do melhor e do pior que a Ética [procura] traçar e balizar um caminho que permita evitar os precipícios, mas, também, que possibilite progredir até onde se quer chegar" (Cf. BARBAS, Stela, "Testes genéticos, terapia génica, clonagem", in *Estudos de Direito da Bioética* (coord. por José de Oliveira Ascensão), vol. I, Coimbra: Almedina, 2005, p. 326). Além disso, cabe igualmente referir a existência de uma quantidade crescente de literatura em torno do conceito de "nanoética", termo atualmente empregue para "designar um conjunto de questões morais suscitadas pelo desenvolvimento e aplicação das nanotecnologias". As opiniões na doutrina sobre a sua autonomia dogmático-epistemológica tendem, porém, a apartar-se: por um lado, há quem considere que estamos ante um campo autónomo da "ética aplicada" (conceito já *per se* bastante polémico e gerador de discórdia); por outro lado, há quem defenda que não existe qualquer caraterística específica (nos planos temático, metodológico, contextual, axiológico ou subjetivo) que justifique a autonomização da nanoética enquanto ramo específico da ética aplicada, já que muitas das questões colocadas não são próprias das nanotecnologias, alargando-se a outros campos da ação humana. Cf. GARCÍA MANRIQUE, Ricardo, "¿Necesitamos una nanoética? (La nanoética como disciplina específica)", *op. cit.*, 43-45. Por nossa parte, apenas avançaremos que resta saber se existem, neste campo em especial, particularidades que justifiquem que se encarem problemas comuns a partir de uma perspetiva própria, o que, em certos casos, não nos parece totalmente injustificado. A este propósito, v. EBBESEN, Mette, "The principle of justice and access to nanomedicine in national healthcare systems", in *Stud. Ethics L. & Tech.*, vol. 3, 2009, pp. 4 e ss.

431 FEITSHANS, Ilise L., *Global health impacts of nanotechnology law*, *op. cit.*, 271.

e multifacetado, envolvendo uma pluralidade de atores nacionais e internacionais (ou pós-nacionais?[432]), assim como fontes com forças jurídico-normativas inconstantes (de «*hard law*», «*soft law*» e, por vezes mesmo, de «*'hoft' law*»[433])[434]. Neste contexto, note-se também que, além da intervenção dos Estados (e de algumas organizações supraestaduais, como são casos exemplares o Conselho da Europa ou a União Europeia) na criação de regimes jurídicos próprios ou, na maior parte das vezes, na adaptação dos regimes jurídicos já existentes à nova *realidade nanobiotecnocientífica*, assume particular relevo a influência da "autorregulação privada", por exemplo através da emanação de normas técnicas, recomendações, guias de boas práticas, certificações e códigos de conduta[435]. Revela-se, pois, imprescindível a colaboração entre o poder público e os agentes privados (*v.g.* as empresas) em matéria de delineamento e efetivação dos procedimentos e políticas adotadas neste domínio[436/437].

[432] A formulação é de Habermas, Jürgen, *A constelação pós-nacional: ensaios políticos* (trad. por Márcio Seligmann-Silva), S. Paulo: Littera Mundi, 2001.

[433] Sobre este conceito, v. Moniz, Ana Raquel, *Os direitos fundamentais e a sua circunstância*, Coimbra: Imprensa da Universidade de Coimbra, 2017, p. 35.

[434] Filho, Airton G. Berger / Vieira, Gustavo Oliveira, "O direito internacional e a governança dos riscos ambientais das nanotecnologias", in *O Direito*, n.º 144, 2012, p. 70.

[435] *Idem*, 68.

[436] Tenha-se, igualmente, em conta que a pressão social hodierna para a adoção de normas jurídicas nestas matérias tem contribuído para o aprofundar da reponderação do papel da sociedade no quadro da "governança regulatória do risco" e no "delineamento dos programas de avaliação e gestão do risco". Cf. Feitshans, Ilise L., *Global health impacts of nanotechnology law, op. cit.*, 271-272. A título de mera curiosidade, note-se que alguns estudos têm apontado para o facto de, na Europa, as preocupações regulatórias girarem, essencialmente, em torno do domínio da utilização de tecnologia nano no setor da alimentação, fabrico de medicamentos e aplicações cosméticas. Cf. Snir, Reut, "Trends in global nanotechnology regulation: the public-private interplay", in *Vanderbilt Journal of Entertainment & Technology Law*, vol. 17, 2014, p. 133.

[437] Cabe ainda uma referência ao importante papel da *International Organization for Standardization* (ISO), a qual tem reunido consideráveis esforços na estruturação de normas que uniformizem ou padronizem um conjunto de práticas que envolvam o recurso à biotecnologia e à nanotecnologia nos setores da saúde, segurança e meio ambiente. Cf. Sant'Anna, Leonardo / Ferreira, Aldo / Alencar, Maria Simone, "Nanotecnologia: considerações gerais, patenteamento e implicações para a saúde pública", in *Revista Semestral de Direito Empresarial*, n.º 9, 2011, p. 169. Não despiciendos são, ainda, os esforços do Comité Europeu de Normalização (CEN) e da própria Organização para a Cooperação e Desenvolvimento Económico (OCDE).

Especificamente no plano da *genética*, há muito que a doutrina se vem referindo ao surgimento de um *Direito do Genoma Humano*[438] – aqui entendido como um multifacetado "corte horizontal do Direito na perspetiva do genoma humano"[439] –, o qual se insere no seio do comummente designado *Biodireito*.

Tal como a grande maioria dos demais ramos jurídicos, este *Direito do Genoma Humano* desenvolveu-se de forma gradual: num primeiro momento, surgiu sob a forma de meras *guidelines* destinadas a que se alcançassem ou mantivessem, no seio da atividade científica em torno do genoma, um conjunto de *standards* ético-deontológicos satisfatórios; só mais tarde é que tais normas de *soft law* tenderam a transformar-se em instrumentos jurídicos vinculativos, com "modelos de efetivação e métodos de sancionamento" que oscilam entre "medidas administrativo-preventivas, esquemas de indemnização próprios do direito privado e até sanções penais"[440].

A história do *Direito do Genoma Humano* é também a história dos direitos humanos em geral e dos direitos dos pacientes em particular, mormente no que respeita ao florescimento e sedimentação do direito a um consentimento livre e esclarecido, do direito a não ser discriminado em razão do património genético, do direito à confidencialidade dos dados pessoais (especialmente dos mais sensíveis, como é o caso dos dados genéticos), entre outros.

Destacam-se, pois, como *fontes jurídico-internacionais*, o Código de Nuremberga (1947), a Declaração Universal dos Direitos Humanos (DUDH, 1948), a Declaração de Helsínquia da Associação Médica Mundial (AMM, 1964; revista, pela última vez, em 2013[441]), o Pacto Internacional

[438] Barbas, Stela, *Direito do Genoma Humano*, Coimbra: Almedina, 2007.

[439] Barbas, Stela, "Direito, genoma e identidade: desafios", in *Os Desafios do Direito no séc. XXI* (coord. por Manuel M. G. Valente), Coimbra: Almedina, 2018, p. 59.

[440] Eser, Albin, "Perspectives of medical law under the challenges of modern biotechnology", in *Revista de Derecho y Genoma Humano*, número extraordinário, 2014, p. 91.

[441] Como afirma André Dias Pereira, a AMM, "sendo embora uma organização de direito privado, tem assumido um papel de grande relevo no plano da ética e Direito médicos, gozando as suas declarações de uma *auctoritas* que confere a esta forma de *soft law* um peso muito proeminente". Além da Declaração de Helsínquia, assumem particular relevo neste domínio: a Declaração de Lisboa, sobre os direitos do doente (1981); a Declaração de Budapeste, sobre confidencialidade e defesa do paciente (1993); a Declaração sobre Genética e Medicina (2005); e a Declaração

sobre os Direitos Civis e Políticos (PIDCP, 1966) – os quais consagraram e reforçaram a existência de um *direito ao consentimento livre e esclarecido* e de um significativo conjunto de princípios ético-jurídicos norteadores de toda e qualquer *experimentação com recurso a seres humanos* –, bem como uma série de declarações internacionais emanadas pela UNESCO com vista, especificamente, à tutela do genoma humano face aos avanços biotecnológicos e à afirmação dos princípios da responsabilidade, prevenção/precaução e solidariedade: (1) Declaração Universal sobre o Genoma Humano e os Direitos Humanos (DUGHDH, 1997)[442]; (2) Declaração sobre a Responsabilidade das Gerações Presentes em Relação às Gerações Futuras (DRGPGF, 1997); (3) Declaração Internacional sobre os Dados Genéticos Humanos (DIDGH, 2004); e ainda, a Declaração Universal sobre a Bioética e os Direitos Humanos (DUBDH, 2005). Por fim, cabe também uma merecida referência às *guidelines* internacionais emanadas pelo Conselho de Organizações Internacionais de Ciências Médicas (CIOMS), em conjunto com a Organização Mundial de Saúde (OMS)[443].

Não esqueçamos que grande parte destes diplomas constituem mero *soft law*, sendo, pois, desprovidos de força jurídica vinculativa. Tal facto não significa, porém, que os mesmos sejam juridicamente irrelevantes; na verdade, embora não obriguem os Estados a adotar um conjunto de *standards* mínimos de regulamentação na área da genética, estes encorajam os mesmos a fazê-lo e, podemos afirmá-lo com segurança, de forma relativamente bem-sucedida[444].

de Taipei sobre considerações éticas em matéria de bases de dados de saúde e biobancos (2016). Cf. Santos, Heloísa G. / Pereira, André Dias, *Genética para todos: de Mendel à revolução genómica do séc. XXI: a prática, a ética, as leis e a sociedade*, *op. cit.*, 107-108.

442 Relembremos que este diploma se destacou largamente pela elevação do genoma humano à qualidade de "património comum da humanidade". De forma crítica, v. Figueiredo, Eduardo, *Desagrilhoar Prometeu? Direito(s), genes e doença(s): desafios constitucionais na era da engenharia genética*, *op. cit.*, 58-61.

443 A este propósito, vide as famosas *International Ethical Guidelines for Health-Related Research Involving Humans* (revista, pela última vez, em 2016).

444 Andorno, Roberto, *Principles of international biolaw: seeking common ground at the intersection of bioethics and human rights*, Bruxelles: Éditions Bruylant, 2013, p. 85.

Também no *plano pan-europeu* se revelou necessário "considerar cuidadosamente as respostas sistémicas à inovação tecnológica"[445]. Neste sentido, importa destacar o papel que tem sido desempenhado pelo Conselho da Europa e pela União Europeia.

Ora, no primeiro caso, importa ter em conta, no essencial, a Convenção sobre os Direitos Humanos e a Biomedicina (CDHB, 1997), embora tal não exclua a relevância de outros diplomas, como é o caso da Convenção Europeia dos Direitos Humanos (CEDH, 1951) ou a Convenção para a Proteção das Pessoas relativamente ao Tratamento Automatizado de Dados de Caráter Pessoal (1981)[446].

A CDHB tem como principal objetivo proteger o ser humano na sua dignidade e na sua identidade e garantir a toda a pessoa, sem discriminação, o respeito pela sua integridade e pelos seus outros direitos e liberdades fundamentais face às aplicações da biologia e da medicina (art. 1.º). Atualmente, a mesma conta com quatro Protocolos Adicionais, os quais densificam a regulamentação jurídicas de alguns domínios por esta abordados: (1) Protocolo Adicional à CDHB, proibindo a clonagem de seres humanos (aberto à assinatura em 1998); (2) Protocolo Adicional à CDHB, relativo ao transplante de órgãos e tecidos de origem humana (aberto à assinatura em 2002); (3) Protocolo Adicional à CDHB, relativo à investigação biomédica (aberto à assinatura em 2005); e (4) Protocolo Adicional à CDHB, relativo a testes genéticos para fins de saúde (aberto à assinatura em 2008).

Este diploma surgiu com o "primeiro instrumento multilateral vinculativo em matéria de direito médico e direitos humanos"[447], tendo

445 Millns, Susan, "Consolidating bio-rights in Europe", in *Biotechnologies and International Human Rights* (ed. por Francesco Francioni), Oxford: Hart Publishing, 2007, pp. 71-72.

446 No plano do *soft law*, podemos ainda destacar inúmeras "resoluções e recomendações que fazem parte do *corpus* de direito declaratório do Conselho da Europa" e que abrangem áreas tão diversas como a engenharia genética, a utilização de embriões para fins de investigação científica, a transplantação de órgãos, a experimentação humana, a proteção de pessoas com deficiência mental e o patenteamento do ser humano. Para maiores desenvolvimentos, v. Santos, Heloísa G. / Pereira, André Dias, *Genética para todos: de Mendel à revolução genómica do séc. XXI: a prática, a ética, as leis e a sociedade, op. cit.*, 108.

447 Em geral, v. Raposo, Vera Lúcia / Osuna, Eduardo, "European Convention of Human Rights and Biomedicine", in *Legal and Forensic Medicine* (ed. por R. G. Beran), Berlin/Heidelberg: Springer, 2013; e ainda, Abbing, Henriette Roscam, "The Convention on Human Rights and Biomedicine: an appraisal of the Council of Europe Convention", in *European Journal of Health Law*, n.º 5, 1998.

sido edificado a partir do vetor principiológico da *dignidade humana* e afirmando-se, atualmente, como um verdadeiro "tratado de direitos dos pacientes"[448], muito embora o seu âmbito de aplicação se estenda também a outros domínios, como a genética, a clonagem, a (xeno)transplantação, a medicina reprodutiva ou a investigação biomédica. Apesar das suas múltiplas limitações, desde logo no que diz respeito à sua efetivação, a CDHB é um documento absolutamente exemplar, nomeadamente tendo em conta a sua inspiradora *vocação universal* e o facto de *cristalizar posições consensuais de vários países à escala europeia em torno de um conjunto de relevantes matérias no domínio biomédico* (seguindo um modelo típico de *convenção-quadro*, a qual se limita a estabelecer níveis mínimos de proteção dos vários biobens em causa e desafiando os Estados a elevar esse nível de proteção no plano interno). Resta, pois, torcer para que o sistema construído em torno da Convenção de Oviedo se continue a desenvolver, desde logo atualizando-se e adaptando-se aos novos desafios emergentes no domínio da *nanobiotecnociência*.

Já no segundo caso, grande parte da nossa atenção deve ser direcionada para a Carta dos Direitos Fundamentais da União Europeia (CDFUE, 2000) e, mais especificamente, para o seu artigo 3.º, o qual dispõe que: "1 – Todas as pessoas têm direito ao respeito pela sua integridade física e mental."; "2 – No domínio da medicina e da biologia, devem ser respeitados, designadamente: a) o consentimento livre e esclarecido da pessoa, nos termos da lei; b) a proibição das práticas eugénicas, nomeadamente das que têm por finalidade a seleção de pessoas; c) a proibição de transformar o corpo humano e as suas partes, enquanto tais, numa fonte de lucro; d) a proibição da clonagem reprodutiva de seres humanos".

Além disso, alguns diplomas de direito derivado têm igualmente assumido relevância neste domínio[449], como é o caso (1) da Diretiva 98/44/CE, do Parlamento Europeu e do Conselho, de 6 de julho de 1998,

[448] A expressão é de Herman Nys. Para mais informações, vide um interessante texto do autor disponível em: <https://www.coe.int/t/dg3/healthbioethic/Activities/10th_Anniversary/Herman%20 Nys.pdf>. Consultado em: 11 de dezembro de 2020.

[449] Destacando a importância do artigo 168.º do Tratado sobre o Funcionamento da União Europeia (TFUE) como base jurídica de um conjunto variado de diplomas comunitários nesta matéria, v. Romeo Casabona, Carlos M. / Nicolás Jiménez, Pilar / De Miguel Beriain, Iñigo, *Retos éticos y necesidades normativas en la actividad asistencial en medicina personalizada de precisión*, *op. cit.*, 102.

a qual determina a não patenteabilidade dos processos de modificação da identidade genética germinal do ser humano; (2) da Diretiva 2004/23/CE, do Parlamento Europeu e do Conselho, de 31 de março de 2004, relativa ao estabelecimento de normas de qualidade e segurança em relação à dádiva, colheita, análise, processamento, preservação, armazenamento e distribuição de tecidos e células de origem humana; (3) do Regulamento (UE) n.º 536/2014, do Parlamento Europeu e do Conselho, de 16 de abril de 2014, relativo aos ensaios clínicos de medicamentos para uso humano[450]; (4) da Diretiva (UE) 680/2016, do Parlamento Europeu e do Conselho, de 27 de abril de 2016, relativa à proteção das pessoas singulares no que diz respeito ao tratamento de dados pessoais pelas autoridades competentes para efeitos de prevenção, investigação, deteção e repressão de infrações penais ou de execução de sanções penais, e à livre circulação desses dados; e ainda (5) do Regulamento (UE) 679/2016, do Parlamento Europeu e do Conselho, de 27 de abril de 2016, também conhecido como "Regulamento Geral de Proteção de Dados" ou RGPD[451/452].

[450] Note-se que, atualmente, ainda é aplicável a "antiga" Diretiva 2001/20/CE, do Parlamento Europeu e do Conselho, de 4 de abril de 2001, relativa à aproximação das disposições legislativas, regulamentares e administrativas dos Estados-Membros respeitantes à aplicação de boas práticas clínicas na condução dos ensaios clínicos de medicamentos para uso humano. Mais adiante explicitaremos porquê.

[451] Podem ainda ser mencionados alguns diplomas comunitários em matéria de dispositivos médicos de diagnóstico *in vitro* e de dispositivos médicos em geral, os quais têm "como objetivo declarado adaptar a legislação da UE ao progresso tecnológico e científico [no setor da MPP] e introduzir um melhor processo de consulta para o diagnóstico complementar". A este propósito, v. o Regulamento (UE) n.º 745/2017, do Parlamento Europeu e do Conselho, de 5 de abril de 2017, sobre dispositivos médicos, bem como o Regulamento (UE) n.º 746/2017, do Parlamento Europeu e do Conselho, de 5 de abril de 2017, relativo a dispositivos médicos para diagnóstico *in vitro*. Por sua vez, especificamente no domínio farmacêutico, devemos destacar o Regulamento (CE) n.º 141/2000, do Parlamento Europeu e do Conselho, de 16 de dezembro de 1999, sobre medicamentos órfãos; o Regulamento (CE) n.º 1901/2006, do Parlamento Europeu e do Conselho, de 12 de dezembro de 2006, sobre medicamentos para uso pediátrico; e o Regulamento (CE) n.º 1394/2007, do Parlamento Europeu e do Conselho, de 13 de novembro de 2007, relativo a medicamentos de terapia avançada (ATMP). Cf. Romeo Casabona, Carlos M. / Nicolás Jiménez, Pilar / De Miguel Beriain, Iñigo, *Retos éticos y necesidades normativas en la actividad asistencial en medicina personalizada de precisión*, *op. cit.*, 103.

[452] Neste caso, no plano do *soft law*, as nossas atenções devem voltar-se para a atuação do Parlamento Europeu, mormente no que respeita à emanação de uma série de resoluções em matéria de edição genética, fecundação artificial *in vivo* e *in vitro*, clonagem de embriões humanos e de pessoas humanas, *etc.*

Por fim, no *plano interno*, podemos verificar que o conjunto de normas que integram o *Direito do Genoma Humano* se encontra disperso por uma multiplicidade quase infindável de diplomas, sendo praticamente impossível a sua menção e análise exaustiva e/ou taxativa. Nesse sentido, tomamos a liberdade de, por ora, apenas enunciar alguns desses diplomas, cujo conteúdo teremos a oportunidade de explorar, consoante tal se revele pertinente, ao longo dos próximos capítulos.

No plano jurídico-constitucional, é de notar que a CRP foi um dos primeiros textos constitucionais a consagrar um direito à identidade genética. Foi com a revisão constitucional de 1997 que o seu artigo 26.º/3 passou a prescrever que "a lei garantirá a dignidade pessoal e a identidade genética do ser humano, nomeadamente na criação, desenvolvimento e utilização das tecnologias e na experimentação científica". Não obstante existam profundas divergências doutrinais quanto à determinação da extensão e sentido deste preceito[453], é certo que a identidade genética do ser humano constitui, atualmente, um verdadeiro *bem jurídico com dignidade constitucional*, sendo tutelado ao mais alto nível jurídico-normativo.

Já ao nível infraconstitucional , parece-nos relevante destacar com especial ênfase: (1) a Lei n.º 12/93, de 22 de abril, sobre colheita e transplante de órgãos e tecidos de origem; (2) a Lei n.º 12/2005, de 26 de janeiro, sobre informação genética pessoal e informação de saúde; (3) a Lei n.º 32/2006, de 26 de julho, sobre procriação medicamente assistida; (4) o Decreto-lei n.º 267/2007, de 24 de julho, o qual contém o regime jurídico da qualidade e segurança do sangue humano e dos componentes sanguíneos; (5) a Lei n.º 5/2008, de 12 de fevereiro, relativa a bases de dados de perfis de ADN; (6) a Lei n.º 21/2014, de 16 de abril, também conhecida como "Lei da Investigação Clínica"; (7) o Decreto-lei n.º 131/2014, de 29 de agosto, o qual regulamenta a já mencionada Lei n.º 12/2005; (8) a Lei nº 58/2019, de 8 de agosto, a qual assegura a execução, na ordem jurídica nacional, do RGPD; (9) e a Lei nº 95/2019, de 4 de setembro, a qual aprova a Lei de Bases da Saúde. Como referido

[453] Para maiores desenvolvimentos, v. FIGUEIREDO, Eduardo, *Desagrilhoar Prometeu? Direito(s), genes e doença(s): desafios constitucionais na era da engenharia genética*, *op. cit.*, 76 e ss.

supra, analisaremos diversas normas de cada um destes diplomas – e de outros! – ao longo das próximas páginas desta obra.

Por sua vez, no domínio da nanotecnologia, os desafios regulatórios emergentes têm-se revelado genuinamente hercúleos[454], começando, desde logo, com a própria questão de saber se a nanotecnologia deve ou não ser definida juridicamente[455]. Enquanto parte da doutrina tem destacado a importância de serem formuladas definições claras dos nanomateriais e das nanotecnologias, já que a sua ausência "produz [severas] incertezas jurídicas"[456], outros autores, como é o caso de Ilise Feitshans, pontuam que "traçar uma linha clara entre o que é e o que não é nanotecnologia" para o Direito pode não constituir a melhor opção político-legislativa, devendo antes enveredar-se pela mobilização de critérios dotados de suficiente flexibilidade, de forma a estimular-se a inovação, ao mesmo tempo que se contêm e controlam, dentro do possível, os riscos que a mesma sempre acarreta[457].

Apesar disso, em 2011, a Comissão Europeia propôs uma definição de "nanomaterial", referindo-se a um qualquer "material natural, incidental ou fabricado, que contém partículas num estado desagregado ou na forma de um agregado ou de um aglomerado, e em cuja distribuição

[454] A escolha do modelo normativo a seguir pressupõe sempre a análise do modo como é possível (e até mesmo desejável) controlar ou influenciar o desenvolvimento, a introdução no mercado ou a própria utilização da tecnologia. Giorgia Guerra afirma, a este propósito, que a resposta a uma tal questão implica uma reflexão acerca de uma determinada "conceção basilar da ciência, da tecnologia e da própria função regulatória". Cf. Guerra, Giorgia, *Regole e responsabilità in nanomedicina: profili giuridici delle tecnologie biomediche avanzate*, *op. cit.*, 46.

[455] Feitshans, Ilise L., "Ten years after: ethical, legal and social impacts of nanotechnology", *op. cit.*, 1.

[456] Ponce del Castillo, Aída Maria, "How to regulate the 'nano-revolution'?", in *HesaMag #1*, 2009, p. 26, disponível em: https://www.researchgate.net/publication/301287439_How_to_regulate_the_nano-revolution>. Consultado em: 15 de dezembro de 2019; e ainda, Casado, María / López Baroni, Manuel J., "Nanotecnología e inseguridad jurídica: análisis de los criterios sostenidos por la Unión Europea a la luz del principio de precaución", *op. cit.*, 56.

[457] Feitshans, Ilise L., *Global health impacts of nanotechnology law*, *op. cit.*, 25; e ainda, referindo os critérios "clássicos" normalmente mobilizados (dimensão, quantidade, propriedades da matéria, critério histórico) e suas múltiplas limitações, v. Casado, María / López Baroni, Manuel J., "Nanotecnología e inseguridad jurídica: análisis de los criterios sostenidos por la Unión Europea a la luz del principio de precaución", *op. cit.*, 41-44.

número-tamanho 50% ou mais das partículas têm uma ou mais dimensões externas na gama de tamanhos compreendidos entre 1 *nm* e 100 *nm*. Em casos específicos e sempre que tal se justifique devido a preocupações ambientais e ligadas à saúde, segurança e competitividade, o limiar da distribuição número-tamanho de 50% pode ser substituído por um limiar compreendido entre 1 e 50%"[458/459]. Esta recomendação – que, como se sabe, não apresenta caráter jurídico vinculativo – destinou-se a assegurar uma certa uniformidade nas distintas áreas de aplicação da nanotecnologia, servindo como referência hermenêutico-interpretativa coerente e, *pari passu*, evitando que os nanomateriais utilizados num determinado setor possam ser qualificados e tratados de forma distinta em outro[460]. Apesar disso, pode afirmar-se que a definição dos nanomateriais (e a sua implementação) continua, na prática, a estar dependente de cada um dos específicos contextos regulatórios[461].

Ora, passando agora ao campo da nanomedicina, importa que comecemos por pontuar que o regime jurídico aí aplicável se afigura bastante heterogéneo, desde logo porque inexiste um qualquer diploma normativo destinado a regulamentar, de forma específica, este amplo

[458] Estamos a referir-nos à Recomendação da Comissão 2011/696/UE, de 18 de outubro de 2011, sobre a definição de nanomaterial, disponível para consultado em: <https://eur-lex.europa.eu/LexUriServ/LexUriServ.do?uri=OJ:L:2011:275:0038:0040:pt:PDF>.

[459] Já em 2008, a Comissão Europeia tinha dado um relevante contributo neste domínio, através da publicação de um *Código de Conduta para uma Investigação Responsável em matéria de Nanociência e de Nanotecnologia*. O mesmo consagra um conjunto de princípios fundamentais a ser escrupulosamente observados durante todo este processo: (1) o princípio do bem-estar público; (2) o princípio da sustentabilidade; (3) o princípio da precaução; (4) o princípio da inclusão (ou da democraticidade); (5) o princípio da excelência; (6) o princípio da inovação; (7) e o princípio da responsabilidade. Cf. Rocha, João, "Nanotecnologias e nanoética", *op. cit.*, 104; e ainda, para maiores desenvolvimentos, Guerra, Giorgia, *Regole e responsabilità in nanomedicina: profili giuridici delle tecnologie biomediche avanzate, op. cit.*, 56 e ss.

[460] Feitshans, Ilise L., *Global health impacts of nanotechnology law, op. cit.*, 35.

[461] Rauscher, Hubert / Rasmussen, Kirsten / Sokull-Klüttgen, Birgit, "Regulatory aspects of nanomaterials in the EU", in *Chemie Ingenieur Technik*, n.º 89, vol. 3, 2017, p. 224.

setor de aplicação da nanotecnologia[462]. Não podemos dizer, porém, que nos encontramos ante uma situação de total vazio regulatório, já que existem vários diplomas que podem ser mobilizados neste contexto. Por exemplo, HELENA PEREIRA DE MELO pontua que, quando estejamos perante um procedimento médico que implique o recurso à nanotecnologia, teremos sempre de verificar se, *in casu*, podemos afirmar estar ante a prática de um ato médico preventivo ou curativo e, se a resposta for afirmativa, exigir a observância das *leges artis* e de todo o Direito (nacional e supranacional) existente na matéria[463]. Apesar disso, são múltiplos e, diríamos nós, justificados os receios de que tal espetro regulatório não seja apropriado para regulamentar, de forma adequada e efetiva, todos os aspetos e dimensões de uma tal tecnologia[464].

Tendo em conta o atual estado da arte, a regulamentação da nanomedicina gira, atualmente, em torno da regulação das condições para a realização dos estudos e ensaios clínicos e ao nível da produção, autorização e supervisão dos produtos e dispositivos médico-farmacológicos nanoestruturados. Na impossibilidade de fazermos um levantamento exaustivo de todos os diplomas potencialmente aplicáveis, permita-nos o leitor limitar as nossas referências a aqueles que, à escala

[462] Há quem, embora fora deste domínio específico, já tenha sugerido a criação de uma "Convenção-Quadro sobre as Nanotecnologias". É o caso da conhecida proposta de ABBOTT, Kenneth / MARCHANT, Gary / SYLVESTER, Douglas, "A framework convention for nanotechnology?" in *Environmental Law Reporter*, vol. 36, 2006. Sublinhando a importância de uma harmonização jurídica internacional (formal ou material) nesta matéria, v. ainda MARCHANT, Gary *et al.*, "International harmonization of regulation of nanomedicine", in *Studies in Ethics, Law and Technology*, vol. 3, n.º 3, 2009, pp. 5-6; e ainda, destacando o potencial de intervenção da UNESCO neste campo enquanto "fórum intelectual [global] de partilha de ideias e experiências", JEAN, Michèle S., "Nanotechnologies et nanomédecine. État de la réflexion éthique au niveau international : l'exemple de l'UNESCO", in *La nanomédecine : Enjeux éthiques, juridiques et normatifs* (coord. por Christian Hervé *et al.*), Paris : Éditions Dalloz, 2007, p. 12.

[463] MELO, Helena Pereira de, "*Does size matter?* A nanotecnologia e o Direito", *op. cit.*, 276.

[464] DORBECK-JUNG, Barbel / BOWMAN, Diana / VAN CALSTER, Geert, "Governing Nanomedicine: Lessons from within, and for, the EU medical technology regulatory framework", in *Law and Policy*, n.º 33, 2011, p. 215.

europeia (*rectius*, ao nível da União Europeia[465/466]), se nos afiguram mais

[465] São múltiplos os diplomas que têm sido emanados, em distintas áreas, com o objetivo de se prevenirem os efeitos adversos que podem advir da utilização da nanotecnologia. Por exemplo, no âmbito dos produtos alimentares que incorporam nanomateriais, pode aplicar-se o Regulamento (CE) n.º 178/2002, do Parlamento Europeu e do Conselho, de 28 de janeiro de 2002, o qual estabelece, *inter alia*, procedimentos em matéria de segurança dos géneros alimentícios; o Regulamento (CE) n.º 1333/2008, do Parlamento Europeu e do Conselho, de 16 de dezembro de 2008, relativo aos aditivos alimentares; o Regulamento (UE) n.º 2015/2283, do Parlamento Europeu e do Conselho, de 25 de novembro de 2015, relativo a novos alimentos e ingredientes alimentares (a chamada «*novel food*»); o Regulamento (CE) n.º 1935/2004, do Parlamento Europeu e do Conselho, de 27 de outubro de 2004, relativo aos materiais e objetos destinados a entrar em contacto com os alimentos; o Regulamento (UE) n.º 10/2011, da Comissão, de 14 de janeiro de 2011, relativo aos materiais e objetos de matéria plástica destinados a entrar em contacto com os alimentos; o Regulamento (CE) 450/2009, da Comissão, de 29 de maio de 2009, relativo aos materiais e objetos ativos e inteligentes destinados a entrar em contacto com os alimentos; bem com o Regulamento (UE) n.º 1169/2011, do Parlamento Europeu e do Conselho, de 25 de outubro de 2011, relativo à prestação de informação aos consumidores sobre os géneros alimentícios. Já no quadro dos cosméticos, importa referir o Regulamento (CE) n.º 1223/2009, do Parlamento Europeu e do Conselho, de 30 de novembro de 2009. Aí se estabelece que "deve ser assegurado um elevado nível de proteção da saúde humana relativamente a todos os produtos cosméticos que contenham nanomateriais". No domínio da responsabilidade ambiental, destacamos a Diretiva n.º 2004/35/CE, do Parlamento Europeu e do Conselho, de 21 de abril de 2004, relativa à responsabilidade ambiental em termos de prevenção e reparação de danos. Aí se estabelece um regime de responsabilidade objetiva ou de responsabilidade pelo risco. Sempre se colocará a questão de saber, porém, se era possível prever o dano causado com base no conhecimento científico disponível no momento em que o mesmo se materializou. Especificamente no domínio dos resíduos nanotecnológicos ou "nanolixo" cabe ainda referir a importância da Diretiva n.º 2006/12/CE, do Parlamento Europeu e do Conselho, de 5 de abril; da Diretiva n.º 91/689/CEE, do Conselho, de 12 de dezembro; bem como do Regulamento (UE) n.º 1357/2014, da Comissão, de 18 de dezembro de 2014, o qual qualifica os nanomateriais como "resíduos perigosos". Por sua vez, no setor laboral, multiplicam-se as normas europeias destinadas a assegurar condições de trabalho que respeitem a segurança e saúde do trabalhador, mormente naqueles casos em que o mesmo esteja exposto, de forma regular, a nanomateriais: é o caso da Diretiva n.º 98/24/EC, do Conselho, de 7 de abril de 1998; da Diretiva n.º 2004/37/CE, do Parlamento Europeu e do Conselho, de 29 de abril de 2004; e ainda da Diretiva n.º 92/85/CEE, do Conselho, de 19 de outubro de 1992. O mesmo se verifica no âmbito da proteção do consumidor, destacando-se o disposto na Diretiva n.º 2001/95/CE, do Parlamento Europeu e do Conselho, de 3 de dezembro, relativa à segurança geral dos produtos. Nesse contexto, além de se exigir a observância de uma pluralidade de exigências legais e regulamentares em matéria de proteção da saúde e segurança, prevê-se a adoção de medidas necessárias para restringir a comercialização ou ordenar a recolha ou retirada do mercado daqueles produtos (mormente nanoestruturados) que se revelem perigosos para a saúde e segurança dos consumidores. Para mais informações, v. VAN CALSTER, Geert, "Regulating nanotechnology in the European Union", in *European Environmental Law Review*, vol. 15, n.º 8, 2006, pp. 242-243; e ainda, RAUSCHER, Hubert / RASMUSSEN, Kirsten / SOKULL-KLÜTTGEN, Birgit, "Regulatory aspects of nanomaterials in the EU", *op. cit.*, 225-226.

[466] Também a Assembleia Parlamentar do Conselho da Europa já se pronunciou no sentido de que esta organização internacional se devia debruçar sob a regulamentação da nanotecnologia

relevantes[467].

Começaremos, pois, por referir o conhecido Regulamento REACH[468/469]. Os nanomateriais encontram-se abrangidos pela sua definição de substância (art. 3.º/1[470]), pelo que a produção ou importação dos mesmos em quantidades iguais ou superiores a uma tonelada por ano pressupõe o seu registo junto da Agência Europeia de Produtos Químicos (mais conhecida por ECHA), o qual deve ser acompanhado de um dossier técnico com informações sobre os seus perigos e, eventualmente,

(independentemente da origem, funcionalidade ou "destino biológico" dos nanomateriais), baseando-se no conhecimento científico disponível e no princípio da precaução, e, deste modo, protegendo "os 800 milhões de europeus que se encontram em risco de sofrer danos sérios, ao mesmo tempo que se encoraja a utilização da nanotecnologia e dos seus potenciais usos benéficos". A verdade, porém, é que a sua atuação se tem revelado limitada (senão mesmo nula) e ofuscada pela própria intervenção da União Europeia, a qual tem assumido um papel bem mais proactivo neste domínio. Cf. Parliamentary Assembly of the Council of Europe, "Nanotechnology: balancing benefits and risks to public health and the environment", 26 de abril de 2013, disponível em: <http://assembly.coe.int/nw/xml/XRef/Xref-XML2HTML-EN.asp?fileid=19730&lang=en>. Consultado em: 29 de novembro de 2019. Note-se, porém, que alguma parte da doutrina chama a atenção para o facto de, embora a CDHB não referir expressamente a nanotecnologia em nenhuma das suas disposições, algumas delas poderão vir a revelar-se aplicáveis, *v.g.* se a mesma for utilizada para fins de edição do genoma humano. Cf. Feitshans, Ilise L., *Global health impacts of nanotechnology law*, *op. cit.*, 279.

467 Naturalmente, ao nível interno, sempre haverá que considerar com especial acuidade os múltiplos diplomas jurídicos através dos quais os vários Estados-Membros procederam à transposição das respetivas diretivas europeias, bem como os (escassos) diplomas emanados diretamente pelos Estados, seja em matérias de competência concorrente e paralela, seja em matérias da sua competência exclusiva.

468 Regulamento n.º 1907/2006, do Parlamento Europeu e do Conselho, de 18 de dezembro de 2006, relativo ao registo, avaliação, autorização e restrição dos produtos químicos. Para a consulta do mesmo, aceder a <https://eur-lex.europa.eu/LexUriServ/LexUriServ.do?uri=OJ:L:2007:136:0003:0280:PT:PDF>.

469 Embora não possamos, *hic et nunc*, levar a cabo a sua análise detalhada, veja-se também o disposto no Regulamento (CE) n.º 1272/2008, do Parlamento Europeu e do Conselho, de 16 de dezembro de 2008, relativo à classificação, rotulagem e embalagem de substâncias e misturas (CLP); e no Regulamento (UE) n.º 528/2012, do Parlamento Europeu e do Conselho, de 22 de maio de 2012, relativo à disponibilização no mercado e à utilização de produtos biocidas (RPB, o qual prevê disposições específicas para os nanomateriais, mormente exigindo uma avaliação de risco específica sempre que os mesmos sejam utilizados nesse tipo de produtos).

470 O qual dispõe que: "substância é um elemento químico e seus compostos, no estado natural ou obtidos por qualquer processo de fabrico, incluindo qualquer aditivo necessário para preservar a sua estabilidade e qualquer impureza que derive do processo utilizado, mas excluindo qualquer solvente que possa ser separado sem afetar a estabilidade da substância nem modificar a sua composição".

a avaliação dos riscos que a sua utilização pode acarretar. Já no caso de a produção ou importação ser igual ou superior a dez toneladas por ano, então o pedido de registo deve ser devidamente acompanhado de um rigoroso relatório de avaliação da sua segurança química. Em suma, tal resultará, pois, numa inversão do ónus da prova da segurança de tais materiais para os produtores[471], implementando-se o já muito propalado princípio «*no data, no market*»[472]. É de destacar, a este propósito, a criação de um grupo informal de peritos, o qual prestou apoio à aplicação do plano de trabalho da ECHA para os nanomateriais entre 2016 e 2018, sendo regularmente consultado sobre questões científicas e técnicas relativas à aplicação da legislação REACH, CLP e RPB, no que respeita aos nanomateriais.

Apesar disso, têm sido várias as limitações apontadas ao REACH por parte da doutrina. Desde logo, não carecem de registo as substâncias que sejam produzidas ou importadas em quantidades inferiores a uma tonelada, o que acontece com grande frequência no caso dos nanomateriais[473]. Por outro lado, a avaliação da segurança química das mesmas apenas é exigida quando a sua produção ou importação seja igual ou superior a dez toneladas, o que ainda é menos provável[474].

Além disso, este diploma, justamente porque não foi especificamente pensado para o domínio da nanotecnologia, não estabelece qualquer diferenciação de tratamento entre as substâncias à escala nanométrica e quando estas se encontrem no seu estado bruto[475], apesar de se saber que

[471] A lógica é diametralmente oposta no caso do TSCA («*Toxic Substances Control Act*») norte-americano, o qual estabelece que são as entidades reguladoras que devem provar o caráter nocivo de uma determinada substância química antes de restringirem ou impedirem a sua entrada no mercado. Apesar disso, note-se que uma revisão a este diploma levada a cabo em 2016 reforçou os sistemas de escrutínio e de registo prévio à entrada dos produtos no mercado. Para mais informações, v. Monica, John C. / van Calster, Geert / Patsa, Agapi, "A nanotechnology legal framework", *op. cit.*, 286-289.

[472] Jain, Kewal K., *The handbook of nanomedicine, op. cit.*, 617.

[473] Apontando em sentido contrário, v. European Commission, "Nanomaterials: Commission proposes case-by-case approach to assessment", Bruxelas, 3 de outubro de 2012, disponível em: <https://ec.europa.eu/commission/presscorner/detail/en/MEMO_12_732>. Consultado em: 3 de dezembro de 2019.

[474] Melo, Helena Pereira de, "*No data, no market* – A aplicação do princípio da precaução à nanotecnologia", *op. cit.*, 354.

[475] Desde logo, porque, como tem notado a doutrina, este instrumento categoriza as substâncias químicas com base na sua "identidade molecular" e não com base nas suas "propriedades físicas", como a dimensão das partículas que os constituem. Cf. Feitshans, Ilise L., "Forecasting nano law: defining nano", *op. cit.*, 20.

as propriedades, desde logo toxicológicas, de umas e de outras podem ser (e, na maior parte das vezes, são) distintas[476]. Assim, os ensaios feitos sobre determinadas substâncias para avaliação das suas propriedades intrínsecas podem conduzir a "resultados não extrapoláveis para as mesmas substâncias quando utilizadas à nanoescala"[477]. Infelizmente, não são raras as situações em que as nanotecnologias tendem a escapar, por esta via, às disposições do REACH[478].

Ora, tendo em conta as dificuldades mencionadas, a Comissão tem procurado promover alterações a este diploma de modo a garantir uma maior clareza na identificação dos nanomateriais que se encontram cobertos por estas obrigações de registo e cuja segurança precisa necessariamente de ser demonstrada[479]. Como resultado destes esforços, destacamos o facto de, desde 1 de janeiro de 2020, as empresas serem obrigadas a fornecer informações mais minuciosas e específicas sobre as propriedades, mormente toxicológicas, das substâncias manipuladas à nanoescala que fabricam ou importam e que estão sujeitas a registo ao abrigo do REACH. Pretende-se, deste modo, que os *dossiers* relativos a cada uma destas substâncias contenham informação suficiente e apta a demonstrar que a utilização de tais nanomateriais não apresenta riscos relevantes para a saúde humana e para o ambiente.

Por fim, note-se que, não obstante o REACH exclua do seu âmbito de aplicação as substâncias utilizadas em medicamentos para utilização humana ou veterinária (art. 2.º/5/a) e 2.º/6/a)), bem como em certos dispositivos médicos invasivos ou utilizados em contacto com o corpo (art. 2.º/6/b)), a verdade é que, ainda assim, são identificáveis algumas

[476] Dando-nos conta da verdadeira dimensão deste problema, v. Pyrrho, Monique / Schrram, Fermin Roland, *Nanotecnociência e humanidade*, *op.cit.*, 32.

[477] Melo, Helena Pereira de, "*No data, no market* – A aplicação do princípio da precaução à nanotecnologia", *op. cit.*, 355; e ainda, Garí Ramos, Manuel, "Nanotec: megaganancias y gigarriesgos", *op. cit.*, p. 161.

[478] Tal tem contribuído, aliás, para a disponibilização no mercado de produtos fabricados com recurso a nanomateriais, sem que tenham sido realizadas avaliação rigorosas dos seus riscos para a saúde humana ou planetária. Cf. Jiménez Saavedra, Ruth, "Nanotecnologías: seguridad y salud laboral", in *Bioética y Nanotecnología* (coord. por María Casado), Navarra: Thomson Reuters, 2010, p. 238.

[479] Neste sentido, v. European Commission, "Nanomaterials: Commission proposes case-by-case approach to assessment", *op. cit.*

obrigações relacionadas com a divulgação de informação e o uso aceitável de certas substâncias (*rectius*, de certos nanomateriais) em contexto preventivo-terapêutico.

Cabe, agora, uma brevíssima referência à legislação europeia em vigor que, de forma mais evidente, pode ser aplicada no domínio da nanomedicina. Como afirma GEERT VAN CALSTER, um dos maiores desafios a ultrapassar será o de se conseguir distinguir, na prática, entre "dispositivos médicos" e "produtos médicos" para, desse modo, se identificar qual o regime que, em cada caso concreto, deve ser chamado a aplicar-se[480].

Ora, no que respeita à investigação clínica (*p.e.*, no setor dos nanomedicamentos e ao nível do desenvolvimento de outros produtos e dispositivos médicos nanoestruturados), cabe destacar o disposto na já referida Diretiva n.º 2001/20/CE, do Parlamento Europeu e do Conselho, de 4 de abril, respeitante à aplicação de boas práticas clínicas na condução dos ensaios de medicamentos para uso humano; na Diretiva n.º 2005/28/CE, da Comissão, de 8 de abril, que estabelece os princípios e diretrizes de boas práticas clínicas na condução dos ensaios de medicamentos para uso humano e, ainda, os requisitos aplicáveis de fabrico ou importação desses produtos; no Regulamento (UE) n.º 745/2017, do Parlamento Europeu e do Conselho, de 5 de abril de 2017, sobre dispositivos médicos; bem como na Diretiva n.º 2007/47/CE, do Parlamento Europeu e do Conselho, de 5 de setembro, relativa à investigação clínica de dispositivos médicos.

Quando estejamos, porém, no domínio dos produtos biológicos – e note-se que, atualmente, cerca de um terço dos produtos médicos são desenvolvidos sob esta forma – importa ter em conta as especificidades introduzidas pela Diretiva n.º 2002/98/CE, do Parlamento Europeu e do Conselho, de 27 de janeiro de 2003[481]; pela Diretiva n.º 2004/23/CE,

[480] A estes produtos a doutrina tem chamado de «*borderline products*». Cf. D'SILVA, Joel / VAN CALSTER, Geert, "Taking temperature – a review of European Union regulation in nanomedicine", in *European Journal of Health Law*, n.º 16, 2009, p. 266; e ainda, referindo-se a este problema no contexto norte-americano, v. MILLER, John, "Beyond biotechnology: FDA regulation on nanomedicine", *op. cit.*, 21-23.

[481] A qual estabelece normas de qualidade e segurança em relação à colheita, análise, processamento, armazenamento e distribuição de sangue humano e de componentes sanguíneos.

do Parlamento Europeu e do Conselho, de 31 de março de 2004[482]; bem como, e muito especialmente, pelo já mencionado Regulamento (CE) n.º 1394/2007, do Parlamento Europeu e do Conselho, de 13 de novembro de 2007, relativo a medicamentos de terapia avançada.

En passant, e sem entrar na análise detalhada de cada um destes diplomas (a qual seria, *hic et nunc*, absolutamente incomportável), podemos adiantar que, como se verá melhor mais adiante, toda a investigação clínica na matéria deverá assentar sob o primado da pessoa humana, consagrando-se a dignidade dos participantes e o respeito pelos seus direitos humanos e fundamentais como elementos fulcrais e a salvaguardar no decurso de qualquer estudo ou ensaio clínico, prevalecendo incondicionalmente sobre quaisquer interesses científicos ou societais[483].

Além disso, a doutrina jurídica tem entendido que a regulamentação europeia em vigor em matéria de autorização de produção, rotulagem, classificação, introdução, distribuição e publicitação no mercado de medicamentos para uso humano[484] – cuja metodologia se baseia, como se sabe, numa análise casuística de custos e benefícios – é robusta o suficiente para abranger os nanomedicamentos[485]. Note-se, aliás, que são múltiplos os medicamentos e dispositivos médicos nanoestruturados que, à escala europeia, já foram aprovados por via do conhecido "procedimento centralizado" (cujo centro de gravidade reside na Agência Europeia do Medicamento – AEM[486]) ou por via de procedimentos

[482] A mesma estabelece normas de qualidade e segurança em relação à dádiva, colheita, análise, processamento, preservação, armazenamento e distribuição de tecidos e células de origem humana.

[483] Para maiores desenvolvimentos, v. *Parte III, Cap. III.*

[484] Vide, a este propósito, o disposto na Diretiva n.º 2001/83/CE, do Parlamento Europeu e do Conselho, de 6 de novembro de 2001, que estabelece um código comunitário relativo aos medicamentos para uso humano; e ainda, o Regulamento (CE) n.º 726/2004, do Parlamento Europeu e do Conselho, de 31 de março de 2004, o qual estabelece procedimentos comunitários de autorização e de fiscalização de medicamentos para uso humano e veterinário e que institui a Agência Europeia do Medicamento.

[485] Dorbeck-Jung, Bärbel / Chowdhury, Nupur, "Is the European medical products authorization regulation equipped to cope with the challenges of nanomedicines?", in *Law and Policy*, vol. 33, n.º 2, 2011, p. 288.

[486] Como bem pontua Vera Lúcia Raposo, este procedimento centralizado permite a concessão de uma AIM que abrange todos os Estados Membros da União Europeia. No fundo, existe um único pedido, uma única avaliação e um único processo de autorização válido para todos

nacionais (no nosso caso, por via da intervenção do INFARMED, I.P.)[487]. Há quem, a este propósito, defenda que o caráter inovador dos nanomedicamentos e a particular e delicada complexidade envolvida na avaliação da sua eficácia e segurança justificam que a sua aprovação apenas possa ser realizada por via do já mencionado "procedimento centralizado" junto da AEM[488/489].

Cabe, igualmente, uma referência ao Regulamento (UE) n.º 745/2017, do Parlamento Europeu e do Conselho, de 5 de abril de 2017, sobre dispositivos médicos, e à Diretiva n.º 2007/47/CE, do Parlamento Europeu e do Conselho, de 5 de setembro de 2007, a qual estabelece as regras a que deve obedecer a investigação, fabrico, comercialização, entrada em serviço, vigilância e publicidade dos dispositivos médicos, mormente dos nanoestruturados[490/491]. Aí se exige um elevado nível de (bio)segu-

os Estados-Membros, com vista à implementação de um mercado unitário de produtos farmacêuticos. A avaliação é efetuada pela AEM ou, mais especificamente, pelo seu Comité dos Medicamentos para Uso Humano, que posteriormente faz uma recomendação à AEM sobre a concessão (ou recusa) da AIM. Cf. RAPOSO, Vera Lúcia, *Danos causados por medicamentos: enquadramento jurídico à luz do ordenamento europeu, op. cit.*, 31.

[487] Vide exemplos em PITA, Ruben / EHMANN, Falk / PAPALUCA, Marisa, "Nanomedicines in the EU – Regulatory overview", in *The American Association of Pharmaceutical Scientists Journal*, n.º 18, vol. 6, 2016, pp. 1578-1579.

[488] DORBECK-JUNG, Bärbel / CHOWDHURY, Nupur, "Is the European medical products authorization regulation equipped to cope with the challenges of nanomedicines?", *op. cit.*, 294; e ainda, pronunciando-se quanto à desadequação do modelo tradicional para avaliar e monitorizar nanomedicamentos antes da sua chegada ao mercado, v. RAPOSO, Vera Lúcia, *Danos causados por medicamentos: enquadramento jurídico à luz do ordenamento europeu, op. cit.*, 149.

[489] Neste contexto, assume também particular relevância a criação de sistemas adequados de farmacovigilância, baseados em procedimentos que encorajem os profissionais de saúde e os próprios pacientes a notificar às autoridades competentes todos os efeitos adversos derivados da utilização dos fármacos (mormente daqueles que recorram à tecnologia *nano*). Só assim se poderá identificar, avaliar, compreender e prevenir as reações adversas e outros resultados nocivos dos medicamentos. Cf. GUERRA, Giorgia, *Regole e responsabilità in nanomedicina: profili giuridici delle tecnologie biomediche avanzate, op. cit.*, 126; RAPOSO, Vera Lúcia, *Danos causados por medicamentos: enquadramento jurídico à luz do ordenamento europeu, op. cit.*, 51 e ss.; e ainda, SILVEIRA, Diana, *Responsabilidade civil por danos causados por medicamentos defeituosos*, Coimbra: Coimbra Editora, 2010, pp. 43 e ss.

[490] Este último diploma foi transposto para a ordem jurídica nacional pelo Decreto-lei n.º 145/2009, de 17 de junho. Para o caso específicos dos dispositivos médicos para diagnóstico *in vitro*, v. o já mencionado Regulamento (UE) n.º 746/2017, do Parlamento Europeu e do Conselho, de 5 de abril de 2017.

[491] Aí se adota uma noção ampla de dispositivo médico: qualquer instrumento, aparelho, equipamento, *software*, implante, reagente, material ou outro artigo, destinado pelo fabricante a ser utilizado, isolada ou conjuntamente, em seres humanos, para um ou mais fins específicos:

rança, qualidade, desempenho e eficácia de todos os dispositivos e produtos médicos, cabendo aos produtores garantir que estes requisitos são devidamente observados. E note-se, a doutrina tem entendido que os dispositivos nanoestruturados devem ser incluídos na *classe de risco III* – "risco potencialmente crítico"[492] –, a menos que os nanomateriais se encontrem "encapsulados" ou sejam utilizados de forma a que seja impossível a sua libertação no corpo do paciente (órgãos, tecidos, células ou moléculas) quando o dispositivo for empregue e/ou manuseado de forma regular[493]. Nesse sentido, impõe-se a realização de uma avaliação exigente do risco, a demonstração expressa da eficácia do dispositivo, a implementação de procedimentos de monitorização e vigilância após a sua colocação do mercado[494], bem como a garantia da sua conformidade com os requisitos essenciais do *anexo I* destes diplomas (relativos ao *design*, modo de utilização e normas de segurança)[495]. Por fim, à semelhança do que acontece em muitos outros domínios, consagra-se uma obrigação de rotulagem de todos os dispositivos médicos, de modo

(1) diagnóstico, prevenção, monitorização, previsão, prognóstico, tratamento ou atenuação de uma doença; (2) diagnóstico, monitorização, tratamento, atenuação ou compensação de uma lesão ou de uma deficiência; (3) estudo, substituição ou alteração da anatomia ou de um processo ou estado fisiológico ou patológico; (4) fornecimento de informações por meio de exame *in vitro* de amostras provenientes do corpo humano, incluindo dádivas de órgãos, sangue e tecidos, e cujo principal efeito pretendido no corpo humano não seja alcançado por meios farmacológicos, imunológicos ou metabólicos, embora a sua função possa ser apoiada por esses meios.

[492] NAIDU, David, *Biotechnology & Nanotechnology: regulation under environmental, health and safety laws*, *op. cit.*, 217.

[493] RAUSCHER, Hubert / RASMUSSEN, Kirsten / SOKULL-KLÜTTGEN, Birgit, "Regulatory aspects of nanomaterials in the EU", *op. cit.*, 225; e ainda, ALTENSTETTER, Christa, "Medical device regulation and nanotechnologies: determining the role of patient safety concerns in policymaking", in *Law & Policy*, vol. 33, n.º 2, 2011, pp. 241-242.

[494] Como destaca GIORGIA GUERRA, a construção de um adequado sistema de controlo e vigilância pressupõe o cumprimento escrupuloso da obrigação de prestação de informação ao público sobre o produto, bem como uma monitorização constante dos efeitos adversos resultantes do manuseamento ou utilização do dispositivo, a qual deve ser levada a cabo por parte de produtores e distribuidores (através dos chamados «*adverse event reports*»). Em última instância, se se vier a concluir que o dispositivo apresenta riscos sérios para a saúde humana, poderá vir a ser ordenada a sua retirada do mercado. Cf. GUERRA, Giorgia, *Regole e responsabilità in nanomedicina: profili giuridici delle tecnologie biomediche avanzate*, *op. cit.*, 109-110.

[495] D'SILVA, Joel / VAN CALSTER, Geert, "Taking temperature – a review of European Union regulation in nanomedicine", *op. cit.*, 253.

a dar-se a conhecer aos seus utilizadores a presença de nanomateriais na sua composição.

Aqui chegados, resta-nos concluir que, em primeira linha, a principal preocupação de todos os diplomas supramencionados é a de proteger a saúde do paciente e garantir o respeito pelos seus direitos humanos e fundamentais. Prosseguir este desiderato implicará, porém, que se continuem a encetar esforços, *v.g.* no sentido de se adotar mais e melhor regulamentação nos domínios da genética e, principalmente, da nanomedicina, desde logo admitindo que o "atual grau do conhecimento é de tal forma incipiente que os desafios emergentes [ainda] não estão contemplados na lei"[496]. Por outro lado, é preciso investir na preparação dos vários operadores, nomeadamente das diversas entidades encarregues de avaliar a eficácia e, principalmente, a segurança dos novos expedientes preventivo-terapêuticos *nanobiotecnocientíficos* – sob pena de se colocar em causa a saúde individual e coletiva, seja através da aprovação precipitada de certas "terapias arriscadas", seja pela ocorrência de atrasos injustificados na aprovação de técnicas inovadoras que poderão prevenir uma qualquer enfermidade, contribuir para o seu tratamento ou mesmo salvar a vida do paciente[497].

Voltamos a frisar, porém, que a participação democrática no processo regulatório deve constituir uma clara prioridade, sendo os cidadãos consultados e chamados a pronunciar-se antes da tomada de decisões que, em larga medida, afetarão o seu (o nosso!) futuro[498]. E note-se, a confiança do público nas múltiplas e impressionantes potencialidades da *nanobiotecnociência* depende de todos os aspetos aqui aflorados... o que equivale a dizer que o futuro desta dependerá diretamente da existência de respostas adequadas e ponderadas por parte do Direito e da (Bio-)Ética.

[496] Ponce del Castillo, Aída Maria, "How to regulate the 'nano-revolution'?", *op. cit.*, 20.

[497] Miller, John, "Beyond biotechnology: FDA regulation on nanomedicine", *op. cit.*, 17.

[498] Guerra, Giorgia, *Regole e responsabilità in nanomedicina: profili giuridici delle tecnologie biomediche avanzate*, *op. cit.*, 27.

CAPÍTULO II
SEQUENCIAÇÃO E MAPEAMENTO MACIÇOS DO GENOMA HUMANO

Como já tivemos a oportunidade de mencionar *supra*, a *Revolução (Pós-)Genómica* ficou, desde logo, marcada pelo desenvolvimento de testes genéticos cada vez mais fiáveis, precisos e acessíveis, permitindo-nos averiguar se um ou vários genes estão presentes ou ausentes num determinado genoma, mormente a fim de se identificar o risco que cada ser humano tem de padecer de uma enfermidade concreta, bem como de a transmitir aos seus descendentes.

A realização em massa ou em larga escala de testes genéticos de diagnóstico ou preditivos é, sem dúvida alguma, um dos pressupostos fundamentais para uma maior personalização dos cuidados médico-farmacológicos, cabendo-nos, por isso, ao longo deste capítulo, explorar as condições de oferta, realização e comunicação dos resultados dos testes genéticos à luz do ordenamento jurídico português. Mais uma vez, optamos por concentrar a nossa atenção no regime jurídico aplicável aos designados testes de farmacogenética e de farmacogenómica, não antes sem tecer algumas considerações de índole geral.

De acordo com a *Declaração Internacional sobre os Dados Genéticos Humanos*, "teste genético é um qualquer método que permite detetar a presença, ausência ou modificação de um determinado gene ou cromossoma, incluindo um teste indireto para um produto genético ou outro metabolito específico essencialmente indicativo de uma modificação genética específica" (art. 2.º/xii))[499].

[499] O nosso Decreto-lei n.º 131/2014, de 29 de agosto, apresenta uma definição de "teste genético" bastante próxima desta: teste genético são todos aqueles que permitem "detetar a presença, ausência ou modificação de uma determinada sequência de ADN, gene ou cromossoma, incluindo os testes indiretos de expressão genética, indicativos de uma alteração genética na linha germinal" (art. 3.º/f)).

A doutrina tem identificados diferentes tipos de testes genéticos[500]. Vejamos alguns deles:

i) *Testes de diagnóstico pré-sintomático de doenças monogénicas*, os quais podem ser realizados para a identificação de doenças monogénicas em adultos ou crianças e, inclusive, em embriões e fetos;

ii) *Testes de diagnóstico de predisposições*, os quais permitem detetar se a pessoa ou o embrião/feto tem um gene que lhe confere uma maior possibilidade de contrair certa doença;

iii) *Testes de diagnóstico de predição de riscos para gerações futuras*, permitindo a deteção de "translocações" de que uma pessoa é portadora e que podem ser transmitidas à descendência, revelando-se em várias doenças[501].

Ora, como parece evidente, os testes de *farmacogenética e de farmacogenómica* (os quais, segundo o artigo 10.º/4 da Lei n.º 12/2005, se traduzem em "testes preditivos que permitem a deteção de predisposições para respostas diferenciais no tratamento com um dado medicamento ou suscetibilidade para reações adversas derivadas da toxicidade da droga"[502]) são considerados, do ponto de vista jurídico, *testes genéticos*. Por conseguinte, a sua realização deve respeitar, *inter alia*, o disposto nas

[500] A classificação tipológica apresentada pela nossa Lei n.º 12/2005, de 26 de janeiro, é bem mais variada: *(i)* testes de heterozigotia; *(ii)* testes pré-sintomáticos; *(iii)* testes genéticos preditivos; *(iv)* testes de farmacogenética; *(v)* testes pré-natais; e *(vi)* testes de rastreio genético (art. 10.º).

[501] Por todos, v. Barbas, Stela, *Direito do Genoma Humano*, *op. cit.*, 87-88.

[502] Em alternativa, parece-nos muito precisa a definição fornecida pelo Nuffield Council on Bioethics. Segundo o mesmo, os testes de farmacogenética são "testes especificamente destinados a detetar a presença ou ausência de, ou uma variação em, um gene em particular ou cromossoma com vista a prever a resposta do *probando* a um determinado medicamento". Estes podem ser realizados de forma direta, analisando-se o ADN da pessoa, ou indiretamente, por via da examinação dos produtos derivados do ADN, como as proteínas. Cf. Nuffield Council on Bioethics, "Pharmacogenetics: ethical issues", *op. cit.*, 4.

normas que constam na supramencionada Lei n.º 12/2005 e no Decreto-Lei n.º 131/2014, de 29 de agosto, que a regulamenta[503/504].

Antes de analisar o conteúdo dessas normas, impõe-se destacar que os testes genéticos em geral, nomeadamente quando comparados com outros exames médicos complementares, apresentam certas particularidades, *v.g.* relacionadas com a sua capacidade de "encontrar alterações [genómicas] em todos os indivíduos, inclusive quando são realizados a pessoas saudáveis". Como afirma HELOÍSA G. SANTOS, "todos nós somos futuros doentes e os testes genéticos podem identificar previamente alterações no genoma que, com grande probabilidade, irão dar origem a futuras enfermidades". Além disso, o "achado patológico pode ser comum a outros indivíduos da mesma família ou grupo étnico", conferindo informações que, como veremos, não dizem exclusivamente respeito ao *probando*[505].

Cabe também deixar claro que, se os *testes genéticos de diagnóstico* (isto é, realizados a pessoas doentes e que revelam uma certa sintomatologia) apresentam um caráter delicado, então os *testes genéticos preditivos* , ao serem efetuados em pessoas saudáveis ou em pessoas já doentes, mas assintomáticas, fornecem informações extremamente delicadas e sensíveis, podendo apresentar inúmeras e gravíssimas repercussões a nível pessoal, familiar e/ou social.

Ainda que não tenhamos dúvidas acerca da natureza essencialmente preditiva dos testes de farmacogenética e/ou de farmacogenómica, não nos parece, porém, adequado, atentas as suas especificidades,

503 Este diploma refere, desde logo, que "a disponibilização, realização, interpretação e comercialização de testes genéticos [se regem] pelos seguintes princípios: (1) primado da pessoa; (2) equidade de acesso aos cuidados de saúde; (3) prática ética; (4) transparência; (5) qualidade laboratorial; (6) uso das melhores práticas científicas, baseadas na evidência; (7) proporcionalidade e (8) responsabilidade social" (art. 4.º).

504 Cabe notar que as suas normas se inspiram num conjunto de recomendações internacionais, supranacionais e nacionais em matéria de testes genéticos, mormente contidas: (1) na DIDGH (2003); (2) nas *Guidelines for Quality Assurance in Molecular Genetic Testing* da OCDE (2007); (3) no Protocolo Adicional à CDHB, relativo a testes genéticos para fins de saúde (2008); e (4) num conjunto de pareceres do CNECV (*p.e.*, Par. 56/CNECV/08; Par. 68/CNECV/2012; Par. 84/CNECV/2015).

505 SANTOS, Heloísa G. / PEREIRA, André Dias, *Genética para todos: de Mendel à revolução genómica do séc. XXI: a prática, a ética, as leis e a sociedade, op. cit.*, 33.

afirmar que os mesmos, tal como os outros testes preditivos, são efetuados, sem mais, em pessoas saudáveis ou em pessoas doentes, mas assintomáticas. Aliás, parece-nos que, na maioria das vezes, estes testes serão realizados em pessoas que já padecem de alguma enfermidade e que apresentam uma certa sintomatologia (sem que, por essa razão, devam ser juridicamente qualificados como "testes de diagnóstico"), justamente com a finalidade de lhe vir a prescrever um tratamento farmacológico adequado, seguro e eficaz. Este facto, aliado à complexidade da regulamentação em vigor, dificulta a tarefa de identificar e descrever qual o regime aplicável à oferta e realização dos testes de farmacogenética e farmacogenómica no ordenamento jurídico português. Tentaremos, pois, avançar com uma proposta de interpretação da lei à luz da(s) especificidade(s) e particularidade(s) dos mesmos.

2.1. Condições de oferta dos testes (farmaco)genéticos

Em primeiro lugar, importa deixar claro que os testes de farmacogenética e de farmacogenómica são, nos termos do Decreto-lei n.º 131/2014, "testes genéticos relacionados com a saúde". Ainda que o legislador não tenha apresentado uma definição para tal conceito (nem necessitava, na nossa opinião, de o fazer), têm-se considerado incluídos no mesmo, tal como já foi pontuado pelo CNECV, "os testes de diagnóstico, preditivos, pré-natal, pré-implantação e de rastreio populacional"[506]. Como vimos antes, os testes de farmacogenética/farmacogenómica são testes preditivos e, portanto, devem ser qualificados como "testes genéticos relacionados com a saúde".

Assim sendo, a realização dos mesmos deve ser feita "exclusivamente no âmbito do sistema de saúde e depende de prescrição médica adequada" (art. 27.º/3 do supramencionado Decreto-lei). Mais importa pontuar que estes deverão ser realizados em laboratórios de genética

[506] CNECV, "Parecer n.º 56 do CNECV: Parecer sobre venda direta de testes genéticos ao público", julho de 2008, p. 2, disponível em: <http://www.cnecv.pt/admin/files/data/docs/1273053928_P_056CNECV.pdf>. Consulado em: 5 de janeiro de 2019.

médica[507] devidamente acreditados de acordo com as recomendações e padrões nacionais e internacionais de boas práticas reconhecidos. De modo a garantir a preparação específica dos laboratórios que disponibilizam este tipo de testes e a fiscalização periódica da sua atividade, impõe-se a participação dos mesmos em "esquemas de avaliação externa da qualidade para os testes genéticos relacionados com a saúde que realizem" (art. 24.º/2/3).

Além disso, dispõe o Decreto-lei em análise que a oferta e realização deste tipo de testes genéticos deve limitar-se aos que possuem validade analítica e clínica e para os quais existe indicação de utilidade clínica[508]. Cabe aos respetivos laboratórios, nos termos do artigo 25.º/2, fazer essa "validação dos testes relacionados com a saúde por si desenvolvidos, bem como dos testes e dispositivos comerciais utilizados". Esta solução legal é, na nossa opinião, criticável, na medida em que se nos afigura preferível que a validação fosse feita, como já dissemos anteriormente, por uma entidade reguladora independente, desprovida de quaisquer interesses que não os da proteção dos direitos dos *probandos*.

[507] Os quais, nos termos do artigo 3.º/d) do Decreto-lei em análise, se traduzem "[n]os laboratórios que realizem, vendam ou disponibilizem testes genéticos relacionados com a saúde, nomeadamente testes de citogenética, genética bioquímica ou genética molecular". Note-se que, nos termos do artigo 24.º/1, se aplica aos mesmos o "disposto no regime jurídico a que ficam sujeitos a abertura, a modificação e o funcionamento dos estabelecimentos prestadores de cuidados de saúde, qualquer que seja a sua denominação, natureza jurídica ou entidade titular da exposição".

[508] *Validade analítica* refere-se à "habilidade do teste medir, de forma precisa e confiável, o genótipo de interesse" (sensibilidade, especificidade e amplitude dos aspetos cobertos pelo teste); *Validade clínica* traduz-se na "habilidade do mesmo para detetar ou prever a resposta a uma certa terapêutica medicamentosa" (validade clínica do teste e da informação que o mesmo revela); *Utilidade clínica* refere-se ao "equilíbrio entre os riscos associados à realização do(s) teste(s) e os benefícios gerados por este(s) quando utilizado na prática clínica". Cf. Shin, Jaekyu / Kayser, Steven / Langaee, Taimour, "Pharmacogenetics: from discovery to patient care", *op. cit.*, 631; Nuffield Council on Bioethics, "Medical profiling and online medicine: the ethics of 'personalized healthcare' in a consumer age", October 2010, p. 25, disponível em: <https://www.nuffieldbioethics.org/publications/personalised-healthcare>. Consultado em: 18 de outubro de 2019; e ainda, Romeo Casabona, Carlos M. / Nicolás Jiménez, Pilar / De Miguel Beriain, Iñigo, *Retos éticos y necesidades normativas en la actividad asistencial en medicina personalizada de precisión*, *op. cit.*, 49.

Mais releva reconhecer que, hoje em dia, os testes genéticos evoluíram para uma "nova geração"[509], oferecendo cada vez mais possibilidades a quem os realiza. Por essa razão, a venda direta ao público de testes genéticos tem-se afirmado como um *novo* mercado em verdadeira ascensão, por exemplo, através da comercialização de testes que têm por finalidade avaliar a predisposição do sujeito para certas doenças comuns[510], mas também para indicações dietéticas (*nutrigenómica*), ancestralidade, inteligência, utilização de cosméticos, capacidades artísticas e *performance* física (é a chamada *genética recreativa*)[511]. Nas palavras de Heloísa G. Santos, tais testes são "perniciosos por serem fantasiosos e não idóneos e resultantes de informações sem comprovação de validade clínica"[512]. Trata-se, pois, no fundo, de uma total rendição dos testes genéticos às forças liberais do mercado – sob uma autêntica bandeira de "autonomia, responsabilização, prevenção, comodidade e confidencialidade"[513] – a qual pode acarretar e, efetivamente, acarreta grandes riscos para a saúde e bem-estar individual, familiar e, em certos casos, para a própria saúde pública.

Neste contexto, prevê o Decreto-lei n.º 131/2014 que "é proibida a venda direta ao público de testes genéticos relacionados [direta ou indiretamente] com a saúde", assim como a sua "promoção, publicidade

[509] Behjati, Sam / Tarpey, Patrick S., "What is next generation sequencing?", in *Archives of Disease in Childhood. Education and Practice Edition*, n. º 98, vol. 6, 2013, pp. 236 e ss.

[510] A empresa *Sciona* disponibiliza um conjunto de testes genéticos relativos à saúde óssea e cardíaca do indivíduo ou à resistência à insulina. Cf. Brice, Philippa / Sanderson, Simon, "Pharmacogenetics: what are the ethical and economic implications?", in *The Pharmaceutical Journal*, 21 de julho de 2006, disponível em: <https://www.pharmaceutical-journal.com/news-and-analysis/news/pharmacogenetics-what-are-the-ethical-and-economic-implications/10001689.article>. Consultado em: 5 de janeiro de 2019.

[511] Tal é o caso, por exemplo, da empresa *GenePartner* (<https://www.genepartner.com>), que vende testes genéticos para ajudar os indivíduos a encontrar o parceiro ideal, ou da *Atlas Biomed* (<https://atlasbiomed.com/uk>), que comercializa vários tipos de testes que indicam, por exemplo, se o *probando* tem maior ou menor probabilidade de se destacar em determinada atividade desportiva.

[512] Santos, Heloísa G., "Orientação bioética em estudos do genoma: principais regulamentos normativos e legislação", in *Configurações bioéticas* (ed. por António Barbosa), Lisboa: Centro de Bioética da FMUL, 2014.

[513] Perbal, Laurence, "Une carte d'identité génétique pour demain?", in *Comptes Rendus Biologiques*, n. º 338, 2015, p. 548.

ou oferta" (art. 27.º/1/2)[514/515]. Por determinação legal, a realização destes testes genéticos deve ser feita, portanto, exclusivamente no âmbito do sistema de saúde e depende de prescrição médica adequada. Quanto aos demais, a lei apenas deixa claro que "a promoção, a publicidade, a oferta ou a divulgação de informação sobre testes genéticos e dispositivos de diagnóstico genético deve descrever com exatidão as caraterísticas e as limitações dos testes oferecidos" (art. 27.º/4).

Naturalmente, e embora não se possa dizer que estas normas são, na prática, ineficazes, também é certo que as mesmas se apresentam, em certa medida, impotentes ante um selvagem mercado global que coloca à disposição dos sujeitos todo o tipo de testes genéticos, muitas das vezes à distância de um mero clique. Assim, embora a lei tente impedir que os testes genéticos relacionados com a saúde se aproximem do público, mormente recorrendo a um interessante regime sancionatório (vide arts. 31.º e ss.), atrevemo-nos a afirmar que, na prática, pouco ou nada impedirá que os sujeitos, querendo, tenham acesso aos

[514] Como aponta Nikolas Rose, a disponibilização direta ao público de testes genéticos relacionados com a saúde, sem que exista a devida intermediação por um profissional para efeitos de interpretação dos seus resultados, pode conduzir a que os sujeitos sejam invadidos por uma "ansiedade desnecessária e complacência" causada pelos chamados "falsos negativos" e "falsos positivos". Além disso, podem os indivíduos, ante essas circunstâncias, vir a exigir do sistema de saúde a realização de mais testes/exames ou de certos tratamentos, comportando custos desnecessários para o mesmo. Acrescem os inúmeros problemas relacionados com a proteção da privacidade genómica da pessoa, mormente tendo em conta a preocupante falta de consciencialização da população sobre a natureza delicada da informação que, por via destes testes, recebem. Cf. Rose, Nikolas, "Personalized medicine: promises, problems and perils of a new paradigm for healthcare", *op. cit.*, p. 347. Apesar disso, alguns autores, como é o caso de Rui Nunes, consideram que, existindo aconselhamento genético apropriado, tendo os testes em causa "comprovada efetividade clínica" e sendo os laboratórios que os realizam devidamente acreditados e certificados, não parecem haver razões legítimas para se impedir a sua comercialização direta ao público – aliás, segundo o autor, tal impedimento pode inclusive configurar-se como "uma intromissão na esfera da autonomia pessoal". Cf. Nunes, Rui, *GeneÉtica*, *op. cit.*, 106.

[515] O Nuffield Council on Bioethics já afirmou, porém, que "se um teste de farmacogenética aprovado fornecer informações claras e facilmente interpretáveis sobre os medicamentos que podem [e devem] ser adquiridos pelo paciente, este poderá ser fornecido diretamente ao público". Na nossa opinião, antes de conseguirmos alcançar um nível satisfatório de literacia da população nesta matéria, não é desejável, porém, que se adote uma tal solução. Vide Nuffield Council on Bioethics, "Pharmacogenetics: ethical issues", *op. cit.*, 64.

mesmos – por exemplo, recorrendo a laboratórios sediados em países onde a legislação é mais permissiva ou, eventualmente, inexistente[516].

2.2. Condições de realização dos testes (farmaco) genéticos

Os testes genéticos em geral e, em particular, os testes de farmacogenética e de farmacogenómica, podem ser realizados em contextos tão diversos como a prática clínica, a investigação científica ou a realização de estudos e ensaios clínicos.

Em contexto de *prática clínica*, a lei portuguesa parece ter instituído um sistema bicéfalo no que respeita à realização dos testes genéticos relacionados com a saúde, consoante se tratem de *testes genéticos de diagnóstico* ou de *testes genéticos preditivos*. Vejamos.

A realização de testes genéticos de diagnóstico obedece aos *princípios que regem a prestação de qualquer cuidado de saúde* (art. 9.º/1 da Lei n.º 12/2005)[517]. Assim, os mesmos só poderão ser realizados mediante prescrição médica e a prestação, por escrito[518], de consentimento prévio, livre e esclarecido por parte do *probando*.

Já no segundo caso, os testes só podem ser executados mediante *autorização do próprio*, a *pedido de um médico com a especialidade de genética* e na *sequência da realização de consulta de aconselhamento genético*, após *consentimento informado, expresso por escrito* (art. 9.º/2 da Lei n.º 12/2005).

[516] Como pontua o CNECV, "a subcontratação e o envio para o estrangeiro são uma prática particularmente corrente na venda direta de testes genéticos ao público (...) [o que] aumenta o perigo de falta de transparência quanto à metodologia utilizada e suas limitações, ou quanto ao laboratório onde foi efetivamente realizado o teste". Cf. CNECV, "Parecer n.º 56 do CNECV: Parecer sobre venda direta de testes genéticos ao público", *op. cit.*, 3.

[517] Oliveira, Guilherme de, "Implicações jurídicas do conhecimento do genoma", in *Temas de Direito da Medicina* (do mesmo autor), 2.ª Edição, Coimbra: Coimbra Editora, 2005, p. 135.

[518] Embora a lei não o exija expressamente, subscrevemos André Dias Pereira quando afirma que "no domínio da genética é sempre necessário o consentimento escrito". Cf. Santos, Heloísa G. / Pereira, André Dias, *Genética para todos: de Mendel à revolução genómica do séc. XXI: a prática, a ética, as leis e a sociedade, op. cit.*, 128; e, parecendo apontar no mesmo sentido, Melo, Helena Pereira de, *O consentimento esclarecido na prestação de cuidados de saúde no direito português*, Coimbra: Almedina, 2020, pp. 149-150.

Em momento algum, estes testes podem, pois, ser realizados a pessoas que não consigam compreender as suas implicações, bem como o sentido e alcance do seu consentimento.

A existência de um regime jurídico mais exigente no caso dos testes genéticos preditivos é absolutamente ponderosa e justificada, desde logo pelo facto de tais testes serem realizados em pessoas saudáveis (ou *aparentemente saudáveis*, porque assintomáticas) e considerando que as informações (intencional ou incidentalmente obtidas) podem ser verdadeiramente delicadas e impactantes para a vida do *probando* e de terceiros.

Já em contexto de *investigação sobre o genoma humano*, determina a lei portuguesa que devem ser seguidas as regras gerais da investigação científica no campo da saúde, mormente com vista a assegurar-se confidencialidade reforçada sobre a identidade e as caraterísticas das pessoas individualmente estudadas. Nessa medida, tais estudos devem estar sujeitos a aprovação pelos comités de ética da instituição hospitalar, universitária ou de investigação e devem ser realizados com o consentimento informado dos participantes, expresso por *escrito*, após a explicação dos seus direitos, da natureza e finalidades da investigação, dos procedimentos utilizados e dos riscos potenciais envolvidos para si próprios e para terceiros. Além disso, deve também garantir-se o livre acesso da comunidade científica aos dados emergentes da investigação sobre o genoma humano (art. 16.º da Lei n.º 12/2005).

Ora, segundo a Lei n.º 12/2005, também a realização de testes de farmacogenética deve obedecer aos princípios que regem a prestação de qualquer cuidado de saúde (art. 9.º/1). Uma leitura pouco refletida em torno desta norma poderá transmitir a ideia de que o legislador pretendeu submeter todos os testes de farmacogenética/farmacogenómica ao regime jurídico *mais relaxado* dos testes genéticos diagnósticos – não obstante, note-se, a sua natureza preditiva. Consideramos, no entanto, que tal só deverá acontecer quando estejamos ante a realização de testes de farmacogenética/farmacogenómica em pessoas que já padeçam de alguma enfermidade e apresentem a respetiva sintomatologia (o que acontecerá, como vimos, na maioria dos casos).

Nos demais casos, isto é, quando os testes forem realizados em pessoas ainda saudáveis ou em pessoas já doentes, mas assintomáticas, o regime a aplicar deverá ser o previsto no artigo 9.º/2, mormente tendo em conta a sua natureza preditiva e o caráter sensível da informação (intencional ou incidentalmente) obtida. Nesse contexto, os testes de farmacogenética e de farmacogenómica devem ser entendidos como "testes de suscetibilidades genéticas em pessoas saudáveis" (o que é, inclusivamente, suportado pela formulação textual do número 4 do artigo 10.º do mesmo diploma) pelo que, como vimos, "só podem ser executados com autorização do próprio, a pedido de um médico com a especialidade de genética e na sequência da realização de consulta de aconselhamento genético, após consentimento informado, expresso por escrito".

Uma interpretação distinta não faria, aliás, grande sentido tendo em conta que a própria lei qualifica estes testes como "preditivos", justificando-se, pois, que valha nesse âmbito um regime jurídico mais *exigente*.

Cabe, agora, averiguar, ainda de que forma breve, se o (imprescindível![519]) consentimento informado do paciente para efeitos de realização deste tipo de testes genéticos assume algumas particularidades.

No âmbito específico dos testes genéticos, sejam eles de diagnóstico ou preditivos, impõe-se sempre a obtenção de dois consentimentos distintos: *(i)* o consentimento para a colheita de sangue ou outros produtos biológicos e para a obtenção de amostras de ADN; e *(ii)* o consentimento para a realização do teste propriamente dito.

Dispõe o artigo 18.º da Lei n.º 12/2005 que "a colheita de sangue e outros produtos biológicos e a obtenção de amostras de ADN para testes genéticos deve ser objeto de *consentimento informado separado para efeitos de testes assistenciais* e para fins de investigação em que conste a finalidade da colheita e o tempo de conservação das amostras e produtos deles derivados" (*itálico nosso*)[520]. Durante todo o processo, o material armazenado

[519] Infelizmente, na arena europeia, nem sempre os médicos que realizam os testes de farmacogenética e/ou de farmacogenómica requerem o consentimento livre e esclarecido do paciente. Cf. HAGA, Susanne B. / MILLS, Rachel, "A review of consent practices and perspectives for pharmacogenetic testing", in *Pharmacogenomics*, n. º 17, vol. 14, 2016, p. 1597.

[520] Se a amostra colhida vier a ser armazenada num biobanco (na terminologia legal, "um banco de produtos biológicos"), o termo de consentimento informado escrito deve incluir informação sobre as finalidades do banco, o seu responsável, os tipos de investigação a desenvolver, os seus riscos e benefícios potenciais, as condições e a duração do armazenamento, as medidas tomadas para garantir a privacidade e a confidencialidade das pessoas participantes e a previsão quanto

para a realização do teste é propriedade das pessoas de quem foi obtido e, depois da sua morte ou incapacidade, dos seus familiares. O consentimento previamente prestado pode, a todo o tempo, ser retirado, implicando, nesse caso, a destruição definitiva do material biológico armazenado. Por outro lado, se se pretender utilizar as amostras para uma finalidade distinta da prevista no consentimento inicialmente firmado, tal pressupõe a obtenção de nova autorização por parte da pessoa a quem pertence (ou dos seus familiares, em caso de morte ou incapacidade) ou a sua anonimização irreversível (embora se saiba que, atualmente, a anonimização deixou de ser uma garantia quase absoluta e fiável para a proteção de dados pessoais...). Tal não impede, porém, que, em circunstâncias especiais, em que a informação possa ter relevância para o tratamento ou a prevenção da recorrência de uma doença na família, esta possa ser processada e utilizada em contexto de aconselhamento genético, mesmo que já não seja possível obter o consentimento informado da pessoa a quem pertence. Seguindo a mesma lógica, a lei portuguesa admite que os parentes em linha reta e do segundo grau da linha colateral possam ter acesso a uma amostra armazenada, desde que tal seja necessário para melhor conhecer o seu próprio estatuto genético, mas já não com vista a conhecer o estatuto da pessoa a quem a amostra pertence ou de outros familiares.

No que respeita à realização do teste propriamente dito, o consentimento deve ser prestado de forma totalmente *livre*, *esclarecida* e por *escrito*. Ora, para que o consentimento para a realização de testes de farmacogenética/farmacogenómica seja verdadeiramente informado[521], tal pressupõe, na nossa opinião, que se informe o paciente, pelo menos, (1) do propósito do teste a realizar, (2) da(s) especificidade(s) dos testes (farmaco-)genéticos, (3) dos potenciais resultados e do modo como

à possibilidade de comunicação ou não de resultados obtidos com esse material" (art. 19.º/5 da Lei n.º 12/2005). Para mais informações, v. Melo, Helena Pereira de, *O consentimento esclarecido na prestação de cuidados de saúde no direito português*, *op. cit.*, 153.

[521] Não se afigura adequada, na nossa opinião, a distinção clássica entre testes genéticos de "alto risco" e de "baixo risco" para efeitos de exigência de uma maior ou menor variedade e/ou especificidade das informações concedidas aos pacientes com vista ao cumprimento de respetivo dever de informação do médico ou investigador. Cf. Netzer, Christian / Biller-Andorno, Nikola, "Pharmacogenetic testing, informed consent and the problem of secondary information", *op. cit.*, 357.

serão utilizados para o tratamento do paciente (*rectius*, dos seus benefícios), (4) dos riscos (técnicos, pessoais e sociais) envolvidos na realização dos testes, (5) dos potenciais achados incidentais ou secundários [522/523]. Além disso, e embora a utilização de formulários de consentimento informado nos pareça uma boa solução nos tempos que correm[524], é importante que os profissionais de saúde não esqueçam que tal não os exime de discutirem com os pacientes todos os aspetos que os preocupem e esclarecerem todas as dúvidas que os mesmos, eventualmente, possam ter. Só assim se evita que o consentimento informado se torne uma mera formalidade procedimental, desprovida de qualquer valor na tutela da autonomia pessoal. Afinal de contas, o processo de prestação do consentimento não poderá ser outro senão um processo eminentemente dialógico e interativo, alicerçado numa relação crescentemente marcada pela alteridade e confiança mútua.

Note-se também que o consentimento deve ser reduzido a escrito, o que, como alertam alguns autores, acarreta a vantagem de introduzir um momento de reflexão e ponderação das vantagens e inconvenientes da realização destes testes, além de constituir um elemento de proteção do próprio clínico ou investigador[525].

Tenha-se, ainda, em conta que todo o cidadão tem o direito a receber aconselhamento genético e, se indicado, aconselhamento psicossocial, *antes* e *depois* da realização de testes genéticos relacionados com

[522] Haga, Susanne B. / Mills, Rachel, "A review of consent practices and perspectives for pharmacogenetic testing", *op. cit.*, 1597.

[523] Sendo este, na nossa opinião, o momento mais adequado para se questionar o sujeito se pretende ou não que essa informação lhe seja posteriormente transmitida (dando-lhe oportunidade, como veremos mais adiante, de exercer o seu direito a não saber). Cf. Netzer, Christian / Biller-Andorno, Nikola, "Pharmacogenetic testing, informed consent and the problem of secondary information", *op. cit.*, 358.

[524] Dadas as especificidades dos testes de farmacogenética e de farmacogenómica, os laboratórios deverão dispor de formulários de consentimento informado próprios e distintos dos que utilizam, por exemplo, para a realização dos demais testes genéticos. Neste âmbito, a estandardização exacerbada implica, quase sempre, sérias perdas na informação transmitida ao paciente. Cf. Haga, Susanne B. / Mills, Rachel, "A review of consent practices and perspectives for pharmacogenetic testing", *op. cit.*, 1601.

[525] Estorninho, Maria João / Macieirinha, Tiago, *Direito da Saúde*, Lisboa: Universidade Católica Editora, 2014, p. 275.

a saúde[526], de forma adequada e proporcional às caraterísticas da doença, ao tipo, contexto e limitações do teste, à relevância dos seus resultados e ao seu potencial para acarretar danos para a pessoa testada ou para os seus familiares (art. 30.º do Decreto Lei n.º 131/2014). No caso dos testes preditivos, cremos poder afirmar que o aconselhamento genético prévio e póstumo constitui, mais do que um direito, um verdadeiro dever ou obrigação.

Atente-se ainda, neste contexto, ao conteúdo do artigo 9.º/7 da Lei n.º 12/2005, o qual dispõe que "em situações de risco para doenças de início na vida adulta e sem cura nem tratamento comprovadamente eficaz, a realização do teste pré-sintomático ou preditivo tem ainda como condição uma avaliação psicológica e social e o seu seguimento após a entrega dos resultados do teste". A frequência das consultas de aconselhamento genético e a forma de seguimento psicológico e social são determinadas tendo em consideração a gravidade da doença, a idade mais habitual de manifestação dos primeiros sintomas e a existência ou não de tratamento comprovado (art. 9.º/8).

Por outro lado, como é natural, a prestação do consentimento informado assume especificidades quando os testes sejam realizados em menores ou maiores acompanhados[527] – questão que, não obstante, não iremos, *hic et nunc*, desenvolver.

Por fim, uma última nota para rogarmos que não se subestime, muito menos se olvide, a importância do que aqui vimos referindo. A obtenção de um consentimento verdadeiramente livre e esclarecido é essencial para viabilizar a tomada de decisões ponderadas, preparar devidamente

[526] No primeiro caso, o aconselhamento é fundamental para auxiliar o indivíduo na compreensão de todas as circunstâncias que rodeiam a execução da técnica e dos benefícios e riscos envolvidos. Neste contexto, o aconselhamento deve ser o mais neutral possível, limitando-se a informar (e não a convencer), permitindo ao paciente usufruir de uma ampla liberdade de escolha e, assim, exercer o seu direito de autodeterminação pessoal. Cf. Nunes, Rui, *GeneÉtica*, *op. cit.*, 99. Já no segundo caso, o aconselhamento genético tem como principal função apoiar o *probando*, caso seja necessário, na interpretação dos resultados do teste e na determinação do modo como eles devem (ou não) ser utilizados, no presente e/ou no futuro. Vide, neste sentido, o artigo 17.º/3 da Lei n.º 12/2005 e o artigo 30.º do Decreto-lei n.º 131/2014.

[527] Podíamos ir ainda mais longe e questionar a legitimidade de um sistema que admitisse a sequenciação pré-natal do genoma para efeitos de personalização futura dos tratamentos médico-farmacológicos. Cf. Chadwick, Ruth, "Ethical issues in personalized medicine", *op. cit.*, 173.

os pacientes para os resultados dos testes e aumentar a probabilidade de que eles venham a compreender e confiar nos mesmos[528]. O futuro da MPP dependerá, sem dúvida alguma, disso!

2.3. Divulgação e comunicação dos resultados dos testes (farmaco)genéticos

Após a realização dos respetivos testes, o laboratório deverá emitir um relatório dos resultados ao médico que os requereu, do qual constarão, *inter alia*, a metodologia utilizada, os resultados, a interpretação dos resultados, as recomendações adequadas a cada caso e as assinaturas de quem fez o teste e aprovou o relatório (art. 26.º do Decreto-lei n.º 131/2014). Note-se ainda que, caso confirme uma doença hereditária ou detete a presença de uma mutação patogénica que possa ser transmitida à descendência ou existir noutros membros da família, o relatório em causa deve fazer referência à necessidade de realização de uma consulta da especialidade de genética médica, a fim de que o *probando* seja informado sobre os mecanismos de transmissão e riscos para os familiares.

Naturalmente, tais factos não obstam, como parece óbvio, a que os médicos (e os próprios farmacêuticos) tenham, como já pontuámos *supra*, de dispor de conhecimentos específicos e aprofundados, mormente na área da farmacogenética e da farmacogenómica, de modo a serem capazes de analisar, de forma rigorosa e crítica, os resultados que lhes chegam. A possível falibilidade ou imprecisão dos testes realizados ou a eventual interpretação errónea dos seus resultados por parte do laboratório, deve, pois, passar pelo crivo atento dos médicos e demais profissionais de saúde que, com base neles e nas restantes informações disponíveis, deliberarão qual o tratamento médico-farmacológico a aplicar ao paciente[529].

[528] Haga, Susanne B. / Mills, Rachel, "A review of consent practices and perspectives for pharmacogenetic testing", *op. cit.*, 1601.

[529] Só assim se evitarão interpretações que possam provocar "alterações da vida e comportamentos desadequados ou até contraproducentes, provocando [ao paciente um evitável] sofrimento

No que diz respeito à comunicação dos resultados ao *probando*, dispõe o artigo 9.º/3 da supramencionada Lei n.º 12/2005, que "a comunicação dos resultados dos testes genéticos deve ser feita exclusivamente ao próprio (...), a quem legalmente o represente ou seja indicado pelo [mesmo], e em consulta médica apropriada". Esta parece-nos, em conformidade com o que já defendemos em cima, a solução adequada para aqueles casos em que os testes são realizados em pacientes que já padecem de alguma enfermidade e apresentam sintomatologia. É com base nestes resultados que o médico procederá à determinação de qual o tratamento farmacológico mais seguro e eficaz para o sujeito e à identificação das alternativas disponíveis (caso elas existam).

Por outro lado, quando estejamos a falar de pessoas saudáveis ou doentes, mas assintomáticas, parece-nos preferível que o regime aplicável seja o do n.º 4 do mesmo preceito: "(...) os resultados devem ser comunicados ao próprio e não podem nunca ser comunicados a terceiros sem a sua autorização expressa por escrito, incluindo a médicos ou outros profissionais de saúde de outros serviços ou instituições, ou da mesma consulta ou serviço mas não envolvidos no processo de teste dessa pessoa"[530].

A partir deste momento, devem ser aplicadas as regras relativas à confidencialidade dos dados (farmaco)genéticos, as quais serão objeto da análise mais adiante (*Cap. VI*).

Uma outra questão que nos parece importante abordar é a dos múltiplos "achados secundários" («*incidental findings*») que resultam da realização dos testes e que são considerados por alguns autores como verdadeiros obstáculos à implementação da MPP[531]. São vários os estudos que demonstram que a realização de testes genéticos, por exemplo, de farmacogenética e de farmacogenómica, pode conduzir a que se

psicológico, familiar e social". Cf. CNECV, "Parecer n.º 56 do CNECV: Parecer sobre venda direta de testes genéticos ao público", *op. cit.*, p. 3.

[530] Note-se também, ainda que apenas a título de curiosidade, que no caso específico dos testes pré-natais ou pré-implantatórios (no âmbito do diagnóstico genético pré-implantatório ou DGPI e do diagnóstico pré-natal ou DPN), os resultados devem ser comunicados exclusivamente à progenitora, aos progenitores ou aos respetivos representantes legais (art. 9.º/5 da Lei n.º 12/2005).

[531] Westbrook, Matthew J. *et al.*, "Mapping the incidentalome: estimating incidental findings generated through clinical pharmacogenomics testing", in *Genetics in Medicine*, n. º 15, vol. 5, 2013, p. 325.

obtenham várias informações (apelidadas de "secundárias" por não se enquadrarem no quadro principal ou primário do rol de informações que se espera obter com a realização de determinado teste) sobre o estado de saúde, presente ou futuro, do indivíduo ou dos seus familiares[532]. Devem estas informações ser transmitidas ao paciente? De acordo com o AMERICAN COLLEGE OF MEDICAL GENETICS, todos os achados incidentais resultantes de testes genéticos realizados em contexto de prática clínica devem ser publicitados ao *probando*[533]. Será esta solução adequada? Vejamos.

Analisando a querela de um ponto de vista ético, vários autores consideram preferível, mormente tendo em conta o *princípio da beneficência*, que só se partilhe com os pacientes a informação médica incidentalmente obtida que possa ser benéfica para os mesmos (excluindo, portanto, a relativa a doenças de que o sujeito padeça ou possa vir a padecer e para as quais não existe tratamento disponível). Ou seja, apenas naqueles casos em que essa informação se revele verdadeiramente essencial para o indivíduo tratar ou prevenir enfermidades é que ela deve ser divulgada pelo médico ou outro profissional de saúde.

Por nossa parte, estamos crentes que o caráter benéfico da informação não deve ser considerado nem condição *necessária*, nem condição *suficiente* para a divulgação da mesma. Sempre haverá que respeitar o direito à autodeterminação individual[534] (poderíamos aqui referir-nos ao "direito à autodeterminação informacional", que será explorado detalhadamente mais adiante), devendo o profissional de saúde, na medida do possível, fornecer ao indivíduo condições para que este decida, antes ou depois da realização do teste, se aceita ou, em

532 Por vezes, o número de "achados secundários" é tão amplo que é necessário proceder à sua seleção, através de um "sistema de priorização". Nesse sentido, JONATHAN BERG, MUIN KHOURY e JAMES EVANS propuseram o chamado «*binning system*». Para maiores desenvolvimentos, vide BERG, Jonathan / KHOURY, Muin / EVANS, James, "Deploying whole genome sequencing in clinical practice and public health: meeting the challenge one bin at a time", in *Genetics in Medicine*, n.º 13, vol. 6, 2011, pp. 501-502.

533 BARASH, Carol I., "Ethical issues in pharmacogenetics", in *Action Bioscience*, April 2013, disponível em: <http://www.actionbioscience.org/biotechnology/ethical_issues_in_pharmacogenetics.html>. Consultado em: 15 de outubro de 2019.

534 ROCHE, Myra I. / BERG, Jonathan S., "Incidental findings with genomic testing: implications for genetic counseling practice", in *Current Genetic Medicine Reports*, n.º 3, 2015, p. 168.

alternativa, recusa (sempre de maneira esclarecida) a partilha dessas informações, seja qual for a sua natureza[535]. A resposta residirá, portanto, a nosso ver e na ausência de solução legal, no exercício (ou não) do direito a não saber por parte do paciente. De todos os modos, este tipo de informações deve ser transmitido com o maior cuidado e delicadeza, evitando causar-se ansiedade ou aflição desnecessárias[536].

Tenha-se, igualmente, em conta que, sem prejuízo do disposto no artigo 19.º da Lei n.º 12/2005, dispõe o artigo 28.º/1 do Decreto-lei n.º 131/2014, que "uma vez decorrido o tempo necessário para eventuais repetições, o material biológico utilizado deve ser destruído após a realização do teste genético", só podendo ser "conservado para as finalidades e [dentro dos] prazos constantes do consentimento inicialmente obtido".

Por fim, é previsível que, com a introdução da farmacogenética/farmacogenómica, a realização de testes genéticos passe a ser uma prática rotineira no âmbito da prestação de cuidados de saúde. Como vimos, tal implicará, *inter alia*, uma maior literacia sanitária e genómica da população e dos vários profissionais envolvidos[537] (aliada à necessidade de que, na prática, estes últimos possam passar mais tempo com os pacientes, a fim de obter as amostras necessárias para a realização dos testes de farmacogenética/farmacogenómica e/ou discutir os resultados obtidos), a mobilização de recursos adicionais com vista à implementação efetiva desta prática e a criação de condições que assegurem que, no contexto do sistema público de saúde, a realização dos testes necessários está à disposição de todos os pacientes e que estes são realizados de forma rápida, segura, eficiente e cientificamente precisa.

[535] De facto, é importante que se dê tempo suficiente ao indivíduo para decidir, ponderadamente, se pretende (ou não) exercer o seu *direito a não saber*. Como pontuam Myra Roche e Jonathan Berg, "quando o paciente tem espaço para tomar a sua decisão, fora da esfera de influência do profissional de saúde, o mesmo sente maior liberdade para, pelo menos, adiar a decisão caso persistam dúvidas". Cf. *Idem*, 172.

[536] *Idem*, 170; e ainda, Netzer, Christian / Biller-Andorno, Nikola, "Pharmacogenetic testing, informed consent and the problem of secondary information", *op. cit.*, 355.

[537] Nuffield Council on Bioethics, "Pharmacogenetics: ethical issues", *op. cit.*, 60 e ss.

CAPÍTULO III
A INVESTIGAÇÃO E EXPERIMENTAÇÃO CIENTÍFICAS EM TORNO DO GENOMA E EM NANOMEDICINA: BREVE ENQUADRAMENTO ÉTICO-JURÍDICO

Considerando o atual estado da arte, a análise das normas aplicáveis aos domínios da investigação e da experimentação científicas em torno do genoma e da nanotecnologia é absolutamente crucial. Afinal de contas, muitas das *aplicações da nanobiotecnociência* a que nos referimos ao longo desta obra ainda se encontram numa fase experimental, sendo muito escassa, senão mesmo nula, a sua aplicação em contexto de prática clínica. O leitor deve, por isso, conhecer as normas básicas aplicáveis aos estudos e ensaios clínicos à luz do ordenamento jurídico português, bem como os principais desafios ético-jurídicos que se levantam nesse domínio. Será esse, pois, o nosso principal desiderato ao longo deste capítulo.

Desde logo, importa pontuar que, entre nós, o artigo 42.º da CRP protege expressamente a *liberdade de criação científica*, tutelando a força da descoberta, quer do ponto de vista subjetivo, quer objetivo-institucional[538]. Para estes efeitos, deve ser adotado um conceito amplo de ciência que englobe o "conjunto de conhecimentos objetivos acerca da natureza, da sociedade, do Homem e do pensamento"[539].

Entre nós, o legislador constituinte decidiu incluir esta liberdade – que serve de base à investigação, à experimentação e ao progresso científico – no elenco de *'Direitos, Liberdades e Garantias'*, exigindo que

[538] Canotilho, J. J. Gomes / Moreira, Vital, *Constituição da república portuguesa anotada – vol. I*, Coimbra: Coimbra Editora, 2014, pp. 620-623.

[539] Ahumada Canabes, Marcela, "El derecho a gozar de los beneficios de la ciencia. Una aproximación a su contenido, considerando las Declaraciones de la UNESCO sobre el genoma, datos genéticos humanos y bioética", in *Revista de Derecho y Genoma Humano*, n.º 42, 2015, 39.

qualquer restrição à mesma respeite o regime mais exigente do artigo 18.º da CRP[540]. Apesar disso, deve entender-se que esta liberdade implica não apenas a abstenção do Estado ou dos particulares de levarem a cabo atos que possam condicionar ou limitar desproporcionadamente a investigação científica (*dimensão negativa ou defensiva*), mas também que se promovam políticas de incentivo que facilitem e propiciem o exercício da respetiva liberdade (*dimensão positiva ou prestacional*)[541]. Há ainda quem se refira à existência de uma *dimensão coletiva ou social*, que estabelece uma ponte com o direito a gozar dos benefícios do progresso científico e tecnológico, exigindo-se um direcionamento da atividade estatal para facilitar o acesso universal e sem discriminação aos resultados da investigação e experimentação científicas[542]. Neste sentido, muito se tem realçado a importância dos deveres de solidariedade e cooperação entre Estados[543].

Ora, como se sabe, a investigação é uma atividade que, hoje em dia, assume uma importância vital para a autorrealização dos indivíduos e à qual se reconhece uma ampla projeção social, impactando a própria comunidade[544]. Segundo a doutrina, a tutela constitucional da liberdade de criação científica visa a proteção da própria atividade de investigar em si e não propriamente dos resultados que, dessa forma, se alcançarão

540 Aí se dispõe, por um lado, que "a lei só pode restringir os direitos, liberdades e garantias nos casos expressamente previstos na Constituição, devendo as restrições limitar-se ao necessário para salvaguardar outros direitos ou interesses constitucionalmente protegidos" (n.º 2); e, por outro lado, que "as leis restritivas de direitos, liberdades e garantias têm de revestir carácter geral e abstrato e não podem ter efeito retroativo nem diminuir a extensão e o alcance do conteúdo essencial dos preceitos constitucionais" (n.º 3).

541 Esta dimensão positiva ou prestacional encontra, aliás, consagração expressa no artigo 73.º/4 da CRP. Cf. Colussi, Ilaria, "Biolaw and the 'dual-use dilemma': the freedom of scientific research in relationship with 'traditional' and emerging sciences and technologies", in *Bio-law and Policy in the Twenty-first Century* (ed. por Erick Valdés e Juan A. Lecaros), Switzerland: Springer, 2019, p. 244.

542 Ahumada Canabes, Marcela, "El derecho a gozar de los beneficios de la ciencia. Una aproximación a su contenido, considerando las Declaraciones de la UNESCO sobre el genoma, datos genéticos humanos y bioética", *op. cit.*, 30-31.

543 Para maiores desenvolvimentos sobre esta questão, vide a *Parte III, Capítulo IX*.

544 Reportando-se ao pensamento *weberiano*, Habermas afirma que a "racionalização" progressiva da sociedade – *i.e.* a "ampliação das suas esferas sociais, que ficam submetidas aos critérios da decisão racional" – depende da "institucionalização do progresso científico e técnico". Cf. Habermas, Jürgen, *Técnica e ciência como "ideologia"*, *op. cit.*, 45.

(ou não)[545]. Os mesmos, quando existam, hão-de traduzir-se em "aquisições científicas dotadas de valor objetivo", alcançadas através de procedimentos e métodos específicos e excludentes de quaisquer tipos de imposturas[546]. Assim, são quatro as dimensões básicas desta liberdade: liberdade de escolha do objeto de investigação; liberdade de escolha do método científico a empregar; liberdade de obtenção dos resultados; liberdade de usar instrumentos e meios à disposição dessa atividade (onde poderíamos incluir a liberdade de experimentação científica)[547]. Além da criação, estão ainda devidamente protegidas a divulgação e a aplicação/fruição[548].

É, no entanto, praticamente consensual que um indomável grau de autonomia da comunidade científica, marcado por uma liberdade de investigação e experimentação ilimitada e absoluta, é algo que, atualmente, se afigura totalmente insustentável[549]. Nunca devemos perder de vista que a pessoa é a razão de ser da ciência e que, portanto, esta haverá de estar ao serviço daquela (e nunca o oposto). Não poderão, pois, a investigação e experimentação científicas vulnerar, em momento algum, a dignidade (art. 1.º CRP), a vida (art. 24.º CRP), a integridade pessoal (art. 25.º CRP) e a saúde (art. 64.º CRP) do ser humano, já que inexiste qualquer interesse científico ou coletivo que possa prevalecer sobre os seus interesses[550]. Assim, a liberdade de investigação – sempre

[545] Chueca Rodríguez, Ricardo, "Investigación y experimentación como objetos del derecho fundamental a la investigación científica", in *Los nuevos horizontes de la investigación genética* (ed. por Carlos Romeo Casabona), Granada: Editorial Comares, 2011, p. 22.

[546] Canotilho, J. J. Gomes / Moreira, Vital, *Constituição da república portuguesa anotada – vol. I, op. cit.*, 620.

[547] Chueca Rodríguez, Ricardo, "Investigación y experimentación como objetos del derecho fundamental a la investigación científica", *op. cit.*, 23-24.

[548] Miranda, Jorge / Medeiros, Rui, *Constituição portuguesa anotada – vol. I*, 2.ª Edição, Lisboa: Universidade Católica Editora, 2017, p. 669; Colussi, Ilaria, "Biolaw and the 'dual-use dilemma': the freedom of scientific research in relationship with 'traditional' and emerging sciences and technologies", *op. cit.*, 243.

[549] Aparisi Miralles, Angela, *El Proyecto Genoma Humano: algunas reflexiones sobre sus relaciones con el Derecho*, Valencia: Tirant Lo Blanch, 1997, p. 90.

[550] Otero, Paulo, *Personalidade e identidade pessoal e genética do ser humano*, Coimbra: Almedina, 1999, p. 102; Andorno, Roberto, *Principles of international biolaw: seeking common ground at the intersection of bioethics and human rights, op. cit.*, 20; e ainda, afirmando que "ao sobreporem-se os planos de proteção, estes direitos fundamentais acabam por traçar limites imanentes daquela liberdade", v. Rodrigues, João Vaz, *O consentimento informado para o ato médico no ordenamento jurídico português (elementos para o estudo da manifestação da vontade do paciente)*, Coimbra: Coimbra Editora, 2000, p. 161.

que estejamos para lá da mera escolha do tópico a investigar ou de simples exercícios de especulação teórica[551] – não pode deixar de ser interpretada à luz da lógica sistémica jusfundamental, impedindo-se a sua afirmação a qualquer preço e "sujeitando-a a ponderação expressa ou tácita que resulte de uma interpretação conjunta dos [bens] e direitos em jogo"[552]. Estão, pois, justificadas certas proibições e/ou limitações em procedimentos ou métodos de obtenção de conhecimento científico que envolvam seres humanos[553], alguns dos seus componentes biológicos e ainda, de forma cada vez mais premente, animais não humanos[554].

Numa altura em que o avanço da *nanobiotecnociência* depende largamente dos múltiplos projetos de investigação e experimentação em curso (e daqueles que ainda virão a ser desenvolvidos), é necessário reconhecer a fundamentalidade desta liberdade, protegendo-a de todos aqueles que, de forma acutilante, se dedicam a demonizá-la, ameaçando-a e, deste modo, colocando em causa o progresso humanitário. Isso não significa, claro, que não devam ser impostos limites (justificados!) à atividade científica. Bem vistas as coisas, são eles que humanizam a ciência e incrementam a confiança que a sociedade nela deposita. E é justamente disso que necessitamos: de uma *ciência human(izad)a e construtora de pontes de confiança.*

Uma vez tecidas estas considerações iniciais no plano jusconstitucional, dediquemo-nos, então, a analisar, ainda que de forma meramente perfunctória, o regime consagrado na Lei portuguesa de Investigação Clínica: a Lei n.º 21/2014, de 16 de abril[555].

[551] Colussi, Ilaria, "Biolaw and the 'dual-use dilemma': the freedom of scientific research in relationship with 'traditional' and emerging sciences and technologies", *op. cit.*, 249.

[552] Chueca Rodríguez, Ricardo, "Investigación y experimentación como objetos del derecho fundamental a la investigación científica", *op. cit.*, 24.

[553] Romeo Casabona, Carlos, *Do gene ao direito*, S. Paulo: IBCCrim, 1999, p. 245.

[554] *Idem*, 234.

[555] Este diploma abrange, *inter alia*, o regime da realização de ensaios clínicos com medicamentos de uso humano, decorrente da transposição da Diretiva n.º 2001/20/CE, do Parlamento Europeu e do Conselho, de 4 de abril, relativa à aproximação das disposições legislativas, regulamentares e administrativas dos Estados membros respeitantes à aplicação de boas práticas clínicas na condução dos ensaios clínicos de medicamentos para uso humano, bem como o regime da investigação clínica de dispositivos médicos decorrentes da transposição parcial da Diretiva n.º 2007/47/CE, do Parlamento Europeu e do Conselho, de 5 de setembro. Poderá o leitor questionar-se do

De acordo com este diploma legislativo, pode definir-se *estudo clínico* como "qualquer estudo sistemático, conduzido no ser humano ou a partir de dados de saúde individuais, destinado a descobrir ou a verificar a distribuição ou o efeito de fatores de saúde, de estados ou resultados em saúde, de processos de saúde ou de doença, do desempenho e, ou, segurança de intervenções ou serviços de saúde, através de aspetos biológicos, comportamentais, sociais ou organizacionais".

Por sua vez, deve apelidar-se de *ensaio clínico* qualquer investigação conduzida no ser humano, destinada a (1) descobrir ou a verificar os efeitos clínicos, farmacológicos ou outros efeitos farmacodinâmicos de um ou mais medicamentos experimentais; (2) a identificar os efeitos indesejáveis de um ou mais medicamentos experimentais; (3) ou a analisar a absorção, a distribuição, o metabolismo e a eliminação de um ou mais medicamentos experimentais, a fim de apurar a respetiva segurança ou eficácia[556].

Atentando às principais normas jurídico-internacionais na matéria[557], bem como às orientações técnicas emanadas por órgãos e organismos

porquê de, atualmente, não se aplicarem as regras definidas no conhecido Regulamento (UE) n.º 536/2014, do Parlamento Europeu e do Conselho, de 16 de abril de 2014, relativo aos ensaios clínicos de medicamentos para uso humano (o qual, pela sua específica natureza, goza inclusive de *aplicabilidade direta* na ordem jurídica dos vários Estados-Membros da UE). A resposta a uma tal questão reside no disposto no 2.º parágrafo do artigo 99.º do dito regulamento, o qual dispõe que este só "é aplicável a partir de seis meses após a publicação do aviso referido no artigo 82.º, n.º 3 [(aviso publicado em Jornal Oficial da União Europeia dando conta da criação de um "portal da UE e da base de dados da UE" em matéria de ensaios clínicos)], mas nunca antes de 28 de maio de 2016". Assim, no fundo, e embora este regulamento já tenha entrado em vigor, o mesmo não é ainda aplicável na prática, considerando que, até hoje, não se procedeu à criação do dito portal e da respetiva base de dados.

556 Sobre os objetivos de cada uma das fases dos ensaios clínicos, v. NAIDU, David, *Biotechnology & Nanotechnology: regulation under environmental, health and safety laws, op. cit.*, 189; e ainda, VALE, Fernando Martins, "Experimentação humana, fatores de erro, sua mitigação pelo método científico e ética", in *Estudos de Direito da Bioética – vol. IV* (coord. por José de Oliveira Ascensão), Coimbra: Almedina, 2012, pp. 92-93.

557 Estamos a referir-nos, essencialmente, ao artigo 16.º da CDHB, bem como às normas que integram o seu *Protocolo Adicional relativo à Investigação Biomédica* (o qual, apesar de datar de 2005, só foi ratificado por Portugal em 2017). Para uma análise histórica mais detalhada, v. MARTINS, João Marques, "Ensaios clínicos – uma perspetiva ético-jurídica", in *Estudos de Direito da Bioética – vol. IV* (coord. por José de Oliveira Ascensão), Coimbra: Almedina, 2012, pp. 102-104 (e também, 106-111).

relevantes[558], podemos afirmar que todo e qualquer estudo ou ensaio clínico deve, desde logo, assentar no *princípio fundamental do primado do ser humano*, pelo que os interesses e o bem-estar do ser humano que participa numa investigação deverão prevalecer sobre o interesse único da sociedade ou da ciência[559]. Além disso, exige-se sempre a observância de um conjunto de condições essenciais[560]:

[558] De que são caso exemplar as já mencionadas *International Ethical Guidelines for Health-Related Research Involving Humans*.

[559] Nesse sentido aponta, aliás, o artigo 3.º da Lei n.º 21/2014: "os estudos clínicos são realizados no estrito respeito pelo princípio da dignidade da pessoa humana e dos seus direitos fundamentais; os direitos dos participantes nos estudos clínicos prevalecem sempre sobre os interesses da ciência e da sociedade".

[560] Estas condições revestem-se de algumas particularidades e nuances quando esteja em causa a realização de um estudo ou ensaio clínicos com a participação de menores ou maiores incapazes de prestar consentimento.
De acordo com a lei em vigor, um estudo ou ensaio clínico só pode ser realizado em *menores* quando, cumulativamente: (1) for obtido o consentimento informado do menor com idade igual ou superior a 16 anos e do seu representante legal (é o designado "*sistema de co-consentimento*") ou, no caso de o menor ter idade inferior à referida, do seu representante legal, o qual deve refletir a vontade presumível do menor, podendo, em ambos os casos, o consentimento ser revogado a todo o tempo, sem prejuízo para o menor. Importa pontuar que, neste último caso e no que respeita especificamente aos progenitores, deve exigir-se o consentimento de ambos, pois estamos, sem dúvida alguma, ante um *assunto de particular relevância para a vida do menor* (vide, a este propósito, o art. 1902.º/1 CC). Tal não se aplicará, naturalmente, caso apenas um dos progenitores seja detentor da responsabilidade parental, situação em que apenas se exigirá o seu consentimento; (2) o menor tiver recebido informações sobre o estudo ou ensaio clínico e os respetivos riscos e benefícios, adequadas à sua capacidade de compreensão; (3) o investigador ou, se for esse o caso, o investigador principal respeitar a vontade expressa do menor que seja capaz de formar uma opinião e avaliar as informações de se recusar a participar ou de se retirar do estudo ou ensaio clínico a qualquer momento (*trata-se do direito de veto do menor à participação no ensaio*). Caso se trate de um caso de estudo clínico com intervenção, além da observância destes três requisitos, a lei exige ainda que o mesmo (1) tenha uma relação direta com o quadro clínico do menor (o que aponta para a realização de estudos com benefícios reais e diretos para o menor ou com índole terapêutica) ou, pela sua natureza, apenas possa ser realizado em menores e comporte benefícios diretos para o grupo de participantes (o que nos remete para o vetor fundamental da solidariedade no quadro da investigação e experimentação científicas), sendo essencial para validar dados obtidos em estudos realizados em pessoas capazes de dar o consentimento informado ou obtidos através de outros métodos de investigação (... sendo notável que a CDHB faça acrescer a estes últimos requisitos a existência de um "risco mínimo"); e (2) que tenha sido concebido para prevenir a doença ou o mal-estar, reabilitar, para minimizar a dor, o mal-estar, o medo ou qualquer outro risco previsível relacionado com a doença e com o grau de sofrimento desta, devendo o limiar do risco e o grau de sofrimento serem especificamente fixados e objeto de permanente verificação (no fundo, o *controlo da equação risco-benefício*). Dada a sua situação de vulnerabilidade acrescida, são, além disso, aplicáveis normas mais exigentes a menores sujeitos a medidas de acolhimento ou medidas institucionais.

a) Que os participantes compreendam a natureza, os riscos, os benefícios e as alternativas à investigação e consintam – livremente, de forma expressa e específica – em participar na mesma, sendo-lhes devidamente assegurado o direito de, a qualquer momento, se retirarem do estudo ou ensaio clínico (condição interna subjetiva)[561];

O cumprimento do dever de informação em contexto de estudos ou ensaios clínicos pressupõe, desde logo, a realização de (pelo menos) uma reunião, individual e prévia[562], do(s) participante(s) com o investigador principal ou com um outro membro da equipa de investigação, na qual estes procuram explicar àquele(s), de forma completa e sempre com recurso a linguagem adequada ao seu concreto grau de compreensão, quais os objetivos, os benefícios, os riscos e inconvenientes do estudo ou ensaio, as condições em que este será realizado, bem como

Já no caso da realização de estudos ou ensaios clínicos a *maiores incapazes de prestar consentimento* (e que "não tenham dado nem recusado o consentimento", mormente através de uma diretiva antecipada de vontade), a mesma só é possível quando: (1) for obtido o consentimento informado do acompanhante com poderes de representação especial, o qual deve refletir a vontade presumível do participante; (2) a pessoa incapaz de dar o consentimento informado tiver recebido informações adequadas à sua capacidade de compreensão sobre o estudo ou ensaio clínico e os respetivos riscos e benefícios; (3) o investigador ou, se for esse o caso, o investigador principal considerar a vontade expressa do participante que seja capaz de formar uma opinião (trata-se, uma vez mais, do já mencionado *direito de veto*). À semelhança do que ocorre com os menores, caso estejamos ante um estudo clínico com intervenção, a lei revela-se bem mais exigente. Assim, além da observância dos vários requisitos que acabámos de mencionar, exige-se que o estudo clínico em causa (1) seja essencial para validar dados obtidos em estudos clínicos realizados em pessoas capazes de dar o consentimento informado ou através de outros métodos de investigação e estiver diretamente relacionado com o quadro de perigo de vida ou de debilidade de que sofra o participante em causa (apenas se admitindo, pois, a realização de estudos que acarretem benefícios reais e diretos para o participante, o que implica o afastamento da possibilidade de investigação em benefício de terceiros); e (2) tenha sido concebido para prevenir a doença ou o mal-estar, reabilitar, minimizar a dor, o mal-estar, o medo ou qualquer outro previsível risco relacionado com a doença e com o grau de sofrimento desta, devendo o limiar de risco e o grau de sofrimento serem especificamente fixados e objeto de permanente verificação (mais uma vez, exigindo-se uma *avaliação dinâmica da relação custo-benefício*). Dada a sua situação de vulnerabilidade acrescida, são, além disso, aplicáveis normas mais exigentes a maiores incapazes de prestar consentimento que se encontrem sujeitos a medidas de acolhimento institucional. Para maiores desenvolvimentos, v. MELO, Helena Pereira de, *O consentimento esclarecido na prestação de cuidados de saúde no direito português*, *op. cit.*, 165 e ss.

561 Cf. arts. 6.º a 8.º da Lei n.º 21/2014.

562 MARTINS, João Marques, "Ensaios clínicos – uma perspetiva ético-jurídica", *op. cit.*, 123.

as alternativas à investigação[563]. A natureza específica do consentimento exige um certo grau de concretização e de densidade ao nível das informações transmitidas aos participantes, sendo duvidosa a suficiência da transmissão de informações genéricas, vagas e/ou ambíguas que em nada contribuem para o verdadeiro esclarecimento do participante para efeitos de tomada de decisão.

Em matéria de estudos ou ensaios clínicos, a prestação de consentimento prévio[564] deve ser realizada por escrito, conferindo-se ao

[563] O *Protocolo Adicional à CDHB sobre Investigação Biomédica* densifica largamente o conteúdo deste dever de informação, dispondo que a informação transmitida deverá abranger o objetivo, o plano global, os possíveis riscos e benefícios do projeto de investigação e incluir o parecer da Comissão de Ética. Assim, em suma, antes de consentirem na participação num projeto de investigação, as pessoas em causa deverão ser especificamente esclarecidas, de acordo com a natureza e o objetivo da investigação, sobre: (*i*) a natureza, o alcance e a duração dos procedimentos envolvidos, em especial os pormenores de qualquer incómodo imposto pelo projeto de investigação; (*ii*) procedimentos preventivos, diagnósticos e terapêuticos disponíveis; (*iii*) os instrumentos para fazer face a acontecimentos adversos ou responder às preocupações dos participantes na investigação; (*iv*) instrumentos que assegurem o respeito da vida privada e a confidencialidade dos dados pessoais; (*v*) instrumentos de acesso à informação resultante da investigação e com pertinência para o participante, e aos seus resultados globais; (*vi*) os instrumentos que assegurem uma compensação justa em caso de dano; (*vii*) quaisquer outras potenciais utilizações previstas, incluindo a utilização comercial, dos resultados da investigação, dos dados ou materiais biológicos; (*viii*) a fonte de financiamento do projeto de investigação (art. 13.º/2).

[564] É de notar que, de forma absolutamente revolucionária, o supramencionado Regulamento (UE) n.º 536/2014 admite a realização de ensaios clínicos sem prévia prestação de consentimento por parte do participante. Nesse sentido, estabelece o seu artigo 35.º que "pode ser obtido o consentimento esclarecido para participar num ensaio clínico e podem ser fornecidas informações sobre o ensaio clínico após a decisão de incluir o sujeito no ensaio clínico, contanto que essa decisão seja tomada no momento da primeira intervenção no sujeito do ensaio, de acordo com o protocolo relativo à realização desse ensaio clínico, e que estejam reunidas todas as condições seguintes: (i) devido à urgência da situação, causada por uma situação clínica repentina de perigo de vida ou outra situação grave, o sujeito do ensaio não pode dar o consentimento esclarecido prévio nem receber informações prévias; (2) existem motivos de natureza científica para esperar que a participação do sujeito no ensaio clínico tenha potencial para gerar um benefício direto relevante para o sujeito do ponto de vista clínico que se traduza numa melhoria mensurável no plano médico suscetível de aliviar o sofrimento e/ou melhorar o estado de saúde do sujeito do ensaio, ou o diagnóstico do seu quadro clínico; (3) não é possível, dentro dos limites de intervalo terapêutico, fornecer todas as informações prévias e obter o consentimento esclarecido prévio do seu representante legalmente autorizado; (4) o investigador certifica que não tem conhecimento de quaisquer objeções à participação no ensaio clínico anteriormente expressas pelo sujeito; (5) o ensaio clínico tem uma relação direta com o quadro clínico do sujeito do ensaio, o qual torna impossível, dentro dos limites do intervalo terapêutico, obter o consentimento esclarecido prévio do sujeito do ensaio ou do seu representante legalmente autorizado e fornecer informações prévias, e o ensaio clínico apenas

participante tempo suficiente para refletir cuidadosamente sobre a sua participação nos mesmos, naturalmente, livre de quaisquer tipos de pressões ou influência indevidas[565].

Por outro lado, o participante deve ser também informado do direito que lhe assiste de, a qualquer momento, se retirar do estudo ou ensaio sem que, por isso, incorra em qualquer forma de responsabilidade ou possa ser objeto de quaisquer medidas que ponham em causa o seu direito à proteção da saúde e à integridade física e moral (por exemplo, que prejudiquem a prestação dos cuidados necessários ao estado de saúde do participante). A revogação do consentimento não carece de forma especial, podendo ser expressa ou tácita[566].

Finalmente, como já foi mencionado acima, ainda que a outro propósito, todo este processo deve ser intimamente dialógico – afirmando-se como um "espaço de diálogo, de troca de informação e de esclarecimento de dúvidas"[567] – e não um mero formalismo burocrático desprovido de um verdadeiro sentido material[568]. O cumprimento zeloso do dever de informação é, sem dúvida alguma, um primeiro passo

pode, pela sua natureza, ser realizado em situações de emergência; (6) o ensaio clínico representa um risco mínimo para o sujeito do ensaio e impõe-lhe uma sobrecarga mínima em comparação com o tratamento padrão correspondente à condição do sujeito".

565 A liberdade na tomada da decisão (principalmente no que respeita às pessoas com maiores carências económicas) é também garantida pelo facto de não poderem ser concedidos quaisquer incentivos ou benefícios financeiros ao participante nos estudos ou ensaios clínicos, sem prejuízo do reembolso das despesas e do ressarcimento pelos prejuízos sofridos com a mesma (é o designado *princípio da gratuitidade*). Dando conta de alguns problemas neste domínio, v. Ascensão, José de Oliveira / Videira, Mafalda de Castro, "'Boas práticas' e ética nos ensaios clínicos", in *Estudos de Direito da Bioética – vol. IV* (coord. por José de Oliveira Ascensão), Coimbra: Almedina, 2012, p. 201.

566 Pereira, André, "A transposição da diretiva sobre ensaios clínicos de medicamentos para uso humano no direito português", in *Lex Medicinae*, n.º 11, 2009, p. 12.

567 *Idem*, 10.

568 A formalização do consentimento pode, neste âmbito, tornar-se um relevante fator de distorção do mesmo. Como afirmam José de Oliveira Ascensão e Mafalda de Castro Videira, "é apresentado ao paciente um papel para assinar, frequentemente em linguagem tecnicamente correta mas incompreensível para o homem comum. O candidato a participante assina, quase sempre sem ler; se leu, não compreendeu; e, frequentemente, também não haverá quem lho explique. Mesmo assim assina, porque lhe dizem para o fazer". Cf. Ascensão, José de Oliveira / Videira, Mafalda de Castro, "'Boas práticas' e ética nos ensaios clínicos", *op. cit.*, 216. Também por esta razão se revela fundamental a exigência legal de designação de um contacto junto do qual seja possível ao participante obter informações mais detalhadas sobre a investigação, o qual reforça o relevante processo de consentimento esclarecido.

absolutamente crucial em direção à construção de uma relação de confiança mútua entre o(s) participante(s) no estudo ou no ensaio e a equipa de investigadores, sendo esta uma condição básica para o sucesso de todo o processo investigativo.

b) Que não exista método alternativo à investigação com recurso a seres humanos (naturalmente, que apresente eficácia comparável[569]*) e que os participantes não sejam expostos a riscos desproporcionais (para a sua vida ou integridade pessoal) aos potenciais benefícios (para si ou outros pacientes, atuais ou potenciais) do ensaio clínico (condição interna objetiva)*[570];

Atento o risco, a investigação ou experimentação em seres humanos deve afirmar-se como uma medida subsidiária (a mobilizar só e apenas na ausência de outras alternativas viáveis) e obedecer a uma rigorosa avaliação dinâmica da *relação custo-benefício*, o que pressupõe um *exercício de ponderação* entre os custos da participação para os direitos e liberdades fundamentais do indivíduo em causa e os benefícios, atuais ou potenciais, que a investigação acarreta ou poderá acarretar para o mesmo ou, inclusive, para terceiros[571]. Este juízo deve ser realizado "em cada caso concreto e em face de cada sujeito concreto; e não parece ser fácil"[572].

[569] Note-se ainda que a realização de estudos ou ensaios com recurso a modelos animais só deve ser levada a cabo quando não existirem métodos alternativos fiáveis e que nos permitam evitar o recurso aos mesmos. Cf. Daloiso, Viviana / Spagnolo, Antonio, "Nanomedicina e neurotecnologie: la convergenza delle problematiche etiche", *op. cit.*, 556; Resnik, David B. / Tinkle, Sally S., "Ethics in nanomedicine", in *Future Medicine: Nanomedicine*, n.º 2, vol. 3, 2007, p. 346; e ainda, em geral, Figueiredo, Eduardo, "Edição genética de animais: quando o capricho suplanta a necessidade", in *Revista Julgar Online*, novembro de 2020, disponível em: <http://julgar.pt/edicao-genetica-de-animais-quando-o-capricho-suplanta-a-necessidade/>.

[570] Cf. arts. 5.º e 24.º da Lei n.º 21/2014.

[571] Martins, João Marques, "Ensaios clínicos – uma perspetiva ético-jurídica", *op. cit.*, 118-119.

[572] Oliveira, Guilherme de, "Direito biomédico e investigação clínica", in *Temas de Direito da Medicina* (do mesmo autor), 2.ª Edição, Coimbra: Coimbra Editora, 2005, p. 205; e ainda, Rodrigues, João Vaz, *O consentimento informado para o ato médico no ordenamento jurídico português (elementos para o estudo da manifestação da vontade do paciente), op. cit.*, 165.

c) Que uma ou várias entidades independentes assegurem o cumprimento destes requisitos, além de zelarem, inter alia, pela validade, mérito e relevância científica da investigação em causa, bem como pela sua aceitabilidade no plano ético (condição externa)[573].

A aferição da validade, mérito e relevância científica de investigação deve estar a cargo de uma comissão composta por peritos e especialistas provenientes do seio da comunidade científica. Por sua vez, a apreciação da aceitabilidade ética do projeto de investigação deve estar a cargo de uma equipa multidisciplinar (composta por cientistas, mas também por juristas, bioeticistas, filósofos e até por outras partes interessadas, mesmo que não especializadas), tendo como principal objetivo proteger a dignidade, os direitos, a segurança e o bem-estar dos participantes na investigação. A mesma deverá basear-se, pois, num conjunto de competências e experiências que reflita adequadamente as opiniões de profissionais e de não profissionais e funcionar de forma absolutamente independente, livre de conflitos de interesses e influências indevidas.

c.1) Estudos clínicos sem ou com intervenção

No que respeita à maioria dos *estudos clínicos*, esta responsabilidade repousa sobre uma *Comissão de Ética Competente* (CEC)[574], podendo a mesma tratar-se da *Comissão de Ética para a Investigação Clínica* (CEIC)[575], da *Comissão de Ética para a Saúde* (CES)[576] que funciona junto do centro de investigação envolvido, ou da CES designada pela CEIC para esse fim. Note-se ainda que, por expressa exigência legal, a CEC deve ser

[573] Cf. arts. 15.º a 22.º da Lei n.º 21/2014.

[574] O INFARMED, I.P. só intervém em casos de em matéria de ensaios clínicos e de estudos clínicos com intervenção de dispositivos médicos ou de produtos cosméticos e de higiene corporal.

[575] Entende-se por *Comissão de Ética para a Investigação Clínica* o organismo independente constituído por profissionais de saúde e outros, incumbido de assegurar a proteção dos direitos, da segurança e do bem-estar dos participantes nos estudos clínicos e de garantir os mesmos junto da sociedade. A CEIC é dotada de independência técnica e científica e funciona junto do INFARMED, I. P., sob a tutela do membro do Governo responsável pela área da saúde. Para mais informações v. Campos, Alexandra Pagará / Faria, Paula Lobato, "A nova lei de ensaios clínicos com medicamentos de uso humano: transposição da Diretiva n.º 2001/20/CE, de 4 de abril", in *Revista Portuguesa de Saúde Pública*, vol. 22, n.º 2, 2004, pp. 105-106.

[576] Vide, a este propósito, o disposto no Decreto-Lei n.º 97/95, de 10 de maio.

composta por membros dotados de competência específica no domínio da patologia e da população a que se refere o estudo clínico ou que obtenha o respetivo aconselhamento em questões clínicas, éticas e psicossociais ligadas à doença e à população em causa.

De forma sumária, a realização do estudo depende da emissão de um parecer obrigatório pela CEC. O pedido de parecer é apresentado pelo promotor, através do *Registo Nacional de Estudos Clínicos* (RNEC), instruído de acordo com as indicações pormenorizadas a estabelecer pela CEIC. Uma vez realizado o pedido, a CEC dispõe de 30 dias para a emissão do parecer em causa, podendo, porém, no decurso deste prazo, solicitar – ainda que apenas uma *única vez* – informações complementares ao requerente, suspendendo-se o prazo para a emissão do parecer até à receção das informações.

Mais releva destacar que o prazo para a emissão do parecer pode ser prorrogado por 20 dias no que respeita aos ensaios clínicos que envolvam medicamentos de terapia génica, de terapia celular somática ou que contenham organismos geneticamente modificados. Este prazo já alargado pode ainda ser prorrogado por 50 dias, no caso de consulta a grupos ou comités de peritos. Por sua vez, a emissão de parecer sobre ensaios clínicos que envolvam medicamentos de terapia celular xenogénica não está sujeita a qualquer prazo.

Uma vez emitido[577], o parecer fundamentado deve ser comunicado, através do RNEC, ao requerente, à CEIC, quando não tenha sido esta a

[577] No parecer a CEC deve pronunciar-se obrigatoriamente sobre (1) a pertinência do estudo clínico e da sua conceção; (2) a avaliação dos benefícios e riscos previsíveis; (3) o protocolo, incluindo os planos de divulgação do estudo; (4) a aptidão do investigador principal e dos restantes membros da equipa; (5) as condições materiais e humanas necessárias à realização do estudo clínico; (6) os montantes e as modalidades de retribuição ou compensação eventuais dos investigadores e dos participantes nos estudos clínicos e os elementos pertinentes de qualquer contrato financeiro previsto entre o promotor e o centro de estudo clínico; (7) as modalidades de recrutamento dos participantes; (8) as situações de conflito de interesses por parte do promotor ou investigador envolvidos no estudo clínico; (9) o prazo e as condições de acompanhamento clínico dos participantes, após a conclusão do estudo clínico; (10) o procedimento de obtenção do consentimento informado, incluindo as informações a prestar aos participantes. Nos estudos clínicos com intervenção o parecer da CEC deve ainda pronunciar-se sobre a brochura do investigador, a qualidade das instalações, as disposições sobre indemnização por danos patrimoniais e não patrimoniais, os seguros destinados a cobrir a responsabilidade do investigador e do promotor e a fundamentação da realização do estudo clínico com intervenção em que participem menores ou maiores incapazes de prestar consentimento informado.

emiti-lo, e ao INFARMED, I. P., nos ensaios clínicos e nos estudos clínicos com intervenção de dispositivos médicos ou de produtos cosméticos e de higiene corporal (já que, como vimos acima, é a este que incumbe a emissão da autorização necessária para a sua realização).

Mesmo após o início de um estudo clínico, o promotor pode introduzir modificações no protocolo, exceto se as mesmas tiverem incidências na segurança dos participantes ou alterarem a interpretação das provas científicas em que assenta a realização do estudo clínico. Nesse caso, o promotor deve solicitar à CEC a modificação do protocolo, através do RNEC, e o estudo clínico só pode prosseguir de acordo com o protocolo alterado após parecer favorável da mesma (emitido no prazo de 20 dias). Nos ensaios clínicos e nos estudos clínicos com intervenção de dispositivos médicos ou de produtos cosméticos e de higiene corporal, o promotor notifica ainda o INFARMED, I. P., dos motivos e do teor das alterações propostas[578].

Uma vez concluído o estudo, o promotor notifica a CEC, através do RNEC, no prazo de 90 dias a contar da data de conclusão da participação do último participante no estudo clínico. Os resultados finais decorrentes da realização dos estudos clínicos devem ser registados no RNEC, sob a forma de relatório final do estudo clínico ou de resumo do relatório final no caso dos ensaios clínicos, de publicações ou de apresentações. Nos estudos com financiamento direto ou indireto através de fundos públicos, o investigador ou o promotor deve ainda disponibilizar à CEC, através do RNEC, uma versão pública das bases de dados do estudo clínico, devidamente autorizada pela CNPD e no respeito pelos direitos do promotor e investigador em matéria de propriedade

578 De acordo com o número 5 do artigo 18.º da Lei n.º 21/2014, nos ensaios clínicos e nos estudos clínicos com intervenção de dispositivos médicos ou de produtos cosméticos e de higiene corporal, se a CEC emitir parecer favorável e o INFARMED, I. P., ou qualquer das autoridades dos restantes Estados membros envolvidos, não emitirem objeções fundamentadas, o promotor pode prosseguir o estudo clínico de acordo com o protocolo alterado. Por sua vez, nos termos do número 6 do mesmo artigo, nos ensaios clínicos e nos estudos clínicos com intervenção de dispositivos médicos ou de produtos cosméticos e de higiene corporal, se a CEC emitir parecer favorável e o INFARMED, I. P., ou qualquer das autoridades dos restantes Estados membros envolvidos, emitirem objeções fundamentadas, o promotor só pode prosseguir o estudo clínico se adaptar o protocolo às objeções transmitidas ou se retirar a proposta de modificação.

intelectual, dentro de três anos após a conclusão da participação do último participante no estudo clínico. Nos ensaios clínicos e nos estudos clínicos com intervenção de dispositivos médicos ou de produtos cosméticos e de higiene corporal, o conselho diretivo do INFARMED, I. P., é também devidamente notificado da conclusão do estudo clínico.

A CEC (ou o INFARMED, I. P., no caso dos ensaios clínicos, nos estudos clínicos com intervenção de dispositivos médicos ou de produtos cosméticos e de higiene corporal) pode suspender ou revogar a autorização para a realização do estudo clínico se tiver razões objetivas para considerar que deixaram de estar preenchidas as condições em que se fundamentou o seu parecer (ou autorização) ou se dispuser de informação que suscite dúvidas quanto à segurança ou ao fundamento científico do estudo clínico. Exceto em caso de urgência, a deliberação de suspensão ou revogação do parecer ou autorização do estudo clínico com intervenção deve ser precedida de audiência escrita do promotor.

c.2) Ensaios clínicos

O pedido de autorização para a realização de ensaios clínicos é apresentado ao INFARMED, I. P., pelo promotor, através do RNEC[579]. No prazo máximo de 30 dias, o conselho diretivo do INFARMED, I. P. delibera sobre o pedido de autorização[580] e a CEC pronuncia-se sobre o protocolo em causa (nos termos acima mencionados). No decurso deste prazo, o INFARMED, I. P., pode solicitar ao requerente, uma

[579] O mesmo é instruído com os seguintes elementos: o protocolo; a brochura do investigador; a identificação completa do promotor do ensaio clínico, do investigador, do investigador principal ou do investigador-coordenador; a identificação e as qualificações de todos os membros da equipa de investigação envolvidos no ensaio clínico; a identificação dos centros de estudos clínicos envolvidos, bem como declaração emitida pelo responsável dos centros de estudos clínicos indicando os termos da respetiva participação; a identificação das respetivas autoridades competentes, bem como, se existirem, os pareceres das comissões de ética aí proferidos, traduzidos para a língua portuguesa, no caso de ensaios clínicos multicêntricos envolvendo centros de ensaio de outros Estados Membros da União Europeia ou de países terceiros; o *dossier* do medicamento experimental, no caso de ensaio clínico com medicamento experimental; bem como outros elementos considerados necessários de acordo com a Norma Orientadora aplicável da Comissão Europeia.

[580] Atualmente, não está prevista a figura da "autorização tácita", a qual se revelava "muito favorável para os promotores que [desejassem] realizar ensaios multicêntricos, designadamente em vários países europeus". Para mais informações, v. Pereira, André, "A transposição da diretiva sobre ensaios clínicos de medicamentos para uso humano no direito português", *op. cit.*, 25-26.

única vez, informações ou documentos complementares ao pedido apresentado, suspendendo-se o prazo até à receção das informações ou documentos.

No caso de o INFARMED, I. P., apresentar ao promotor objeções fundamentadas, este pode, no prazo que lhe for fixado para o efeito, alterar, uma única vez, o conteúdo do pedido de autorização. A não modificação do pedido implica a sua rejeição, não podendo realizar-se o ensaio clínico.

O INFARMED, I. P., pode decidir sobre a necessidade de autorização expressa para os ensaios clínicos que envolvam alguns tipos de medicamentos. No entanto, dependem sempre de autorização expressa os ensaios clínicos que envolvam medicamentos de terapia génica, de terapia celular somática, que contenham organismos geneticamente modificados ou de terapia celular xenogénica. Nos primeiros três casos, o prazo de 30 dias para a autorização pode ser prorrogado por mais 20 dias; no último caso, o mesmo pode ainda ser prorrogado por mais 50 dias, caso haja lugar à consulta a grupos ou comités de peritos. A autorização relativa a ensaios clínicos que envolvam medicamentos de terapia celular xenogénica não está sujeita a qualquer prazo.

Mais se note que está expressamente proibida a realização de ensaios envolvendo terapia génica que possam dar origem a modificações na identidade genética germinal do participante.

Além da garantia de observância de todas estas condições básicas, é absolutamente crucial destacar a importância do delineamento e implementação de estratégias que reduzam, de forma genérica, o risco da investigação e assegurem os direitos e liberdades dos intervenientes em causa, *v.g.* encetando-se uma prévia preparação rigorosa dos investigadores, mormente por via de uma revisão cuidada da literatura científica disponível; mobilizando-se critérios adequados de inclusão e de exclusão dos participantes; promovendo-se o respeito escrupuloso e a todo o tempo pelas boas práticas de investigação internacionalmente aceites (art. 4.º da Lei n.º 21/2014); garantindo-se que os cuidados médicos dispensados e as decisões médicas tomadas em relação ao participante são da responsabilidade de um médico devidamente qualificado; adotando-se medidas aptas a garantir a confidencialidade dos dados pessoais recolhidos[581]; e também, assegurando-se a constante monitorização do estado de saúde dos participantes após a conclusão do ensaio. Ainda neste último domínio, impõe-se igualmente que a vigilância quanto à possível verificação de reações adversas seja levada a cabo mesmo após a disponibilização dos produtos no mercado[582].

Cabe, além disto, uma breve referência ao regime da reparação por danos sofridos em virtude da participação em estudos e ensaios clínicos, a qual "beneficia de um regime especial e bastante generoso", *inter alia*, visando a compensação pelo sacrifício ou pela assunção voluntária do risco em prol da sociedade e da ciência[583]. Assim sendo, neste contexto:

i) Adotou-se um *sistema de responsabilidade objetiva (i.e. sem necessidade de prova da culpa) do promotor e do investigador* pelos danos causados ao participante no ensaio. E mais, entre nós, não há distinção em termos de regime aplicável a ensaios clínicos com benefício para o participante e ensaios clínicos puros[584];

ii) O promotor e o investigador respondem, de forma solidária, pelos danos patrimoniais e não patrimoniais que o estudo cause ao participante;

[581] A este propósito, de forma muito relevante, referem os artigos 25.º a 28.º do *Protocolo Adicional à CDHB sobre Investigação Biomédica* que qualquer informação de caráter pessoal recolhida no decurso da investigação biomédica deverá ser considerada confidencial e tratada de acordo com as regras relativas à proteção da vida privada. Os participantes na investigação deverão ter o direito de conhecer qualquer informação recolhida sobre a sua saúde e terão acesso às outras informações pessoais, recolhidas para um projeto de investigação, em conformidade com a lei sobre a proteção dos indivíduos no que diz respeito ao tratamento dos dados pessoais. Mais se estabelece que, se da investigação resultar informação com relevância para a saúde, atual ou futura, ou para a qualidade de vida dos participantes na investigação, essa informação tem de lhes ser necessariamente facultada (no quadro dos cuidados de saúde ou de aconselhamento médico). Ao proceder-se à comunicação da mesma, sempre haverá que providenciar no sentido de se proteger a confidencialidade e respeitar qualquer vontade de um participante de não receber tal informação (respeito pelo *direito a não saber*).

[582] Resnik, David B. / Tinkle, Sally S., "Ethics in nanomedicine", *op. cit.*, 346-347.

[583] Pereira, André, "A transposição da diretiva sobre ensaios clínicos de medicamentos para uso humano no direito português", *op. cit.*, 9.

[584] *Idem*, 10; e ainda, Oliveira, Guilherme de, "Direito biomédico e investigação clínica", *op. cit.*, 213-215.

iii) Em sede de nexo de causalidade, a lei afirma que "presumem-se imputáveis ao ensaio os danos que afetem a saúde do participante durante a realização do ensaio e no ano seguinte à sua conclusão". Decorrido esse período, cabe ao participante, nos termos das regras gerais, provar que o dano é imputável ao ensaio;

iv) Deve obrigatoriamente ser contratado um seguro destinado a cobrir a responsabilidade civil do promotor, do investigador, da respetiva equipa e do proprietário ou órgãos de gestão do centro de ensaio, salvo se o mesmo for dispensado nos termos da lei.

v) O parecer da CEC ou a autorização concedida pelo INFARMED, I. P., nos casos aplicáveis, não constituem fundamento de exclusão ou limitação da responsabilidade consagrada no artigo 15.º da Lei n.º 21/2014;

vi) O disposto na Lei n.º 21/2014 não constitui fundamento para eximir o promotor, o investigador, os membros da respetiva equipa de investigação e o centro de estudo clínico das formas de responsabilidade disciplinar, civil, contraordenacional ou penal estabelecidas na lei.

Por fim, não podemos deixar de mencionar o designado "fornecimento gratuito e compassivo". Segundo o n.º 1 do artigo 23.º da nossa *Lei n.º 21/2014*, os tratamentos, incluindo os medicamentos experimentais e os dispositivos utilizados para a sua administração, os dispositivos sob investigação, bem como os demais medicamentos já autorizados e dispositivos médicos já colocados no mercado, consultas e exames complementares de diagnóstico, cuja necessidade de utilização decorra apenas da prática clínica prevista para a realização do estudo e sejam adicionais à prática clínica estabelecida ou corrente, são fornecidos gratuitamente pelo promotor, sem prejuízo de compensações adicionais a estabelecer no contrato financeiro. Por sua vez, dispõe o n.º 2 do preceito em análise que, após a conclusão do estudo clínico com intervenção, tais tratamentos devem, até à sua comercialização, ser disponibilizados gratuitamente pelo promotor ao participante, desde que o investigador considere indispensável a continuação da sua utilização pelo mesmo e não existam alternativas terapêuticas de eficácia e segurança equiparáveis. Nesse sentido, deve o investigador obter o consentimento informado do participante ou do seu representante legal, apresentar um relatório clínico justificativo da necessidade de continuação do tratamento e notificar a CEC e o INFARMED, I. P., das reações e dos acontecimentos adversos que ocorram no decurso da administração do medicamento ou da utilização do dispositivo médico. Nos ensaios clínicos e nos estudos clínicos com intervenção de dispositivos médicos ou de produtos cosméticos e de higiene corporal, é exigida a comunicação à CEC, ao INFARMED, I. P., e ao responsável pela unidade de saúde, no prazo mais curto possível, da continuação do tratamento, da administração do medicamento ou da utilização do dispositivo médico.

CAPÍTULO IV
NANOBIOTECNOCIÊNCIA E RISCO(S): QUE RESPOSTAS?

4.1. Os "novos riscos" e a crise do(s) direito(s): entre a segurança, o(s) medo(s) e a tecnocracia

O risco é apanágio da atual sociedade tecnocrática globalizada – apelidada por ULRICH BECK de "sociedade mundial do risco"[585] –, sendo considerado responsável pelo cada vez mais evidente "lado (...) sombrio da modernidade"[586]. A verdade é que, ao longo de todo o percurso histórico e societal, o risco tem assumido diferentes contornos e sido concetualizado de formas distintas, pelo que é inegável a sua afirmação enquanto "fenómeno com uma profunda e complexa significância cultural, cujas possíveis interpretações dependem diretamente das condições históricas, políticas e sociais"[587]. Importa, pois, reconhecer a perspicácia de FRANÇOIS EWALD quando afirma que "nada é um risco em si mesmo, não existe risco no real. Mas qualquer coisa poderá constituir um risco; tudo depende de como alguém analisa o perigo e encara um evento"[588].

[585] BECK, Ulrich, *Sociedade de risco mundial: em busca da segurança perdida, op. cit.*

[586] GIDDENS, Anthony, *As consequências da modernidade* (trad. por Raul Fiker), S. Paulo: Editora UNESP, 1990, p. 13.

[587] HOGLE, Linda F., "Concepts of risk in nanomedicine research", in *Journal of Law, Medicine and Ethics*, n.º 40, 2012, p. 810.

[588] *Idem*, 811.

Atualmente, deparamo-nos com os chamados "novos riscos"[589], os quais repousam na incerteza enquanto conceito dominante a partir do qual deve ser encarada a sociedade contemporânea. Foram, essencialmente, a globalização – ou globalizações?[590] – e o aumento exponencial do conhecimento técnico-científico que contribuíram para tornar a vida em sociedade uma autêntica "experiência-limite"[591], marcada pelo contacto ubíquo com riscos incontroláveis, inquantificáveis (por vezes mesmo, irreversíveis...), indetermináveis e não atribuíveis[592] e pela total inadequação dos métodos tradicionais para os remediar ou impedir[593]. Consideramos, pois, parafraseando HANNAH ARENDT, que um dos maiores paradoxos da atualidade reside no facto de o progresso aumentar o poder do indivíduo sobre si mesmo e sobre tudo aquilo que o rodeia, ao mesmo tempo que o vai tornando cada vez menos senhor das consequências das suas ações[594].

Numa era em que o tempo e o espaço são inegavelmente mais *curtos* e percecionados de forma *impaciente* e *imediata*[595], os três pilares que tradicionalmente sustentavam o valor da segurança – o Estado[596], a ciência

[589] Os quais não se confundem com os chamados riscos tradicionais (voluntariamente assumidos e limitados no espaço e no tempo) ou com os riscos do desenvolvimento industrial (que afetam, de forma controlável e calculável, um indivíduo ou um grupo de indivíduos determinado ou determinável). Cf. SOUSA, Susana Aires de, "Saúde pública, direito penal e 'novos riscos': um triângulo com lados desiguais", in *Direito(s) dos riscos tecnológicos* (coord. por Carla Amado Gomes), Lisboa: AAFDL Editora, 2014, p. 622 e ss.

[590] Neste sentido, v. SANTOS, Boaventura de Sousa, "Os processos da globalização", in *Globalização: fatalidade ou utopia* (coord. pelo mesmo autor), Porto: Editora Afrontamento, 2001, p. 31 e ss.

[591] LOUREIRO, João, *Constituição e Biomedicina – contributo para uma teoria dos deveres bioconstitucionais na esfera da genética humana – vol. I, op. cit.*, 41.

[592] BECK, Ulrich, *Sociedade de risco mundial: em busca da segurança perdida, op. cit.*, 106.

[593] BRONZE, Fernando Pinto, "Argumentação jurídica: o domínio do risco ou o risco dominado (tópicos para um diálogo pedagógico)", in *Analogias* (do mesmo autor), Coimbra: Coimbra Editora, 2012, p. 131.

[594] ARENDT, Hannah, *A condição humana*, Lisboa: Relógio d'Água, 2011, pp. 290 e 298-299.

[595] GARCIA, Maria da Glória, *O lugar do Direito na proteção do ambiente*, Coimbra: Almedina, 2015, pp. 289-291.

[596] JOSÉ CASALTA NABAIS fala, a este propósito, de uma "salamização do Estado", o qual se encontra em falência, quer do ponto de vista externo – dada a emergência de factos, movimentos e forças que agudizam a sua incapacidade de disciplinar e controlar certas atividades planetárias –, quer do ponto de vista interno – devido às suas dificuldades em representar cidadãos e grupos e regular os poderes sociais. A este propósito, v. NABAIS, José Casalta, "Algumas reflexões críticas sobre os direitos fundamentais", in *Ab Uno Ad Omnes – 75 Anos da Coimbra Editora* (AA. VV.), Coimbra: Coimbra Editora, 1998, pp. 972 e ss.; e ainda, MONIZ, Ana Raquel, *Os direitos fundamentais e a sua circunstância, op. cit.*, 20-24.

e a economia[597] – têm vindo a sofrer uma violenta erosão[598], deixando o indivíduo exposto a múltiplas ameaças à sua qualidade de vida e à própria sobrevivência da espécie – e fazendo-o relembrar que nem pelo progresso o ser humano logra eliminar a sua intrínseca fragilidade. Numa cultura de "dúvida sistémica"[599], em que a própria comunidade científica se revela incapaz de transmitir certezas e de fabricar fórmulas de promoção do bem-estar pessoal e social – já que "mais ciência não reduz necessariamente o risco"[600], mas antes agudiza a nossa consciência face ao mesmo, exteriorizando vulnerabilidades –, é imperativo reconhecer, com Maria da Glória Garcia, que a "ignorância deixa de poder assumir-se com indiferença, de forma despreocupada, como algo banal, isto é como algo que outros por nós suprem"[601].

É preciso, portanto, reconhecer que vivemos um período de autêntica crise[602], a qual é simultaneamente uma crise intra-geracional e inter-geracional.

No primeiro caso, a crescente extenuação e diluição das fronteiras estaduais – a qual paradoxalmente se tem feito acompanhar de discursos centrípetos e que reivindicam a adoção de políticas de blindagem do *quase-perdido* Estado-Nação – deve fazer-se acompanhar de uma crescente valorização da fraternidade (de uma «*fraternitas*»), a qual indo para lá de uma mera solidariedade além-fronteiras, procura abrir

597 Estamos a referir-nos aos novos desafios colocados pela disruptiva globalização económico-financeira, pela (re)emergência da crise económica global – a qual tem levantado cada vez mais preocupações relacionadas com a escassez e nos tem feito duvidar da própria sobrevivência do Estado Social –, bem como pelo aprofundamento da pobreza enquanto "consequência humana da desigualdade". Cf. *Idem*, 24-30; e ainda, Loureiro, João, *Adeus ao Estado Social? A segurança social entre o crocodilo da economia e a medusa da ideologia dos "direitos adquiridos"*, Coimbra: Coimbra Editora, 2010, pp. 53 e ss.

598 Beck, Ulrich, *Sociedade de risco mundial: em busca da segurança perdida, op. cit.*, 95.

599 Garcia, Maria da Glória, "Princípio da precaução: lei do medo ou razão de esperança?", in *Estudos em homenagem ao Prof. Doutor José Joaquim Gomes Canotilho* (org. por Fernando Alves Correia, Jónatas Machado e João Loureiro), Vol. I, Coimbra: Coimbra Editora, 2012, p. 318.

600 Beck, Ulrich, *Sociedade de risco mundial: em busca da segurança perdida, op. cit.*, 30.

601 Garcia, Maria da Glória, "Sociedade de risco, política e Direito", in *Estudos Comemorativos dos 10 anos da Faculdade de Direito da Universidade Nova de Lisboa – Vol. I* (coord. por Diogo Freitas do Amaral, Carlos Ferreira de Almeida e Marta Tavares de Almeida), Coimbra: Almedina, 2008, p. 116.

602 Ou de "crises", já que as suas dimensões e repercussões são múltiplas e não se limitam, de todo, aos aspetos a que, *hic et nunc*, estamos a aludir.

as portas aos tão esquecidos valores da interajuda mútua e da empatia[603]. Só deste modo se logrará a justa repartição do risco (*scilicet*, uma gestão do risco que não onere, de forma exclusiva, as camadas sociais mais desfavorecidas[604]), bem como a adoção de medidas coletivas eficazes e sustentáveis para se fazer frente ao mesmo[605].

Mas a discussão em torno dos deveres do ser humano para consigo mesmo e para com o outro (aqui entendido como um *outro concreto e identificável*) deve, igualmente, ser acompanhada de uma reflexão acerca dos deveres das gerações presentes para com as gerações vindouras (*o outro abstrato e não identificável*) – o que, no plano ético, nos remete para o princípio da responsabilidade de Hans Jonas[606], a qual será sempre uma "responsabilidade supra-individual e supra-social em relação ao mundo vital em geral, que persegue o ser humano pelo seu excesso de poder e pela temeridade da técnica"[607]. A este propósito, Castanheira Neves chama a atenção para a importância da orientação da ação humana com base numa cuidada *dialética liberdade-responsabilidade*[608], a qual pressupõe, parafraseando Ana Raquel Moniz, uma "compreensão sistémica da realidade (...) como uma rede de comunidades em relação, situadas num tempo e num espaço em mutação constante e num

[603] Tal assume-se como fundamental numa época em que "a política surge reconduzida a uma lógica da ameaça do risco" (aqui entendido como uma catástrofe antecipada e baseada em perceções...) e em que só a atuação concertada e baseada numa alargada cooperação internacional para a prossecução de interesses recíprocos – ou, por outras palavras, a adoção de uma "política interna mundial" (J. Habermas) – poderá evitar a ocorrência de catástrofes. Cf. Moniz, Ana Raquel, *Os direitos fundamentais e a sua circunstância*, *op. cit.*, 23-24.

[604] Casado, María / Corcoy, Mirentxu, "Principios de precaución y gestión del riesgo en el contexto de la nanotecnología", in *Bioética y Nanotecnología* (coord. por María Casado), Navarra: Thomson Reuters, 2010, p. 134.

[605] Martin, Agathe, "Le mythe cybernétique : aux origines de la société du risque", in *M@gm@*, vol. 13, n.º 2, 2015, disponível em: <https://www.academia.edu/27409253/Le_mythe_cybernétique_aux_origines_de_la_société_du_risque>. Consultado em: 20 de dezembro de 2019.

[606] Jonas, Hans, *El principio de responsabilidad: ensayo de una ética para la civilización tecnológica* (trad. por Javier Fernández Retenaga), Barcelona: Editorial Herder, 1995, p. 40.

[607] Urruela Mora, Asier, "Los principios de responsabilidad y de precaución como ejes de la intervención jurídica en el campo de la genética y de las biotecnologías", in *Lex Medicinae*, n.º 1, 2004, p. 16.

[608] Neves, António Castanheira, "Pessoa, direito e responsabilidade", in *Revista Portuguesa de Ciência Criminal (RPCC)*, n.º 6, 1996, p. 37.

contexto de recursos (horizontal e verticalmente) finitos"[609]. Assim, a resposta para o problema da partilha do mundo entre várias gerações parece residir no reconhecimento de uma espécie de "liberdade sustentável" (AMARTYA SEN) que permita aos atuais indivíduos usufruir de um generoso espaço de exercício das suas liberdades, ao mesmo tempo que os responsabiliza no sentido de se assegurarem condições propícias a que as gerações futuras possam gozar dessas mesmas liberdades em condições, senão iguais, pelo menos semelhantes[610].

E note-se, esta ausência de certezas e a proliferação de discursos que "oscilam entre o otimismo ingénuo e serôdio da Modernidade e [um] novo obscurantismo apocalíptico"[611] têm tido profundos impactos no próprio Direito, *inter alia*, porque a gestão do risco deixa de se compadecer com uma mera racionalidade técnico-científica para passar a exigir uma verdadeira ponderação normativa e valorativa[612]. Tal tendência tem-se manifestado em múltiplas frentes, mormente com o surgimento de novos direitos humanos e fundamentais – a que alguns autores já apelidaram de "biodireitos"[613] –, com o desenvolvimento da dogmática dos deveres (não correlativos de direitos) das gerações atuais face às gerações vindouras[614], bem como com o afirmar, no domínio jus-principiológico, da importância dos princípios da prevenção e da precaução[615]. É neste último que nos iremos, já em seguida, focar,

[609] MONIZ, Ana Raquel, *Os direitos fundamentais e a sua circunstância, op. cit.*, 33.

[610] *Idem*, 95.

[611] LOUREIRO, João, "Da sociedade técnica de massas à sociedade de risco: prevenção, precaução e tecnociência", in *Estudos em homenagem ao Prof. Doutor Rogério Soares* (AA.VV.), Coimbra: Coimbra Editora, 2001, p. 813.

[612] MONIZ, Ana Raquel, *Os direitos fundamentais e a sua circunstância, op. cit.*, 37.

[613] Sobre os mesmos, v. MILLNS, Susan, "Consolidating bio-rights in Europe", *op. cit.*, 78 e ss.

[614] NABAIS, José Casalta, "Algumas reflexões críticas sobre os direitos fundamentais", *op. cit.*, 984.

[615] Apesar disso, ULRICH BECK afirma que, na Europa, se assiste a um "choque entre duas tendências históricas contrárias": por um lado, um elevado nível de segurança, baseado no aperfeiçoamento das normas jurídicas e dos mecanismos de controlo técnico-burocráticos, e, por outro lado, uma propagação de "perigos nunca antes vistos na História que escapam completamente à rede do direito, da tecnologia e da política" Cf. BECK, Ulrich, *Sociedade de risco mundial: em busca da segurança perdida, op. cit.*, 65.

analisando especificamente o modo como ele nos poderá auxiliar na gestão dos riscos associados à nanomedicina[616].

4.2. (Re)visitando o princípio da precaução

Formular boas respostas para os desafios colocados pela sociedade contemporânea pressupõe a adoção de uma abordagem profundamente comprometida com a identificação, gestão e comunicação do(s) risco(s)[617].

O princípio da precaução[618] – cujas origens na arena europeia tendem a ser situadas na década de 70 do século passado, pelo labor da doutrina germânica («*Vörsorgeprinzip*»)[619], especialmente face ao aumento do número de atividades potencialmente perigosas desenvolvidas e que poderiam colocar em causa a saúde pública, a segurança e o meio ambiente[620] – não mais é do que a aplicação específica da clássica virtude aristotélica da prudência ou "sabedoria prática" («*phronesis*») aquando da tomada de decisões políticas em tempos de incerteza[621].

[616] Em outro lugar e noutro momento, já apresentámos uma proposta de aplicação do princípio da precaução ao domínio da genética (especificamente no que respeita à edição do genoma humano para fins preventivo-terapêuticos), pelo que nos abstemos de o fazer de novo aqui. Para mais informações, v. FIGUEIREDO, Eduardo, *Desagrilhoar Prometeu? Direito(s), genes e doença(s): desafios constitucionais na era da engenharia genética, op. cit.*, 127 e ss.

[617] Também neste sentido, v. GUERRA, Giorgia, *Regole e responsabilità in nanomedicina: profili giuridici delle tecnologie biomediche avanzate, op. cit.*, 31; alertando que "a identificação, avaliação e gestão do risco são processos idênticos e com um encadeamento lógico, mas que não se podem confundir porque pressupõem lógicas distintas", v. ROYES, Albert, "Afilando la navaja de Ockham", *op. cit.*, 55; e ainda, VAN CALSTER, Geert, "Regulating nanotechnology in the European Union", *op. cit.*, 244.

[618] NEIL MANSON preferia utilizar a expressão no plural, referindo-se à existência de vários "princípios de precaução". Cf. ALLHOFF, Fritz, "Risk, precaution and nanotechnology", in *In Pursuit of Nanoethics* (ed. por Bert Gordijn e Anthony M. Cutter), Dordrecht: Springer, 2014, p. 119.

[619] CHEN, Ling, "Realizing the precautionary principle in due diligence", in *Dalhousie Journal of Legal Studies*, vol. 25, 2016, p. 4.

[620] GUERRA, Giorgia, *Regole e responsabilità in nanomedicina: profili giuridici delle tecnologie biomediche avanzate, op. cit.*, 78.

[621] ANDORNO, Roberto / BILLER-ANDORNO, Nikola, "The risks of nanomedicine and the precautionary principle", *op. cit.*, 138.

Este encontra-se hoje expressamente consagrado na ordem jurídica europeia, mormente no artigo 191.º/2 do TFUE[622], pelo que constitui um princípio geral de Direito Europeu que exige às autoridades competentes a tomada de medidas aptas a prevenir potenciais riscos[623]. Além disso, o mesmo pode ser encontrado num conjunto de convenções internacionais[624], bem como em diplomas nacionais de natureza legal[625].

A sua mobilização apenas se justifica naqueles casos em que um determinado "fenómeno, produto ou processo acarretam riscos graves, mas cuja avaliação científica não nos permite determiná-los, com suficiente clareza, quer qualitativa, quer quantitativamente"[626].

Assim sendo, num primeiro momento, será necessário proceder-se à chamada "identificação dos riscos", hoje largamente dificultada pela incerteza (ontológica, epistemológica ou hermenêutica[627]) que os carateriza[628], a qual poderá resultar das particularidades do próprio método

[622] Sobre o mesmo, v. Aragão, Alexandra, "Art. 191.º - O ambiente", in *Tratado de Lisboa – anotado e comentado* (coord. por Manuel Lopes Porto e Gonçalo Anastácio), Coimbra: Almedina, 2012, pp. 758-765.

[623] Assim, mesmo que o legislador nacional não tivesse consagrado este princípio por iniciativa própria ou através da receção do mesmo por dever de cumprimento da obrigação de transposição de diretivas europeias, a verdade é que ele sempre vigoraria e seria diretamente aplicável na ordem jurídica interna enquanto princípio geral de Direito Europeu. Cf. Aragão, Alexandra, "Dimensões europeias do princípio da precaução", in *Revista da Faculdade de Direito da Universidade do Porto*, vol. 7, 2010, p. 255.

[624] É o caso da Declaração do Rio sobre Ambiente e Desenvolvimento (1992), da Convenção das Nações Unidas sobre a Diversidade Biológica (1992) ou da Convenção-Quadro das Nações Unidas sobre Alterações Climáticas (1992), o que bem demonstra como este princípio se foi afirmando enquanto princípio-reitor do Direito Internacional do Ambiente.

[625] Mas já não, ao menos de forma expressa, na CRP de 1976. Cf. Pereira, André Dias, "Experimentação com pessoas humanas e embriões humanos: desafios em tempos de terapia génica", in *Instituto de Derecho Iberoamericano (IDIBE)*, 2017, p. 5. Disponível em: <https://idibe.org/cuestiones-de-interes-juridico/experimentacao-com-pessoas-humanas-e-embrioes-humanos-desafios-em-tempos-terapia-genica/>. Consultado em: 26 de dezembro de 2019.

[626] Commission of the European Communities, "Communication from the Commission on the precautionary principle", Brussels, 2.2.2000, p. 3. Disponível em: <https://publications.europa.eu/en/publication-detail/-/publication/21676661-a79f-4153-b984-aeb28f07c80a/language-en>. Consultado em: 27 de dezembro de 2019.

[627] Para uma distinção entre tais "fontes da incerteza", v. Aragão, Alexandra, "Aplicação nacional do princípio da precaução", in *Colóquios 2011-2012*, Associação dos Magistrados da Jurisdição Administrativa e Fiscal de Portugal, 2013, p. 170.

[628] O que significa que nos estamos a referir a casos de risco meramente hipotético ou potencial (*i.e.* que não pode ser demonstrado cientificamente na sua totalidade). Esta constitui a principal diferença entre o princípio da precaução e o conhecido princípio da prevenção (o qual deve ser acionado em casos de risco atual, *i.e.* quando o potencial danoso do produto ou atividade é vastamente conhecido).

científico utilizado, da falta de consenso relativamente à interpretação dos dados disponíveis ou, em última instância, da completa falta de dados[629/630]. No caso específico da nanotecnologia, a doutrina afirma que a incerteza tende a resultar, *inter alia*, da incapacidade de se compreenderem certas propriedades das substâncias quando manipuladas à nanoescala, bem como a sua potencial toxicidade; da dificuldade em desvendar as interações de certas substâncias com outras (mormente no que respeita ao seu potencial de aglomeração); da divergência quanto ao estabelecimento do nexo de causalidade entre a exposição a certas substâncias nanoestruturadas e o desencadear de determinadas reações biológicas; ou da fraca representatividade da amostra populacional utilizada nos estudos e ensaios clínicos[631]. Existem, pois, consequências negativas para a saúde humana e ambiental derivadas da utilização de materiais nanoestruturados que ainda nem sequer conhecemos e, mesmo relativamente a aquelas que são conhecidas, não é possível determinar, com certezas, qual a probabilidade de que as mesmas venham a verificar-se ou qual a sua verdadeira extensão[632]. Neste contexto, a doutrina tem considerado que o princípio da precaução deverá ser mobilizado quando existam "motivos razoáveis" para se temer a materialização dos riscos, o que, por outras palavras, significa que basta que os potenciais

[629] COMMISSION OF THE EUROPEAN COMMUNITIES, "Communication from the Commission on the precautionary principle", *op. cit.*, 14.

[630] É possível identificar vários níveis de incerteza. Assim sendo, os riscos podem ser incertos quanto à origem dos danos (neste caso, existem danos reais e confirmados, mas desconhece-se qual a sua causa ou revela-se difícil estabelecer um nexo de causalidade entre uma causa hipotética e os mesmos); quanto à natureza ou gravidade dos danos (quando não existem dúvidas de que uma atividade irá provocar danos, mas não conseguimos identificar exatamente quais são ou quão graves); quanto à verificação dos danos (quando nem sequer existe um dano confirmado, havendo apenas suspeitas). Cf. ARAGÃO, Alexandra, "Princípio da precaução: manual de instruções", in *Revista do CEDOUA*, n.º 2, 2008, p. 33.

[631] NAIDU, David, *Biotechnology & Nanotechnology: regulation under environmental, health and safety laws*, *op. cit.*, 42; e ainda, SINGH, Ashok K., *Engineered nanoparticles*, *op. cit.*, 474-478.

[632] ALLHOFF, Fritz, "Risk, precaution and nanotechnology", *op. cit.*, 111; MELO, Helena Pereira de, "*No data, no market* – A aplicação do princípio da precaução à nanotecnologia", *op. cit.*, 348; e ainda, alertando para o facto de a mobilização de uma ideia de "verosimilhança, entendida como probabilidade não quantificada de que, no futuro, possam vir a ocorrer danos" corresponder melhor a critérios jurídicos, v. ARAGÃO, Alexandra, "Dimensões europeias do princípio da precaução", *op. cit.*, 262.

danos não sejam considerados absurdos ou totalmente descabidos à luz do atual estado do conhecimento científico.

Em seguida, importa que se proceda à "avaliação do risco", *i.e.* à análise da sua gravidade ou seriedade[633]. Nesse sentido, será necessário proceder-se à identificação técnico-científica das fontes do risco, bem como da probabilidade de a exposição às mesmas se poder materializar na verificação de efeitos adversos para a saúde humana, animal ou ambiental[634]. Na análise dos potenciais efeitos negativos de um fenómeno, produto ou processo, vários fatores haverão de ser tidos em conta, como é o caso da sua irreversibilidade, caráter cumulativo ou involuntariedade[635]. Além disso, a avaliação do risco – o qual é dotado de uma intrínseca e incontornável subjetividade[636] – pressupõe também a mobilização de critérios que indiciem a maior ou menor tolerância social face ao mesmo (relembremos U. BECK quando afirmava que "os riscos aceitáveis são os riscos aceites"[637])[638]. E note-se, como pontua ALEXANDRA ARAGÃO, o aumento da incerteza científica num determinado domínio

[633] Dando especial ênfase a este elemento, CASS SUNSTEIN teorizou acerca de um «*catastrophic harm precautionary principle*». Sobre o mesmo, v. SUNSTEIN, Cass R., "The catastrophic harm precautionary principle", in *Issues in Legal Scholarship*, n.º 6, vol. 10, 2007.

[634] SINGH, Ashok K., *Engineered nanoparticles, op. cit.*, 459.

[635] ARAGÃO, Alexandra, "Aplicação nacional do princípio da precaução", *op. cit.*, 164.

[636] Tal não implica, porém, que o princípio da precaução possa e/ou deva ser utilizado como meio de resposta a sentimentos subjetivos de medo por parte dos cidadãos. Cf. HOGLE, Linda F., "Concepts of risk in nanomedicine research", *op. cit.*, 818; e ainda, CASADO, María / CORCOY, Mirentxu, "Principios de precaución y gestión del riesgo en el contexto de la nanotecnología", *op. cit.*, 131.

[637] BECK, Ulrich, *Sociedade de risco mundial: em busca da segurança perdida, op. cit.*, 76.

[638] Neste contexto, a doutrina tem explicado que a perceção do público relativamente a uma determinada tecnologia depende da sua familiaridade com a mesma (relembre-se CASS SUNSTEIN quando afirma que as pessoas estão mais dispostas a tolerar riscos que lhe são familiares do que aqueles que não o são, mesmo que ambos sejam estatisticamente equivalentes) e da fonte que presta a informação acerca dos riscos em questão. Além disso, vários estudos apontam para que o risco tenda a ser mais valorizado por indivíduos (1) que se encontrem em situações de especial vulnerabilidade; (2) céticos face à bondade do desenvolvimento científico e tecnológico; (3) pouco confiantes na autoridade política e na comunidade científica; (4) que se consideram ultrassensíveis aos efeitos nocivos de uma qualquer exposição, ainda que mínima. Cf. SUNSTEIN, Cass R., "Beyond the precautionary principle", in *University of Pennsylvania Law Review*, vol. 151, 2003, pp. 1037-1138; e ainda, SINGH, Ashok K., *Engineered nanoparticles, op. cit.*, 516; e ainda, dando conta de como a reduzida tolerância social face aos organismos geneticamente modificados desacelerou a sua evolução e propagação, v. GUZMÁN, Katherine / TAYLOR, Margaret / BANFIELD, Jillian, "Environmental risks of nanotechnology: national nanotechnology Initiative Funding 2000-2004", *op. cit.*, 1401.

fará, naturalmente, com que o critério da insustentabilidade social dos riscos adquira maior relevo[639].

Atualmente, muito se tem escrito sobre o facto de a maior parte dos cidadãos não saber ou ignorar o que é a nanotecnologia[640]. Por sua vez, se compararmos a reação do público face à mesma na Europa e nos Estados Unidos da América, rapidamente concluímos que, no primeiro caso, à semelhança do ocorrido aquando da discussão em torno dos organismos geneticamente modificados, a cautela é bastante superior[641], enquanto que, no segundo caso, o otimismo generalizado irá, pelo menos por ora, manter a nanotecnologia longe da sempre mordaz censura pública[642]. É a constante e ineliminável dialética entre estas duas linhas de força – as análises científica e social do risco – que nos permitirá qualificar um risco como *cientificamente elevado* (um risco objetivo, de gravidade mensurável, face ao qual existe uma grande consciência dos cidadãos ou, em alternativa, uma reação de total indiferença quanto ao mesmo) ou como *socialmente elevado* (um risco subjetivo, o qual, muito embora seja desvalorizado ou considerado irrelevante pela comunidade científica, gera enormes ondas de alarme social)[643].

Ora, parece que, atento o atual estado de desenvolvimento da técnica, os riscos da nanotecnologia, mormente quando utilizada no domínio médico-farmacológico[644], além de graves (cf. *Parte II, Cap. II, 2.4.*) são incertos (essencialmente quanto à sua verificação e gravidade), não havendo forma de saber se a mesma contribuirá para tornar mais

[639] Aragão, Alexandra, "Princípio da precaução: manual de instruções", *op. cit.*, 44.

[640] Allen, Ethan / Bassett, Deborah, "Listen up – the need for public engagement in nanoscale science and technology", in *Nanotechnology Law and Business*, n.º 5, 2008, p. 432.

[641] Além dos efeitos desconhecidos decorrentes da presença de nanomateriais no corpo humano (e que se podem vir a manifestar apenas a médio ou longo prazo), o público preocupa-se bastante com os efeitos ambientais resultantes da libertação de nanopartículas sintéticas ou fabricadas na biosfera. Cf. Jain, Kewal K., *The handbook of nanomedicine, op. cit.*, 597.

[642] Gaskell, George *et al.*, "Imagining nanotechnology: cultural support for technological innovation in Europe and the United States", in *Public Understanding of Science*, n.º 14, 2005, p. 83.

[643] Aragão, Alexandra, "Aplicação nacional do princípio da precaução", *op. cit.*, 166.

[644] Para Ashok Singh, neste contexto, o risco traduz-se na probabilidade de ocorrência de efeitos nefastos para a saúde humana ou planetária resultante da exposição a alguma entidade física, química ou biológica. Segundo o autor, o risco pode, pois, ser traduzido na seguinte equação: "*Risco = Toxicidade x Exposição*". Cf. Singh, Ashok K., *Engineered nanoparticles, op. cit.*, 453 e 456.

aprazível a vida em sociedade ou se, antes, se afirmará como um verdadeiro campo minado no qual cada passo, mesmo que dado com cautela, poderá conduzir a resultados verdadeiramente trágicos. Fica justificada, pois, a adoção de medidas precaucionais que visem reduzir ou evitar os riscos[645].

Localizamo-nos, agora, no domínio da "gestão" (por via regulatória[646] ou não regulatória – *i.e.* política, social, económica, tecnológica, *etc.*[647]) e da "comunicação do risco".

Desde logo, tenha-se em conta que a adoção de medidas precaucionais tem como principal desiderato a redução do risco até *níveis científica e socialmente aceitáveis* (e não a prova de um qualquer utópico "risco-zero"). A natureza das medidas adotadas dependerá das caraterísticas do risco e da natureza do potencial dano, devendo, além disso, todas elas revelar-se não discriminatórias[648], adequadas, necessárias e proporcionais (*stricto sensu*). Assim, do estabelecimento de proibições liminares à mera comunicação do risco à população potencialmente afetada, o decisor parece dispor de um vasto rol de medidas pelas quais poderá optar consoante as idiossincrasias do caso concreto[649]. Importa, como é evidente, ter em conta que estas medidas serão sempre provisórias, estando sujeitas a revisões periódicas, à medida que o conhecimento técnico-científico avança, exigindo o seu reforço ou relaxamento[650]. Note-se ainda que a escolha das medidas precaucionais implica, bem para

[645] CASADO, María / CORCOY, Mirentxu, "Principios de precaución y gestión del riesgo en el contexto de la nanotecnología", *op. cit.*, 127; e ainda, MELO, Helena Pereira de, "*No data, no market* – A aplicação do princípio da precaução à nanotecnologia", *op. cit.*, 350.

[646] Entende-se por regulação dos riscos a "intervenção dos poderes públicos no mercado ou nos processos económicos e sociais, visando controlar as consequências potencialmente adversas que deles podem resultar para a saúde pública, o ambiente ou, de uma maneira mais geral, para a segurança das pessoas e bens". Cf. GONÇALVES, Maria Eduarda, "Regulação do risco e «risco» da regulação: o caso dos organismos geneticamente modificados", *op. cit.*, 442; e ainda, para a apresentação de algumas abordagens metodológicas possíveis na regulamentação do risco, v. GUERRA, Giorgia, *Regole e responsabilità in nanomedicina: profili giuridici delle tecnologie biomediche avanzate, op. cit.*, 81-84.

[647] SINGH, Ashok K., *Engineered nanoparticles, op. cit.*, 460.

[648] MELO, Helena Pereira de, "*No data, no market* – A aplicação do princípio da precaução à nanotecnologia", *op. cit.*, 375.

[649] ARAGÃO, Alexandra, "Aplicação nacional do princípio da precaução", *op. cit.*, 172.

[650] ROMEO CASABONA, Carlos M., *Los genes y sus leyes. El Derecho ante el genoma humano*, Bilbao-Granada: Editorial Comares, 2003, p. 37.

lá de uma mera análise custo-benefício associada a uma racionalidade estritamente económico-financeira (e típica da tradição precaucional norte-americana[651]), a ponderação dos vários aspetos socioeconómicos em causa, a comparação de todas as medidas disponíveis, a maior ou menor aceitabilidade pública da medida selecionada, bem como os potenciais benefícios e encargos (em concreto) da ação precaucional, assim como da sua falta[652]. O juízo aqui subjacente é, pois, mais do que meramente técnico-científico, um autêntico juízo de índole normativa, política, social e mesmo valorativa.

Já no que respeita à comunicação dos riscos, a mesma deve ser encarada como um autêntico processo interativo de troca de informações e opiniões entre indivíduos, grupos e instituições[653], de forma a promover-se o desenvolvimento da tão necessária confiança na ciência[654]. Desde logo, tal pressupõe o cumprimento daquilo a que a doutrina norte-americana vem apelidando de «*duty to warn*»[655], *i.e.* a transmissão à sociedade de todos os dados disponíveis relativos aos riscos associados a um determinado fenómeno, produto ou processo. Por outro lado, a mesma pressupõe a implementação de estratégias dialéticas (em oposição às tradicionais abordagens "silenciosas"[656]) que promovam a democratização deste complexo processo de gestão do risco, criando espaços de participação pública que permitam aos indivíduos e aos vários grupos de interesses influenciar as decisões que os afetam[657] – aumentando, deste modo, a legitimidade das medidas adotadas e a sua transparência[658].

[651] Aragão, Alexandra, "Dimensões europeias do princípio da precaução", *op. cit.*, 258.

[652] Não podemos esquecer que a adoção de medidas precaucionais também acarreta os seus próprios riscos, por vezes mesmo de igual ou superior gravidade aos riscos que a mesma procura evitar. Cf. Casado, María / Corcoy, Mirentxu, "Principios de precaución y gestión del riesgo en el contexto de la nanotecnología", *op. cit.*, 133; e ainda, Andorno, Roberto / Biller-Andorno, Nikola, "The risks of nanomedicine and the precautionary principle", *op. cit.*, 139.

[653] Singh, Ashok K., *Engineered nanoparticles*, *op. cit.*, 461.

[654] Hermerén, Göran, "Ethics and nanotechnology", in *Nanotecnologias e O.G.M. – Ciência, Ética, Sociedade*, Atas do 11.º Seminário do Conselho Nacional de Ética para as Ciências da Vida, Lisboa: CNECV, 2011, p. 48.

[655] Feitshans, Ilise L., *Global health impacts of nanotechnology law*, *op. cit.*, 395-396.

[656] Jain, Kewal K., *The handbook of nanomedicine*, *op. cit.*, 597.

[657] Filho, Airton G. Berger / Vieira, Gustavo Oliveira, "O direito internacional e a governança dos riscos ambientais das nanotecnologias", *op. cit.*, 78.

[658] Casado, María / Corcoy, Mirentxu, "Principios de precaución y gestión del riesgo en el contexto de la nanotecnología", *op. cit.*, 130.

Cada vez mais, a sociedade civil surge, pois, como corresponsável pela definição das prioridades e pela tomada de decisões no âmbito da gestão do risco[659].

Como afirmava HANNAH ARENDT, "a solução para o problema da imprevisibilidade da caótica incerteza do futuro está contida na faculdade de prometer e cumprir promessas. (...) Se não nos obrigássemos a cumprir as nossas promessas não seríamos capazes de conservar a nossa identidade"[660]. Ora, vislumbramos este vetor principiológico justamente como um meio de "prometer e cumprir promessas" – desde logo, a promessa de que o avanço científico-tecnológico será levado a cabo de forma compromissória, respeitosa e garantidora dos direitos e liberdades de todos os indivíduos e, consequentemente, da dignidade intrínseca de cada pessoa (na sua natural profundidade e complexidade ético-axiológica[661]).

4.3. Como formular uma resposta precaucional adequada? Breves notas sobre o sentido do imperativo de "diligência devida"

EDGAR MORIN afirmava que "conhecer e pensar não é chegar a uma verdade absolutamente certa, mas dialogar com a incerteza"[662]. É justamente por essa razão que não concordamos com aqueles que defendem, porventura sucumbindo a uma espécie de "heurística do medo", a aprovação de uma moratória global que paralise temporariamente a utilização da genética e da nanotecnologia nos seus variados domínios de aplicação, pelo menos até que seja provada a sua segurança[663].

[659] BUXÓ I REY, Maria Jesús, "Nanodiálogo: la comunicación y la implicación pública en los avances biotecnológicos", in *Bioética y Nanotecnología* (coord. por María Casado), Navarra: Thomson Reuters, 2010, p. 64.

[660] ARENDT, Hannah, *A condição humana*, *op. cit.*, 289.

[661] NEVES, António Castanheira, "Pessoa, direito e responsabilidade", *op. cit.*, 33.

[662] MORIN, Edgar, *Cabeça bem-feita* (trad. por Eloá Jacobina), Rio de Janeiro: Bertrand Brasil, 2008, p. 59.

[663] Dando conta deste facto, v. ANDORNO, Roberto / BILLER-ANDORNO, Nikola, "The risks of nanomedicine and the precautionary principle", *op. cit.*, 142-143.

E note-se, são várias as instituições, órgãos e organismos internacionais que já se manifestaram no sentido de considerar um veto absoluto à *nanobiotecnociência* "inútil e pouco prático".[664]

A verdade é que a procura aficionada pelo "risco-nulo" é absolutamente utópica e desadequada nos tempos que correm. Se a humanidade pretender evoluir será inevitável que se corram riscos – colocando-se apenas a questão de saber quais riscos são aceitáveis e até onde o devem ser – e atrevemo-nos a afirmar que, mesmo na eventualidade de total rejeição do progresso, uma tal decisão também acarretará riscos de monta. Não estamos, pois, condenados a uma escolha binária entre "aceitar uma técnica e viver com ela" ou "rejeitá-la e viver sem ela"[665]. É possível que encontremos, entre polos totalmente opostos e conflituantes, uma posição de compromisso – ou, se quisermos, um «*modus vivendi*» – que viabilize o avanço tecnocientífico, ao mesmo tempo que se assegura a proteção dos direitos dos indivíduos por ele potencialmente ameaçados. O princípio da precaução desempenha, neste contexto, um papel louvável.

Vários autores tendem a criticar este vetor principiológico, considerando que o mesmo é "vago" e "impreciso", profundamente limitado (porque há sempre riscos que deixam de ser considerados por via da sua aplicação[666]) e paralisante[667] (por vezes, apelidado de "anticientífico" ou de *guardião do status quo*[668]). Outros afirmam ainda que a sua aplicação, destinada a "responder de forma catastrofista aos problemas", promove a adoção de políticas discriminatórias, surge como um entrave

[664] Casado, María / López Baroni, Manuel J., "Nanotecnología e inseguridad jurídica: análisis de los criterios sostenidos por la Unión Europea a la luz del principio de precaución", *op. cit.*, 39.

[665] Schwab, Klaus, *A quarta revolução industrial* (trad. por Rui Candeias), Portugal: LEVOIR, 2017, p. 7.

[666] E, como refere Cass Sunstein, qualquer falha na tomada de medidas precaucionais pode causar danos irreversíveis ou que apenas poderão ser revertidos a um altíssimo custo. Cf. Sunstein, Cass R., "The catastrophic harm precautionary principle", *op. cit.*, 27.

[667] Sunstein, Cass R., "Beyond the precautionary principle", *op. cit.*, 1028. O autor acrescenta que o sucesso do princípio da precaução nas sociedades contemporâneas pode ser explicado por vários fatores, como a aversão à perda, o mito de uma natureza benevolente ou a negligência das probabilidades ou do próprio sistema (pp. 1008-1010).

[668] Highman, Ludovic, "Le principe de précaution : vers une redéfinition des frontières du risque ?", in *Trinity College Law Review*, vol. 12, 2009, pp. 105-106.

ao livre mercado, gera perdas de benefícios sociais e restringe as escolhas dos consumidores[669]. A nosso ver, tais acusações são manifestamente infundadas e chegam mesmo a revelar uma evidente incompreensão dos propósitos e sentido deste princípio. Ao invés de defender um "fim da ciência", este defende uma "ciência regulada"[670], encarando, aliás, a técnica como uma aliada indispensável, já que, por um lado, é através dela que se procederá à avaliação de todos os aspetos testáveis e verificáveis do risco antes da tomada de medidas precaucionais; e, por outro lado, mesmo depois da adoção de tais medidas (que, relembremos, são sempre provisórias!), a técnica mantém a sua relevância, mormente na determinação da necessidade de se adequarem as mesmas ao estado de desenvolvimento atual do conhecimento científico[671].

Note-se, portanto, que o nosso entendimento sobre o princípio da precaução, sendo incompatível com as teses daqueles que o encaram como um letal inimigo (os chamados tecnocratas...), também pouco se coaduna com a posição daqueles que defendem a sua aplicação radical[672]. Neste ponto, estamos com Carla Amado Gomes quando afirma que tal poderá conduzir, *inter alia*, à "subversão da liberdade pela segurança em nome de suspeitas mais ou menos consistentes"[673]; à possibilidade de que a necessária ponderação de valores e interesses (que deveria conduzir à sua harmonização prática...) venha a resultar, em última instância, na afirmação da primazia incondicional de uns sobre os outros; ou ao risco de diluição da responsabilidade civil subjetiva, através da aplicação generalizada da responsabilidade civil objetiva ou pelo risco[674].

[669] Filho, Airton G. Berger / Vieira, Gustavo Oliveira, "O direito internacional e a governança dos riscos ambientais das nanotecnologias", *op. cit.*, 85.

[670] Gonçalves, Maria Eduarda, "Regulação do risco e «risco» da regulação: o caso dos organismos geneticamente modificados", *op. cit.*, 458.

[671] Aragão, Alexandra, "Dimensões europeias do princípio da precaução", *op. cit.*, 257.

[672] Afinal de contas, "negar o progresso é coartar o homem na sua plenitude e negar o valor da ciência e da investigação, que são hoje quase unanimemente considerados *bens* juridicamente relevantes em si mesmos". Cf. Ferreira, Ana Elisabete, "Problemas ético-jurídicos concernentes aos danos causados por robôs autónomos na saúde: algumas definições conceituais", in *Cadernos Ibero-Americanos de Direito Sanitário*, n.º 9, vol. 3, 2020, p. 16.

[673] Neste sentido, v. ainda Moniz, Ana Raquel, *Os direitos fundamentais e a sua circunstância*, *op. cit.*, 48.

[674] Gomes, Carla Amado, *Risco e modificação do ato autorizativo concretizador de deveres de proteção do ambiente*, Lisboa: Faculdade de Direito da Universidade de Lisboa, 2007, p. 281.

Defendemos, pois, uma abordagem precaucional moderada e construída à luz do conceito de diligência devida[675]. Como destaca LING CHEN, ambos os vetores estão profundamente imbricados: por um lado, a diligência devida facilita a aplicação do princípio da precaução; por outro lado, o princípio da precaução aclara e densifica o conteúdo da obrigação de diligência devida, quer no plano material, quer procedimental[676].

Ora, no âmbito específico da nanomedicina, não há dúvidas que, considerando a gravidade e dimensão dos riscos, será sensato que a sua aplicação seja levada a cabo de forma cautelosa até que a comunidade científica tenha uma opinião mais consensual acerca da sua recomendação, com base em critérios de eficácia e, principalmente, de segurança[677]. É evidente que, excluindo-se a obrigatoriedade de observância de certos *standards* ético-jurídicos de aplicação genérica, a determinação das medidas de diligência devida a adotar só poderá ser realizada casuisticamente (por intermédio de um «*case-by-case approach*»), considerando a natureza específica de cada procedimento, produto ou dispositivo médico-farmacológico nanoestruturado – pelo que, *hic et nunc*, nos limitaremos a elencar algumas linhas gerais orientadoras a ser consideradas e a tecer breve comentários quanto ao sentido da diligência

[675] Embora o conceito de diligência devida tenha sido tradicionalmente associado ao chamado "princípio da prevenção", hoje em dia, parte da doutrina considera que o mesmo se encontra profundamente ligado ao "princípio da precaução" (enquanto outros autores preferem associá-lo ao conceito de "boa governança"). A precaução pode, pois, ser encarada como uma nova forma de interpretação deste vetor conceitual ou como um princípio autónomo que se encontra profundamente associado ao mesmo. Como interpretada nos dias que correm, a diligência devida implica a observância das *leges artis*, das regras deontológicas de qualquer profissão e da observância dos deveres e cuidado próprios de um homem médio. Cf. OLIVEIRA, Guilherme / LOUREIRO, João / REIS, Rafael Vale, "Los principios de precaución y de debida diligencia: entre la tradición y la innovación", in *Marco jurídico europeo relativo a la investigación biomédica en transferencia nuclear y reprogramación celular* (coord. por Daniel San José), España: Aranzadi, 2012, pp. 129-132; e ainda, DRNAS DE CLÉMENT, Zlata, "Los principios de prevención y precaución en materia ambiental en el sistema internacional y en el americano", in *Jornadas de Derecho Internacional*, Washington: Secretaría General de la OEA, 2001, p. 83.

[676] CHEN, Ling, "Realizing the precautionary principle in due diligence", *op. cit.*, 23.

[677] Relembre-se que consenso não significa unanimidade, nem esta deve ser exigida (ou uma qualquer aproximação à mesma), sob pena de se promover um desconcertante imobilismo. Cf. FOVARGUE, Sara / OST, Suzanne, "When should precaution prevail? Interests in (public) health, the risk of harm and xenotransplantation", in *Medical Law Review*, vol. 18, n.º 3, 2010, p. 315.

devida no caso específico da utilização de nanotecnologia para fins de edição preventivo-terapêutica do genoma humano.

Em primeiro lugar, gostaríamos de destacar a importância de se promover, ao longo de todo o processo de desenvolvimento e fabrico de produtos e dispositivos médico-farmacológicos nanoestruturados, a adoção de uma abordagem «*safe-by-design*». Esta pressupõe a submissão de todos os produtos e dispositivos a cuidados procedimentos de avaliação da sua segurança, mormente através da análise das caraterísticas e do potencial toxicológico dos materiais utilizados quando manipulados à nanoescala[678]. Caberá, portanto, aos produtores comprovar a existência de níveis de risco científica e socialmente aceitáveis, mormente através da dinamização e apresentação de estudos que o analisem e valorem[679]. Considerando, porém, que os estudos realizados pela indústria nanotecnológica podem revelar-se suspeitos quanto aos resultados alcançados (e que, quase sempre, são consentâneos com os seus interesses económico-mercadológicos[680]), deve igualmente promover-se o financiamento de programas de investigação independentes, por exemplo, junto de universidades ou centros de investigação (de preferência, interdisciplinares e de índole internacional). Só assim, com uma estreita colaboração entre entidades públicas e privadas que prossigam atividades diferenciadas e que laborem sob lógicas distintas se poderão desenvolver métodos adequados e fiáveis para a definição das propriedades físico-químicas dos nanomateriais, para a avaliação

[678] É razoável presumir que as formas nanotecnológicas dos materiais apresentam riscos iguais ou superiores à sua forma bruta. Assim, se a forma bruta de um determinado material for, por exemplo, qualificada como cancerígena, deve presumir-se que o mesmo, quando manipulado à nanoescala, também possuirá tais propriedades, a menos que se venha a demonstrar cientificamente o contrário. Cf. Casado, María / López Baroni, Manuel J., "Nanotecnología e inseguridad jurídica: análisis de los criterios sostenidos por la Unión Europea a la luz del principio de precaución", *op. cit.*, 47.

[679] Esta inversão do ónus da prova de que foi atingido um nível aceitável de segurança – o qual passa a estar a cargo do interessado na autorização da atividade arriscada – é justamente uma das principais consequências da aplicação do princípio da precaução. A verdade é que não falta quem afirme que, em muitos casos, estamos ante uma verdadeira «*diabolica probatio*». Cf. Snir, Reut, "Trends in global nanotechnology regulation: the public-private interplay", *op. cit.*, 113; e ainda, Andorno, Roberto / Biller-Andorno, Nikola, "The risks of nanomedicine and the precautionary principle", *op. cit.*, 139.

[680] Royes, Albert, "Afilando la navaja de Ockham", *op. cit.*, 56.

da sua toxicidade, para a aferição dos níveis de exposição dos indivíduos aos mesmos ou para a compreensão do modo como se processa a distribuição das nanopartículas pelo corpo humano e pelo meio ambiente[681]. Neste contexto, deve favorecer-se a chamada "gestão positiva do erro", procurando compreender-se, em cada caso concreto, o porquê de o mesmo se ter verificado e adotando-se as medidas adequadas para evitar a sua repetição[682].

Por outro lado, impõe-se a observância estrita de todas as *guidelines* e boas práticas internacionalmente reconhecidas relativas à produção e utilização de certos produtos nanoestruturados. À medida que o conhecimento científico avança, as mesmas devem ser atualizadas em conformidade[683].

É ainda da máxima importância o desenvolvimento de mecanismos e sistemas de vigilância e monitorização da saúde de todos os indivíduos expostos a nanomateriais (que logrem identificar, o mais rápido possível, indícios da verificação de potenciais efeitos tóxicos ou reações adversas), seja durante o período em que a exposição se revela mais intensa (p.e., durante o decurso dos estudos ou ensaios clínicos), seja posteriormente, promovendo-se a mitigação do risco e a prevenção de danos que sejam evitáveis[684].

Além disso, deve estimular-se a implementação de um conjunto de mecanismos de *nanodiálogo*[685]. Desde logo, o mesmo deverá ocorrer entre entidades reguladoras e os vários membros da comunidade científica e da indústria nanotecnológica, como forma de se auxiliar aquelas na emissão de juízos sobre a validade dos dados científicos disponíveis e sobre a sua suficiência para fundar a determinação do risco aceitável[686].

[681] Comitato Nazionale per la Bioetica, *Nanoscienze e* nanotecnologie, *op. cit.*, 17; e ainda, Baran, Agnieska, "Nanotechnology: legal and ethical issues", in *Economics and Management*, vol. 8, iss. 1, 2016, p. 50.

[682] Buisan Espeleta, Lydia, "Sobre la toxicidad de las nanopartículas en el ámbito de la nanomedicina", *op. cit.*, 205.

[683] Jain, Kewal K., *The handbook of nanomedicine*, *op. cit.*, 618.

[684] Feitshans, Ilise L., *Global health impacts of nanotechnology law*, *op. cit.*, 84.

[685] Buxó i Rey, Maria Jesús, "Nanodiálogo: la comunicación y la implicación pública en los avances biotecnológicos", *op. cit.*, 75.

[686] Gonçalves, Maria Eduarda, "Regulação do risco e «risco» da regulação: o caso dos organismos geneticamente modificados", *op. cit.*, 458-459.

Num plano mais holístico, deve também ser promovida a participação dos cidadãos e de grupos de interesses na tomada de tais decisões. Tal pressupõe a promoção do seu esclarecimento relativamente aos riscos envolvidos na utilização da nanotecnologia (iremos, no próximo capítulo, abordar esta questão com maior detalhe). Nesse sentido, todos os produtos e dispositivos médico-farmacológicos que contêm materiais nanoestruturados devem ser identificados como tal, exigindo-se a sua rotulagem[687] e disponibilizando-se, em plataformas públicas, informação compreensível sobre os mesmos[688] (assegurando-se, deste modo, transparência e o respeito pelo direito de acesso à informação da população[689]).

Tecidos estes comentários de natureza mais genérica, procederemos, de forma breve, à análise do modo como a devida diligência deve ser entendida em contexto de utilização da nanotecnologia para fins de edição preventivo-terapêutica do genoma humano (um campo que, já *per se*, dialoga de perto com o risco). Assim, a realização de estudos ou ensaios clínicos que recorram à nanotecnologia para a edição do genoma (*p.e.*, através da utilização de vetores nanoestruturados) deve, atento os riscos envolvidos, ter em consideração a gravidade da doença que se visa tratar (admitindo-se, essencialmente, a sua utilização em casos de doenças que envolvam sofrimento considerável e uma baixa esperança média de vida) e a ausência de alternativas igualmente eficazes e mais seguras. É necessário, além disso, garantir-se o esclarecimento (possível!) do indivíduo acerca dos riscos e benefícios de uma tal intervenção para a prestação do respetivo consentimento. Por outro lado, a utilização de tais materiais nanoestruturados deverá ser afastada sempre que existam registos fiáveis de consequências negativas derivadas da sua utilização para a saúde dos indivíduos e manifestadas a curto, médio ou longo prazo. A preparação técnica dos profissionais envolvidos, a garantia da confidencialidade da informação genética recolhida (relembremos o potencial da nanotecnologia neste âmbito...), a fiscalização de todo

687 Criticando a eficácia da rotulagem dos produtos com vista à promoção de um maior esclarecimento dos indivíduos, v. Feitshans, Ilise L., *Global health impacts of nanotechnology law*, *op. cit.*, 15.

688 Royes, Albert, "Afilando la navaja de Ockham", *op. cit.*, 58.

689 Cremades, Ana Isabel / Maestre, David, "Nanociencia y nanotecnología", *op. cit.*, 29.

o processo através de órgãos independentes, bem como a monitorização permanente do estado de saúde dos indivíduos são, igualmente, requisitos absolutamente indispensáveis para a gestão do risco e observância da diligência devida neste âmbito.

Esta é, portanto, a maneira como encaramos o risco. Não o subestimamos, mas tampouco nos deixamos dominar por ele. De certa forma, apenas permitimos "que a perturbação produzida pela ignorância quanto à valia que conhecemos e pela incerteza quanto aos efeitos dos nossos atos se instale e abale a teimosia que durante décadas estigmatizou a cultura das democracias ocidentais e impregnou a nossa forma de estar no mundo"[690]. Nesse sentido, não hesitamos em defender que é necessário aceitar e dialogar com a incerteza, o que pressupõe, como afirmou Barbosa de Melo, a adoção de uma estratégia de "pequenos passos" que nos permita alcançar estados de desenvolvimento técnico que reduzam o risco a níveis científica e socialmente aceitáveis. Até lá, avancemos com cautela e, se tivermos que errar, que erremos sempre do lado da precaução[691].

[690] Garcia, Maria da Glória, "Sociedade de risco, política e Direito", *op. cit.*, 112.

[691] Andorno, Roberto, *Principles of international biolaw: seeking common ground at the intersection of bioethics and human rights, op. cit.*, 61.

CAPÍTULO V
O "CONSENTIMENTO ESCLARECIDO POSSÍVEL" EM TEMPOS DE INCERTEZA

O consentimento do paciente conta com uma larga história, tendo começado por manifestar-se, no seio de um modelo profundamente paternalista, enquanto forma de cooperação do mesmo com o médico[692]. Progressivamente, os avanços médico-científicos, bem como a sua progressiva imiscuição na vida privada dos indivíduos, contribuíram para a valorização da autonomia pessoal[693]. A tradicional relação médico-paciente – desigual e profundamente desconsideradora de um dos seus polos constituintes[694] – foi sendo substituída por um "modelo de autonomia"[695] ou "de liberdade"[696], marcado pela alteridade e simetria. A exigência da prestação de consentimento livre e esclarecido antes da realização de qualquer procedimento preventivo-terapêutico constitui um claro sinal desse mesmo facto.

692 PEREIRA, André Dias, *O consentimento informado na relação médico-paciente: estudo de direito civil*, Coimbra: Coimbra Editora, 2004, pp. 24-25.

693 Afirma PAULA RIBEIRO DE FARIA que só nos finais do séc. XVIII é que o médico começa a reconhecer a autonomia daquele que tem de tratar, começando a desenvolver-se um modelo paritário ou de participação mútua no exercício da medicina que, não obstante, se mantém "ainda por cerca de dois séculos [como] um modelo tutelar ou terapêutico, se quisermos, um modelo de participação limitada". Cf. FARIA, Paula Ribeiro, "O dever de esclarecimento médico nos casos de diagnóstico de doença grave ou incurável ou prognóstico de vida limitado e o artigo 157.º do Código Penal", in *Lex Medicinae*, n.º 31-32, 2019, p. 10.

694 LOUREIRO, João, *Constituição e Biomedicina – contributo para uma teoria dos deveres bioconstitucionais na esfera da genética humana – vol. I, op. cit.*, 484.

695 OLIVEIRA, Guilherme de, "O fim da «arte silenciosa»", in *Temas de Direito da Medicina* (do mesmo autor), 2.ª Edição, Coimbra: Coimbra Editora, 2005, pp. 113-114.

696 CORCHETE MARTÍN, María José, "El consentimiento informado: algunas apreciaciones conceptuales desde una perspectiva constitucional", in *Estudios sobre la responsabilidad sanitaria: un análisis interdisciplinar* (coord. por Eugenio Llamas Pombo), España: La Ley, 2014, p. 76.

Note-se, porém, que a sua afirmação no plano jurídico-dogmático é relativamente recente e não foi possível "sem a existência de um profundo traumatismo para a ética médica"[697]: a experimentação realizada em seres humanos durante a época do Holocausto[698]. Como já mencionámos *supra*, o Código de Nuremberga é, pois, considerado pela doutrina como o primeiro documento normativo que explicita a exigência do consentimento em contexto de experimentação médica[699], afirmando que "o consentimento voluntário do ser humano é absolutamente essencial. (...) (A pessoa) deve ter conhecimento e compreensão suficientes do assunto em questão para tomar a sua decisão. (...) O dever e a responsabilidade de garantir a qualidade do consentimento recaem sobre o investigador que inicia, dirige ou gere a experiência". Seguiram-se muitos outros, como a Declaração de Helsínquia, o PIDCP, a Declaração de Lisboa sobre os Direitos dos Pacientes (1981), a CDHB ou a CDFUE. Hodiernamente, o instituto do consentimento esclarecido afirma-se, pois, como um verdadeiro "postulado axiológico e normativo" dos ordenamentos jurídicos modernos[700].

Entre nós, este dever de prestação de consentimento esclarecido resulta, desde logo, do próprio direito à integridade física e moral, consagrado no artigo 25.º/1 da CRP de 1976[701], sendo múltiplos os autores

[697] Pereira, André Dias, *O consentimento informado na relação médico-paciente: estudo de direito civil, op. cit.*, 26.

[698] John West Thompson afirmou, a este propósito, que a experimentação levada a cabo em seres humanos durante a época do nazismo (fosse ela realizada em universidades, hospitais, clínicas ou nos próprios campos de concentração) envolvia, não raras vezes, a morte ou incapacitação permanente dos sujeitos. Cf. Weindling, Paul, "From international to zonal trials: the origins of the Nuremberg medical trial", in *Holocaust & Genocide Studies*, n.º 14, 2000, p. 373.

[699] Nancy King alerta para o facto de o consentimento esclarecido não ser (nem poder ser!) o primeiro mecanismo de proteção dos indivíduos que participam em estudos ou ensaios clínicos. Será sempre necessário que, previamente, se garanta a legitimidade científica e ética dos mesmos. Cf. King, Nancy, "Nanomedicine first-in-human research: challenges for informed consent", in *Journal of Law, Medicine and Ethics*, n.º 40, 2012, p. 823.

[700] Pereira, André Dias, *Direitos dos pacientes e responsabilidade médica, op. cit.*, 408.

[701] Oliveira, Guilherme de, "Estrutura jurídica do ato médico, consentimento informado e responsabilidade médica", in *Temas de Direito da Medicina* (do mesmo autor), 2.ª Edição, Coimbra: Coimbra Editora, 2005, pp. 63-65; e ainda, Corchete Martín, María José, "El consentimiento informado: algunas apreciaciones conceptuales desde una perspectiva constitucional", *op. cit.*, 76.

que colocam em destaque a sua profunda imbricação com a própria dignidade da pessoa humana[702]. Ora, as "novas" aplicações da genética e da nanotecnologia, mormente no plano preventivo-terapêutico, poderão, como bem sabemos, colocar novos desafios aos direitos humanos e fundamentais dos indivíduos, desde logo no âmbito da prestação do necessário consentimento esclarecido[703]. Vejamos.

A prestação do consentimento, seja para a participação em estudos ou ensaios clínicos, seja em contexto de prática clínica, pressupõe a verificação de três condições cumulativas: capacidade, liberdade e esclarecimento[704]. No que respeita à capacidade, será necessário, para que o mesmo seja válido[705], que o indivíduo apresente discernimento suficiente para a tomada da decisão (*i.e.* para entender o sentido e o alcance do consentimento prestado). Por outro lado, a liberdade implica que este seja prestado sem qualquer coação ou vícios da vontade, bem como a possibilidade de o sujeito aceitar ou recusar a participação no estudo ou ensaio ou a realização da intervenção médico-farmacológica, ou de desistir delas a qualquer momento[706]. Já o esclarecimento pressupõe que o indivíduo seja cuidadosamente informado, *inter alia*, da natureza do procedimento ou do estudo/ensaio, dos seus meios e fins, dos benefícios e riscos envolvidos[707] e ainda, no caso específico da

[702] Brito, Miguel N., "O conceito constitucional de dignidade humana entre o absoluto e a ponderação: o caso da reprodução humana", in *Estudos em homenagem ao Prof. Doutor José Joaquim Gomes Canotilho* (org. por Fernando Alves Correia, Jónatas Machado e João Loureiro), Vol. III, Coimbra: Coimbra Editora, 2012, p. 172.

[703] McHale, Jean V., "Nanomedicine and the EU: some legal, ethical and regulatory challenges", in *Maastricht Journal on European and Comparative Law*, n.º 16, 2009, p. 81; e ainda, referindo alguns desafios específicos que têm surgido neste domínio a propósito da edição genética na linha celular germinal, v. Figueiredo, Eduardo, *Desagrilhoar Prometeu? Direito(s), genes e doença(s): desafios constitucionais na era da engenharia genética*, *op. cit.*, 106-109.

[704] Pereira, André Dias, *O consentimento informado na relação médico-paciente: estudo de direito civil*, *op. cit.*, 205 e ss.

[705] Afirmando que a falta de capacidade para consentir implica apenas a mera ineficácia do consentimento, v. Melo, Helena Pereira de, *O consentimento esclarecido na prestação de cuidados de saúde no direito português*, *op. cit.*, 35.

[706] Pérez Álvarez, Salvador, "Paradigmas meta-jurídicos de la nanomedicina", *op. cit.*, 84.

[707] Sobre a importância do conhecimento dos mesmos, v. Buisan Espeleta, Lydia, "Sobre la toxicidad de las nanopartículas en el ámbito de la nanomedicina", *op. cit.*, 200.

prática clínica, das alternativas ao tratamento[708], dos riscos da recusa do mesmo, do seu custo, bem como da duração e condições materiais que lhe estão associadas[709]. A informação deve sempre ser transmitida com a maior objetividade possível e de forma adequada à capacidade de entendimento do paciente concreto[710]; afinal de contas, só assim se poderá garantir uma tomada de decisão verdadeiramente "consciente e ponderada"[711]. Por fim, o consentimento deve ser expresso (afastando-se qualquer possibilidade de *consentimento presumido* quando estejamos no âmbito de tratamentos experimentais, dada a maior incerteza quando aos resultados e ao elevado potencial danoso dos mesmos), específico e reduzido a escrito. E note-se, a prestação de consentimento sem que se verifiquem todas e cada uma destas condições implica a sua invalidade e conduz, em regra, à responsabilização penal, civil ou disciplinar do profissional de saúde que encetou o respetivo ato médico[712].

Ora, é justamente neste último domínio que, no atual contexto *nanobiotecnocientífico,* se colocam novos desafios que dão origem a acesas discussões doutrinais. É que, como vimos *supra,* grande parte dos riscos – e até mesmo dos benefícios – resultantes da aplicação da genética e/ou da nanotecnologia em contexto preventivo-terapêutico são incertos[713]. Como é possível, então, que alguém seja devidamente informado – ou, indo ainda mais longe, esclarecido! – sobre riscos de determinada intervenção médico-farmacológica de cariz *nanobiotecnológico,* quando os mesmos não são conhecidos[714] ou, sendo-o, se encontram envoltos

[708] No que respeita ao esclarecimento dos indivíduos quanto à existência de alternativas, os mesmos devem ser informados das suas potencialidades, mas também das suas limitações, já que, não raras vezes, aquelas apenas se destinam a atenuar sintomas ou a produzir efeitos terapêuticos não permanentes. Cf. King, Nancy, "Nanomedicine first-in-human research: challenges for informed consent", *op. cit.*, 827.

[709] Pereira, André Dias, *O consentimento informado na relação médico-paciente: estudo de direito civil, op. cit.*, 371.

[710] *Idem*, 443 e ss.

[711] Estorninho, Maria João / Macieirinha, Tiago, *Direito da Saúde, op. cit.*, 273.

[712] Melo, Helena Pereira de, *O consentimento esclarecido na prestação de cuidados de saúde no direito português, op. cit.*, 37 e ss.

[713] McHale, Jean V., "Nanomedicine and the EU: some legal, ethical and regulatory challenges", *op. cit.*, 82.

[714] A este propósito, de forma muito interessante, Martin A. Hogg refere-se à existência de riscos desconhecidos («*unknown risks*»), de riscos que não podemos conhecer («*unknowable risks*»)

em incógnitas e imprecisões quanto à probabilidade de que venham a materializar-se ou à natureza e extensão dos seus efeitos sobre a saúde humana?

Parece-nos que a solução só poderá passar pela defesa de uma espécie de consentimento esclarecido *possível*. Isto é, cada pessoa deverá ser devidamente esclarecida de todos os riscos que sejam conhecidos, graves e antecipáveis, de preferência tendo em conta as circunstâncias específicas do caso concreto[715/716]. E o que fazer relativamente aos riscos desconhecidos ou apenas parcialmente conhecidos? Bem, nesses casos, o paciente deve ser convenientemente esclarecido acerca das maiores ou menores limitações qualitativas e quantitativas do conhecimento científico-tecnológico na comunicação desse(s) risco(s)[717], consentindo o indivíduo, no fundo, com o facto de não poder ser esclarecido, na totalidade ou em parte, relativamente ao(s) mesmo(s) (e só e apenas relativamente a esses![718]).

Muitos dirão que um tal entendimento vem fazer pesar sobre os pacientes um incomportável ónus[719], colocando-os na posição de principais responsáveis pelos danos causados por efeitos tóxicos e reações adversas que, eventualmente, venham a sofrer. Não nos parece, porém, que, sem se correr o risco de cairmos num indesejável *paternalismo biotecnocientífico*, seja concebível uma solução mais vantajosa, já que, a nosso ver, ninguém está em melhores condições do que a própria pessoa para tomar decisões que, visando a melhoria do seu estado de

e de riscos que não sabemos que desconhecemos («*unknown unknown risks*»). A referência foi retirada de Ferreira, Ana Elisabete, "Da relevância jurídica das relações com robôs: subsídios para uma análise", in *Saúde e Cyborgs: Cuidar na era biotecnológica* (org. por Manuel Curado e Ana Paula Monteiro), Lisboa/Porto/Viseu/Aveiro: Edições Esgotadas, 2019, p. 175.

715 King, Nancy, "Nanomedicine first-in-human research: challenges for informed consent", *op. cit.*, 825.

716 No que respeita à maior ou menor probabilidade da sua verificação, tendemos a considerar que o paciente deve ser informado de todos os riscos, quer dos mais usuais, quer dos que sejam mais raros.

717 Resnik, David B. / Tinkle, Sally S., "Ethics in nanomedicine", *op. cit.*, 347.

718 Pelo que falhas na comunicação dos riscos conhecidos, graves e antecipáveis ou na comunicação das limitações qualitativas e quantitativas na comunicação dos riscos (e ainda que a mesma, atenta o estado da técnica, apenas possa ser levada a cabo de forma genérica) tornarão o consentimento inválido por falta do devido esclarecimento e poderão dar lugar à respetiva responsabilidade penal, civil e/ou disciplinar do titular do dever de esclarecimento.

719 Hogle, Linda F., "Concepts of risk in nanomedicine research", *op. cit.*, 815.

saúde e do seu bem-estar, possam, no entanto, revelar-se potencialmente danosas.

Tal pressupõe, está claro, a verificação prévia e cumulativa de, pelo menos, três condições fundamentais: (1) a existência de mecanismos eficazes e funcionais de identificação, avaliação e gestão do risco que, *a priori*, selecionem, dentre os vários expedientes técnicos disponíveis, quais é que apresentam maiores potencialidades, bem como níveis de risco científica e socialmente *toleráveis*; (2) a criação de condições que permita aos indivíduos compreender toda ou, pelo menos, grande parte da informação que lhes é transmitida (o que nos remete, uma vez mais, para a importância de uma *boa comunicação do risco*[720]). Tal exige que o público seja educado, na medida do possível, acerca das potencialidades das novas tecnologias, bem como dos seus riscos (e o que não faltam são meios promissores para a prossecução de um tal desiderato...)[721]. Além disso, devem ser desenvolvidos meios inovadores de transmissão da informação antes e durante os estudos ou ensaios clínicos ou em contexto de prática clínica (que garantam simultaneamente a sua celeridade, eficácia e, claro está, humanização!), bem como dos mecanismos de validação do grau de compreensão da mesma pelos sujeitos (já que sem uma verdadeira compreensão, a assinatura de um simples papel de nada valerá...[722]); (3) a garantia de que o consentimento esclarecido seja prestado no âmbito de um processo dialógico e não sob a forma de evento isolado convertido em mera formalidade procedimental. A transmissão da informação deve ser clara, inteligível e, na medida do possível, realizada de forma faseada e intercalada com períodos razoáveis de assimilação e de reflexão antes da prestação efetiva do consentimento.

Apesar dos inúmeros desafios que irão emergir neste domínio, estamos em crer que não existem diálogos impossíveis ou colisões irremediáveis. O desenvolvimento técnico-científico, apesar de toda a incerteza que acarreta, não tem de significar uma fatal e inevitável vulneração

[720] Bostrom, Ann / Löfstedt, Ragnar E., "Nanotechnology risk communication past and prologue", in *Risk Analysis*, vol. 30, n.º 11, 2010, pp. 1645 e ss. (especialmente, 1657 e 1658).

[721] Resnik, David B. / Tinkle, Sally S., "Ethics in nanomedicine", *op. cit.*, 347

[722] Hall, Rebecca / Sun, Tong / Ferrari, Mauro, "A portrait of nanomedicine and its bioethical implications", *op. cit.*, 773.

dos direitos e liberdades individuais. Na verdade, é possível harmonizar e otimizar ambas as forças. Basta para isso relembrar que a relação entre a *pessoa* e a *ciência* não pode ser outra senão uma *relação de compromisso mútuo*, em que cada parte procure potencializar-se reciprocamente, sem que tal possa resultar, de algum modo, na aniquilação ou destruição da outra.

CAPÍTULO VI
OS NOVOS DESAFIOS PARA A PRIVACIDADE NA ERA DA NANOBIOTECNOCIÊNCIA

A era da *nanobiotecnociência* acarretará novas e complexas querelas no plano da tutela da *privacidade* – numa época em que o «*Big Brother*» de George Orwell é cada vez mais uma realidade... – e, mais especificamente, no que respeita à necessária *garantia da confidencialidade de dados pessoais sensíveis.*

Por um lado, os crescentes desenvolvimentos na área da *genética preditiva e de diagnóstico,* mormente com o surgimento de novas tecnologias de análise do ADN e o aperfeiçoamento considerável das mais clássicas e tradicionais, tem feito aumentar o conjunto de dados pessoais – especialmente, genéticos – em circulação, quer no sistema de saúde, quer fora dele. Não fossem os perigos que tal facto em si mesmo encerra, poderíamos revelar-nos consideravelmente entusiasmados e regozijantes. Afinal de contas, a própria personalização dos tratamentos médico-farmacológicos pressupõe a mobilização e combinação de elevadíssimas quantidades de dados pessoais e, mais especificamente, de dados pessoais sensíveis (como é o caso dos dados de saúde ou dados genéticos)[723]. Sem o acesso a essa informação, a qual será processada e tratada por sistemas informáticos de ponta com vista à determinação, célere e precisa, das medidas profiláticas ou terapêuticas mais eficazes e seguras tendo em conta o paciente concreto, a implementação da MPP não passa de uma mera miragem ou, se quisermos, de um conjunto de técnicas promissoras, mas (quase) totalmente inaplicáveis devido à não verificação de uma série de condições básicas,

[723] Becker, Ulrich, "Legal aspects of personalized medicine", *op. cit.*, 26.

como é a recolha, armazenamento e tratamento em massa de dados pessoais dos pacientes («*Big Data*»).

Por outro lado, também no domínio da nanotecnologia têm crescido as preocupações em torno da privacidade e da confidencialidade de dados pessoais, mormente com o surgimento da já supramencionada tecnologia «*lab-on-a-chip*», a qual, ao permitir uma vigilância e monitorização constante do estado de saúde dos indivíduos, se tornará verdadeiramente ubíqua e demandará a adoção de medidas que protejam, de forma efetiva, os dados pessoais de saúde dos pacientes (nomeadamente face a certas entidades suspeitas, como empregadores, seguradoras, *etc.*). Em última instância, o problema colocar-se-á da seguinte forma: é hoje tecnologicamente possível a realização de um "controlo telemétrico funcional e móvel (...) que tanto pode servir para um escopo diagnóstico, quanto para um escopo político que poderá culminar com o controlo integral da população sem que esta possa (...) dar-se conta disso"[724].

Ao longo deste capítulo, dedicar-nos-emos, pois, a analisar alguns aspetos do regime aplicável à proteção de dados de saúde e genéticos – especialmente em contexto de MPP – à luz do ordenamento jurídico português. A desconsideração ou não cumprimento – total ou parcial – destas normas básicas traduzir-se-á não apenas numa violação de preceitos legais, mas numa autêntica vulneração de direitos humanos e fundamentais do titular dos dados em causa. Impõe-se, por isso, a abordagem da questão da partir de uma lente puramente *jusfundamental*.

[724] Neste contexto, o princípio da inclusão, presente no já mencionado *Código de Conduta para uma Investigação Responsável em matéria de Nanociência e de Nanotecnologia* formulado pela Comissão Europeia, pode ajudar a superar algumas tensões exercidas sobre a privacidade, mormente ao exigir transparência e respeito pelo direito à autodeterminação informacional de cada indivíduo. Cf. Andorno, Roberto / Biller-Andorno, Nikola, "The risks of nanomedicine and the precautionary principle", *op. cit.*, 135; Mautone, Mariela, "Conflictos éticos vinculados a la nanomedicina", *op. cit.*, 174; e ainda, Rocha, João, "Nanotecnologias e nanoética", *op. cit.*, 107.

6.1. Privacidade e confidencialidade dos dados pessoais: breve análise à luz dos direitos humanos e fundamentais

A questão da confidencialidade dos dados pessoais (mormente, os dados de saúde e os dados genéticos) surge intrinsecamente associada ao conceito plurissignificativo de *privacidade*[725] (na terminologia anglo-saxónica, «*privacy*»), o qual, remetendo-nos para o "âmago do conceito liberal de liberdade"[726], assumiu especial ênfase a partir do séc. XIX. Numa primeira fase, este conceito era vislumbrado como um mero «*right to be let alone*» (lembremos Samuel Warren e Louis Brandeis), muito embora uma tal "faceta negativa da privacidade" – segundo a qual cada pessoa tem um direito "a não sofrer qualquer interferência externa ou observação na esfera privada individual", *i.e.*, na esfera que lhe é intrinsecamente própria e íntima – se tenha vindo rapidamente a expandir, fazendo-se acompanhar de uma relevante "faceta positiva da privacidade", a qual implica o reconhecimento do direito de cada um "a definir e construir a própria identidade, não apenas isoladamente, mas também no âmbito das relações sociais"[727]. E note-se, à medida que o conceito de privacidade adquiria maior densidade no plano teorético-dogmático[728], foram progressivamente adotadas garantias dirigidas à proteção efetiva deste relevante *bem jurídico*. É justamente nesse âmbito que assumem particular relevância vários documentos internacionais e supranacionais que se referem, *inter alia*, à necessária proteção da *intimidade* e da *reserva da vida privada e familiar*. Vejam-se, por exemplo, o artigo 12.º

[725] O termo "privacidade" remete-nos para tantos outros conceitos, como intimidade, identidade, integridade, autonomia, comunicação ou até sexualidade.

[726] Benedek, Wolfgang, *Compreender os direitos humanos: manual de educação para os direitos humanos* (trad. coord. por Vital Moreira e Carla de Marcelino Gomes), Coimbra: Coimbra Editora, 2014, p. 387.

[727] Cepeda Espinosa, Manuel J., "Privacy", in *The Oxford Handbook of Comparative Constitutional* Law (ed. por Michel Rosenfeld e András Sajó), Oxford: Oxford University Press, 2013, p. 969.

[728] Relembremos, a este propósito, a "teoria das esferas concêntricas" desenvolvida por Heinrich Hubmann, na sua obra *Das Persönlichkeitsrecht* (1953): a primeira e mais restrita dessas esferas seria a *esfera secreta* (*Geheimsphäre*), a qual englobaria situações restritas à própria pessoa ou a um círculo limitadíssimo de outras pessoas; a segunda seria a *esfera privada* (*Privatsphäre*), a qual alberga a esfera privada comum do indivíduo, a qual só poderá ser acedida por alguns sujeitos que lhe sejam mais próximos; a última e mais ampla esfera seria a *esfera individual* (*Individuellesphäre*), a qual se reporta ao relacionamento social normal do indivíduo com terceiros.

da DUDH, o artigo 17.º do PIDCP, o artigo 8.º da CEDH, o artigo 7.º da CDFUE ou o artigo 10.º da CDHB.

Por sua vez, a "proteção específica e autónoma do tratamento de dados pessoais surge como uma resposta à utilização de mecanismos automatizados no processamento de informação pessoal", mormente tendo em conta os consideráveis riscos que lhe foram sendo reconhecidos, em especial a partir da segunda metade do séc. XX: "deixa de ser possível controlar que informação é compilada a respeito de cada um de nós e de saber quem a detém a cada momento; os nossos passos, comportamentos, opiniões e atividades podem ser monitorizados em tempo real; e esta vigilância constante, com um impacto psicológico tremendo, permite ainda condicionar e manipular o nosso futuro"[729]. A este propósito, destaca-se, por exemplo, o artigo 8.º da CDFUE, o qual contém os fundamentos últimos do direito da proteção de dados ao nível da União Europeia (e, por conseguinte, de cada um dos seus Estados-Membros): (1) reconhece a natureza fundamental e universal do direito de proteção de dados; (2) elenca um conjunto variado de princípios concretizado(re)s no RGPD; (3) consagra o consentimento como princípio fundamental da licitude do tratamento de dados pessoais; (4) identifica direitos essenciais dos titulares de dados; (5) e determina a constituição de uma autoridade independente para fiscalizar o seu cumprimento[730/731/732].

Foi em 1972, no contexto do ordenamento jurídico alemão, que floresceu o relevante instituto do «*Datenschutz*», o qual, posteriormente, evoluiu para a «*Informationnelle Selbstbestimmung*»[733] (ou "direito

[729] Cordeiro, A. Barreto Menezes, *Direito da proteção de dados à luz do RGPD e da lei n.º 58/2019*, Coimbra: Almedina, 2020, pp. 37-38.

[730] *Idem*, 69.

[731] Considerando o direito à proteção de dados uma manifestação ou extensão do direito à intimidade e à reserva da vida privada e familiar, v. o Ac. TJUE *Schecke*, de 9 de novembro de 2010 ou o Ac. TJUE *Digital Rights Ireland*, de 8 de abril de 2014.

[732] Vejam-se, ainda, alguns textos especificamente destinados à tutela da privacidade neste domínio em particular, como é o caso exemplar da *Convenção para a Proteção das Pessoas Relativamente ao Tratamento Automatizado de Dados de Caráter Pessoal* (aberta à assinatura em 1981).

[733] De forma geral, pode afirmar-se que este direito diz, essencialmente, respeito ao conteúdo da informação e ao modo como ela é utilizada. Cf. Cepeda Espinosa, Manuel J., "Privacy", *op. cit.*, 872; e ainda, Pinheiro, Alexandre S., *Privacy e proteção de dados pessoais: A construção dogmática do direito à identidade informacional*, Lisboa: Ed. AAFDL, 2015, pp. 425-429.

à autodeterminação informacional"[734]), como dimensão estruturante do *direito à privacidade*. Em suma, este direito aglutina um poder de controlo sobre os dados pessoais (que implica o livre acesso, esclarecimento, contestação, retificação, atualização e eliminação dos mesmos), de um direito à sua não difusão (tutelando-se, simultaneamente, a privacidade dos indivíduos e a confidencialidade dos seus dados pessoais[735]) e de um direito ao não tratamento dos dados sensíveis, incluindo, naturalmente, os relativos à informação genética dos indivíduos. A sua estreita conexão com o vetor principiológico fundamental da dignidade humana, bem como a sua ampla consagração e tutela em vários diplomas jurídico-internacionais integrantes do designado *Direito Internacional dos Direitos Humanos* tornam este direito à autodeterminação informacional um verdadeiro *direito humano*, que alguns autores classificam de "direito de quarta geração" ou até de "quinta geração"[736].

Atualmente, este direito é também extraível da nossa *Lei Fundamental*, mormente a partir da leitura conjunta dos artigos 26.º - que reconhece ao indivíduo um direito ao livre desenvolvimento da personalidade e à reserva da intimidade da vida privada e familiar[737] – e 35.º da CRP – que consagra, no seu n.º 1, um direito geral de acesso das pessoas

[734] Vide o Ac. STJ de 16 de outubro de 2014 e o Ac. TC n.º 442/2007, de 14 de agosto de 2007; e ainda, PEREIRA, Alexandre L. Dias, "Big data, e-health e «autodeterminação informativa»: a lei 67/98, a jurisprudência e o regulamento 2016/679 (GDPR)", in *Lex Medicinae*, n.º 29, 2018, p. 53.

[735] Note-se que a chamada confidencialidade dos dados pessoais é um conceito integrante da privacidade, mas não a esgota. Não obstante, pode afirmar-se que o mesmo é "uma das vertentes com maior aplicação prática". Cf. NUNES, Rui, *GeneÉtica, op. cit.*, 104; e ainda, FARIA, Paula Lobato/ CORDEIRO, João, "Health data privacy and confidentiality rights: crisis or redemption?", in *Revista Portuguesa de Saúde Pública*, n. º 32, vol. 2, 2014, pp. 125 e ss.

[736] Para uma visão crítica em torno do "discurso das gerações de direitos", v. FIGUEIREDO, Eduardo, *Desagrilhoar Prometeu? Direito(s), genes e doença(s): desafios constitucionais na era da engenharia genética, op. cit.*, 68-73.

[737] O Supremo Tribunal de Justiça português, num acórdão datado de 27 de setembro de 2003, já deixou claro que a "tutela do direito à intimidade da vida privada [se desdobra] em duas vertentes: a proteção contra a intromissão da esfera privada e a proibição de revelações a ela relativas" e que "a saúde faz parte da individualidade privada do ser humano e, assim, do assegurado resguardo da vida particular contra a eventualidade de divulgação pública". Deste modo, o legislador deverá, ao abrigo deste preceito constitucional, estabelecer garantias efetivas contra a obtenção e utilização abusivas, ou contrárias à dignidade humana, de informações relativas às pessoas e famílias. Nesse mesmo sentido, no plano doutrinal, v. PINTO, Paulo Mota, "A proteção da vida privada e a Constituição", in *Direitos de Personalidade e Direitos Fundamentais: Estudos* (do mesmo autor), Coimbra: Gestlegal, 2018, p. 608.

aos registos informáticos para conhecerem os seus dados pessoais deles constantes, bem como à retificação e complementação dos mesmos (quando estejam errados ou incompletos); no seu n.º 4, um direito de sigilo dos dados pessoais informatizáveis e à sua não interconexão; e, no seu n.º 3, o direito ao não tratamento de dados pessoais sensíveis ou pessoalíssimos[738]. Assim, em suma, de acordo com Paula Ribeiro de Faria, o *direito à autodeterminação informacional,* tal como constitucionalmente recortado e tutelado, é "um direito de defesa e um direito de liberdade com conteúdo negativo («*Abwehrrecht*»), na medida em que permite ao indivíduo decidir quem , quando e em que condições, poderá usar, ou tornar pública, informação que lhe diz respeito" mas também é um direito que se faz acompanhar por "faculdades de decisão e de atuação relativamente aos dados pessoais, do poder de supervisionar essa informação, prevenindo e corrigindo lesões da liberdade individual". [739/740].

No *plano infraconstitucional,* atualmente, o direito à reserva da intimidade da vida privada e familiar é tutelado em diversos contextos: no domínio jurídico-penal (arts. 192.º e 195.º CP), civil (art. 80.º CC), laboral (art. 16.º e ss. CT), *etc.* Já o direito à autodeterminação informacional é, no essencial, tutelado por via do famoso Regulamento Geral de Proteção de Dados e, entre nós, pela Lei n.º 58/2019, de 8 de agosto,

[738] Sobre este preceito constitucional e a sua evolução vide, por todos, Castro, Catarina Sarmento e, "40 anos da "utilização da informática" – o artigo 35.º da Constituição da República Portuguesa", in *e-Pública,* vol. 3, n.º 3, 2016, pp. 45-49. Mais adiante, de forma relevante, faz notar a autora: "este direito, que vincula entidades públicas e privadas e de que são titulares, universalmente, todas as pessoas físicas (sem prejuízo da existência de outros direitos de segredo de que beneficiam as pessoas coletivas), não é, somente, um direito de caráter defensivo em face da realização de tratamentos de dados pessoais, como a recolha, o registo, a organização, a estruturação, a conservação, a adaptação ou alteração, a recuperação, a consulta, a utilização, a divulgação por transmissão, difusão ou qualquer outra forma de disponibilização, a comparação ou interconexão, a limitação, o apagamento ou a destruição de dados pessoais (no elenco definido no artigo 4.º, n.º 2, do Regulamento da Proteção de Dados). É, ainda, um direito de conformar esses tratamentos, podendo cada indivíduo determinar o que podem os outros, em cada momento, saber e usar a seu respeito, controlando a partilha e utilização dos seus dados pessoais" (p. 51).

[739] Miranda, Jorge / Medeiros, Rui, *Constituição portuguesa anotada – vol. I, op. cit.*, 572.

[740] E note-se, este artigo consagra um conjunto de direitos aos quais se reconhece eficácia horizontal, vinculando não só o Estado e as entidades públicas em geral, mas também todas as entidades privadas detentoras de ficheiros de dados pessoais. Cf. Canotilho, J. J. Gomes / Moreira, Vital, *Constituição da república portuguesa anotada – vol. I, op. cit.*, 551 e 557.

a qual assegura a execução, na ordem jurídica nacional, desse mesmo diploma[741], bem como pela novíssima Carta Portuguesa dos Direitos Humanos na Era Digital (Lei n.º 27/2021, de 17 de maio – artigo 8.º).

6.2. Natureza específica dos dados de saúde e dos dados genéticos?

Para percebermos, de forma cabal, a razão de ser do regime jurídico em vigor em matéria de recolha, armazenamento e tratamento de dados de saúde e dados genéticos, impõe-se uma brevíssima referência prévia à sua natureza específica.

Antes de mais, a nossa Lei n.º 12/2005 define "informação de saúde" como "todo o tipo de informação direta ou indiretamente ligada à saúde, presente ou futura, de uma pessoa, quer se encontre com vida ou tenha falecido, e a sua história clínica e familiar" (art. 2.º). Desta apenas será qualificada como "informação médica" aquela que esteja destinada a ser utilizada em prestações de cuidados ou tratamentos de saúde, sendo geralmente registada nos denominados processos clínicos (art. 5.º/1)[742].

Por sua vez, o mesmo diploma legal define "informação genética" como "a informação de saúde que verse as caraterísticas hereditárias de uma ou de várias pessoas, aparentadas entre si ou com caraterísticas comuns daquele tipo, excluindo-se desta definição a informação derivada de testes de parentesco ou estudos de zigotia em gémeos, dos estudos de identificação genética para fins criminais, bem como do estudo das mutações genéticas somáticas no cancro" (art. 6.º/1)[743].

[741] Para maiores referências a outras fontes internas em matéria de proteção de dados, v. Cordeiro, A. Barreto Menezes, *Direito da proteção de dados à luz do RGPD e da lei n.º 58/2019, op. cit.*, 79.

[742] Deodato, Sérgio, *A proteção dos dados pessoais de saúde*, Lisboa: Universidade Católica Editora, 2017, p. 13.

[743] Acrescenta o n.º 2 do artigo 6.º que tal informação "pode ser resultado da realização de testes genéticos por meio de biologia molecular, mas também de testes citogenéticos, bioquímicos, fisiológicos ou imagiológicos, ou de simples recolha de informação familiar, registada sob a forma de uma árvore familiar ou outra, cada um dos quais pode, por si só, enunciar o estatuto genético de uma pessoa e seus familiares". De forma relevante, dispõe o artigo 7.º do Decreto-Lei n.º 131/2014 que "os métodos de recolha da informação genética devem respeitar a integridade física e moral dos titulares da informação, bem como minimizar o risco de procedimentos invasivos"

Como veremos melhor mais adiante, à luz do RGPD, em ambos os casos estamos ante "dados pessoais", os quais se encontram sujeitos a um regime jurídico mais exigente centrado na figura do "consentimento expresso" por parte do seu titular. A lei portuguesa decidiu, porém, ir mais longe, qualificando os dados genéticos como *dados pessoalíssimos* e, por isso, merecedores de tutela jurídica acrescida, mormente em relação aos dados de saúde. Mas o que é que justifica uma tal opção político-legislativa?

Ora, a informação resultante dos testes genéticos apresenta "caraterísticas especiais" e um "estatuto epistemológico excecional" que a diferencia de todas as outras[744]. Desde logo, a informação genética apresenta um caráter: (1) *involuntário*, na medida em que a sua origem e idiossincrasias não dependem da vontade do seu titular; (2) *indestrutível*, considerando que o seu suporte não pode ser destruído, já que a mesma se encontra presente em praticamente todas as células do organismo vivo e, normalmente, mesmo depois de morto; (3) em regra, *permanente* e *inalterável*, salvo mutações genéticas espontâneas ou provocadas por engenharia genética ou pela ação de outros agentes exógenos; (4) *singular*, porque não compartida com outras pessoas, exceto no caso de gémeos monozigóticos; e (5) *preditivo*, dado que a mesma nos permite tomar conhecimento de doenças a respeito das quais o sujeito em questão é ainda assintomático ou de que este nem sequer padece (e sem que se saiba ao certo, em muitos casos, se algum dia irá efetivamente padecer)[745].

Ora, a informação genética – à semelhança dos demais dados pessoais – é, nos dias que correm, extremamente valiosa, mormente no

[744] ROMEO CASABONA, Carlos M., *Los genes y sus leyes. El derecho ante el genoma humano*, *op. cit.*, 63; e ainda, LEMKE, Thomas, *Perspectives on genetic discrimination*, New York/London: Routledge, 2013, p. 49.

[745] Todas estas caraterísticas tornam, por exemplo, a anonimização dos dados genéticos "virtualmente impossível". Cf. CORDEIRO, A. Barreto Menezes, *Direito da proteção de dados à luz do RGPD e da lei n.º 58/2019*, *op. cit.*, 139; e ainda, ROMEO CASABONA, Carlos, "El principio de no discriminación y las restricciones relativas a la realización de análisis genéticos (Capítulo IV)", in *El Convenio de Derechos Humanos y Biomedicina: su entrada en vigor en el ordenamiento jurídico español* (ed. por Carlos María Romeo Casabona), Granada – Bilbao: Editorial Comares, 2002, pp. 163-166.

domínio da *biologia* e da *medicina*[746]. Tal deve-se, por exemplo, ao facto de a informação genética armazenada em biobancos (que tem – ou deveria ter – como principal destino a sua utilização para *fins de investigação científica*) se encontrar, usualmente, ligada a outros dados pessoais de saúde, o que se pode revelar fundamental para a predição do estado de saúde ou para o diagnóstico do paciente em causa (ou, inclusive, de terceiros)[747]. Por outro lado, não podemos esquecer o seu considerável potencial de ligar material biológico ao indivíduo a partir do qual foi originado – deste modo, permitindo a sua *identificação para fins civis ou criminais* – ou o seu crucial papel para efeitos de estabelecimento da filiação[748]. É, pois, totalmente justificado o interesse de um conjunto amplo de entidades, públicas e privadas, no acesso à informação genética de pessoas e grupos, sendo compreensível e, a nosso ver, justificada a sua tutela acrescida no plano jurídico. Atualmente, tal ideia surge, aliás, vastamente reforçada, considerando que os testes genéticos e a informação resultante da realização dos mesmos se podem vir a revelar perigosos meios de seleção e discriminação, como daremos conta mais adiante. Tal não deve implicar, porém, a total proibição da recolha, armazenamento e tratamento de dados genéticos; bem vistas as coisas, a proteção dos direitos e liberdades em causa parece bastar-se com a regulamentação cuidada e rigorosa de tais aspetos, devendo o ordenamento jurídico centrar a sua atenção na prevenção e repressão do uso abusivo dessa informação[749]. Concretizemos.

[746] Há quem chegue a apelidar os dados pessoais de "o novo petróleo". Cf. Van Lieshout, Marc, "The value of personal data", in *IFIP Advances in Information and Communication Technology*, n.º 457, 2015, p. 27.

[747] Cordeiro, João, "Ethical and legal challenges of personalized medicine: paradigmatic examples of research, prevention, diagnostic and treatment", *op. cit.*, 167.

[748] Vide, para todos, Loureiro, João, *Constituição e Biomedicina – contributo para uma teoria dos deveres bioconstitucionais na esfera da genética humana – vol. II, op. cit.*, 623-626.

[749] Lemke, Thomas, *Perspectives on genetic discrimination, op. cit.*, 36.

6.3. A proteção de dados de saúde e genéticos em contexto de MPP no ordenamento jurídico português

6.3.1. O titular da informação

Aqui chegados, antes de mais, é importante que se discuta a questão de saber qual a titularidade dos dados de saúde e dos dados genéticos.

No que respeita ao primeiro caso, a lei portuguesa é clara ao estabelecer que a "informação de saúde, incluindo os dados clínicos registados, resultados de análises e outros exames subsidiários, intervenções e diagnósticos, é propriedade da pessoa, sendo as unidades do sistema de saúde os depositários da informação, a qual não pode ser utilizada para outros fins que não os da prestação de cuidados e a investigação em saúde e outros estabelecidos pela lei" (art. 3.º/1 da Lei n.º 12/2005). É, pois, indiscutível que, muito embora a grande maioria da informação de saúde esteja na posse dos respetivos estabelecimentos sanitários (hospitais, clínicas, *etc.*) – desde logo, inserida no processo clínico do paciente[750] –, estes não passam de meros depositários da mesma, sendo a *pessoa* a quem esses dados se referem sua plena titular[751].

[750] Entende-se por «processo clínico» qualquer registo, informatizado ou não, que contenha informação de saúde sobre doentes ou seus familiares. Cada processo clínico deve conter toda a informação médica disponível que diga respeito à pessoa, ressalvadas as restrições legalmente impostas no que respeita a informações genéticas. A informação médica é inscrita no processo clínico pelo médico que tenha assistido a pessoa ou, sob a supervisão daquele, informatizada por outro profissional igualmente sujeito ao dever de sigilo, no âmbito das competências específicas de cada profissão e dentro do respeito pelas respetivas normas deontológicas. O processo clínico só pode ser consultado por médico incumbido da realização de prestações de saúde a favor da pessoa a que respeita ou, sob a supervisão daquele, por outro profissional de saúde obrigado a sigilo e na medida do estritamente necessário à realização das mesmas, sem prejuízo da investigação epidemiológica, clínica ou genética que possa ser feita sobre os mesmos (art. 5.º/2 a 5 da Lei n.º 12/2005). Sobre o processo clínico e o designado "dever de documentação", cf. PEREIRA, André Dias, *Direitos dos pacientes e responsabilidade médica, op. cit.*, 601 e ss.; e ainda, CASCÃO, Rui, "O dever de documentação do prestador de cuidados de saúde e a responsabilidade civil", in *Lex Medicinae*, n.º 8, 2008.

[751] Defendendo que no conceito de "informação de saúde" não se incluem eventuais informações de saúde relativas a terceiros, nem as anotações pessoais do médico, v. PEREIRA, André Dias, *Direitos dos pacientes e responsabilidade médica, op. cit.*, 620.

Já no segundo caso, a doutrina tem-se dividido entre aqueles que acreditam que a informação genética pertence, de forma inata, ao indivíduo e aqueles que consideram que, como a informação genética é partilhada por famílias, "raças" ou grupos étnicos, não deve ser considerada propriedade da pessoa, mas sim da humanidade como um todo – devendo ser qualificada, portanto, como *res nullius*[752].

Na nossa opinião, a qualificação do genoma como património comum da humanidade – levada a cabo, por exemplo, pelo artigo 1.º da Declaração Universal sobre o Genoma Humano e os Direitos Humanos – apresenta-se, em certa medida, como indesejável e perigosa[753]. Assim, levando a sério o chamado "excecionalismo genético"[754] e a necessária proteção do indivíduo e dos seus direitos humanos e fundamentais, não nos resta outra opção senão a de considerar que é a pessoa a legítima (e única!) titular dos seus próprios dados genéticos[755]. Nesse sentido, esta tem, desde logo, o direito de saber se um processo clínico, ficheiro ou registo médico ou de investigação contém informação genética sua ou da sua família, bem como de conhecer as finalidades e usos dessa informação, a forma como é armazenada e os prazos da sua conservação (art. 6.º/9 da Lei n.º 12/2005).

Além disso, podemos questionar-nos se a informação genética que, de forma específica, se extrai da realização de testes de farmacogenética e de farmacogenómica – e que, em primeira linha, se refere exclusivamente ao perfil genético de reação individual aos medicamentos – deve ser equiparada à demais informação genética ou merecer algum tipo de tratamento especial. Neste contexto, tem a doutrina

[752] Feitshans, Ilise, "Spider silk jeans or spider silk genes? The future of genetic testing in the workplace", in *Social Science Research Network Electronic Paper Collection*, 2000, p. 6, disponível em: <http://papers.ssrn.com/paper.taf?abstract_id=248671>. Consultado em: 2 de janeiro de 2021.

[753] Romeo Casabona, Carlos M., "La genética y la biotecnología em las fronteras del derecho", in *Acta Bioethica*, n.º 2, 2002, p. 294; e ainda, para maiores desenvolvimentos, v. Figueiredo, Eduardo, *Desagrilhoar Prometeu? Direito(s), genes e doença(s): desafios constitucionais na era da engenharia genética*, *op. cit.*, 58 e ss.

[754] Nuffield Council on Bioethics, "Pharmacogenetics: ethical issues", *op. cit.*, xiii.

[755] Esta ideia é, aliás, reforçada com o disposto no artigo 6.º, números 7 e 9. Além disso, há, igualmente, que ter em conta que o mero facto de a "revelação e (...) interpretação [dos dados] ocorrerem através dos profissionais de saúde e frequentemente dentro de uma instituição, não faz destes, proprietários [dos mesmos]". Cf. Deodato, Sérgio, *A proteção dos dados pessoais de saúde*, *op. cit.*, 23.

entendido que, enquanto que os testes diagnósticos ou de prognóstico de doenças genéticas e predisposições revelam informações que, indubitavelmente, podem ser utilizadas para a discriminação dos pacientes ou que podem ter um grande impacto na sua vida pessoal e social, o mesmo não acontece com a informação que se retira deste tipo específico de testes genéticos. Por essa razão, alguns autores consideram que esta informação (embora de índole genética) deve ser equiparada à demais informação de saúde.

Ora, como bem afirma JOÃO LOUREIRO, esta posição não deve, sem mais, ser aceite. São diversos os casos em que se tem demonstrado que a informação farmacogenética e farmacogenómica não diz, exclusivamente, respeito ao modo como se reage a determinados medicamentos. Ela não deixa, em momento algum, de ser informação genética preditiva, podendo ser utilizada, por exemplo, para se proceder à avaliação da suscetibilidade genética individual para determinada enfermidade (pese embora essa não seja a finalidade principal subjacente à realização do teste)[756]. Outro importante aspeto a considerar é o previsível incremento da probabilidade de, ao serem realizados os testes de farmacogenética/farmacogenómica, ocorrerem achados incidentais, *inter alia*, identificando-se certas "anormalidades médicas"[757].

Assim sendo, a informação derivada dos testes de farmacogenética/farmacogenómica deve ser considerada, para todos os efeitos legais, informação genética de natureza médica (como, aliás, dispõe o art. 6.º/3 da Lei n.º 12/2005[758]) e, por essa razão, gozar de proteção reforçada nos termos que apresentaremos já de seguida.

[756] A doutrina vem designando a informação que é possível obter por via da realização deste tipo de testes genéticos, mas que não diz diretamente respeito à previsão da resposta individual a um determinado medicamento, de "secundária". São exemplos: a classificação da doença, o risco de os familiares serem afetados pela mesma doença ou condição de saúde; o risco do paciente ou dos seus familiares serem afetados por outras doenças; o prognóstico da doença. Cf. LOUREIRO, João, *Constituição e Biomedicina – contributo para uma teoria dos deveres bioconstitucionais na esfera da genética humana – vol. II*, *op. cit.*, 1088-1089; e ainda, NETZER, Christian / BILLER-ANDORNO, Nikola, "Pharmacogenetic testing, informed consent and the problem of secondary information", *op. cit.*, 346 e 349.

[757] PLOEM, Corrette, "The right not to know: scope and limits", in *Medicine and Law*, n. º 36, vol. 2, 2017, p. 82.

[758] Aí se pode ler: "a informação genética reveste natureza médica apenas quando se destina a ser utilizada nas prestações de cuidados ou tratamentos de saúde, no contexto da confirmação

6.3.2. Tratamento da informação e dever de sigilo profissional

A informação de saúde só pode ser utilizada pelo sistema de saúde nas condições expressas em autorização escrita do seu titular ou de quem o represente (art. 4.º/3 da Lei n.º 12/2005). Além disso, dispõe a lei que os responsáveis pelo tratamento da informação de saúde devem tomar as providências adequadas à proteção da sua confidencialidade, mormente:

- *i)* *Garantindo a segurança das instalações e equipamentos*, assegurando os níveis de segurança apropriados e cumprindo as exigências estabelecidas pela legislação que regula a proteção de dados pessoais;
- *ii)* *Separando a informação de saúde e genética da restante informação pessoal*, designadamente através da definição de diversos níveis de acesso e levando a cabo um processamento regular e frequente de cópias de segurança da informação de saúde[759];
- *iii)* *Controlando cuidadosamente o acesso à informação*, desde logo, impedindo o acesso indevido de terceiros aos processos clínicos e aos sistemas informáticos que contenham informação de saúde. O acesso a informação de saúde pode, desde que anonimizada, ser facultado para fins de investigação.
- *iv)* *Reforçando o dever de sigilo e a educação deontológica de todos os profissionais* (afinal de contas, o "médico é o confidente necessário do doente"[760]). No que respeita a este *dever de sigilo*[761], cabe afirmar que o mesmo é imposto a todos os profissionais que intervêm no sistema de saúde (médicos, farmacêuticos, enfermeiros,

ou exclusão de um diagnóstico clínico, no contexto de diagnóstico pré-natal ou diagnóstico pré-implantatório ou no da farmacogenética, excluindo-se, pois, a informação de testes preditivos para predisposições a doenças comuns e pré-sintomáticos para doenças monogénicas".

[759] Vide, neste sentido, o artigo 37.º/2 do CDOM. Além disso, para maiores desenvolvimentos sobre os desafios colocados pela crescente informatização dos processos clínicos, vide Barbosa, Carla, "Aspectos Jurídicos do Acesso ao Processo Clínico", in *Lex Medicinae*, n.º 13, 2010, pp. 111 e ss.

[760] Abreu, Luís Vasconcelos, "O segredo médico no direito português vigente", in *Estudos de Direito da Bioética – vol. I* (coord. por José de Oliveira Ascensão), Coimbra: Almedina, 2005, p. 266.

[761] Para uma interessante e completa análise histórica do segredo médico, v. Rueff, Maria do Céu, *O segredo médico como garantia de não-discriminação – estudo de caso: HIV/SIDA*, Coimbra: Coimbra Editora, 2009, pp. 37 e ss.

pessoal administrativo, *etc.*), recaindo sobre quaisquer informações relativas ao estado de saúde do paciente[762] (sejam elas de cariz genético ou não). No espetro legal, este dever encontra-se consagrado em múltiplas normas, mormente no artigo 195.º do CP, artigos 185.º e ss. do CDOM, artigo 31.º do CDOF, artigo 6.º/7 da Lei n.º 12/2005, artigo 23.º do Decreto-lei n.º 131/2014, artigo 57.º do Estatuto Hospitalar e Base XXVIII da Lei de Bases da Saúde[763]. A doutrina tem sido consensual em considerar que o segredo médico existe, quer o serviço solicitado tenha ou não sido prestado e quer seja ou não remunerado, e se mantém mesmo após a morte do doente[764]. Como bem pontuam André Dias Pereira e Carla Barbosa, o sigilo devido pelos profissionais de saúde "beneficia do regime especial, previsto no artigo 18.º da CRP, dos *direitos, liberdades e garantias*, que garante uma aplicação imediata, vinculação de todos os sujeitos de direito, públicos e privados, e admite apenas restrições impostas por lei e na medida do necessário para salvaguardar outros direitos ou interesses constitucionalmente protegidos"[765]. Assim sendo, a regra é, claramente, a do *sigilo profissional*, só podendo o mesmo ser quebrado mediante consentimento (efetivo ou presumido) do paciente, uma situação de estado de necessidade[766],

[762] E note-se, a obrigação de sigilo não abrange apenas as confidências, mas também os factos descobertos no exercício, ou por ocasião do exercício, da profissão. Cf. Pereira, André Dias, *Direitos dos pacientes e responsabilidade médica, op. cit.*, 642.

[763] Pereira, André Dias / Barbosa, Carla, "Confidencialidade da informação de saúde no direito português", in *Lex Medicinae*, n.º 16, 2011, p. 57.

[764] Pereira, André Dias, *Direitos dos pacientes e responsabilidade médica, op. cit.*, 639.

[765] Pereira, André Dias / Barbosa, Carla, "Confidencialidade da informação de saúde no direito português", *op. cit.*, 53.

[766] A este propósito, sempre se poderá questionar se, nos casos em que a deteção de uma anomalia genética de caráter familiar recomende a recolha de amostras biológicas do conjunto de membros da família, mas o testado não os quiser informar de tal facto, competirá ou não ao médico fazê-lo (mesmo que em violação do seu dever de sigilo...). Como pontua Stela Barbas, "esta matéria tem sido objeto de debate em várias instâncias internacionais. A orientação dominante é a de que o sigilo médico não é absoluto e deve cessar sempre que estejam em causa interesses graves de terceiros". Alguns dos critérios que podem ser utilizados para se proceder à tão necessária harmonização de interesses em causa são: a gravidade da doença, a possibilidade (ou não) de a mesma ser transmitida hereditariamente, a "acionabilidade" clínica, a possibilidade de conhecimento

a prossecução de interesses legítimos ou em caso de autorização legal expressa[767].

Por sua vez, a receção, o tratamento e a transmissão da informação genética regem-se pelos princípios do primado da pessoa, do respeito pela dignidade humana e autonomia, da prática ética, da transparência, da qualidade laboratorial, do uso das melhores práticas científicas (baseadas na evidência), da proporcionalidade, da responsabilidade social e da confidencialidade e privacidade (art. 4.º/1/2 do Decreto-Lei n.º 131/2014). Daqui resulta, desde logo, que os direitos e interesses do titular da informação genética prevalecem sobre outros fins, nomeadamente, de investigação ou comerciais, da entidade responsável pela criação, tratamento e acesso à informação genética ou das bases de dados genéticos.

Ora, como já foi sugerido *supra*, o ordenamento jurídico português parte do pressuposto que, no que toca à informação genética, o respeito pela autodeterminação informacional, pelo dever de sigilo profissional e a tomada de medidas que, em contexto de prática clínica, assegurem a sua confidencialidade assumem uma relevância acrescida. Como já afirmou Ana Gómez Córdoba, "a proteção de dados genéticos dos indivíduos (...) é uma das mais importantes áreas para a reflexão ética e desenvolvimento jurídico, tendo em conta os riscos latentes de reducionismo, determinismo e discriminação genética"[768]. Por essa razão é que a Lei n.º 12/2005 prevê um regime específico e mais exigente que visa proteger a confidencialidade dos dados genéticos (uma espécie de *nível mais elevado de proteção*).

dessa informação por outros meios, a acessibilidade ao sujeito eventualmente afetado ou a própria relevância da informação para que outros sujeitos tomem decisões de grande relevo na sua vida. Cf. Barbas, Stela, *Direito do Genoma Humano, op. cit.*, 410 e ss.; e ainda, Romeo Casabona, Carlos M. / Nicolás Jiménez, Pilar / De Miguel Beriain, Iñigo, *Retos éticos y necesidades normativas en la actividad asistencial en medicina personalizada de precisión, op. cit.*, 51.

[767] Pereira, André Dias / Barbosa, Carla, "Confidencialidade da informação de saúde no direito português", *op. cit.*, 65; e ainda, Rueff, Maria do Céu, *O segredo médico como garantia de não-discriminação – estudo de caso: HIV/SIDA, op. cit.*, 516 e ss.

[768] Gómez Córdoba, Ana I., "La medicina genómica: un cambio de paradigma y de la medicina moderna – retos para la bioética y el derecho", *op. cit.*, 83.

Nessa senda, a lei impõe, em certos casos, que a informação de saúde e a informação genética se encontrem *rigorosamente separadas* (por exemplo, incluindo níveis diferenciados de acesso autorizado):

i) Poderá constar do processo clínico a *informação genética que se destina a ser utilizada nas prestações de cuidados ou tratamentos de saúde* (art. 6.º/3 da Lei n.º 12/2005), limitando-se, porém, o acesso à mesma aos profissionais diretamente envolvidos na prestação de cuidados ao titular da informação (art. 19.º/2 do Decreto-Lei n.º 131/2014);

ii) Não pode ser incluída no processo clínico do paciente *a informação genética que não tenha implicações imediatas para o estado de saúde atual*, tal como a resultante de testes de paternidade, de estudos de zigotia em gémeos, e a de testes preditivos – com a *exceção de testes genéticos para resposta a medicamentos* –, de heterozigotia, pré-sintomáticos, pré-natais e pré-implantatórios (art. 6.º/4 da Lei n.º 12/2005). Neste caso, a informação deve ser incluída em arquivos próprios ou separados, aos quais têm acesso apenas *médicos com a especialidade de genética médica* (art. 19.º/3 do Decreto-Lei n.º 131/2014). Mais importa notar que, caso contenham informação genética sobre pessoas saudáveis, estes processos clínicos de consultas ou serviços de genética médica não podem ser acedidos, facultados ou consultados por médicos de outras especialidades, demais profissionais de saúde ou funcionários de outros serviços da mesma instituição ou de outras instituições do sistema de saúde (art. 6.º/5 da Lei n.º 12/2005).

Interessante é verificar que o legislador português, mais uma vez optando por *relaxar* o regime jurídico aplicável, decidiu admitir que os dados de farmacogenética e de farmacogenómica constem do processo clínico "normal" do indivíduo, juntamente com a restante informação de saúde. É certo que essa informação se afigura crucial para a determinação do tratamento médico-farmacológico mais eficaz e seguro e, portanto, deve poder ser, na prática, facilmente acedida pelos vários profissionais envolvidos na prestação de cuidados médicos. Não obstante, importa não esquecer que, tal como acontece com a demais informação genética, a mesma poderá vir a revelar, *inter alia*, informações delicadas sobre o estado de saúde, atual ou futuro, do paciente que poderão ser empregues de forma discriminatória contra o mesmo ou, quem sabe, a sua família. Por essa razão, a solução legal consagrada não nos parece ser a mais feliz do ponto de vista da proteção e garantia da confidencialidade dos dados (farmaco)genéticos individuais, embora tenha o mérito de viabilizar, na prática, a sua mobilização em contexto de prática clínica.

Apesar disso, atrevemo-nos a afirmar que, naqueles casos em que o indivíduo é saudável, o resultado dos testes de farmacogenética e de farmacogenómica que, eventualmente, realize, não devem, de modo algum, constar do seu processo clínico "normal". Atenta a especificidade da situação e o caráter delicado desta informação, a mesma deve passar a constar de arquivos próprios e separados – com um nível de acesso reforçado, somente disponível aos médicos da especialidade de genética médica[769] –, só sendo incluída no processo clínico "normal" do paciente em determinadas circunstâncias muito específicas. Tal acontecerá, por exemplo, quando o sujeito padecer de uma qualquer enfermidade e o médico, com vista a prescrever o tratamento médico-farmacológico mais seguro e eficaz, requerer a realização de um ou vários testes de farmacogenética/farmacogenómica que, por alguma razão, o paciente já tenha realizado previamente; nesse caso, os resultados dos testes já realizados devem ser facultados ao médico, a pedido, por parte dos respetivos serviços de genética médica, os quais procederão à inserção desta informação no respetivo processo clínico.

Além de tudo isto, estabelece a lei que a utilização de informação genética – mormente de farmacogenética/farmacogenómica – constitui um verdadeiro ato entre o seu titular e o médico, que se encontra sujeito às regras deontológicas de sigilo profissional dos médicos e dos restantes profissionais de saúde (art. 6.º/7)[770]. Esta obrigação estende-se,

[769] Pereira, André Dias / Barbosa, Carla, "Confidencialidade da informação de saúde no direito português", *op. cit.*, 55.

[770] E note-se, "a existência de vínculo laboral ou outro entre o médico ou outro profissional de saúde e qualquer atividade, incluindo companhias de seguros, entidades profissionais ou fornecedores de quaisquer bens ou serviços, não justifica qualquer diminuição aos deveres de segredo que sobre eles aqueles impendem" (art. 6.º/8 da Lei n.º 12/2005).

como é óbvio, aos farmacêuticos que, eventualmente, tenham acesso aos resultados dos testes de farmacogenética/farmacogenómica realizados.

No que respeita ao tratamento da informação genética, também aqui se exige a adoção de medidas de segurança adequadas, proporcionais e, por vezes, especiais para a proteção desta contra a sua destruição, perda, alteração indevida, difusão ou acesso não autorizados, bem como contra qualquer forma de tratamento ilícito. De modo exemplar, o legislador exige que se apliquem "os conhecimentos técnicos disponíveis mais atualizados, recorrendo-se, *inter alia*, à encriptação dos dados, a técnicas de anonimização, ao estabelecimento de níveis diferenciados de acesso, *etc.* Em caso de circulação da informação em questão, todas as partes envolvidas devem oferecer garantias de segurança técnica e de organização e ficam obrigadas a cumprir regras estritas de proteção (arts. 21.º e 22.º do Decreto-Lei n.º 131/2014).

Em tom de conclusão, permita-nos o leitor afirmar que nos parece que a implementação da MPP passa, por razões (maioritariamente) práticas, pela qualificação, em pé de igualdade, da informação de saúde e da informação genética (mormente farmacogenética/farmacogenómica) como igualmente "sensível"[771], à semelhança do que ocorre no âmbito do RGPD. Naturalmente, um tal passo só poderá ser levado a cabo, no contexto português, com um relaxamento da proteção conferida à informação genética ou com um reforço da confidencialidade dos dados de saúde em geral. É no *meio termo* que se logrará encontrar uma solução de compromisso, procurando-se um meio de garantir a confidencialidade destes dados delicados e, simultaneamente, permitir aos médicos (e demais profissionais de saúde) aceder à informação de que necessitam[772] (mas só aquela que necessitam!) para o bom exercício da sua atividade profissional.

[771] Expressando a mesma opinião, vide NUFFIELD COUNCIL ON BIOETHICS, "Pharmacogenetics: ethical issues", *op. cit.*, 6.

[772] Alguns autores – que veem nos avanços da farmacogenética/farmacogenómica uma oportunidade singular para os farmacêuticos assumirem um papel central no seio dos "novos" sistemas de saúde da era pós-genómica – defendem que, futuramente, os farmacêuticos deverão ter acesso à informação genética dos pacientes para poderem providenciar "cuidados individualizados", sem prejuízo, é claro, das necessárias garantias de confidencialidade da mesma. Vide SHIN, Jaekyu / KAYSER, Steven / LANGAEE, Taimour, "Pharmacogenetics: from discovery to patient care", *op. cit.*, 634.

6.3.3. Armazenamento e direito de acesso à informação

A utilização das informações resultantes da realização em massa dos testes genéticos, nomeadamente de farmacogenética/farmacogenómica, em contexto de prática clínica – e, ainda com maior acuidade, em contexto de investigação científica e de estudos ou ensaios clínicos – pressupõe a colocação exaustiva de dados pessoais (clínicos e genéticos) dos pacientes em bases de dados e redes informáticas, as quais são cada vez mais detalhadas[773]. A existência de grandes quantidades de dados bioinformáticos impõe a regulamentação cuidadosa acerca da sua circulação e partilha, mormente entre os vários atores que intervêm na prestação de cuidados de saúde. Assim sendo, a tomada de medidas legislativas e administrativas de proteção reforçada da confidencialidade dos dados genéticos implica, também, a regulamentação das bases de dados genéticos onde essa informação se encontra armazenada.

Os biobancos e as bases de dados genéticos contribuem significativamente para o desenvolvimento e aplicação da MPP e, em especial, da farmacogenética e da farmacogenómica[774]. Tendo em conta o seu particular relevo em contexto de prática clínica – que é aquele que, *hic et nunc*, nos interessa –, olharemos exclusivamente para a regulamentação das bases de dados genéticos.

Segundo o art. 7.º/1 da Lei n.º 12/2005, "entende-se por base de dados genéticos qualquer registo, informatizado ou não, que contenha informação genética sobre um conjunto de pessoas ou famílias". A sua regulamentação está prevista, com maior detalhe, no já mencionado Decreto-Lei n.º 131/2014.

[773] Surgem, desta forma, os chamados «*Big Data*» – estamos a referir-nos a grandes quantidades de dados, incluindo os pessoais, produzidos em larga escala e cujo manuseamento requer técnicas complexas de processamento. Os desenvolvimentos ao nível da sequenciação do genoma e o seu maior poder estatístico, mormente resultante da sua conexão com os dados de biobancos, faz prever o aumento exponencial dos dados disponíveis. Cf. Nazaré, Maria H., "Big Data e Desafios Éticos", in *Ética Aplicada- Novas Tecnologias* (coord. por Maria do Céu Patrão Neves e Maria da Graça Carvalho), 1ª Edição, Edições 70, 2018, pp. 315 e 318; e ainda, Chadwick, Ruth, "Ethical Issues in Personalized Medicine", *op. cit.*, pp. 173-174.

[774] Dias, Renata, "The potential impact of the EU General Data Protection Regulation on pharmacogenomics research", in *Medicine and Law*, n. º 36, vol. 2, 2017, p. 44.

Além de ter de cumprir os princípios previstos no artigo 4.º, o tratamento de informação genética para a constituição de bases de dados genéticos só pode ser efetuado mediante a verificação *cumulativa* de três condições:

i) A sua necessidade para efeitos de medicina preditiva, preventiva ou curativa, diagnóstico médico, prestação de cuidados ou tratamentos médicos ou para finalidades de investigação;
ii) Consentimento prévio, livre, esclarecido, específico (não podendo, sem mais, a informação ser utilizada para uma finalidade diferente da inicialmente consentida[775]) e escrito do titular dos dados, após informação sobre a finalidade do tratamento[776]. O consentimento pode ser, a qualquer momento, revogado, sem que implique a apresentação de uma justificação e sem que tal possa acarretar qualquer desvantagem para o titular da informação genética (ou para o seu representante). A revogação do consentimento ou da autorização obriga à imediata destruição

[775] Em regra, exige-se novo consentimento do titular dos dados e autorização da CNPD. Pode, no entanto, proceder-se à utilização dessa informação para uma finalidade distinta da inicialmente prevista desde que, após autorização da CNPD, os dados genéticos sejam previamente anonimizados e não conduzam por si só à identificação pessoal (arts. 6.º/2/3 do Decreto-Lei n.º 131/2014). A este propósito, preocupa-nos que a chamada "anonimização dos dados", como a conhecemos, possa ter os seus dias contados. Nesse sentido, alguns estudos têm alertado para o facto de a informação genética (supostamente) anonimizada poder ser facilmente re-identificada através da sua análise computorizada. Uma verdadeira anonimização pressuporá, pois, que se ofereçam as garantias adequadas de não reversão indevida – o que, como analisaremos com maior detalhe mais adiante, se pode afigurar difícil nos tempos que correm. Cf. Barash, Carol I., "Ethical issues in pharmacogenetics", *op. cit.;* e ainda, Castro, Catarina Sarmento e, "A jurisprudência do Tribunal de Justiça da União Europeia, o Regulamento Geral sobre a proteção de dados pessoais e as novas perspetivas para o direito ao esquecimento na Europa", in *Estudos em Homenagem ao Conselheiro Presidente Rui Moura Ramos – Vol. I* (org. por Maria Lúcia Amaral), Coimbra: Almedina, 2016, p. 1054.

[776] O conteúdo deste dever de informação surge escalpelizado no artigo 9.º do Decreto-lei n.º 131/2014. Mais releva referir que, se o titular de dados carecer de capacidade para prestar o seu consentimento, o tratamento da sua informação genética só poderá ser efetuado, por escrito, sob autorização livre, específica e informada do seu representante legal. A opinião dos menores e maiores incapazes de consentir deve ser tomada em consideração como um fator determinante, devendo os mesmos ser envolvidos no processo de tomada de decisão e obter-se, pelo menos, o seu assentimento, em função da sua idade e do seu grau de maturidade e capacidade de compreensão, devendo ser respeitada a sua oposição (art. 8.º/2/3).

da informação genética e do material biológico colhido pelo sujeito responsável pela mesma (art. 10.º do Decreto-Lei n.º 131/2014);

iii) Autorização da Comissão Nacional de Proteção de Dados (CNPD), nos termos da lei.

Ao responsável pela informação genética – o qual, quando a base de dados tenha como finalidade ou seja utilizada para prestação de cuidados de saúde, deve ser um médico especialista em genética médica – compete zelar pela manutenção e supervisão da base de dados genéticos (art. 11.º do Decreto-Lei n.º 131/2014). Desde logo, cabe-lhe adotar as medidas de segurança adequadas e proporcionais para proteger a informação genética contra a sua destruição acidental ou ilícita, a perda acidental, a alteração indevida, a difusão ou o acesso não autorizados, e contra qualquer forma de tratamento ilícito (art. 7.º da Lei n.º 12/2005).

Por sua vez, o tratamento da informação constante de tais bases deve ser realizado com o pleno respeito pelos princípios da legalidade, da transparência, da proteção da identidade pessoal, das melhores práticas científicas e da boa-fé. Já os dados devem ser (art. 12.º do Decreto-Lei n.º 131/2014):

i) *Necessários*, *adequados* e *não excessivos*, relativamente às finalidades para que são recolhidos e posteriormente tratados;

ii) *Exatos* e, se necessário, *atualizados*, devendo ser assegurada a eliminação ou retificação dos dados que sejam inexatos ou incompletos, tendo em conta as finalidades para que foram colhidos ou para que são tratados posteriormente;

iii) *Conservados por um período necessário para a prossecução das finalidades da recolha ou do tratamento posterior*, de forma a permitir a identificação dos seus titulares.

Note-se, também, que o cruzamento da informação genética conservada para fins clínicos ou de investigação em saúde, ou outros fins admitidos pela lei, pressupõe a obtenção de autorização escrita do titular dos dados e da CNPD. Além disso, a interconexão de informação genética deve ser adequada à prossecução das finalidades legais ou estatutárias e dos interesses legítimos dos responsáveis dos tratamentos, implicando a não discriminação ou diminuição dos direitos, liberdades e garantias dos titulares dos dados e a adoção das medidas de segurança necessárias ao tipo de dados objeto de interconexão (art. 17.º).

Quanto às regras de acesso à informação genética que consta destas bases[777/778], devemos atentar no conteúdo do artigo 19.º do Decreto-lei em análise. Dispõe o n.º 2, sem grande novidade, que "o acesso à informação genética que revista natureza médica é limitado aos profissionais envolvidos na prestação de cuidados ao titular da informação". Acrescenta o n.º 3 que "o acesso à informação genética que não tenha implicações imediatas para o estado de saúde atual (...) é limitado aos médicos com a especialidade de genética médica". Ora, o raciocínio que expusemos *supra*, em matéria de confidencialidade dos dados (farmaco) genéticos, deve ser, *mutatis mutandis*, aplicado na interpretação desta norma: assim sendo, a mesma só se aplica no que respeita aos resultados dos testes de farmacogenética/farmacogenómica realizados em pessoas

[777] De forma geral, a este propósito, o artigo 15.º/1 do RGPD dispõe que: "o titular dos dados tem o direito de obter do responsável pelo tratamento a confirmação de que os dados pessoais que lhe digam respeito são ou não objeto de tratamento e, se for esse o caso, o direito de aceder aos seus dados pessoais e às seguintes informações: (1) as finalidades do tratamento dos dados; (2) as categorias dos dados pessoais em questão; (3) os destinatários ou categorias de destinatários a quem os dados pessoais foram ou serão divulgados, nomeadamente os destinatários estabelecidos em países terceiros ou pertencentes a organizações internacionais; (4) se for possível, o prazo previsto de conservação dos dados pessoais, ou, se não for possível, os critérios usados para fixar esse prazo; (5) a existência do direito de solicitar ao responsável pelo tratamento a retificação, o apagamento ou a limitação do tratamento dos dados pessoais no que diz respeito ao titular dos dados, ou do direito de se opor a esse tratamento; (6) o direito de apresentar reclamação a uma autoridade de controlo; (7) se os dados não tiverem sido recolhidos junto do titular, as informações disponíveis sobre a origem desses dados; (8) a existência de decisões automatizadas, incluindo a definição de perfis, e, pelo menos nesses casos, informações úteis relativas à lógica subjacente, bem como a importância e as consequências previstas de tal tratamento para o titular dos dados.

[778] No caso específico da informação de saúde, a lei dispõe que o titular da informação de saúde tem o direito de, querendo, tomar conhecimento de todo o processo clínico que lhe diga respeito, salvo circunstâncias excecionais devidamente justificadas e em que seja inequivocamente demonstrado que isso lhe possa ser prejudicial, ou de o fazer comunicar a quem seja por si indicado. O acesso à informação de saúde por parte do seu titular, ou de terceiros com o seu consentimento, é feito através de médico, com habilitação própria, escolhido pelo titular da informação (art. 3.º/2/3 da Lei n.º 12/2005 – valendo, pois, um "sistema de acesso indireto ou mediatizado").

saudáveis. Cabe, igualmente, destacar que o número 4 reconhece ao titular da informação genética o direito de, a qualquer momento, obter do responsável pelo tratamento, livremente e sem restrições:

i) A confirmação de ser ou não tratada informação genética que lhe diga respeito, bem como informação sobre as finalidades desse tratamento, as categorias de dados sobre que incide o tratamento e os destinatários a quem é transmitida a informação genética;
ii) A comunicação, de forma inteligível, da sua informação genética sujeita a tratamento e de quaisquer informações disponíveis sobre a origem dessa informação;
iii) O conhecimento do contexto e das razões indispensáveis ao tratamento de informação genética que lhe respeite;
iv) A retificação, a eliminação ou o bloqueio de informação genética cujo tratamento não seja legalmente válido, nomeadamente devido ao seu carácter incompleto ou inexato;
v) A notificação aos terceiros a quem a informação genética tenha sido comunicada de qualquer retificação, eliminação ou bloqueio, salvo se isso for comprovadamente impossível.

Mais importa relevar que uma base de dados não pode ser destruída ou descontinuada sem que haja comunicação prévia à CDPD. Por sua vez, os benefícios resultantes da utilização da informação genética recolhida para fins de investigação em saúde devem ser partilhados com a sociedade no seu todo e com a comunidade internacional. Neste espírito, admite-se, inclusive, a prática da transferência de informação genética, a qual deve fomentar a cooperação médica e científica internacional e assegurar o acesso equitativo a estes dados. De todos os modos, uma qualquer eventual transferência de informação genética que descreva uma determinada população sempre carecerá de aprovação do CNECV e, no caso de ser representativa da população nacional, da Assembleia da República (arts. 14.º a 18.º do Decreto-Lei n.º 131/2014).

Ainda no que respeita ao direito de acesso a dados pessoais (em especial, dados de saúde e dados genéticos), cabe uma breve referência ao designado «*right not to know*». "Se o conhecimento é poder, a ignorância pode ser uma bênção"[779], permitindo ao indivíduo viver os seus dias "sem a sombra e os custos do conhecimento"[780]. É sob este mote que se tem vindo a falar de um "direito a não saber"[781], aqui entendido enquanto dimensão própria do princípio da autonomia individual. Se é bem verdade que, em regra, a autonomia do sujeito pressupõe um "direito a saber" ou "a conhecer", por exemplo, a informação genética pessoal, de modo a que o indivíduo possa tomar decisões vitais tendo em conta esses mesmos dados[782], também é certo que "até os mais acérrimos defensores da verdade chegaram à conclusão quem nem sempre é viável revelá-la"[783].

No âmbito específico da genética, como afirma JOÃO LOUREIRO, "conhecer o genoma pode ser: um *saber de perdição* – o conhecimento das predisposições genéticas para certas enfermidades ou de algumas doenças monogenéticas pode afetar gravemente a existência[784]; um *saber de salvação*, no caso de a informação permitir adotar medidas de prevenção ou de adequada terapia; um *saber de libertação*, desde logo em pessoas que pertencem a famílias com histórias de risco e que descobrem, por via dos testes, que os genes não as traíram" (*itálicos nossos*)[785]. Pela sua matriz histórica e específica densidade axiológico-teleológica, o "direito a não saber" deve valer na direção dos factos negativos – *i.e.* daqueles

[779] PEREIRA, André Dias, *Direitos dos Pacientes e Responsabilidade Médica, op. cit.*, 515.

[780] ANDRADE, Manuel da Costa, *Direito penal médico – SIDA: testes arbitrários, confidencialidade e segredo*, Coimbra: Coimbra Editora, 2008, p. 23.

[781] Note-se que o pensamento subjacente a este conceito não é propriamente novo, já se encontrando plasmado (ainda que só implicitamente) na figura da "renúncia à informação", enquanto autêntico limite ao dever de informação. Cf. ROMEO CASABONA, Carlos M., "Aspectos específicos de la información en relación con los análisis genéticos y con las enfermedades transmisibles", in *Información y documentación clínica – Vol. I* (coord. por Mata Barranco), Madrid: Consejo General del Poder Judicial, Ministerio de Sanidad y Consumo, 1997, p. 323.

[782] BARASH, Carol I., "Ethical issues in pharmacogenetics", *op. cit.*

[783] BARBAS, Stela, *Direito do Genoma Humano, op. cit.*, 391.

[784] Está comprovado que o conhecimento da predisposição genética individual pode conduzir a um aumento da ansiedade, à alteração da autoimagem, à perturbação do ambiente familiar, à estigmatização e discriminação social ou à violação do direito à privacidade individual. Cf. NUNES, Rui, *GeneÉtica, op. cit.*, 95.

[785] LOUREIRO, João, "Genética, moinhos e gigantes: Quixote revisitado: deveres fundamentais, sociedade de risco e biomedicina", in *Derecho y Genética: Un reto de la sociedade del siglo XXI* (ed. por Agustín Jorge Barreiro), Madrid: Anuario de la Facultad de Derecho de la UAM, 2006, p. 36.

factos que possam "onerar de sombras ou de sofrimento o presente e o futuro do paciente" –, mas já não dos factos positivos ou favoráveis[786].

Ora, é justamente tendo em conta o supramencionado carácter particular da informação genética e as consequências que, em certos casos, o seu conhecimento pode acarretar (e que influenciam os vários níveis e esferas da vida de um sujeito) que, hoje em dia, este direito encontra previsão expressa, *inter alia*, no artigo 10.º/2 da CDHB, o qual dispõe que "qualquer pessoa tem o direito de conhecer toda a informação recolhida sobre a sua saúde. Todavia, *a vontade expressa por uma pessoa de não ser informada deve ser respeitada*" (*itálico nosso*)[787].

A renúncia à informação poderá ser feita de forma prévia à realização dos testes genéticos ou, após a sua realização, antes da divulgação dos resultados dos mesmos[788]. Além disso, a mesma deve ser levada a cabo de maneira clara e inequívoca. Quer isto dizer que, dentro do possível, temos de estar ante uma *recusa informada*, o que implica que o paciente tenha conhecimento, pelo menos em abstrato, do âmbito das informações em questão, de modo a que se encontre em condições de ponderar os riscos da sua falta[789].

Ora, assim sendo, existindo uma *recusa informada* por parte do sujeito[790], parece razoável que a sua vontade seja respeitada, poupando-se o mesmo de frustrações desmesuradas decorrentes do conhecimento

[786] ANDRADE, Manuel da Costa, *Direito penal médico – SIDA: testes arbitrários, confidencialidade e segredo, op. cit.*, 25.

[787] Vide, também, o artigo 5.º/c) da DUGHDH; o artigo 10.º da DIDGH; o artigo 7.º/d) da Declaração dos Direitos do Paciente, da AMM; e a Tabela 7 das *Guidelines on Ethical Issues in Medical Genetics and the Provision of Genetic Services*, da OMS. Cf. PEREIRA, André Dias, *O consentimento informado na relação médico-paciente: estudo de direito civil, op. cit.*, 467 e ss.; e ainda, ANDORNO, Roberto, *Principles of international biolaw: seeking common ground at the intersection of bioethics and human rights, op. cit.*, 164-165.

[788] ÁLVAREZ GONZÁLEZ, Susana, *Derechos fundamentales y protección de datos genéticos*, Madrid: Editorial Dykinson, 2007, p. 318.

[789] TAUPITZ, Jochen, "El derecho a no saber en la legislación alemana (Parte II)", in *Revista de Derecho y Genoma Humano*, n.º 9, 1998, p. 178.

[790] Deve reconhecer-se, pois, que a regra é a de que cada sujeito venha a tomar conhecimento das suas informações de saúde ou, no caso específico da temática que estamos a abordar, do resultado dos testes genéticos que realiza – o "direito a não saber" não pode deixar de ser visto, neste contexto, como exceção (o que implica que este não possa ser presumido, pressupondo manifestação explícita da vontade do sujeito para a sua ativação). Cf. ANDORNO, Roberto, *Principles of international biolaw: seeking common ground at the intersection of bioethics and human rights, op. cit.*, 171-172.

dos resultados dos testes genéticos (que poderão, inclusive, afetar a sua perceção sobre a própria vida[791]).

Há quem, neste âmbito, considere que este "direito a não saber" não deve valer no caso da realização de testes de farmacogenética e de farmacogenómica, alegando que os mesmos fornecem informações relativamente inofensivas, mormente quando comparados com outros testes preditivos[792]. Não estamos totalmente seguros de que assim seja, nomeadamente tendo em conta o que afirmámos *supra* sobre a natureza específica e algo delicada das informações que se extraem (ou podem extrair) da realização deste tipo de testes. Assim sendo, à partida, o "direito a não saber" deve, também neste domínio, ser reconhecido e respeitado.

Não obstante, note-se que é nosso entendimento, na esteira de ROBERTO ANDORNO, que se um paciente, invocando o seu direito a não saber, recusa a realização de um teste de farmacogenética (ou de farmacogenómica) necessário para determinar se um certo medicamento virá a atuar de forma segura e eficaz no tratamento da sua patologia mas, mesmo assim, pede ao médico que este lhe seja prescrito, o mesmo poderá recusar-se legitimamente a fazê-lo. Neste caso, o teste de farmacogenética deve ser entendido como "parte integrante do próprio tratamento"; se o paciente não aceita realizá-lo, pode dizer-se que não estão verificados os requisitos do consentimento informado e, portanto, o médico não deve aceder à pretensão do sujeito, inclusive sob pena de "violação do seu dever de cuidado"[793/794].

Diferente situação será aquela em que o paciente aceite submeter-se à realização do teste de farmacogenética/farmacogenómica, mas não queira, por alguma razão, ter conhecimento dos resultados do(s) mesmo(s). Nesse caso, deve o médico, respeitando a decisão do paciente, interpretar

[791] BARBAS, Stela, "Testes genéticos, terapia génica, clonagem", *op. cit.*, 315.

[792] Afirma CAROL I. BARASH que os mesmos não fornecem, por exemplo, informações sobre a longevidade da pessoa, os seus potenciais problemas de saúde ou eventuais doenças hereditárias de que padeça ou possa vir a padecer. Cf. BARASH, Carol I., "Ethical issues in pharmacogenetics", *op. cit.*

[793] ANDORNO, Roberto, *Principles of international biolaw: seeking common ground at the intersection of bioethics and human rights*, *op. cit.*, 168.

[794] E note-se, sendo o teste necessário para a prescrição do referido medicamento, tal atitude por parte do médico não consubstancia qualquer discriminação ilegítima do sujeito, como já referimos *supra*.

os resultados obtidos e aconselhá-lo, em conformidade, quanto ao tratamento farmacológico a levar a cabo (tendo em conta, como é natural, as *leges artis* e o estado atual do conhecimento científico). Como bem pontua ANDRÉ DIAS PEREIRA, naqueles casos em que o "paciente declara ao médico que aceitará tudo o que ele venha a decidir ou que, simplesmente, prefere não tomar conhecimento (...) da sua situação", não terá de haver esclarecimento, na medida em que o exercício do direito a não saber constitui uma verdadeira "renúncia à informação"[795], designadamente da resultante dos testes de farmacogenética/farmacogenómica realizados. De todos os modos, tal renúncia não eximirá o médico do seu dever de informação quanto ao medicamento que vier a prescrever[796/797], mormente das suas caraterísticas, do seu fim, da forma como deve ser tomado, dos riscos mais frequentes e de eventuais interações medicamentosas. Estamos em crer que a necessariamente forte relação de confiança existente entre o médico e o paciente (que, aliás, consideramos pressuposto essencial para que este último aceite realizar o(s) teste(s) de farmacogenética/farmacogenómica, mas recuse, de forma informada, o conhecimento dos seus resultados, embora saiba que o tratamento farmacológico será determinado com base neles) determinará que este aceite, pelo menos na grande maioria dos casos, o tratamento que vier a ser proposto por aquele.

Cabe, ainda, referir que cada vez mais comissões científicas de geneticistas e de médicos especialistas em saúde pública têm deixado de defender este direito, por entenderem que o conhecimento do património genético individual é indispensável para o gozo de uma maior autonomia, por exemplo para a realização de mudanças benéficas no estilo de vida da pessoa[798]. Ora, na nossa opinião, não se pode simplesmente

[795] PEREIRA, André Dias, *Direitos dos pacientes e responsabilidade médica, op. cit.*, 515.

[796] Nos EUA, a chamada «*learned intermediary doctrine*» tem aligeirado a responsabilidade do produtor por ausência de informação, transferindo-a para os médicos. Não obstante, na arena europeia, ao contrário do que seria de esperar, essa doutrina ainda não vingou. Para maiores desenvolvimentos, vide RAPOSO, Vera Lúcia, *Danos causados por medicamentos: enquadramento jurídico à luz do ordenamento europeu, op. cit.*, 105 e ss.

[797] Este dever de informação também recairá, em certos casos, embora de forma pouco consensual, sobre o próprio farmacêutico. Cf. *Idem*, 109 -112.

[798] SANTOS, Heloísa G. / PEREIRA, André Dias, *Genética para todos: de Mendel à revolução genómica do séc. XXI: a prática, a ética, as leis e a sociedade, op. cit.*, 52.

presumir que apenas um claro conhecimento da constituição genética pessoal permitirá ao indivíduo atingir um grau satisfatório de autonomia. Ser autónomo e autodeterminar-se também implica que se possa escolher no sentido de não se conhecer, de se manter na ignorância. Assim, o "direito a não saber" é, na verdade, uma espécie de sublimação ou melhoramento do direito à autodeterminação individual (e não um instrumento dogmático que atenta contra o mesmo!), protegendo, de forma imediata, a sua autonomia e a sua integridade psicológica e emocional[799] e, de forma mediata, a própria dignidade da pessoa humana[800].

Por fim, importa reconhecer que, apesar de tudo o que afirmámos anteriormente, este direito não é absoluto, podendo ser restringido sempre que estejam em causa interesses legítimos ou direitos de terceiros – sejam eles membros da família[801] ou a própria sociedade em geral[802].

6.3.4. Gestão de quantidades astronómicas de dados sensíveis

O facto de a MPP implicar a recolha e tratamento maciços de dados pessoais, mais especificamente de dados de saúde e de dados genéticos, poderá conduzir à inevitável acumulação de dados sensíveis em centros sanitários, o que exigirá que os mesmos disponham de eficientes capacidades organizativas e tecnológicas, permitindo-lhes levar a cabo as complexas e exigentes tarefas de armazenamento, gestão e tratamento

799 Andorno, Roberto, *Principles of international biolaw: seeking common ground at the intersection of bioethics and human rights, op. cit.*, 166-167.

800 Taupitz, Jochen, "El derecho a no saber en la legislación alemana (Parte II)", *op. cit.*, 177.

801 Barbas, Stela, *Direito do genoma humano, op. cit.*, 405 e ss.; Andorno, Roberto, *Principles of international biolaw: seeking common ground at the intersection of bioethics and human rights, op. cit.*, 169; e ainda, Ploem, Corrette, "The right not to know: scope and limits", *op. cit.*, 88-89.

802 Neste caso, a restrição a este direito será levada a cabo em nome da proteção da "saúde pública". Cf. Barbas, Stela, *Direito do genoma humano, op. cit.*, 402; e ainda, referindo-se, em certos casos, à existência de um "dever de saber", de um "direito de informar terceiros" ou mesmo de um "dever de informar terceiros", v. Andrade, Manuel da Costa, *Direito penal médico – SIDA: testes arbitrários, confidencialidade e segredo, op. cit.*, 37 e ss. (e também, pp. 243 e ss.)

de uma elevada quantidade de informação pessoal. Neste quadro, em estreita síntese, pode pensar-se em três possibilidades ou modelos[803]:

i) Que os dados sejam geridos e tratados pelo centro sanitário em questão, embora seja de duvidar que estes disponham dos recursos espaciais, humanos, tecnológicos e económicos para que assim seja;

ii) Que o tratamento e gestão destes dados seja cedido a entidades privadas especializadas em gestão digital, o que pode levantar problemas no plano ético e jurídico (pensemos nos abusos cometidos por algumas grandes empresas detentoras de quantidades astronómicas de dados pessoais...), sendo exigível, desde logo, a adoção de códigos de boas práticas e a criação e implementação de sólidos mecanismos de fiscalização de eventuais condutas abusivas;

iii) Que o total controlo e domínio dos dados seja conferido ao seu titular (ao paciente), o que pode revelar-se, porém, demasiado oneroso para o mesmo e seriamente irrealista.

Na nossa opinião, a harmonização entre a necessidade de eficácia na gestão dos dados e o imperativo de proteção dos direitos dos titulares desses mesmos dados passa por pensar a gestão e tratamento dos mesmos a partir de um esquema de estreita cooperação entre centros sanitários (hospitais, clínicas, centros de diagnóstico, *etc.*), empresas privadas e pacientes[804]. Será, neste quadro, absolutamente prioritária a criação e efetivação de mecanismos jurídicos de compromisso no que respeita a uma administração leal dos dados e de garantia da sua confidencialidade. Só assim poderemos impedir, por exemplo, que esta elevada quantidade de informação genética pessoal em circulação possa vir a ser utilizada como fator de discriminação do seu titular ou da sua

[803] Por todos, Romeo Casabona, Carlos M. / Nicolás Jiménez, Pilar / De Miguel Beriain, Iñigo, *Retos éticos y necesidades normativas en la actividad asistencial en medicina personalizada de precisión*, *op. cit.*, 38-41.

[804] *Idem*, 40.

família, quer por membros do seu círculo familiar ou social, quer pelos seus empregadores ou pelas próprias seguradoras.

Naturalmente, dada a velocidade atual do desenvolvimento tecnológico, temos razões para crer que, num futuro muito breve, teremos à nossa disposição um conjunto de meios técnicos e tecnológicos que nos permitirá encetar uma gestão maciça de dados pessoais, pelo que esta querela poderá ter os seus dias contados. Até esse momento, porém, todas as soluções adotadas devem ser essencialmente norteadas por um imperativo de busca de *soluções de compromisso e responsavelmente eficazes*.

6.4. O RGPD: algumas notas sobre a proteção de dados de saúde e genéticos

Cabe-nos, por fim, tecer algumas brevíssimas considerações relativamente ao regime dispensado à informação genética pelo *Regulamento Geral de Proteção de Dados (Regulamento (UE) 2016/679, do Parlamento Europeu e do Conselho, de 27 de abril de 2016)*[805], o qual foi emanado no âmbito da União Europeia, revogando a anterior Diretiva 95/46/CE, do Parlamento Europeu e do Conselho, de 24 de outubro de 1995, relativa à proteção das pessoas singulares no que diz respeito ao tratamento de dados pessoais e à livre circulação desses dados[806]. Este diploma – que, pela sua natureza, é, como bem se sabe, diretamente aplicável no ordenamento jurídico de todos os Estados-Membros da UE, mormente de Portugal – foi emanado com a finalidade de aumentar a efetividade e promover

[805] No domínio da proteção de dados pessoais na arena europeia, não esquecemos, igualmente, a importância do Regulamento (UE) 2018/2807, de 14 de novembro, relativo a um regime para o livre fluxo de dados não pessoais na União Europeia; do Regulamento (UE) 2018/1725, de 23 de outubro, relativo à proteção das pessoas singulares no que diz respeito ao tratamento de dados pessoais pelas instituições e pelos órgãos e organismos da União e à livre circulação desses dados; bem como do Regulamento (UE) n.º 611/2013, de 24 de junho, relativo às medidas aplicáveis à notificação da violação de dados pessoais em conformidade com a Diretriz 2002/58/CE relativa à privacidade e às comunicações eletrónicas.

[806] Para maiores desenvolvimentos sobre este diploma, vide Castro, Catarina Sarmento e, "A jurisprudência do Tribunal de Justiça da União Europeia, o Regulamento Geral sobre a proteção de dados pessoais e as novas perspetivas para o direito ao esquecimento na Europa", *op. cit.*, 1048-1049.

a harmonização da proteção de dados pessoais na arena europeia, a partir dos conceitos de *«privacy by design»* e de *«privacy by default»*[807].

O RGPD define dados pessoais como "qualquer informação relativa a uma pessoa singular identificada ou identificável". E acrescenta: "é considerada identificável uma pessoa singular que possa ser identificada, direta ou indiretamente, em especial por referência a um identificador, como, por exemplo um nome, um número de identificação, dados de localização, identificadores por via eletrónica ou a um ou mais elementos específicos da identidade física, *fisiológica, genética, mental,* económica, cultural ou social dessa pessoa singular" (art. 4.º/1 do RGPD, *itálicos nossos*).

Note-se, igualmente, que este diploma classificou alguns dados pessoais como sensíveis. Neste sentido, pode ler-se no considerando 51 do seu preâmbulo que "merecem proteção específica os dados pessoais que sejam, pela sua natureza, especialmente sensíveis do ponto de vista dos direitos e liberdades fundamentais, dado que o contexto do tratamento desses dados poderá implicar riscos significativos para os [mesmos]"[808]. Nesse contexto, a esses dados é assegurada maior proteção, desde logo estabelecendo-se requisitos bastante estritos para o processamento ou tratamento dessa informação – exigindo-se a prestação expressa de um consentimento inequívoco, prévio, para cada finalidade e acompanhado de prova confiável do mesmo, bem como o respeito por uma série de princípios fundamentais, designadamente a licitude, a lealdade e transparência, a limitação das finalidades, a minimização dos dados, a exatidão, a limitação do prazo de conservação, a integridade, confidencialidade e responsabilidade pelo tratamento (art. 5.º RGPD). A tudo isto acresce a necessidade premente de se assegurar, a todo o tempo, o exercício efetivo dos designados "direitos ARCO" (acesso, retificação, cancelamento e oposição)[809]. E note-se, o controlo relativo

[807] Faria, Paula Lobato/ Cordeiro, João, "Health data privacy and confidentiality rights: crisis or redemption?", *op. cit.*, 127.

[808] Para maiores desenvolvimentos, v. Saldanha, Nuno, *Novo Regulamento Geral de Proteção de Dados,* Lisboa: FCA – Editora de Informática, 2018, p. 45.

[809] Romeo Casabona, Carlos M. / Nicolás Jiménez, Pilar / De Miguel Beriain, Iñigo, *Retos éticos y necesidades normativas en la actividad asistencial en medicina personalizada de precisión*, *op. cit.*, 30.

ao cumprimento pleno de todas estas exigências está, desde logo, a cargo do encarregado de proteção de dados, o qual dispõe de competências técnicas para supervisionar e prevenir qualquer uso perverso de dados pessoais.

Com efeito, dispõe o artigo 9.º/1 do RGPD que "é proibido o tratamento de dados pessoais que revelem a origem racial ou étnica, as opiniões políticas, as convicções religiosas ou filosóficas, ou a filiação sindical, bem como o *tratamento dos dados genéticos, dados biométricos* para identificar uma pessoa de forma inequívoca, *dados relativos à saúde* ou dados relativos à vida sexual ou orientação sexual de uma pessoa" (*itálicos nossos*). Podemos, pois, concluir, que, à luz do RGPD, quer os dados de saúde[810], quer os dados genéticos[811] são considerados "dados sensíveis"[812].

O n.º 2 do já mencionado artigo 9.º identifica, porém, um conjunto de situações em que a norma do n.º 1 não se aplica, como ocorre quando o titular dos dados tiver fornecido o seu consentimento explícito (ou *expresso*) para o tratamento desses dados pessoais para uma ou mais finalidades específicas (al. a))[813]; quando o tratamento seja necessário para proteger os interesses vitais do titular dos dados ou de outra pessoa singular, no caso de este estar física ou legalmente incapacitado de

[810] O RGPD utiliza a expressão "dados relativos à saúde", definindo-os como os "dados pessoais relacionados com a saúde física ou mental de uma pessoa singular, incluindo a prestação de serviços de saúde, que revelem informações sobre o seu estado de saúde" (art. 4.º/15). Alguns autores têm defendido a inclusão neste conceito de dados de saúde "circunstanciais ou indiretos", como o lugar de residência, o estilo de vida ou a atividade laboral. Nesse sentido, v. Romeo Casabona, Carlos M. / Nicolás Jiménez, Pilar / De Miguel Beriain, Iñigo, *Retos éticos y necesidades normativas en la actividad asistencial en medicina personalizada de precisión, op. cit.*, 29.

[811] À luz do RGPD, são eles os "dados pessoais relativos às características genéticas, hereditárias ou adquiridas, de uma pessoa singular que deem informações únicas sobre a fisiologia ou a saúde dessa pessoa singular e que resultam, designadamente, de uma análise de uma amostra biológica proveniente da mesma" (art. 4.º/13). É de notar que esta definição abarca, igualmente, a informação epigenética a que se possa eventualmente ter acesso.

[812] O mesmo acontece com os *dados biométricos*, os quais são definidos como "dados pessoais resultantes de um tratamento técnico específico relativo às características físicas, fisiológicas ou comportamentais de uma pessoa singular que permitam ou confirmem a identificação única dessa pessoa singular, nomeadamente imagens faciais ou dados dactiloscópicos" (art. 4.º/14 RGPD).

[813] Para maiores desenvolvimentos, v. Melo, Helena Pereira de, *O consentimento esclarecido na prestação de cuidados de saúde no direito português, op. cit.*, 186.

dar o seu consentimento (al. c)); quando o tratamento seja necessário para efeitos de medicina preventiva ou do trabalho, para a avaliação da capacidade de trabalho do empregado, o diagnóstico médico, a prestação de cuidados ou tratamentos de saúde ou de ação social ou a gestão de sistemas e serviços de saúde ou de ação social (al. h)); quando o tratamento se revele necessário por motivos de interesse público no domínio da saúde pública (al. i)); ou quando o tratamento for necessário para fins de arquivo de interesse público, para fins de investigação científica ou histórica ou para fins estatísticos (al. j))[814].

Cabe também destacar que o artigo 89.º do RGPD veio prever que "o tratamento [de dados pessoais] para fins de arquivo de interesse público, para fins de investigação científica ou histórica ou para fins estatísticos está sujeito a garantias adequadas, nos termos do presente regulamento, para os direitos e liberdades do titular dos dados" (n.º 1). Alguns dos direitos previstos no RGPD podem, no entanto, ser derrogados, sob reserva da condição acima mencionada, sempre que esses direitos tornem impossível ou prejudiquem gravemente a realização de fins específicos e sempre que essas derrogações sejam necessárias para a prossecução desses fins (n.º 2 e n.º 3). Esta norma parece apresentar particular relevância no que diz respeito ao uso de dados genéticos para fins de investigação científica, embora saibamos que, na maioria dos casos, a mesma costuma ser levada a cabo através da utilização de dados anonimizados (e, portanto, que se encontram fora do âmbito de aplicação do RGPD).

Por fim, cabe pontuar que os Estados-Membros podem manter ou, em alternativa, impor novas condições, incluindo limitações, no que respeita ao tratamento de dados genéticos, dados biométricos ou dados relativos à saúde (art. 9.º/4 do RGPD). Ora, ao abrigo desta norma,

[814] Estas últimas duas alíneas formalizaram, segundo alguns autores, "uma justificação legal para os usos regulatórios de dados pessoais de saúde no próprio setor de saúde e farmacêutico", sem prejuízo da necessária garantia de confidencialidade dos mesmos. Cf. Pereira, Alexandre L. Dias, "Big data, e-health e «autodeterminação informativa»: a lei 67/98, a jurisprudência e o regulamento 2016/679 (GDPR)", *op. cit.*, 66; e ainda, Boardman, Ruth/ Mullock, James/ Mole, Ariane, *Guide to the General Data Protection Regulation, S.l.:* Bird & Bird, 2017, p. 19, disponível em: <https://www.twobirds.com/~/media/pdfs/gdpr-pdfs/bird--bird--guide-to-the-general-data-protection-regulation.pdf>. Consultado em: 2 de janeiro de 2021.

o legislador português optou, através da Lei n.º 58/2019, de 8 de agosto, por regular de forma mais densa o tratamento de dados de saúde e dados genéticos. Assim, no seu artigo 29.º, dispõe-se que:

i) No tratamento de dados de saúde e de dados genéticos, o acesso a dados pessoais rege-se pelo princípio da necessidade de conhecer a informação (n.º 1, princípio «*need to know*»);

ii) Os dados sensíveis relacionados com cuidados de saúde e por motivos de interesse público no domínio da saúde pública devem ser tratados por profissionais obrigados a sigilo ou por outra pessoa sujeita a dever de confidencialidade. O acesso é, em regra, feito de forma exclusivamente eletrónica, sendo vedada a sua divulgação ou transmissão posterior (n.º. 2 e n.º 3);

iii) Os titulares de órgãos, trabalhadores e prestadores de serviços do responsável pelo tratamento de dados de saúde e de dados genéticos, o encarregado de proteção de dados, os estudantes e investigadores na área da saúde e da genética e todos os profissionais de saúde que tenham acesso a dados de saúde e a dados genéticos estão obrigados a um *dever de sigilo ou de confidencialidade*. O mesmo acontece com todos os titulares de órgãos e trabalhadores que, no contexto do acompanhamento, financiamento ou fiscalização da atividade de prestação de cuidados de saúde, tenham acesso a esses dados (n.º 4 e n.º 5);

iv) O titular dos dados deve ser notificado de qualquer acesso realizado aos seus dados pessoais, cabendo ao responsável pelo tratamento assegurar a disponibilização desse mecanismo de rastreabilidade e notificação. Havendo dúvidas quanto ao concreto âmbito de aplicação material do n.º 6 deste preceito, haverá de entender-se que o mesmo se aplica tanto nos casos de tratamento de dados de saúde e de dados genéticos, como de tratamento de dados sensíveis relacionados com cuidados de saúde e por motivos de interesse público no domínio da saúde pública;

v) As demais medidas e requisitos técnicos mínimos de segurança inerentes ao tratamento de dados de saúde e dados genéticos devem ser aprovados por portaria dos membros do Governo responsáveis pelas áreas da saúde e da justiça (n.º 7)[815].

Não deixa de ser interessante verificar que, como pontuámos *supra*, ao contrário do que ocorre no ordenamento jurídico português, à luz do direito da união europeia, os dados de saúde e os dados genéticos são ambos classificados e tratados como *dados sensíveis*, estando sujeitos a um mesmo regime jurídico. Tal não significa, porém, a nosso ver, um relaxamento geral da tutela conferida à informação genética na arena europeia. Pelo contrário, de forma genérica, pode mesmo dizer-se que, com a aprovação do RGPD, saiu reforçada a proteção conferida aos dados genéticos, mormente ao ter-se tido a coragem de adotar um regime harmonizado assente na confidencialidade dos mesmos (tendo em conta a sua natureza sensível) e tomando-se como pedra angular de todo o sistema o consentimento livre, esclarecido e expresso do titular desses dados. Talvez o tempo se encarregue, inclusive, de nos demonstrar que esse é o melhor caminho a seguir, de modo a viabilizar-se a implementação efetiva da MPP – e sem que tal seja feito à custa da desproteção dos dados genéticos, mas antes ao abrigo de um fortalecimento sólido e consistente da tutela conferida a todos os dados sensíveis, de natureza genética ou não.

[815] Por todos, v. Cordeiro, A. Barreto Menezes, *Direito da proteção de dados à luz do RGPD e da lei n.º 58/2019, op. cit.*, 252-254.

CAPÍTULO VII
NANOBIOTECNOCIÊNCIA E DISCRIMINAÇÃO: O CASO ESPECÍFICO DO "*APARTHEID*" GENÉTICO

Em tempos em que o conhecimento do património genético individual se ousa tornar a regra e não a exceção, impõe-se uma reflexão séria em torno da possibilidade de se transformar o sujeito num "cidadão transparente" ou de "vidro" e facilmente qualificável como "defeituoso" ou "não apto"[816], promovendo-se atitudes discriminatórias e concretizando-se aquilo a que a doutrina tem vindo a apelidar de fenómeno do *apartheid genético*[817]. Não sendo possível ou não se logrando assegurar a confidencialidade dos dados genéticos, as nossas diferenças podem ficar irremediavelmente expostas ou, inclusive, tornar-se insuperáveis, abrindo caminho para a formação de "guetos genéticos"[818]. No fundo, receia-se que, no futuro, a "meritocracia [dê] origem à genetocracia, podendo os indivíduos e as minorias étnicas e raciais ser progressivamente estereotipados pelo genótipo, originando-se, assim, um sistema de castas biológicas em todos os países do mundo"[819]. Há que evitar, pois, um qualquer ideal eugénico de «*genetic fitness*», o qual parte de uma pretensão de categorização do perfil genético individual e coletivo com base em

[816] ROMEO CASABONA, Carlos, "El principio de no discriminación y las restricciones relativas a la realización de análisis genéticos (Capítulo IV)",*op. cit.*, 166-167.

[817] MELO, Helena Pereira de, *Implicações jurídicas do projeto do genoma humano: constituirá a discriminação genética uma nova forma de apartheid?*, Coimbra: Gráfica de Coimbra, 2007.

[818] BUCHANAN, Allen *et al.*, *Genética y justicia* (trad. por Cristina Piña), Cambridge: Cambridge University Press, 2002, p. 304; e ainda, HENDRIKS, Aart, "Protection against genetic discrimination and the biomedicine convention", in *Health Law, Human Rights and the Biomedicine Convention: Essays in Honor of Henriette Roscam Abbing* (ed. por J. Gevers, E. H. Hondius e J. H. Hubben), The Netherlands: Martinus Nijhoff Publishers, 2005, p. 213.

[819] As palavras são de JEREMY RIFKIN, citado por NUNES, Rui, *GeneÉtica*, *op. cit.*, 97.

construções teoréticas subjetivas e perigosas (mormente destinadas a qualificar, de forma questionável, certo traço genético como "desejável" ou "não desejável") e, em regra, apoiadas pelas correntes que suportam o chamado determinismo genético (e a consequente "geneticização" do ser humano e da sociedade)[820].

São vários os documentos internacionais e supranacionais que consagram normas de "não discriminação e não estigmatização"[821] e outros tantos aqueles que proíbem, especificamente, a discriminação levada a cabo em razão do património genético individual[822]. Além disso, são vários os ordenamentos jurídicos que, até hoje, se empenharam em criar legislação que impede, especialmente no âmbito laboral e dos seguros, a utilização da informação genética em prejuízo do seu titular[823].

No âmbito do ordenamento jurídico português, destaca-se, desde logo, o artigo 11.º da Lei n.º 12/2005, ao afirmar que "ninguém pode ser prejudicado, sob qualquer forma, em função da presença de doença genética ou em função do seu património genético (n.º 1). Além disso, "ninguém pode ser discriminado, sob qualquer forma, em resultado de um teste genético de diagnóstico, de heterozigotia, pré-sintomático ou preditivo, incluindo para efeitos de obtenção ou manutenção de emprego, obtenção de seguros de vida e de saúde, acesso ao ensino

820 Feitshans, Ilise, "Spider silk jeans or spider silk genes? The future of genetic testing in the workplace", *op. cit.*, 8; e ainda, sobre os conceitos de determinismo e reducionismo genéticos, vide Melo, Helena Pereira de, *Manual de biodireito*, Coimbra: Almedina, 2008, pp. 198 e ss.; e ainda, Loureiro, João, *Constituição e Biomedicina – contributo para uma teoria dos deveres bioconstitucionais na esfera da genética humana – vol. II, op. cit.*, 607.

821 O princípio da não-discriminação, enquanto subprincípio conformador do conhecido "princípio da igualdade", surge plasmado em inúmeros documentos, como é o caso da DUDH (art. 7.º), do PIDCP (art. 3.º e 4.º), da CEDH (art. 14.º), da CDFUE (art. 21.º), da DUBDH (art. 11.º), entre outros.

822 É o caso do disposto nos artigos 11.º e 12.º da CDHB, nos artigos 3.º e 4.º do seu Protocolo Adicional relativo a testes genéticos para fins de saúde, nos artigos 6.º e 10.º da DUGHDH ou, ainda, nos artigos 7.º e 14.º/b) da DIDGH.

823 Veja-se, a título de exemplo, o chamado *Genetic Information Non-discrimination Act* (GINA), em vigor desde 2008 nos EUA. Este impede a ocorrência de efeitos discriminatórios decorrentes do perfil genético individual, particularmente no âmbito laboral e dos seguros. Este ato normativo é, em parte, efetivado pela chamada *Equal Employment Opportunity Commission* (EEOC). Foi em 2013 que se verificou a primeira condenação judicial por violação do GINA (v. *EEOC v. Fabricut, Inc.*). Cf. Silva, Marcus / Jackson, Jonathan / Mitroka, James, "Ethical issues in pharmacogenomics", *op. cit.*

e, para efeitos de adoção, no que respeita quer aos adotantes quer aos adotados" (n.º 2). Por fim, "ninguém pode ser discriminado, sob qualquer forma, nomeadamente no seu direito a seguimento médico e psicossocial e a aconselhamento genético, por se recusar a efetuar um teste genético" (n.º 3).

A proibição de discriminação em razão do património genético impede, naturalmente, todas as medidas de *discriminação ilícita ou negativa*, seja ela *direta* ou *indireta* (naturalmente, desde que não fundadas em razões objetivas e razoáveis...), mas já não as designadas medidas de *discriminação lícita ou positiva*, isto é, medidas que devam ser adotadas com vista a restabelecer um certo equilíbrio a favor de aqueles que se encontram numa situação ou posição desvantajosa em razão do seu património genético, corrigindo desigualdades factuais e garantindo, desde logo, a igualdade *real* de oportunidades. Mais releva realçar que estão proibidas todas as condutas que possam resultar numa discriminação em razão do património genético *individual*, mas também *coletivo*, isto é, do material genético partilhado por famílias ou grupos de pessoas (por exemplo, da mesma *raça* ou *etnia*). É a designada *proibição da discriminação por associação.*

Os riscos de abusos e discriminações com base no património genético são especialmente evidentes no campo laboral, civil, criminal e financeiro – banca, bolsa e seguros[824]. Densifiquemos.

i) Discriminação genética no âmbito laboral

A discriminação genética no âmbito laboral é hoje uma dura e triste realidade[825]. Neste contexto, a maior preocupação é a de que os empregadores submetam os seus trabalhadores ou candidatos a postos de trabalho à realização de testes genéticos[826], utilizando as informações daí resultantes como fundamento, no primeiro caso, para a modificação dos

[824] Importa não ignorar, porém, outros domínios de relevo, como o sanitário, procriativo, comunitário ou familiar. Cf. Cordeiro, A. Barreto Menezes, *Direito da proteção de dados à luz do RGPD e da lei n.º 58/2019, op. cit.*, 139; e ainda, Lemke, Thomas, *Perspectives on genetic discrimination, op. cit.*, 32.

[825] Barbas, Stela, *Direito do Genoma Humano, op. cit.*, 568-569.

[826] Referimo-nos, naturalmente, aos testes genéticos com relevância para a saúde, sendo indefensável que a empresa pondere sequer exigir aos seus trabalhadores ou candidatos a realização de testes de genética recreativa (para aferir, por exemplo, traços da sua personalidade ou comportamentais).

contratos de trabalho ou para a sua resolução e, no segundo caso, para aceitar ou recusar eventuais contratações (admitindo apenas os candidatos que geneticamente se afigurem, pelo menos de forma aparente, mais aptos para a prossecução da atividade em causa[827]).

É verdade que o conhecimento da informação genética em contexto laboral se pode revelar útil para o próprio trabalhador (*v.g.* para a proteção da sua saúde e prevenção da doença), para o empregador (*v.g.* promovendo a boa saúde e produtividade dos trabalhadores e eliminando ou reduzindo os custos diretos ou indiretos de potenciais doenças de que estes venham a padecer, suavizando-se o *risco* associado à celebração de um contrato de trabalho e incrementando-se o *lucro*[828]), para os outros

[827] Entre outros, v. Romeo Casabona, Carlos M., *Los genes y sus leyes. El derecho ante el genoma humano, op. cit.*, 77; Martins, João Zenha, *O genoma humano e a contratação laboral*, Oeiras: Celta Editora, 2002; referindo-se à importância de evitar uma qualquer "seleção genocrática", v. Xavier, Bernardo, "O acesso à informação genética. O caso particular das entidades empregadoras", in *Estudos de Direito da Bioética* (coord. por José de Oliveira Ascensão), Coimbra: Almedina, 2005, pp. 146 e 160; Amado, João Leal, "Genética e contrato de trabalho: nótula em torno do mandato antidiscriminatório", in *Direito da Saúde – Estudos em Homenagem ao Prof. Doutor Guilherme de Oliveira – Vol. IV* (coord. por João Loureiro, André Dias Pereira e Carla Barbosa), Coimbra: Almedina, 2016, p. 49; e ainda, Barbas, Stela, "Contratos de trabalho em face das novas possibilidades de diagnóstico", in *Brotéria*, n.º 150, vols. 5/6, 2000, pp. 597 e ss.

[828] Como afirma Stela Barbas, "as entidades patronais sentir-se-ão tentadas a querer saber já hoje as doenças de que os trabalhadores poderão vir a padecer amanhã, prevenindo, assim, riscos, faltas, subsídios e outros encargos". Importa, porém, distinguir estes casos daqueles que em se procede a uma mera monitorização do estado de saúde dos trabalhadores e das condições de trabalho (que aliás, interessam à saúde do trabalhador e constituem um autêntico dever do próprio empregador). Cabe notar que, nesse sentido e tal como dispõe o *Código Internacional de Ética para os Profissionais de Saúde no Trabalho* (desenvolvido pela Comissão Internacional de Saúde Ocupacional – ICOH), "os resultados dos exames (...) só devem ser transmitidos à administração da empresa exclusivamente em termos da capacidade para o exercício da função pretendida, ou de contraindicações de ordem médica a determinadas condições de trabalho e/ou exposições ocupacionais (...). Informações de caráter geral sobre a capacidade de trabalho, no que se refere às condições de saúde, ou sobre prováveis ou potenciais efeitos adversos sobre a saúde [do candidato] podem ser providas ao empregador, após o consentimento informado do trabalhador em questão, e apenas quando este procedimento for necessário para garantir a proteção da saúde do trabalhador" (*ponto 10*). Acrescenta também que "onde a saúde e estado de saúde do trabalhador e a natureza do trabalho realizado oferecem perigo à segurança de terceiros, o trabalhador deve ser claramente informado sobre a situação. No caso de circunstâncias particularmente perigosas, a administração (...) deve ser informada". Na medida do possível, deve tentar compatibilizar-se o emprego do trabalhador com a saúde e segurança de outras pessoas suscetíveis aos perigos ou riscos (*ponto 11*). Cf. *Ibidem*; Barbas, Stela, *Direito do Genoma Humano, op. cit.*, 568-572; e ainda, destacando alguns desafios da saúde ocupacional na era da nanotecnociência, v. Monica, John C. / van Calster, Geert / Patsa, Agapi, "A nanotechnology legal framework", *op. cit.*, 276 e ss.

trabalhadores da empresa, para terceiros (de que são caso exemplar os *clientes*) e, ainda, para o Estado (que pode, assim, cumprir o seu papel ao nível da prevenção de acidentes laborais, da promoção de segurança no trabalho e da proteção da saúde dos trabalhadores)[829].

Apesar disso, considerando a delicadeza e as particularidades reconhecidas à informação em questão, é consensual na doutrina que a empresa não tem, nem pode ter, o direito de conhecer tudo[830]. A questão estará, portanto, em saber quais os limites do dever de informar e do dever de solicitar informações (genéticas) em contexto laboral, sempre sem perdermos de vista a ideia fundamental de que "o património genético é propriedade do trabalhador"[831].

Classicamente, a doutrina tem forjado distintas soluções consoante esteja em causa a realização de testes genéticos de diagnóstico ou testes genéticos prognósticos[832]; e, ainda, consoante estes últimos testes sejam realizados com vista à predição de doenças monogénicas incuráveis, doenças monogénicas com terapia disponível ou doenças multifatoriais[833].

[829] Romeo Casabona, Carlos M., *Los genes y sus leyes. El derecho ante el genoma humano, op. cit.*, 77; e ainda, Paor, Aisling de, "Employment practices in a new genomic era: acknowledging competing rights and striking a balance", in *Genetic Discrimination: Transatlantic perspectives on the case for a European-level legal response* (ed. por Gerard Quinn, Aisling de Paor e Peter Blanck), London/New York: Routledge, 2015, pp. 162 e ss.

[830] Xavier, Bernardo, "O acesso à informação genética. O caso particular das entidades empregadoras", *op. cit.*, 155.

[831] Fernández Domínguez, Juan J., *Pruebas genéticas en el derecho del trabajo*, Madrid: Civitas, 1999, p. 98.

[832] Xavier, Bernardo, "O acesso à informação genética. O caso particular das entidades empregadoras", *op. cit.*, 156-158. Neste último caso, há quem entenda que a mera deteção de uma predisposição genética não nos permite qualificar um trabalhador ou candidato a um emprego como "doente", desde logo porque este não se encontra, por força desse simples facto, limitado quanto à sua capacidade de prestação de trabalho, não apresenta sintomatologia atual e não é certo que algum dia venha a padecer da doença. Apesar disso, há quem admita o recurso a estes testes como uma forma de proteção do próprio trabalhador, nomeadamente tendo em conta que o ambiente no qual este desempenha a sua atividade laboral pode contribuir para que um determinado gene se expresse ou chegar mesmo a induzir mutações genéticas indesejadas. Cf. Romeo Casabona, Carlos, "El principio de no discriminación y las restricciones relativas a la realización de análisis genéticos (Capítulo IV)", *op. cit.*, 191.

[833] Barbas, Stela, *Direito do Genoma Humano, op. cit.*, 585.

A nosso ver, parafraseando João Leal Amado, "em nome da dignidade da pessoa humana e da proibição de práticas laborais discriminatórias, o 'código de barras' genético do trabalhador não poderá constituir um facto atendível pelo empregador em sede de contratação laboral"[834], desde logo por se tratar de um fator incontrolável pelo trabalhador[835]. É legítimo, porém, questionar se esta regra não deve conhecer exceções quando estejam em causa direitos e interesses do próprio trabalhador ou de terceiros (saúde, segurança)[836].

Bem vistas as coisas, admitir a realização de testes genéticos no campo laboral com vista à proteção do próprio trabalhador e da sua saúde é, *quiçá*, uma posição demasiado paternalista[837]. Assim, estamos em crer que, salvo melhor juízo, um tal fundamento não deverá ser admitido nesta sede. Isso não impede, naturalmente, que o empregador tenha de informar o trabalhador dos riscos existentes para o seu património genético que resultem da exposição, no trabalho, a certos agentes químicos, físicos ou biológicos (na senda, aliás, do disposto na nossa Lei n.º 102/2009, de 10 de setembro).

Já no que respeita à tutela da saúde e segurança de terceiros, estamos em crer que é justificável uma "autorização condicionada e limitada de recurso a testes genéticos em sede de contratação laboral, em certos setores de atividade e para o exercício de determinadas funções" (como é o caso dos *condutores de passageiros* ou *pilotos de aviação*)[838]. Note-se, no entanto, que sempre se impõe que o perigo em causa seja *grave*, que não existam meios alternativos de diagnóstico ou predição, que os testes

[834] Amado, João Leal, "Genética e contrato de trabalho: nótula em torno do mandato antidiscriminatório", *op. cit.*, 50; e ainda, Oliveira, Guilherme de, "Implicações jurídicas do conhecimento do genoma", *op. cit.*, pp. 152-157.

[835] Paor, Aisling de, "Employment practices in a new genomic era: acknowledging competing rights and striking a balance", *op. cit.*, 168.

[836] Santos, Heloísa G. / Pereira, André Dias, *Genética para todos: de Mendel à revolução genómica do séc. XXI: a prática, a ética, as leis e a sociedade, op. cit.*, 144.

[837] Amado, João Leal, "Genética e contrato de trabalho: nótula em torno do mandato antidiscriminatório", *op. cit.*, 51-52.

[838] *Idem*, 53; Romeo Casabona, Carlos M., *Los genes y sus leyes. El derecho ante el genoma humano, op. cit.*, 79; e ainda, Chapman, Carolyn Riley *et al.*, "Genetic discrimination: emerging ethical challenges in the context of advancing technology", in *Journal of Law and Biosciences*, 2019, p. 5.

possuam uma conexão direta com a atividade laboral a desempenhar[839], sejam realizados exclusivamente por agências ou organismos independentes, mediante obtenção de consentimento livre e esclarecido por parte do *probando* e garantindo-se que apenas se transmite ao empregador a informação estritamente necessária (no fundo, se o trabalhador é ou não apto para o desempenho da atividade laboral), assegurando-se a total confidencialidade dos dados genéticos recolhidos[840]. Caso um trabalhador venha a ser considerado *não apto* para o desempenho da atividade laboral, deve a lei exigir que, na medida do possível, se ofereça ao mesmo um posto de trabalho alternativo e com condições laborais semelhantes àquele que era por este desempenhado[841].

No plano prático-normativo, entre nós, é de notar que os artigos 24.º e 25.º do Código do Trabalho consagram expressamente o direito à igualdade e a proibição da discriminação em razão do património genético do trabalhador. Por sua vez, o artigo 13.º da Lei n.º 12/2005, de 26 de janeiro, consagra uma proibição da utilização da informação genética pelos empregadores em processos de admissão de novos trabalhadores e durante a vigência da relação laboral, mesmo que com o consentimento do trabalhador (n.os 1 e 2). Estando em causa a saúde e a segurança do trabalhador, a lei admite a utilização da informação genética, mas apenas em seu benefício, mediante o seu consentimento livre e esclarecido e no seguimento do devido aconselhamento genético, sendo os resultados entregues exclusivamente ao próprio e desde que não seja nunca posta em causa a sua situação laboral (n.º 3). Em situações que impliquem riscos graves para a segurança e a saúde públicas, pode afastar-se este regime, admitindo-se a realização de testes genéticos de diagnóstico (mas já não preditivos!), desde que realizados por entidades independentes, dirigidos apenas a riscos muito graves e relevantes para a saúde atual do trabalhador (n.os 4 e 5). Todos os encargos

839 Xavier, Bernardo, "O acesso à informação genética. O caso particular das entidades empregadoras", *op. cit.*, 159.

840 Romeo Casabona, Carlos M., *Los genes y sus leyes. El derecho ante el genoma humano, op. cit.*, 80.

841 Romeo Casabona, Carlos, "El principio de no discriminación y las restricciones relativas a la realización de análisis genéticos (Capítulo IV)", *op. cit.*, 192.

da realização de testes genéticos a pedido ou por interesse direto de entidades patronais são por estas suportados (n.º 6).

Estas soluções legais podem ser facilmente explicadas com recurso a um conjunto diverso de argumentos: (*i*) os testes genéticos não conseguem, de forma precisa e eficaz, antever traços físicos ou psicológicos que dependam da interação entre vários genes e elementos ambientais (de natureza multifatorial); (*ii*) não podemos correr o risco de que as entidades empregadoras ambicionem realizar testes genéticos para aferir traços que não sejam relevantes para a atividade laboral desempenhada ou a desempenhar; (*iii*) estes testes conferem, na maior parte das vezes, conhecimento de doenças meramente prováveis; (*iv*) os trabalhadores não têm qualquer tipo de controlo sobre o seu património genético, pelo que, em regra, este não se afigura como um critério válido de inclusão ou exclusão da atividade laboral[842].

ii) Discriminação genética no âmbito civil

No plano jurídico-civil, a utilização da informação genética reporta-se, essencialmente, aos domínios da identificação civil, estabelecimento da maternidade e da paternidade (nomeadamente, em contexto de procriação medicamente assistida) ou da adoção.

Neste último campo, sabemos o quão ponderoso é que a família adotante conheça, de forma rigorosa e completa, as caraterísticas do menor, a sua história pessoal e familiar, entre outros dados que possam revelar-se essenciais para garantir o sucesso da adoção. Não fica claro, porém, se estará – ou se deve estar – aqui incluída a informação genética do menor. E note-se, a problemática da utilização de testes genéticos como elementos preliminares de um processo de adoção também se poderá apresentar do lado dos adotantes. Tanto num caso, como no outro, recorrendo aos ensinamentos de Guilherme de Oliveira, a solução deve ser forjada única e exclusivamente a partir do *princípio da salvaguarda dos melhores interesses da criança*[843].

842 Chapman, Carolyn Riley *et al.*, "Genetic discrimination: emerging ethical challenges in the context of advancing technology", *op. cit.*, 4.

843 Oliveira, Guilherme de, "Implicações jurídicas do conhecimento do genoma", *op. cit.*, 144-151.

Entre nós, está vedada a possibilidade de os serviços de adoção ou os pais prospetivos pedirem testes genéticos ou, em alternativa, utilizar informação de testes já realizados às crianças adotandas. No mesmo sentido, não podem os serviços de adoção exigir aos pais adotantes a realização de testes genéticos, nem utilizar informação já disponível sobre os mesmos (artigo 14.º da Lei n.º 12/2005).

iii) Discriminação genética no âmbito criminal

Os riscos de discriminação fundados, desde logo, no património genético do *delinquente* estão ainda "muito presente[s] nas nossas consciências coletivas, fruto das teorias de [Cesare] Lombroso"[844] e de outros autores da «*Scuola Positiva*» italiana, como Enrico Ferri e Raffaele Garofalo. Segundo as mesmas, é possível identificar-se uma correlação determinante entre a prática do crime e a constituição genética individual, o que pode ter inúmeras consequências não só ao nível da problemática da aferição da culpa para efeitos de responsabilidade penal[845] ou da determinação da medida da pena, mas também da promoção de novos e complexos processos discriminatórios e de exclusão social da *pessoa-corpo criminosa* (sob a qual passa a recair, desde logo, uma *presunção de criminalidade* e de *incapacidade de reinserção social*[846]) e, em última análise, da sua própria família ou grupo étnico-racial. Neste contexto, o cálculo do risco de comportamento criminoso passa a ocupar um lugar central no discurso jurídico-penal, fazendo-se acompanhar do desenvolvimento de práticas de prevenção e terapia médica (quem sabe, com recurso à designada *edição genética*)[847]. Evitando extremismos e essencia-

[844] Barbas, Stela, *Direito do Genoma Humano, op. cit.*, 626.

[845] O determinismo e o reducionismo genéticos implícitos nas teorias *lombrosianas* e subscritos pelos defensores de abordagens marcadamente biológicas do crime e do criminoso (segundo as quais o comportamento criminoso pode ser encarado como algo "herdado e inato") põem diretamente em causa a ideia de livre arbítrio e a capacidade do ser humano de escolher o seu curso de ação. Cf. Miranda, Daniela, "Ler a criminalidade pelo corpo: a natureza criminal e os suspeitos do costume", in *Genética e Cidadania* (org. por Helena Machado), Porto: Edições Afrontamento, 2017, p. 69.

[846] *Idem*, 81.

[847] Machado, Helena, "'Genótipos de difícil socialização': crime, genética, neurociências e ethos científico", in *Genética e Cidadania* (org. por Helena Machado), Porto: Edições Afrontamento, 2017, p. 64.

lismos, diríamos com Stela Barbas que "a importância da perspetiva genómica na análise e abordagem do crime não deve ser negada nem sobrevalorizada. Em suma, apesar de a genética poder ter alguma influência nesta área, não é possível falar num único fator determinante da conduta criminosa"[848]. Sempre se ganhará, segundo nos parece, com a adoção de perspetivas *multicausais*, as quais serão, oxalá, capazes de evitar a transformação da genética e da própria ciência em perigosos "elemento[s] de exclusão e estigmatização" social[849].

Ainda neste domínio, impõe-se uma referência às potencialidades da genética no quadro da *investigação criminal*. Nas palavras de Jorge dos Reis Bravo e Celso Leal, o valor identificativo reconhecido ao nosso património genético tem contribuído para a sua promoção a "rainha das provas"[850]. Neste âmbito, levantam-se uma série de questões éticas, jusfundamentais – na intersecção entre as finalidades do processo penal de realização da justiça e descoberta da verdade material e de proteção perante o Estado dos direitos e liberdades fundamentais das pessoas (mormente do *arguido*) –, processuais e profissionais[851].

Ora, no plano específico da investigação criminal, enquanto *meio de prova*, a identificação através de perfis genéticos suscita, no essencial, problemas de admissibilidade e de validade de produção e valoração[852]. Outros problemas se levantam no que respeita à inserção de perfis de ADN de condenados na base de dados para fins de identificação e investigação criminal (e de identificação civil) criada pela Lei n.º 5/2008,

[848] Barbas, Stela, *Direito do Genoma Humano, op. cit.*, 638.

[849] Machado, Helena / Samorinha, Catarina / Santos, Filipe, "Genes maus, genes bons: rumos da justiça personalizada e desafios à cidadania", in *Genética e Cidadania* (org. por Helena Machado), Porto: Edições Afrontamento, 2017, p. 28.

[850] Em geral, v. Bravo, Jorge dos Reis / Leal, Celso, *Prova genética: implicações em processo penal*, Lisboa: Universidade Católica Editora, 2018; e ainda, afirmando que as análises de ADN constituem um "meio probatório consensualmente seguro e cientificamente confirmado", v. Bravo, Jorge dos Reis, *I. O aprofundamento da cooperação transnacional em matéria de intercâmbio de prova genética; II. A ordem de recolha de amostras em condenados, para análise e inserção na Base de Dados de Perfis de ADN: abordagens preliminares*, Coimbra: Conselho de Fiscalização da Base de Dados de Perfis de ADN, 2014, p. 5, disponível em: <http://www.cfbdadosadn.pt/pt/estudosjurisprudencia/Documents/TRABALHOCFBDADNJORGE_RBRAVO.pdf>. Acesso em: 22 de novembro de 2020.

[851] *Idem*, 6.

[852] *Idem*, 31.

de 12 de fevereiro, com a principal finalidade de auxiliar na investigação de crimes futuros[853]. Entre nós, é da competência reservada de um juiz o exame que envolva as caraterísticas físicas ou psíquicas de pessoa que não haja prestado o seu consentimento (artigos 172.º/2 e 269.º/b) do CPP)[854]. Além disso, as amostras devem ser obtidas por via de "método não invasivo" e com respeito pela dignidade humana e integridade física e moral da pessoa, bem como de todas as normas e princípios constantes do Código de Processo Penal (CPP)[855]. Sempre cabe, igualmente, relembrar que, de todos os modos, não poderá constituir exclusivo fundamento de condenação a correspondência entre um perfil de um condenado e um perfil de uma amostra-problema.

iv) Discriminação genética no âmbito dos seguros

No plano dos seguros, as maiores preocupações ao nível da discriminação genética têm girado em torno dos seguros de vida e dos seguros de saúde. O conhecimento e utilização da informação genética individual pelas seguradoras – por muitos apelidada de "discriminação justa"[856] – poderá permitir-lhes reduzir ou mesmo eliminar totalmente o pressuposto da sua atividade: o *risco*[857]. O resultado será a fixação de condições mais ou menos exigentes (por exemplo, de prémios mais

[853] Alguma doutrina tem qualificado esta medida como um efeito substantivo da decisão condenatória e da sentença de aplicação de medida de segurança. Neste sentido, cf. Albuquerque, Paulo Pinto de, *Comentário do Código de Processo Penal à luz da Constituição da República e da Convenção Europeia dos Direitos do Homem*, 4.ª Edição, Lisboa: Universidade Católica Editora, 2011, pp. 481 e ss.

[854] Antunes, Maria João, *Direito Processual Penal*, 2.ª Edição, Coimbra: Almedina, 2018, p. 116.

[855] Moniz, Helena, "'Se uma gota... uma gotinha apenas...': A inserção de perfis de ADN de condenados na base de dados com finalidades de identificação criminal", in *Direito da Saúde: Estudos em Homenagem ao Prof. Doutor Guilherme de Oliveira – vol. V* (coord. por João Loureiro, André Dias Pereira e Carla Barbosa), Coimbra: Almedina, 2016, pp. 28-29.

[856] Esta expressão não passa, como bem pontua James Davey, de um "oximoro moderno". Cf. Davey, James, "Genetic discrimination in insurance: lessons from *Test Achats*", in *Genetic Discrimination: Transatlantic perspectives on the case for a European-level legal response* (ed. por Gerard Quinn, Aisling de Paor e Peter Blanck), London/New York: Routledge, 2015, p. 145.

[857] Alguns autores prevêem o surgimento de um novo "nicho de seguros privados" que funcionam com base na elaboração de "perfis de risco". Neste contexto, "parece que a melhor metáfora para todo este processo é a de que a diferenciação do risco conduzirá a uma "erosão das margens" (*Margenverfall*)". Cf. Bodiroga-Vukobrat, N. / Horak, H., "Challenges of personalized medicine: socio-legal disputes and possible solutions", *op. cit.*, 41-42.

elevados) ou, mesmo, a recusa na celebração do contrato de seguro... tudo, naturalmente, em função do "melhor" ou "pior" património genético do segurado[858/859].

No plano europeu, são três os modelos político-legislativos identificáveis nesta matéria: (*i*) autorização às seguradoras para exigirem a realização de testes genéticos de todos os tipos ou para acederem aos dados derivados de testes já realizados; (*ii*) utilização limitada dos dados genéticos, independentemente da sua origem; (*iii*) proibição absoluta da utilização de dados genéticos no domínio dos seguros[860].

A solução mais adequada será aquela que melhor logre harmonizar todos os direitos e interesses em questão, tendo em conta um conjunto de aspetos relevantes, como o momento da realização do teste genético (se antes ou aquando da celebração do contrato), o tipo de seguro em causa, o valor do seguro a contratar e a natureza das doenças em causa (monogénicas incuráveis ou multifatoriais)[861].

Entre nós, cabe relembrar que o artigo 12.º da Lei n.º 12/2005 estabelece que as companhias de seguros não podem pedir nem utilizar qualquer tipo de informação genética para recusar um seguro de vida ou estabelecer prémios mais elevados (n.º 1). Por outro lado, as seguradoras não podem pedir a realização de testes genéticos aos seus potenciais segurados para efeitos de seguros de vida ou de saúde ou para outros efeitos (n.º 2). Está, igualmente, vedado o acesso a informação

[858] Barbas, Stela, *Direito do Genoma Humano*, *op. cit.*, 604; e ainda, Oliveira, Guilherme de, "Implicações jurídicas do conhecimento do genoma", *op. cit.*, 157-159.

[859] Uma outra questão relevante, mas que não trataremos aqui, é a das obrigações que podem resultar do desenvolvimento de terapias personalizadas para as companhias seguradoras (em especial, em relação às apólices já existentes). Será que existe uma obrigação jurídica de introduzir estes avanços tecnológicos no quadro de prestações asseguradas pelas mesmas? A este propósito, alguns autores consideram que, muito provavelmente, as vantagens da MPP tornarão conveniente para as seguradoras assegurar tratamentos personalizados, desde logo, porque mais eficazes, seguros, rápidos e menos custosos. Para tal será, porém, necessário que as mesmas "adotem medidas com vista a suavizar a sua posição dominante, pois uma excessiva rigidez pode voltar-se contra os seus próprios interesses". Cf. Romeo Casabona, Carlos M. / Nicolás Jiménez, Pilar / De Miguel Beriain, Iñigo, *Retos éticos y necesidades normativas en la actividad asistencial en medicina personalizada de precisión*, *op. cit.*, 81-82.

[860] Romeo Casabona, Carlos M., *Los genes y sus leyes. El derecho ante el genoma humano*, *op. cit.*, 84.

[861] Oliveira, Guilherme de, "Implicações jurídicas do conhecimento do genoma", *op. cit.*, 160-164; e ainda, Barbas, Stela, *Direito do Genoma Humano*, *op. cit.*, 611 e ss.

genética obtida de testes previamente realizados em clientes atuais ou potenciais para efeitos de seguro de vida e de saúde (n.º 3). Por fim, as seguradoras não podem exigir nem podem utilizar a informação genética resultante da colheita e registo dos antecedentes familiares para recusar um seguro ou estabelecer prémios aumentados ou para outros efeitos (n.º 4).

O regime adotado no ordenamento jurídico português pode ser justificado com base em diversos e ponderosos argumentos: (*i*) os testes genéticos não conseguem, de forma precisa e eficaz, antever traços físicos ou psicológicos que dependam da interação entre vários genes e elementos ambientais (de natureza multifatorial); (*ii*) estes testes conferem, na maior parte das vezes, conhecimento de doenças meramente prováveis, não existindo certezas de que o segurado venha algum dia a padecer efetivamente das mesmas; (*iii*) a informação genética reporta-se não apenas aos sujeitos em causa, mas também aos familiares com os quais partilham o seu património genético; (*iv*) as doenças genéticas escapam, na perspetiva do legislador, ao sentimento de responsabilidade individual em que se baseia a nossa cultura; (*vi*) à atividade seguradora surge associada uma ideia fundamental de *solidariedade comunitária* e de *repartição mútua* ou *socialização* do risco – a qual visa evitar, *inter alia*, a sobrecarga dos mais vulneráveis – que a realização de testes genéticos e disponibilização genérica da informação deles extraída ameaça aniquilar; (*vi*) ninguém é geneticamente perfeito, já que todos somos portadores de variações genéticas que podem revelar-se benéficas ou, em alternativa, prejudiciais[862].

Ora, aqui chegados, poderá o leitor pressupor que o que acabámos de afirmar relativamente aos perigos de um eventual «*apartheid*» genético não se aplica, pelo menos de forma tão acutilante, à realidade dos testes de farmacogenética e de farmacogenómica. No entanto, não é bem assim. Numa sociedade em que a realização de testes de farmacogenética e de farmacogenómica seja uma prática generalizada, ainda que o resultado dos mesmos não seja divulgado às entidades empregadoras e/ou

[862] *Idem*, 619-621; OLIVEIRA, Guilherme de, "Implicações jurídicas do conhecimento do genoma", *op. cit.*, 164-166; e ainda, CHAPMAN, Carolyn Riley *et al.*, "Genetic discrimination: emerging ethical challenges in the context of advancing technology", *op. cit.*, 5.

seguradoras, tememos que a mera análise de quais os medicamentos administrados a um sujeito em particular possa vir a revelar informações delicadas sobre o seu património genético[863].

Além disso, são vários os autores que têm alertado para o facto de que os indivíduos que se submetem (mesmo que só e apenas) a este tipo de testes se apresentam, em múltiplas circunstâncias, mais vulneráveis à discriminação genética, correndo o risco de serem tratados de forma arbitrariamente diferenciada com base nos resultados obtidos[864]. Já foi, por exemplo, demonstrado que a estigmatização e discriminação podem surgir quando um indivíduo é identificado como "detentor de um metabolismo fraco ou ultrarrápido"[865].

Neste contexto, poderá acontecer que as companhias de seguros venham a recusar-se a pagar por certos "medicamentos personalizados" (mormente, tendo em conta o seu custo mais elevado), negando a celebração do contrato de seguro de saúde a sujeitos cujos testes de farmacogenética ou de farmacogenómica sugerem que eles poderão vir a necessitar, em caso de doença, de recorrer aos mesmos.

Além disso, existem receios de que os resultados destes testes venham a ser utilizados para efeitos de estabelecimento, pela seguradora, do prémio do(s) seguro(s) contratado(s). Embora o NUFFIELD COUNCIL ON BIOETHICS seja da opinião de que é improvável que tal possibilidade venha, efetivamente, a materializar-se (tendo em conta o valor preditivo relativamente baixo destes testes, especialmente quando comparado com o de outros testes genéticos[866]), não estamos seguros de que seja assim tão evidente que as seguradoras não se sentirão tentadas em exigir prémios mais elevados aos sujeitos que, pela sua composição genética, tenham, em caso de enfermidade, de adquirir medicamentos mais caros.

Receamos, igualmente, que a mesma informação venha a ser utilizada para se recusar a cobertura de tratamentos por razões

[863] NUFFIELD COUNCIL ON BIOETHICS, "Pharmacogenetics: ethical issues", *op. cit.*, 70.

[864] SILVA, Marcus / JACKSON, Jonathan / MITROKA, James, "Ethical issues in pharmacogenomics", *op. cit.*

[865] BILLINGS, Paul R. *et al.*, "Discrimination as a consequence of genetic testing", in *The American Journal of Human Genetics*, n.º 50, 1992, pp. 476 e ss.

[866] NUFFIELD COUNCIL ON BIOETHICS, "Pharmacogenetics: ethical issues", *op. cit.*, 69.

"farmaco-económicas" ou para o estabelecimento de sistemas de copagamento variáveis em razão do património genético individual[867].

Impõe-se, nesse sentido e como afirma DOROTHY C. WERTZ, que se impeçam legalmente as seguradoras (e outras entidades!) de excluir "os [sujeitos] farmacogeneticamente diferentes"[868], garantindo-se a observância escrupulosa da legislação em vigor[869]

Em suma, maior poder sobre o genoma humano comporta maiores "responsabilidades genéticas"[870]. É uma conquista civilizacional inabdicável a ideia de que a rotulagem e a categorização da pessoa em função do seu património genético configuram uma forma inadmissível de discriminação[871]. Assim sendo, a diversidade genética deve ser estudada, compreendida e protegida de qualquer tipo de interpretações que possam conduzir a discriminações violadoras de direitos humanos e fundamentais da pessoa. Em caso algum se poderá admitir que uma *sociedade democrática* se converta numa *sociedade genocrática* e permanentemente violadora da dignidade da pessoa humana. Por isso se afigura tão essencial lutar pela plena efetivação do vetor principiológico da não-discriminação em razão do património genético, a qual se logrará não só pela adoção de normas anti-discriminação nos mais variados setores, mas também pela criação de um regime jurídico sólido em matéria de confidencialidade de dados pessoais, em especial dos mais sensíveis[872].

[867] SILVA, Marcus / JACKSON, Jonathan / MITROKA, James, "Ethical issues in pharmacogenomics", *op. cit.*

[868] E note-se, este problema é especialmente grave naqueles países que não disponham de um Serviço Nacional de Saúde (SNS). Cf. WERTZ, Dorothy C., "Ethical, social and legal issues in pharmacogenomics", *op cit.*, 194-195.

[869] Situação particular será aquela em que, ante a ocorrência de reação adversa medicamentosa pela toma, por parte de um indivíduo e em conformidade com a sua vontade, de um medicamento previamente desaconselhado pela realização de testes de farmacogenética/farmacogenómica e que implique a prestação de assistência médica ao mesmo (ou que conduza, em último caso, à sua morte), a seguradora recuse, com base nos resultados dos testes, o pagamento das quantias acordadas nos respetivos seguros de saúde ou de vida.

[870] LEMKE, Thomas, *Perspectives on genetic discrimination, op. cit.*, 107.

[871] OTERO, Paulo, *Personalidade e identidade pessoal e genética do ser humano, op. cit.*, 66.

[872] KHOURY, Lara / BLACKETT, Adelle / VANHONNAEKER, Lukas, "Legal aspects of genetic testing regarding insurance and employment", in *Genetic testing and governance of risk in contemporary economy: comparative reflections in the insurance and employment law contexts* (ed. por Lara Khoury, Adelle Blackett e Lukas Vanhonnaeker), Switzerland: Springer, 2020, pp. 46 e ss.

CAPÍTULO VIII
DESAFIOS ÉTICO-JURÍDICOS DA UTILIZAÇÃO DE SISTEMAS AUTOMATIZADOS DE DECISÃO NO DOMÍNIO DA SAÚDE

Como bem pontuam Carlos Romeo Casabona, Pilar Nicolás Jiménez e Iñigo de Miguel Beriain, o mais provável é que a "medicina do futuro" seja edificada em torno de um modelo no qual os profissionais de saúde poderão desfrutar da recolha, armazenamento e tratamento em massa de dados pessoais (de saúde, genéticos ou relativos à saúde – os famosos e valiosos «*Big Data*») provenientes de diferentes fontes, os quais se integrarão em modelos automatizados de apoio à decisão capazes de os guiar na descoberta da medida preventivo-terapêutica mais segura e eficaz em cada caso concreto[873].

Ora, a discussão em torno da utilização de sistemas informáticos e robôs autónomos no setor da saúde tem, nos últimos anos, ganho um considerável fôlego no quadro do debate académico, desde logo, entre cientistas, bioeticistas e juristas[874/875]. A mobilização institucionali-

[873] Romeo Casabona, Carlos M. / Nicolás Jiménez, Pilar / De Miguel Beriain, Iñigo, *Retos éticos y necesidades normativas en la actividad asistencial en medicina personalizada de precisión, op. cit.*, 61; Schork, Nicholas J., "Artificial intelligence and personalized medicine", in *Precision Medicine in Cancer Therapy* (ed. por D. D. Von Hoff e H. Han), Switzerland: Springer, 2019, p. 266; e ainda, Murdoch, Travis B. / Detsky, Allan S., "The inevitable application of big data to health care", in *JAMA*, vol. 309, n.º 13, 2013, pp. 1351-1352.

[874] No plano normativo à escala europeia, vide, por exemplo, a Resolução do Parlamento Europeu, de 16 de fevereiro de 2017, que contém recomendações à Comissão sobre disposições de Direito Civil sobre Robótica, bem como a Resolução do Parlamento Europeu, de 20 de outubro de 2020, que contém recomendações à Comissão sobre o regime relativo aos aspetos éticos da inteligência artificial, da robótica e das tecnologias conexas.

[875] Referindo-se ao domínio específico da "nanoinformática", v. Hoover, Mark D. *et al.*, "A nanoinformatics approach to safety health, well-being, and productivity", in *Nanotechnology Environmental Health and Safety – Risks, Regulation, and Management* (ed. por Matthew S. Hull e Diana M. Bowman), 3.ª Edição, USA: Elsevier, 2019, pp. 83 e ss.; e ainda, Feitshans, Ilise L., "Ten years after: ethical, legal and social impacts of nanotechnology", *op. cit.*, 3.

zada de algoritmos no domínio sanitário terá o potencial de introduzir vantajosas transformações no seio do mesmo, quer no plano *individual* (facilitando e agilizando o diagnóstico, assim como a tomada de decisões preventivo-terapêuticas por parte dos profissionais de saúde), quer *organizativo-institucional* (contribuindo para a diminuição dos casos de erro em saúde, reduzindo a carga geral de trabalho, evitando o desperdício de recursos naturalmente escassos, amenizando as inequidades e tornando os cuidados médicos mais acessíveis)[876]. É certo, porém, que tais vantagens e potencialidades não deixarão de se acompanhar de sérios riscos e ameaças[877]. Ao longo dos próximos parágrafos tentaremos, pois, explorar alguns dos desafios ético-jurídicos envolvidos na utilização de sistemas automatizados de decisão em contexto de crescente personalização dos tratamentos médico-farmacológicos[878]. De todos os modos, importa, desde já, deixar claro que "os algoritmos não são, em si mesmos, nem bons, nem problemáticos do ponto de vista ético", pelo que "qualquer avaliação do seu valor moral ou ético deve ter lugar no contexto da sua aplicação e ter em consideração as suas funções em diferentes contextos sociais"[879].

Desde logo, o tratamento da informação por via de sistemas informáticos automatizados assume consideráveis particularidades, mormente tendo em conta a sua capacidade de gerar, fundamentalmente por via indutiva, informação não diretamente extraível daquela que já se dispõe. Tal acarreta um conjunto de consequências de monta, como a capacidade de se obter informação de caráter pessoal que não foi recolhida junto do seu titular, nem obtida a partir de terceiros ou de outras fontes de informação baseadas em elementos materiais ou em atividades desenvolvidas pelo mesmo. Por exemplo, os sistemas de inteligência artificial conseguirão determinar, com reduzida margem de erro, o género do paciente ou a sua idade, apenas partindo de outros dados

[876] Grote, Thomas / Berens, Philipp, "On the ethics of algorithmic decision-making in healthcare", in *Journal of Medical Ethics*, n.º 46, 2020, p. 205.

[877] Para uma interessantíssima síntese, v. Bertelsmann Stiftung, *Algorithms in digital healthcare: an interdisciplinary analysis,* Gütersloh: Bertelsmann Stiftung, 2019, p. 26.

[878] Sobre a progressiva evolução destes sistemas, v. Chang, Mark, *Artificial intelligence for drug development, precision medicine, and healthcare,* Florida: CRC Press, 2020.

[879] Bertelsmann Stiftung, *Algorithms in digital healthcare: an interdisciplinary analysis, op. cit.,* 22.

fornecidos por este. Qual deverá ser o estatuto jurídico destes "novos" dados? Poderão os mesmos ser utilizados para incrementar a eficácia e segurança do tratamento ou para contribuir para o avanço da MPP em geral, sem o consentimento do paciente ou sem se informar o mesmo do seu uso e das finalidades que lhe estão associadas[880]?

Este aspeto é hoje particularmente relevante considerando o período de crise que assola a designada "anonimização de dados". Este importante mecanismo de harmonização do imperativo de respeito pelos direitos humanos e fundamentais dos titulares dos dados e do interesse na utilização destes – dada a sua utilidade, senão mesmo essencialidade –, por exemplo, em contexto de investigação científica[881], tem sido posto em causa, desde logo por ser cada vez mais latente o risco de *re-identificação,* com relativa facilidade, *de dados anónimos, anonimizados ou pseudoanonimizados*[882]. Neste contexto, é absolutamente imperiosa a adoção e mobilização de uma definição de "anonimização" adequada às hodiernas possibilidades tecnocientíficas e que cumpra com os *standards* de proteção fixados no plano do Direito Internacional dos Direitos Humanos.

Lamentavelmente, o RGPD não avançou uma qualquer definição de anonimização, mas apenas de "pseudoanonimização": "o tratamento de dados pessoais de forma que deixem de poder ser atribuídos a um titular de dados específico sem recorrer a informações suplementares, desde que essas informações suplementares sejam mantidas separadamente e sujeitas a medidas técnicas e organizativas para assegurar que os dados pessoais não possam ser atribuídos a uma pessoa singular identificada ou identificável"[883]. No entanto, vale relembrar que, já em

[880] Romeo Casabona, Carlos M. / Nicolás Jiménez, Pilar / De Miguel Beriain, Iñigo, *Retos éticos y necesidades normativas en la actividad asistencial en medicina personalizada de precisión, op. cit.*, 42.

[881] Trata-se, no fundo, de uma "boa estratégia para manter os benefícios e atenuar os riscos". Cf. Grupo de Trabalho de Proteção de Dados do Artigo 29.º, *Parecer 05/2014, sobre técnicas de anonimização,* 10 de abril de 2014, p. 5, disponível em: <https://www.gpdp.gov.mo/uploadfile/2016/0831/20160831045040634.pdf>. Consultado em: 12 de janeiro de 2021.

[882] Neste sentido, vide, por exemplo, Rocher, Luc / Hendrickx, Julien M. / Montjoye, Yves-Alexandre de, "Estimating the success of re-identifications in incomplete datasets using generative models", in *Nature Communications,* n.º 10, 2019; e ainda, Bertelsmann Stiftung, *Algorithms in digital healthcare: an interdisciplinary analysis, op. cit.*, 33.

[883] Para maiores desenvolvimentos, v. Cordeiro, A. Barreto Menezes, *Direito da proteção de dados à luz do RGPD e da lei n.º 58/2019, op. cit.*, 150.

2014, o hoje extinto *Grupo de Trabalho de Proteção de Dados do Artigo 29.º* determinou que a anonimização impõe que sejam retirados aos dados elementos suficientes para que, sem alterar o seu formato e tipo, deixe de ser possível identificar o titular dos dados através da utilização de um conjunto de meios suscetíveis de serem razoavelmente empregues. Neste sentido, a anonimização pressupõe a verificação cumulativa de três condições:

i) *Não identificação,* isto é, não pode ser possível isolar alguns ou todos os registos que identifiquem uma pessoa num conjunto de dados;
ii) *Não correlação,* isto é, não deve ser possível ligar dois registos sobre a mesma pessoa ou um grupo de pessoas em causa (o que nos remete para o sério problema do «*cross-checking of information*»);
iii) *Não inferência,* isto é, não deve ser possível deduzir o valor de um atributo a partir dos valores de um conjunto de outros atributos[884].

Atualmente, as técnicas de anonimização existentes apresentam limitações inerentes, sendo muito dúbio que, na grande maioria dos casos, satisfaçam plenamente os critérios de anonimização eficaz[885]. Seremos, pois, confrontados com desafios muito complexos a este nível, os quais, se desatendidos, poderão pôr em causa direitos humanos e fundamentais da pessoa. De todos os modos, vale sempre relembrar que a partir do momento em que determinado(s) dado(s) deixe(m) de ser classificável(eis) como anónimo(s) ou, por outras palavras, passe(m) a ser identificado(s) ou identificável(eis), tornam-se imediatamente aplicáveis todas as disposições normativas em vigor em matéria de proteção de dados pessoais, pelo que não nos encontramos totalmente desarmados ou irremediavelmente deixados à nossa sorte nesta sede[886].

[884] Grupo de Trabalho de Proteção de Dados do Artigo 29.º, *Parecer 05/2014, sobre técnicas de anonimização,* op. cit., 12.

[885] Para uma análise geral das mesmas, v. Raghunathan, Balaji, *The complete book of data anonymization: from planning to implementation,* Flórida: CRC Press, 2013, pp. 171 e ss.

[886] Romeo Casabona, Carlos M. / Nicolás Jiménez, Pilar / De Miguel Beriain, Iñigo, *Retos éticos y necesidades normativas en la actividad asistencial en medicina personalizada de precisión, op. cit.*, 35.

Além disso, neste contexto, há também quem receie que a implementação efetiva da MPP e, em geral, o fenómeno da *tecnologização da saúde* possa resultar numa maior tendência para um certo *automatismo crónico na tomada de decisões médico-farmacológicas*, mormente passando as mesmas a ser tomadas exclusivamente por sistemas informáticos dotados de inteligência artificial (com base em algoritmos previamente definidos), abstendo-se o profissional de saúde de as rever cuidadosamente à luz do estado ou situação, pessoal e circunstancial, em que o concreto paciente se encontra. A este propósito, a doutrina tem-se referido à existência de um *princípio ético-jurídico do respeito pela recusa em ser tratado por um robô*, o qual garante ao "paciente a liberdade de escolher os cuidados e tratamentos médico-cirúrgicos que lhe sejam dirigidos, independentemente da razoabilidade da recusa e enquanto manifestação de uma vontade que se autovalida *per si*, quase sempre sem integração hermêutica do risco, da segurança, da adequação ou da proporcionalidade"[887]. Neste sentido, importa notar que, no plano normativo, o próprio RGPD estabelece, no seu artigo 22.º/1, que "o titular dos dados tem o direito a não ficar sujeito a nenhuma decisão tomada exclusivamente com base no tratamento automatizado, incluindo a definição de perfis, que produza efeitos na sua esfera jurídica ou que o afete significativamente de forma similar"[888]. Parece ser inegociável, portanto, que tais sistemas terão de ser colocados sob permanente supervisão humana e que as suas "decisões" poderão – e deverão! – ser revistas e validadas pelos profissionais de saúde, de modo a assegurar-se a sua plena adequação ao paciente em concreto e ao seu específico contexto vital. Não fica, porém, claro qual o grau mínimo de intervenção humana necessário para evitar que o supramencionado direito não seja violado (sendo certo, porém, que não basta a mera ratificação das medidas

[887] Ferreira, Ana Elisabete, "Problemas ético-jurídicos concernentes aos danos causados por robôs autónomos na saúde: algumas definições conceituais", *op. cit.*, 17.

[888] Nesse sentido aponta, igualmente, a já mencionada Carta Portuguesa dos Direitos Humanos na Era Digital, a qual dispõe que as decisões com impacto significativo na esfera dos destinatários que sejam tomadas mediante o uso de algoritmos devem ser comunicadas aos interessados, sendo suscetíveis de recurso e auditáveis, nos termos previstos na lei (artigo 9.º/2).

propostas[889]...), nem quais as repercussões que tais práticas podem ter em termos de (des)(h)umanização dos cuidados.

Outro dos principais problemas emergentes neste domínio é o da possível incongruência e/ou incompatibilidade entre a conclusão a que o profissional de saúde, após um complexo processo iterativo de recolha, integração e interpretação de dados do paciente, chegou relativamente ao diagnóstico ou às medidas preventivo-terapêuticas a aplicar e as conclusões avançadas pelo sistema automatizado de decisão em causa. E este problema é especialmente pertinente considerando que, na maior parte das vezes, os algoritmos "não fornecem ao médico uma explicação sobre o porquê de terem decidido de certa forma". A doutrina refere-se, a este propósito, ao problema da "opacidade" ou falta de transparência dos sistemas automatizados de tomada de decisão. No plano filosófico, são duas as principais teorias desenvolvidas com vista a nortear o médico quanto ao seu possível curso de atuação em tal eventualidade: (1) a *teoria da igualdade de pesos* («*Equal Weight View*»), a qual determina que a existência de uma proposição contrária à do profissional de saúde deve reduzir a sua confiança no seu próprio julgamento (uma espécie de «*computer knows best*»). Nesse sentido, a solução mais racional seria a de confiar no algoritmo e segui-lo; (2) a *teoria da firmeza* («*Steadfast View*»), a qual defende que as conclusões a que chegou o profissional de saúde apresentam um "estatuto epistemológico privilegiado", sendo razoável que o mesmo se mantenha fiel à sua convicção inicial[890]. Vários autores têm manifestado a sua preferência pela primeira tese, principalmente quando estejam em causa profissionais de saúde mais novos e sem grande experiência[891]. Por nossa parte, consideramos que ainda é cedo para que possamos adotar expressamente uma ou outra posição:

[889] Neste sentido aponta, igualmente, o próprio Considerando 71 do RGPD, o qual dispõe que "o titular dos dados deverá ter o direito de não ficar sujeito a uma decisão, que poderá incluir uma medida, que avalie aspetos pessoais que lhe digam respeito, que se baseie exclusivamente no tratamento automatizado e que produza efeitos jurídicos que lhe digam respeito ou o afetem significativamente de modo similar, como a recusa automática de um pedido de crédito por via eletrónica ou práticas de recrutamento eletrónico sem qualquer intervenção humana".

[890] Grote, Thomas / Berens, Philipp, "On the ethics of algorithmic decision-making in healthcare", *op. cit.*, 207.

[891] *Ibidem*.

é certo que os algoritmos se caraterizam pela sua elevada eficácia e precisão, mas desengane-se quem acredita que os mesmos são imunes ao erro. Não devemos, pois, deixar de considerar que a utilização de sistemas automatizados de decisão no plano da saúde não só origina novas incertezas, como põe em causa a "autoridade epistémica" do médico, o que pode ter efeitos psicológicos muito significativos e não desprovidos de considerável relevância. Assim, se estamos em crer que é hoje incontestável que o profissional médico tem, pelo menos, o dever de ter em conta as soluções avançadas pelo sistema automatizado de decisão, não é certo que o mesmo esteja necessariamente obrigado a segui-las[892] – embora nos pareça razoável que, quando o médico pretenda afastar tais soluções em prol do seu próprio julgamento, fique o mesmo sujeito a um dever agravado de fundamentação, devendo ainda, de preferência e se possível, a sua decisão ser avalizada por um outro médico da mesma área ou especialidade[893]. Uma posição contrária a esta pode revelar-se excessiva e transformar os sistemas automatizados de decisão em armas ou ferramentas de exercício de uma indesejável *medicina defensiva* por parte dos profissionais médicos. Desenvolvimentos tecnocientíficos futuros poderão, naturalmente, acarretar novos dados a esta complexa equação, especialmente à medida que estes sistemas comecem a ser munidos de mecanismos que permitam reduzir a sua opacidade.

Mas não é apenas ao nível dos profissionais de saúde que tais desafios se colocam. A doutrina tem, igualmente, alertado para o facto de tais transformações se poderem traduzir numa hipertrofia da autonomia do paciente. Por exemplo, a maioria dos algoritmos estará programada para selecionar a medida terapêutica que maximize a esperança média de vida do doente. Poderá acontecer, porém, que este prefira a aplicação do tratamento que mais lhe amenize o seu sofrimento. Quão severas poderão ser as consequências acarretadas para a liberdade decisória

[892] Classificando-as de meras recomendações, v. BERTELSMANN STIFTUNG, *Algorithms in digital healthcare: an interdisciplinary analysis*, *op. cit.*, 29.

[893] Afinal de contas, como sugerem HUGO MERCIER e DAN SPERBER, o envolvimento dialógico com outros colegas contribui para a produção de melhores resultados epistémicos. Cf. MERCIER, Hugo / SPERBER, Dan, *The enigma of reason*, Harvard: Harvard University Press, 2017, p. 222.

do paciente numa situação como esta? E note-se, a já mencionada falta de transparência dos atuais sistemas automatizados de decisão pode colocar desafios ainda mais complexos ao nível da prestação do consentimento, principalmente se o sistema jurídico começar a revelar-se tolerante face à abertura de brechas que admitam que não se forneça ao paciente informação suficiente para uma tomada de decisão verdadeiramente esclarecida[894].

Por fim, cresce o risco de classificação das pessoas em grupos ou subgrupos de acordo com os seus perfis pessoais[895]. A este propósito, vários autores têm destacado a importância da produção e programação ética dos sistemas automatizados de decisão utilizados, desde logo, evitando a sua submissão a interesses ou inclinações próprias dos programadores[896].

Nesta fase inicial, a dimensão ética da inteligência artificial (que se cristaliza naquilo a que alguns autores chamam de "roboética"[897]) parece traduzir-se em sete vetores essenciais:

i) *Garantia da supervisão e controlo humano* (os sistemas de inteligência artificial não devem limitar a autonomia da pessoa, mas antes capacitá-la e empoderá-la no exercício dos seus direitos);
ii) *Robustez técnica e segurança* (os algoritmos têm de ser resilientes, seguros e capazes de lidar com erros);
iii) *Privacidade e controlo de dados* (além de se garantir o pleno respeito pela privacidade e confidencialidade dos dados pessoais, deve também proceder-se à criação de mecanismos adequados de «*data governance*»);
iv) *Responsabilidade* (capacidade de reconhecer erros e de os corrigir; existência de mecanismos eficazes e acessíveis de reparação de danos causados pela inteligência artificial);

[894] Grote, Thomas / Berens, Philipp, "On the ethics of algorithmic decision-making in healthcare", *op. cit.*, 208.

[895] Romeo Casabona, Carlos M. / Nicolás Jiménez, Pilar / De Miguel Beriain, Iñigo, *Retos éticos y necesidades normativas en la actividad asistencial en medicina personalizada de precisión*, *op. cit.*, 33.

[896] Bertelsmann Stiftung, *Algorithms in digital healthcare: an interdisciplinary analysis*, *op. cit.*, 25.

[897] Ferreira, Ana Elisabete, "Da relevância jurídica das relações com robôs: subsídios para uma análise", *op. cit.*, 169.

v) *Transparência* (as pessoas precisam de estar cientes de que estão a interagir com um sistema de inteligência artificial e devem ser devidamente informadas das suas capacidades e limitações);
vi) *Diversidade, não-discriminação e justiça* (os sistemas de inteligência artificial devem estar acessíveis a todos);
vii) *Promoção do bem-estar ambiental e societal* (os sistemas de inteligência artificial devem beneficiar todos os seres humanos, incluindo as gerações futuras. Nessa medida, os mesmos devem ser sustentáveis e amigos do meio ambiente)[898].

Num outro plano, será, naturalmente, exigível o controlo da precisão e exatidão de tais sistemas, o que depende largamente do tipo e da qualidade dos dados utilizados (o '*output*' depende sempre e de forma direta do respetivo '*input*'[899]), evitando, desde logo, a desadequação dos mesmos a certas subpopulações menos favorecidas. A auditoria regular dos sistemas de inteligência artificial, por pessoal tecnicamente especializado e que assegure todas as garantias de independência, é, portanto, uma verdadeira prioridade. O mesmo se pode dizer relativamente à necessária validação dos algoritmos em causa para diferentes tipos de subpopulações[900].

Em suma, apesar das vantagens e benefícios derivados da utilização de sistemas automatizados de decisão no quadro da saúde, são também múltiplas as desvantagens e ameaças a considerar. É verdade que não é

[898] Vide as *Orientações Éticas para uma IA de Confiança* emanadas pelo Grupo Independente de Peritos de Alto Nível sobre a Inteligência Artificial, criado pela Comissão Europeia em junho de 2018. O documento pode ser acedido na íntegra em: <https://op.europa.eu/pt/publication-detail/-/publication/d3988569-0434-11ea-8c1f-01aa75ed71a1/language-pt/format-PDF>. Consultado em: 11 de janeiro de 2021. Também a Carta Portuguesa dos Direitos Humanos na Era Digital aponta neste sentido: "a utilização da inteligência artificial deve ser orientada pelo respeito dos direitos fundamentais, garantindo um justo equilíbrio entre os princípios da explicabilidade, da segurança, da transparência e da responsabilidade, que atenda às circunstância de cada caso concreto e estabeleça processos destinados a evitar quaisquer preconceitos e formas de discriminação" (artigo 9.º/1); "são aplicáveis à criação e uso de robôs os princípios da beneficência, da não-maleficência, do respeito pela autonomia humana e pela justiça, bem como os princípios consagrados no artigo 2.º do Tratado da União Europeia" (artigo 9.º/3).

[899] Schork, Nicholas J., "Artificial intelligence and personalized medicine", *op. cit.*, 278.

[900] Grote, Thomas / Berens, Philipp, "On the ethics of algorithmic decision-making in healthcare", *op. cit.*, 209.

certo que já hoje disponhamos de sistemas digitais e informáticos suficientemente potentes para absorver e tratar uma tão grande quantidade de dados pessoais[901]. Por outro lado, a sua implementação em contexto de prática clínica tem sido muito lenta, desde logo em razão das múltiplas dificuldades regulatórias na matéria, mas também da falta de estudos prospetivos e rigorosos que comprovem que a sua utilização conduz a melhores resultados em diversos planos[902]. Tal não reduz, porém, a urgência deste debate, pois é na prossecução do mesmo que reside a nossa melhor esperança de que as disruptivas transformações futuras no seio do sistema de saúde não implicarão a vulneração dos direitos e liberdades daqueles que o compõem.

[901] Romeo Casabona, Carlos M. / Nicolás Jiménez, Pilar / De Miguel Beriain, Iñigo, *Retos éticos y necesidades normativas en la actividad asistencial en medicina personalizada de precisión*, *op. cit.*, 32.
[902] Grote, Thomas / Berens, Philipp, "On the ethics of algorithmic decision-making in healthcare", *op. cit.*, 206.

CAPÍTULO IX
UMA NANOBIOTECNOCIÊNCIA PARA TODOS? A DIMENSÃO SOCIAL DA LIBERDADE DE INVESTIGAÇÃO CIENTÍFICA *VIS-À-VIS* O(S) DIREITO(S) DE PROPRIEDADE INTELECTUAL

Outro dos aspetos que tem sido tratado pela doutrina é o da crescente tensão entre a já mencionada *dimensão coletiva ou social da liberdade de investigação científica* (a exigir a partilha dos benefícios da investigação e experimentação científicas, em grande parte, por força da sua crescente globalização[903]...) e os *direitos de propriedade intelectual* (em especial, os direitos de patente).

No que respeita ao primeiro vetor mencionado, releva aqui relembrar o disposto no artigo 15.º da *Declaração Universal sobre Bioética e Direitos Humanos*[904], o qual dispõe que "os benefícios resultantes de qualquer investigação científica e das suas aplicações devem ser partilhados com a sociedade no seu todo e no seio da comunidade internacional,

[903] Hurst, Daniel J., "Benefit sharing in a global context: working towards solutions for implementation", in *Developing World Bioethics*, 2016, p. 1.

[904] Neste sentido, vide, igualmente, o artigo 27.º/1/*in fine* da DUDH ("toda a pessoa tem o direito de (...) participar no progresso científico e nos benefícios que deste resultam"), o artigo 15.º/1/b) do PIDESC ("os Estados Partes no presente Pacto reconhecem a todos o direito (...) de beneficiar do progresso científico e das suas aplicações"), o 13.º parágrafo do Preâmbulo da CDHB ("salientando a necessidade de cooperação internacional para que a Humanidade inteira beneficie do contributo da biologia e da medicina"), os artigos 12.º e 17.º a 19.º da DUGHDH (em especial, o art. 18.º, o qual dispõe que "os Estados devem envidar todos os esforços (...) para continuar a fomentar a difusão, a nível internacional, de conhecimentos científicos relativos ao genoma humano, à diversidade humana e à investigação na área da genética e, a este respeito, para promover a cooperação científica e cultural, particularmente entre países industrializados e países em vias de desenvolvimento") e o artigo 19.º da DIDGH ("os benefícios da utilização dos dados genéticos humanos, dados proteómicos humanos ou amostras biológicas recolhidos para fins de investigação médica e científica deverão ser partilhados com a sociedade no seu todo e com a comunidade internacional"). Para mais exemplos, v. Cabrera Medaglia, Jorge / Perron-Welch, Frederic, "The benefit-sharing principle in international law", in *Journal of Intellectual Property Law & Practice*, vol. 14, n.º 1, 2019, pp. 67-73.

em particular com os países em desenvolvimento"[905]. Note-se, porém, que, em caso algum, os referidos benefícios deverão constituir "incitamentos indevidos à participação na investigação".

Ora, vale notar que este *direito à partilha de benefícios* deriva de um conjunto de vetores axiológicos fundamentais – a igualdade, a justiça e a equidade[906] –, afirmando-se simultaneamente como reflexo, pressuposto e *conditio sine qua non* da liberdade de investigação científica. O mesmo parte da premissa de que, uma vez produzido, o conhecimento não se converte em propriedade exclusiva do investigador; antes, soma-se ao "acervo comum da humanidade" e, por isso, pode e deve ser repartido, de forma equitativa e não-discriminatória, por todos aqueles que a compõem.

Importa notar que a esta *formulação ampla ou "aspiracional" do direito à partilha de benefícios*[907] acresce uma outra, mais restrita e bem delineada, a qual impõe a repartição dos benefícios e vantagens derivados do conhecimento científico entre aqueles que facilitam o acesso aos recursos necessários para a produção desse mesmo conhecimento e aqueles que enriquecerão, direta ou indiretamente, com a sua aplicação[908].

[905] E acrescenta: "Com vista a dar efetivação a este princípio, os benefícios podem assumir uma das seguintes formas: (a) assistência especial e sustentável às pessoas e aos grupos que participaram na investigação e expressão de reconhecimento aos mesmos; (b) acesso a cuidados de saúde de qualidade; (c) fornecimento de novos produtos e meios terapêuticos ou diagnósticos resultantes da investigação; (d) apoio aos serviços de saúde; (e) acesso ao conhecimento científico e tecnológico; (f) instalações e serviços destinados a reforçar as capacidades de investigação; (g) outras formas de benefícios compatíveis com os princípios enunciados na presente Declaração".

[906] Sendo certo que "a igualdade fundamental de todos os seres humanos em dignidade e em direitos deve ser respeitada para que eles sejam tratados de forma justa e equitativa" (Art. 10.º DUBDH).

[907] SCHROEDER, Doris, "Sharing of benefits", in *Handbook of Global Bioethics* (ed. por H. A. M. J. ten Have e B. Gordijn), Dordrecht: Springer, 2014, p. 206.

[908] Esta conceção mais restrita surge consagrada, de forma geral, na Convenção sobre a Diversidade Biológica (CDB, 1992) – a qual apresenta três objetivos fundamentais: (1) conservação da diversidade biológica; (2) utilização sustentável de componentes da diversidade biológica; (3) partilha justa e equitativa dos benefícios derivados da utilização de recursos genéticos – e, mais especificamente, no seu Protocolo da Nagoia, que se refere ao acesso aos recursos genéticos e à partilha justa e equitativa dos benefícios decorrentes da sua utilização (2010). Neste sentido, vide também as *Bonn Guidelines on Access to Genetic Resources and Fair and Equitable Sharing of the Benefits Arising out of their Utilization* (2002), as *disposições 19 e 20* da Declaração de Helsínquia (na sua versão atualizada e datada de 2013) e a *Guideline 13* das *International Ethical Guidelines for Health-Related Research Involving Humans* (CIOMS/OMS).

Esta conceção – em grande parte, resultado da ascensão da *Nova Ordem Económica Internacional* – encontra-se associada a alguns vetores jusfundamentais que integram o atual discurso dos direitos humanos, como é o caso do direito à autodeterminação ou do direito ao desenvolvimento (de preferência, *sustentável*)[909].

Neste contexto, e referindo-se especificamente ao domínio da *genética*, Doris Schroeder pontua que a partilha de benefícios é a ação de conceder parte das vantagens (patrimoniais ou não patrimoniais) derivadas da utilização de recursos genéticos (humanos ou não) ou de conhecimentos tradicionais aos provedores desses mesmos recursos, em especial a aqueles que razoavelmente não terão acesso aos produtos e serviços daí resultantes e sem quaisquer tipos de incitamentos indevidos, a fim de se satisfazer um imperativo ético-jurídico de justiça comutativa (*«justice-in-exchange»*)[910].

Nesse sentido aponta justamente o já mencionado *Protocolo de Nagoia*, o qual visou "fornece[r] um quadro legal transparente para a efetiva implementação do objetivo da partilha de benefícios"[911] – muito embora ainda hoje existam profundas divergências na doutrina quanto à questão de saber se um tal objetivo foi ou não efetivamente alcançado. Não entrando especificamente na análise crítica de tal querela, cabe-nos dar a conhecer ao leitor, ainda que de forma meramente perfunctória, o regime delineado por tal diploma. Assim, desde logo, dispõe o Protocolo que é absolutamente imperativa a obtenção junto da Parte provedora dos recursos genéticos em causa ou de conhecimentos tradicionais associados a recursos genéticos do seu consentimento informado antes de que esses mesmos recursos ou conhecimentos sejam acedidos ou utilizados. Além disso, devem os Estados adotar medidas legislativas, administrativas ou políticas a fim de garantir que todos os benefícios que daí derivem serão repartidos de forma justa e equitativa com essas Partes

[909] Cabrera Medaglia, Jorge / Perron-Welch, Frederic, "The benefit-sharing principle in international law", *op. cit.*, 62 e 64.

[910] Schroeder, Doris, "Benefit sharing: it's time for a definition", in *Journal of Medical Ethics*, n.º 33, 2007, p. 207.

[911] Cabrera Medaglia, Jorge / Perron-Welch, Frederic, "The benefit-sharing principle in international law", *op. cit.*, 67.

ou comunidades, em termos *mutuamente acordados*. Posto isto, na prática, a partilha de benefícios é concretizada através da celebração de acordos entre os indivíduos e/ou grupos envolvidos (por exemplo, entre a indústria farmacêutica ou centros de investigação públicos/privados e os participantes nos ensaios clínicos ou determinadas comunidades indígenas/locais)[912]. Como forma de estimular o cumprimento zeloso de tais acordos e a partilha de benefícios em geral, o Protocolo insiste na obrigação de cada Estado em tomar medidas para consciencializar os sujeitos da importância dos recursos genéticos e do conhecimento tradicional associado a recursos genéticos, bem como de outras questões relacionadas a acesso e repartição de benefícios[913]. Num outro plano, estabelecem-se obrigações de natureza procedimental para estimular a partilha de benefícios, muito embora sejam várias, como veremos mais adiante, as suas limitações.

Apesar de todos os consideráveis avanços – essencialmente, normativos e doutrinais – que se têm verificado neste domínio, são ainda numerosas as dificuldades e entraves no que respeita à tutela e efetivação deste vetor jusfundamental, quer quando formulado na sua versão mais ampla, quer na sua versão mais restrita.

No primeiro caso, por um lado, a real efetivação deste direito parece pressupôr a disponibilidade de elevadas quantidades de recursos públicos, os quais nem sempre existem e, mesmo quando existem, se encontram distribuídos de forma desigual entre os vários países

[912] A este propósito, Simon West afirma: «*Rather than creating a powerful rights-based empowerment among local communities to protect and feel comfortable sharing their knowledge, ABS regimes work to create a state of legal dependency within biodiversity-rich communities, as 'benefits' do not result from a legal right actionable by an individual or community but are dependent upon a conventional legal relationship struck between state (potentially via the community involved) and bio- prospecting party*». Cf. West, Simon, "Institutionalised exclusion: the political economy of benefit sharing and intellectual property", in *Law, Environment and Development Journal*, vol. 8, n.º 1, 2012, p. 34; e ainda, Schroeder, Doris / Lasén-Díaz, Carolina, "Sharing the benefits of genetic resources: from biodiversity to human genetics", in *Developing World Bioethics*, vol. 6, n.º 3, 2006, p. 136.

[913] Note-se que, a fim de "manter e reforçar a confiança entre as Partes no Protocolo de Nagoia, assim como entre outras partes interessadas (...) envolvidas no acesso aos recursos genéticos e na partilha dos respetivos benefícios", a União Europeia emanou o *Regulamento (UE) n.º 511/2014, do Parlamento Europeu e do Conselho, de 16 de abril de 2014*, relativo às medidas respeitantes ao cumprimento pelo utilizador do Protocolo de Nagoia relativo ao acesso aos recursos genéticos e à partilha justa e equitativa dos benefícios decorrentes da sua utilização na União.

e as suas populações; por outro lado, este direito tende a colidir diretamente com os direitos de propriedade intelectual e o sistema de patentes atualmente vigente, o qual, tratando o conhecimento como uma *mercadoria*, contribui para a sua captura e transferência do domínio público para o privado[914].

Ora, reconhecemos que os direitos de patente[915/916] constituem, nos dias que correm, um importante instrumento jurídico para a promoção da inovação, muito embora sejam sobejamente conhecidos os seus efeitos limitadores no que respeita à partilha equitativa dos benefícios derivados dos avanços *nanobiotecnológicos*, em especial, com os países menos desenvolvidos[917]. Foi, pois, o aumento da consciência individual e coletiva em torno das profundas iniquidades que dominam o mundo

[914] AHUMADA CANABES, Marcela, "El derecho a gozar de los beneficios de la ciencia. Una aproximación de su contenido, considerando las declaraciones de la UNESCO sobre el genoma, datos genéticos humanos y bioética", *op. cit.*, 33 e 63-64; COTTIER, Thomas, "Genetic engineering, trade and human rights", in *Biotechnologies and International Human Rights* (ed. por Francesco Francioni), Oxford: Hart Publishing, 2007, pp. 285 e 301.

[915] Como afirma CARINA MAGALHÃES, "a patente diz respeito a uma posição jurídica atribuída ao seu titular, cujo conteúdo essencial é garantir proteção ao respetivo esforço intelectual mediante a concessão de um direito de exclusivo sobre a invenção, concedido em troca da sua divulgação, limitado temporalmente, e com contrapartidas". Só invenções possíveis, lícitas e que preencham os requisitos básicos da novidade, originalidade e suscetibilidade de aplicação industriais é que são patenteáveis. Cf. MAGALHÃES, Carina Carvalho, "A patenteabilidade da indústria farmacêutica: o interesse público na proteção da saúde", in *Revista Eletrónica de Direito*, n.º 3, 2014, pp. 7-8; em geral, GONÇALVES, Luís M. Couto, *Manual de Direito Industrial*, 8.ª Edição, Coimbra: Almedina, 2019, pp. 39 e ss.; e ainda, no domínio específico da nanotecnologia, v. MONICA, John C. / VAN CALSTER, Geert / PATSA, Agapi, "A nanotechnology legal framework", *op. cit.*, 271-274.

[916] A este propósito, vide os contributos da Organização Mundial do Comércio (OMC) – e, mais especificamente, os designados *Acordos TRIPS* (*Trade-Related Aspects of Intellectual Property Rights*) –, bem como da *World Intellectual Property Organization* (WIPO) – em especial, o seu Tratado sobre o Direito das Patentes e o seu Tratado de Cooperação em Matéria de Patentes. Para mais informações, v. WEST, Simon, "Institutionalised exclusion: the political economy of benefit sharing and intellectual property", *op. cit.*, 28 e ss.

[917] Com interessantes referências relativamente à tutela da matéria biológica pelo direito de patente (e, mais especificamente, ao problema das patentes sobre genes humanos), v. MARQUES, J. P. Remédio, *Patentes de genes humanos?*, Coimbra: Coimbra Editora, 2001, pp. 17 e ss.; e ainda, PEREIRA, Alexandre L. Dias, "Human genes as biotech corporate assets? Nature, morals and the role of intellectual property in healthcare innovation", in *Boletim da Faculdade de Direito da Universidade de Coimbra*, vol. 87, 2011, 213 e ss.. Já no domínio da nanotecnologia (e, mais especificamente, dos nanomedicamentos) v. SOUTO, Eliana B. (ed.), *Patenting nanomedicines: legal aspects, intellectual property and grant opportunities*, Heidelberg: Springer, 2012.

atual – mormente no plano técnico-científico – que despoletou e alimentou o debate em torno da utilidade dos direitos de propriedade intelectual e, inclusive, da pertinência e bondade da sua existência[918]. Na opinião de alguns autores, estamos ante uma espécie de "mal necessário", o qual se destina a evitar que o progresso fique totalmente dependente da existência de financiamento público ou da pura benevolência e boa-vontade dos investigadores[919]. Não estamos, porém, plenamente confiantes de que assim seja. Afinal de contas, a nosso ver, a existência de direitos de propriedade intelectual não é o único caminho disponível para se incentivar a inovação e recompensar os investigadores pelo seu precioso e considerável esforço; muito pelo contrário, são diversos os meios que temos à nossa disposição para se alcançar esse mesmo fim (fixação de salários mais competitivos; concessão de benefícios pelo "pioneirismo"; promoção dos designados "efeitos reputacionais"; atribuição de prémios, bolsas ou subsídios; e a própria comercialização da descoberta ou invenção em causa), sem que tal acarrete os elevados custos sociais do designado monopólio intelectual, industrial e comercial[920]. Rogamos, porém, que não se leia nestas palavras uma qualquer proposta de abolição dos direitos de patente ou de outros direitos de propriedade intelectual. Em boa verdade, apenas reclamamos a necessidade de se repensar seriamente a estrutura hodierna do sistema de patentes e o regime jurídico em que o mesmo se funda, harmonizando-o com o direito à partilha de benefícios, mormente em domínios particularmente sensíveis e fundamentais para a promoção da saúde e do bem-estar humano (como é o caso da genética e da(s) nanotecnologia(s), desde logo, quando aplicadas à saúde). Se assim não for, preocupam-nos, essencialmente, as repercussões negativas que uma abordagem largamente monopolista como a atual pode (continuar a) acarretar em termos de equidade e justiça distributiva, aprofundando-se ainda mais

918 West, Simon, "Institutionalised exclusion: the political economy of benefit sharing and intellectual property", *op. cit.*, 23.

919 Boldrin, Michele / Levine, David K., "What's intellectual property good for?", in *Revue Économique*, vol. 64, n.º 1, 2013, pp. 31-32.

920 *Idem*, 33; e ainda, Pereira, Alexandre L. Dias, "Human genes as biotech corporate assets? Nature, morals and the role of intellectual property in healthcare innovation", *op. cit.*, 222 e ss..

o fosso tecnocientífico que separa os vários países na arena global e os vários grupos sociais que integram o tecido societal[921]. Neste sentido, no domínio específico da saúde, a OMS já deixou claro que a inovação se torna "inútil na falta de condições favoráveis para que as pessoas mais economicamente desfavorecidas dos países em desenvolvimento possam aceder aos produtos já existentes ou a aqueles que vão surgindo". Impõe-se, pois, a adoção de estratégias globais que assegurem a criação de uma base melhorada e sustentável para a investigação em saúde e que promovam o acesso equitativo à ciência e à tecnologia, deste modo atenuando as preocupantes disparidades no campo sanitário. Afinal de contas, será bastante difícil à população de países mais pobres pagar os elevados preços praticados pelas empresas titulares de patentes que, em virtude da concessão desse monopólio legal (e enquanto este dure), buscam a maximização do seu lucro[922]. E note-se, como já sugerimos *supra*, estas preocupações manifestam-se mesmo dentro das fronteiras dos países mais ricos e desenvolvidos, já que é bastante provável que, pelo menos a curto prazo, os produtos biotecnológicos e nanoestruturados a utilizar no domínio biomédico sejam bastante dispendiosos e, portanto, acessíveis apenas às camadas mais ricas da população[923].

Assim, em casos em que a partilha de benefícios se revele imperativa em nome de direitos, interesses e valores juridicamente tutelados (como é o caso da proteção da saúde), estarão justificadas e legitimadas restrições ao direito de exclusivo sobre a invenção ou, inclusive, uma

[921] Como bem afirma SIMON WEST, "ao contrário dos direitos de propriedade sobre matéria tangível (...), os direitos de propriedade sobre o conhecimento não são uma consequência da escassez; em vez disso, os mesmos afirmam-se como uma construção deliberada para criar escassez e permitir a exploração individual ou comercial de um recurso que [, por natureza,] não origina rivalidade". Cf. WEST, Simon, "Institutionalised exclusion: the political economy of benefit sharing and intellectual property", *op. cit.*, 28; e ainda, TYSHENKO, Michael G., "The impact of nanomedicine development on north-south equity and equal opportunities in healthcare", in *Stud. Ethics L. & Tech.*, vol. 3, 2009, p. 12.

[922] EBBESEN, Mette, "The principle of justice and access to nanomedicine in national healthcare systems", *op. cit.*, 8.

[923] AHUMADA CANABES, Marcela, "El derecho a gozar de los beneficios de la ciencia. Una aproximación de su contenido, considerando las declaraciones de la UNESCO sobre el genoma, datos genéticos humanos y bioética", *op. cit.*, 30-31; MISSONI, Eduardo / FOFFANI, Guglielmo, "Technology development and global health", in *Studies in Ethics, Law and Technology*, vol. 3, iss. 3, 2009, pp. 1 e 6; e ainda, RESNIK, David B. / TINKLE, Sally S., "Ethics in nanomedicine", *op. cit.*, 347-348.

qualquer recusa de concessão de direitos de propriedade intelectual (mormente de direitos de patente) sobre a mesma[924]. E note-se, atualmente, tal pode afigurar-se ainda mais pertinente, mormente com o desenvolvimento de inúmeros meios técnicos e tecnológicos destinados a combater a atual pandemia da *COVID-19* (pense-se, por exemplo, no desenvolvimento de testes aptos a detetar casos de infeção pelo *Sars-CoV*, de medicamentos, de ventiladores ou de vacinas)[925], sendo certo, a nosso ver, que os direitos de propriedade intelectual não devem, em momento algum, constranger o acesso a tais produtos por parte dos vários países e das suas populações. Por essa razão, entendemos ser justificado neste domínio um significativo relaxamento do regime jurídico associado às patentes e, mais especificamente, das múltiplas restrições que o mesmo comporta[926].

Já no segundo caso, a doutrina tem-se revelado especialmente preocupada com o facto de, não obstante todos os esforços (mormente no plano normativo), o número de casos de "biopirataria" continuar, ainda hoje, a ser bastante significativo, mormente envolvendo a apropriação indevida e/ou a exploração não sustentável de recursos (genéticos)[927]. E a verdade é que, apesar de o Protocolo de Nagoia ter estabelecido, como vimos *supra*, obrigações de natureza procedimental para estimular a partilha de benefícios e assegurar o seu cumprimento – como a monitorização da utilização de recursos genéticos (art. 17.º) ou o controlo do cumprimento dos termos mutuamente acordados (art. 18.º) –, as suas provisões têm sido criticadas pelo seu caráter geral e vago, deixando uma grande margem de manobra aos Estados, a qual pode resultar na

[924] Hurst, Daniel J., "Benefit sharing in a global context: working towards solutions for implementation", *op. cit.*, 4.

[925] Tietze, Frank *et al.*, "Crisis-critical intelectual property: findings from the COVID-19 pandemic", in *Centre for Technology Management Working Paper Series*, n.º 2, 2020.

[926] Tenha-se em conta que, de forma notável, a Alemanha, Israel e Canadá já deram conta de que iriam suspender a proteção concedida pelas patentes às vacinas para a COVID-19. Cf. Thampapillai, Dilan, "The controversy to come? Patent law and a COVID-19 vaccine", in *ANU College of Law Website*, 10 de junho de 2020, disponível em: <https://law.anu.edu.au/research/essay/covid-19-and-international-law/controversy-come-patent-law-and-covid-19-vaccine>. Consultado em: 13 de janeiro de 2021.

[927] Schroeder, Doris / Lasén-Díaz, Carolina, "Sharing the benefits of genetic resources: from biodiversity to human genetics", *op. cit.*, 140.

aplicação de medidas internas de eficácia limitada e que perpetuam obstáculos à partilha de benefícios e à gestão sustentável dos recursos naturais[928]. Outra das dificuldades sentidas neste contexto traduz-se no facto de a linha que divide "incitamentos indevidos à participação na investigação" e uma "partilha de benefícios apropriada" ser bastante ténue, como, aliás, deixou claro o caso das trabalhadoras do sexo de Majengo, um conhecido bairro de Mombaça (no Quénia)[929]. Apesar disso, como pontua Doris Schroeder, tal não deverá constituir um obstáculo ao desenvolvimento de mecanismos apropriados de partilha de benefícios, especialmente quando estejam em causa países em desenvolvimento[930]. Há ainda quem considere que este regime é absolutamente desnecessário e precindível, mormente considerando a existência de outros mecanismos de compensação, por exemplo, dos participantes num estudo ou ensaio clínico (veja-se o caso do fornecimento gratuito e compassivo), os quais cumprem, de forma mais eficaz, os desideratos em causa. Vale relembrar, porém, que, principalmente em países menos desenvolvidos, nem sempre estes mecanismos existem e/ou funcionam corretamente, o que revela a pertinência destas normas jurídicas.

Concluímos asseverando que a partilha de benefícios do progresso científico-tecnológico é, atualmente, mais do que um *mandamento ético*, um verdadeiro *imperativo jurídico*, fundado nos vetores axiológico-normativos da *igualdade* – aqui necessariamente entendida em sentido material ou substantivo[931] – e, essencialmente, da *fraternidade*. E a verdade é que, apesar de haver quem considere que este último vetor não passa de um mero conceito moral, são cada vez mais significativos os esforços de quem se tem preocupado em defender e robustecer um princípio

928 Cabrera Medaglia, Jorge / Perron-Welch, Frederic, "The benefit-sharing principle in international law", *op. cit.*, 74.

929 Mahomed, S. / Sanne, I., "Benefit sharing in health research", in *SABJL*, vol. 8, n.º 2, Supl. 1, 2015, pp. 60-61.

930 Schroeder, Doris, "Benefit sharing: it's time for a definition", *op. cit.*, 208.

931 Destacando a importância da *equidade* para o desenvolvimento do domínio da *nanobiotecnociência*, v. Tyshenko, Michael G., "The impact of nanomedicine development on north-south equity and equal opportunities in healthcare", *op. cit.*, 1.

(jurídico) da fraternidade[932], criando condições favoráveis ao seu reconhecimento, operacionalização e afirmação e, assim, evitando que este possa cair na imprestável vala do esquecimento (ANTONIO BAGGIO referia-se à fraternidade como um «*principio dimenticato*»[933]...). Afinal de contas, a fraternidade, como bem pontua ANA RAQUEL MONIZ, apresenta um enorme potencial para conferir à solidariedade uma dimensão mais *humanizante*[934] *e forte*, conectando a comunidade internacional, estadual (política e social) e civil (ou cívica)[935]. Em última instância, poderemos mesmo afirmar que a fraternidade é "o nome da dignidade humana em sociedade", pois a dignidade de cada ser – remetendo implicitamente para a dignidade de todos os demais (ORTEGA Y GASSET) – nunca será perfeita enquanto (co)existirem seres humanos que vivem sem dignidade[936]. Trata-se, pois, de adotar, também no domínio da *nanobiotecnociência*, um *paradigma genuinamente convivencialista* – segundo o qual "a relação não é aditiva, mas constitutiva" – e de se afastarem, de uma vez por todas, narrativas e paradigmas individualistas, os quais, aqui e ali, ainda encontram terrenos férteis, ousando pôr em causa valores essenciais à vida em comunidade e ao bem-estar de todos os seres humanos, sem exceção[937].

[932] Vide, por exemplo, LOUREIRO, João, *Adeus ao Estado Social? A segurança social entre o crocodilo da economia e a medusa da ideologia dos "direitos adquiridos", op. cit*, 26.

[933] BAGGIO, Antonio, *Il principio dimenticato: la fraternità nella riflessione politologica contemporanea*, Roma: Città Nuova, 2007.

[934] MONIZ, Ana Raquel, "Socialidade, solidariedade e sustentabilidade: esboços de um retrato jurisprudencial", in *A Economia Social e Civil: Estudos* (coord. por João Loureiro e Suzana Tavares da Silva), vol. 1, Coimbra: Instituto Jurídico da Faculdade de Direito da Universidade de Coimbra, 2015, p. 74; e ainda, distinguindo entre ambos os conceitos, v. LOUREIRO, João, *Constituição, escassez(es) e socialidade(s): entre a(s) realidade(s) e o (s) desejo(s) (versão preliminar para uso exclusivo dos alunos do seminário de Doutoramento)*, Coimbra: Faculdade de Direito da Universidade de Coimbra, 2019, pp. 18 e ss..

[935] NABAIS, José Casalta, "Algumas considerações sobre a solidariedade e a cidadania", in *Por uma liberdade com responsabilidade: estudos sobre direitos e deveres fundamentais* (do mesmo autor), Coimbra: Coimbra Editora, 2007, p. 135.

[936] OTERO, Paulo, "Direitos económicos e sociais na Constituição de 1976", in Tribunal Constitucional: 35.º aniversário da Constituição de 1976 (AA.VV.), vol. I, Coimbra: Coimbra Editora, 2012, pp. 45-46.

[937] LOUREIRO, João, "Tripórtico da esperança e do Direito: I. Esperanças(s), escatologia(s), direito(s): aproximações", *op. cit.*, 128.

CAPÍTULO X
NOVOS DESAFIOS DA RESPONSABILIDADE CIVIL: O CASO ESPECÍFICO DOS NANOMEDICAMENTOS

Outra das áreas onde se tem verificado a emergência de um elevado número de desafios graças à exponencial ascensão da *nanobiotecnociência* é a da responsabilidade jurídica, mormente a designada *responsabilidade civil*[938/939]. Esta nossa afirmação deve-se, no essencial, aos seguintes factos e evidências:

i) Aumento considerável dos casos em que, perante as gravosas incertezas que se fazem sentir neste domínio, se impõe – pelo menos, ponderar – a socialização do risco, a qual se traduz num

[938] Em geral, sobre a temática da responsabilidade e direito, vide, por todos, NEVES, António Castanheira, "Pessoa, direito e responsabilidade", *op. cit.*; e ainda, BRONZE, Fernando Pinto, "A responsabilidade, hoje (algumas considerações introdutórias)", in *Estudos em homenagem ao Prof. Doutor José Joaquim Gomes Canotilho* (org. por Fernando Alves Correia, Jónatas Machado e João Loureiro), Vol. I, Coimbra: Coimbra Editora, 2012, pp. 183 e ss.. Explorando especificamente a questão da responsabilidade no domínio da *nanobiotecnociência*, cf. KREPSKY, Giselle Marie, "Responsabilidade na ação tecnocientífica: contribuições para uma nova relação entre ciência, direito e ética", in *Em Tempo - Marília*, vol. 15, 2016, pp. 160 e ss.

[939] Como já fomos sugerindo *supra*, este não é, porém, o único setor desafiado, sendo, por exemplo, imperativo não esquecer os "desafios que a inteligência artificial lança ao próprio direito, enquanto direito, e (...) qual o papel que este é chamado a desempenhar diante da nova realidade que se avizinha" (veja-se, por exemplo, o caso da fusão do ser humano com a máquina – a ascensão do *cyborg* – ou da personalidade jurídica dos robôs). E note-se, como tentámos demonstrar *supra*, tal juízo pode também aplicar-se, *mutatis mutandis*, à genética e à(s) nanotecnologia(s). Para maiores desenvolvimentos, v. BARBOSA, Mafalda Miranda, "Inteligência artificial, *e-persons* e direito: desafios e perspetivas", in *Revista Jurídica Luso-Brasileira*, vol. 3, n.º 6, 2017, p. 1476. Além disso, alertando para os novos desafios emergentes no seio do direito penal derivados da utilização de novas tecnologias num contexto de prestação de cuidados de saúde em equipa, v. FIDALGO, Sónia, "As (novas) tecnologias e o (velho) problema da determinação da responsabilidade penal nas equipas médicas", in *Cadernos Ibero-Americanos de Direito Sanitário*, n.º 9, vol. 1, 2020, pp. 157 e ss.

"processo de abstracionismo da responsabilidade individual a par com uma socialização dos danos que a transfere para um grupo ou organização, independentemente da culpa, fundamentando assim relações de responsabilidade onde o agente/lesante é um ser difuso, que não se sabe quem é, ou que não existe sequer, e cuja ação voluntária (no sentido jurídico) pode nunca vir à evidência"[940];

ii) Presumível concentração dos casos de responsabilidade civil médica na questão da violação de deveres de diligência ou das *leges artis* (desde logo, tendo em conta a progressiva redução da margem de erro em saúde em razão da elevada precisão das novas técnicas e tecnologias *nanobiotecnocientíficas*), as quais se tornarão, porém, cada vez mais densas, complexas e exigentes, impondo ao médico um constante esforço de aperfeiçoamento e de atualização em "novos" domínios, como as "-ómicas" (genómica, epigenómica, proteómica...) ou a nanomedicina[941/942];

[940] Ferreira, Ana Elisabete, "Da relevância jurídica das relações com robôs: subsídios para uma análise", *op. cit.*, 171-172.

[941] Afinal de contas, as novas formas de estabelecimento de relações entre o médico e o paciente tornam cada vez mais importante "o estabelecimento de sistemas generalizados, eficazes e fiáveis de acreditação e controlo que garantam a qualificação dos serviços e dos profissionais". Cf. Romeo Casabona, Carlos M. / Nicolás Jiménez, Pilar / De Miguel Beriain, Iñigo, *Retos éticos y necesidades normativas en la actividad asistencial en medicina personalizada de precisión, op. cit.*, 65.

[942] Ilustrando o que acabámos de referir, já tivemos em outro trabalho a oportunidade de nos pronunciar sobre a possível emergência, num futuro próximo, de ações de «*wrongful genetic makeup*», as quais terão por base uma falha biomédica derivada de um deficitário aconselhamento genético aos pais (os quais, por falta de informação ou pela prestação de informações erradas, não recorreram às técnicas disponíveis de edição genética germinal) ou no desrespeito pelos deveres básicos de cuidado do médico na realização da intervenção, resultando no nascimento de uma criança com as doenças ou deficiências genéticas que se pretendiam prevenir. Ainda que, na grande maioria dos casos, tais condutas resultem num incumprimento das obrigações assumidas contratualmente pelo médico, poderá afirmar-se que, na primeira situação descrita, é denegada aos pais a possibilidade de optar, de forma verdadeiramente esclarecida, pelo recurso às técnicas de edição genética germinal de forma a prevenir o nascimento de uma criança doente ou com deficiências. Por outro lado, quando o procedimento for levado a cabo de forma negligente e, por isso, conduza ao nascimento da criança com as doenças ou malformações que se pretendiam evitar, poderá eventualmente alegar-se que foi ferida a liberdade procriativa da mãe, nomeadamente quanto à possibilidade de interromper voluntariamente a gravidez de forma lícita (opção por si não ponderada justamente porque confiou que a edição genética preveniria um tal desfecho). Pode ir-se mais longe e conjeturar também a possibilidade de que sejam intentadas ações contra os próprios progenitores

iii) Complexificação do processo de apuramento de eventuais responsabilidades dos profissionais de saúde em razão da violação dos seus deveres de informação num setor e num tempo em que ainda proliferam as limitações quantitativas e qualitativas na comunicação do(s) risco(s) e em que o esclarecimento que está na base da prestação do consentimento pelo paciente apenas poderá ser o "possível";

iv) Surgimento de novas querelas ao nível do apuramento de responsabilidades em contexto de utilização maciça de sistemas automatizados de decisão no domínio sanitário, especialmente em casos de discordância entre o profissional de saúde e o sistema informático quanto ao tratamento médico-farmacológico mais eficaz e seguro para o paciente em concreto[943]. A questão pode, no fundo, colocar-se nos seguintes termos: o que dizer naqueles casos em que o médico decide afastar-se da solução proposta pelo algoritmo e aplica ao paciente um tratamento distinto do recomendado, o qual se vem a revelar, porém, menos seguro e eficaz (*i.e.* danoso)? E se se provar que o erro resultou do próprio juízo emitido pelo sistema informático, poderá o médico que, a final, tomou a decisão terapêutica repartir ou mesmo delegar a sua responsabilidade com o/ao fabricante do mesmo?[944] E o que dizer da instituição de saúde na qual o médico exerce

pelo facto de os mesmos não terem recorrido – tendo tido oportunidade para tal – às técnicas de edição genética germinal, evitando, deste modo, o nascimento da criança com doenças ou malformações. Poderá, a este propósito, questionar-se se os pais têm algum dever (jurídico) de recorrer a estes expedientes técnicos ou se, por outro lado, a criança tem algum direito de que estes o façam. Para maiores desenvolvimentos, v. FIGUEIREDO, Eduardo, "'*Believe me, we have enough imperfection built-in already*': breves reflexões sobre as denominadas ações de «*wrongful genetic makeup*»", in *Julgar Online*, maio de 2020, disponível em: <http://julgar.pt/_believe-me-we-have--enough-imperfection-built-in-already_/>. Consultado em: 18 de janeiro de 2021 (assim como toda a bibliografia aí oportunamente citada).

943 E note-se, estas considerações poderão, *mutatis mutandis*, ser também aplicáveis no contexto específico da farmacogenética e da farmacogenómica. A esse propósito, relembre-se o que afirmámos na *Parte III, Cap. VIII.*

944 GROTE, Thomas / BERENS, Philipp, "On the ethics of algorithmic decision-making in healthcare", *op. cit.*, 209.

a sua atividade e que lhe concedeu indicações expressas para que respeitasse o algoritmo?

v) Emergência de desafios associados à utilização de robôs autónomos em contexto de saúde, por exemplo, naqueles casos em que estes desempenhem o papel de médicos ou de cirurgiões[945]. ANA ELISABETE FERREIRA sintetiza a questão da seguinte forma: "futuramente, nas relações de responsabilidade entre humanos e robôs, determinados institutos jurídicos poderão ser trabalhados no sentido de adequar as soluções, nomeadamente: a) exigência de consentimento informado para ser tratado por um robô; b) uma redefinição da responsabilidade do produtor relativamente à disponibilização de atualizações e respetivos deveres de informação; c) uma clara obrigação de *updating* por parte de quem beneficia do trabalho de robôs autónomos; d) a existência de seguros/fundos de garantia concernentes à utilização de robôs". Sempre haverá de considerar, porém, que, neste domínio, a par da existência de danos "evitáveis" (pelos quais poderão ser eventualmente responsabilizados os vigilantes, os proprietários ou, por defeito de fabricação, os produtores dos robôs), sempre haverá outros que se venham a revelar "inevitáveis" (e cuja ressarcibilidade é, no mínimo, questionável)[946];

[945] Para uma análise dos interessantes desafios emergentes no domínio da responsabilidade civil quando esteja em causa a utilização de robôs autónomos em outros contextos, v. MONTEIRO, António Pinto, "'*Qui facit per alium, facit per se*' – será ainda assim na era da robótica?", in *Estudos de Direito do Consumidor – Direito e Robótica : Atas do Congresso* (AA.VV.), Coimbra: Centro de Direito do Consumo/ Instituto Jurídico da Faculdade de Direito da Universidade de Coimbra, 2020, pp. 16 e ss. (... bem como outros textos que compõem esta riquíssima publicação); BARBOSA, Mafalda Miranda, "Inteligência artificial e *blockchain*: desafios para a responsabilidade civil", in *Revista de Direito da Responsabilidade*, ano 1, 2019, pp. 782 e ss.; BARBOSA, Mafalda Miranda, "*Robot advisors* e responsabilidade civil", in *Revista de Direito Comercial*, 2018, disponível em: <https://www.revistadedireitocomercial.com/robot-advisers>. Consultado em: 17 de janeiro de 2021; CAMPOS, Juliana, "A responsabilidade civil do produtor pelos danos causados por robôs inteligentes à luz do regime do decreto-lei n.º 383/89, de 6 de novembro", in *Revista de Direito da Responsabilidade*, ano 1, 2019, pp. 705 e ss.; FELÍCIO, Manuel J. Dias, *Responsabilidade civil extracontratual por acidente de viação causado por veículo automatizado*, Coimbra: Instituto Jurídico da Faculdade de Direito da Universidade de Coimbra, 2019; e ainda, ROCHA, Manuel Lopes / PEREIRA, Rui Soares, *Inteligência artificial & direito*, Coimbra: Almedina, 2020.

[946] FERREIRA, Ana Elisabete, "Da relevância jurídica das relações com robôs: subsídios para uma análise", *op. cit.*, 185. Para maiores desenvolvimentos sobre a questão da utilização de robôs

vi) Desenvolvimento espantoso e disruptivo do setor das neurociências, o qual tem, cada vez mais, desafiado e procurado desconstruir a maneira como hoje se pensa a própria responsabilidade jurídica (por exemplo, no que respeita ao requisito da *culpa*), em última instância, procurando adequá-la aos hodiernos conhecimentos sobre o comportamento humano[947].

Tendo em conta a natureza tão diversa dos problemas que poderão surgir neste, já *per se*, tão complexo domínio, optámos por limitar as nossas reflexões à questão da responsabilidade civil do produtor (*rectius*, das empresas farmacêuticas) por danos provocados por medicamentos que por si tenham sido colocados em circulação no mercado, *inter alia*, avaliando criticamente a (des)adequação e (im)pertinência deste regime quando aplicado ao setor dos *nanomedicamentos*[948].

Desde logo, importa pontuar que os medicamentos são produtos cuja utilização, por natureza, comporta riscos, de tal forma que nos atrevemos a afirmar que não existem produtos medicamentosos totalmente

autónomos no setor da saúde, v. Ferreira, Ana Elisabete, "Problemas ético-jurídicos concernentes aos danos causados por robôs autónomos na saúde: algumas definições conceituais", *op. cit.*; Ferreira, Ana Elisabete, "Partilhar o mundo com robôs autónomos: a responsabilidade civil extracontratual por danos. Introdução ao problema", in *Cuestiones de Interés Jurídico*, IDIBE, 2017, disponível em: <https://idibe.org/cuestiones-de-interes-juridico/partilhar-o-mundo-com-robos-autonomos-a-responsabilidade-civil-extracontratual-por-danos-introducao-ao-problema/>. Consultado em: 11 de janeiro de 2021; Nogaroli, Rafaella, "Implicações ético-jurídicas da medicina robótica e inteligência artificial nas cirurgias e cuidados de saúde", in *Academia Médica*, 2019, disponível em: <https://academiamedica.com.br/blog/implicacoes-etico-juridicas-da-medicina-robotica-e-inteligencia-artificial-nas-cirurgias-e-cuidados-da-saude#!#_edn48>. Consultado em: 11 de janeiro de 2021; e ainda, referindo-se ao problema da "lacuna da responsabilidade", v. Gouveia, Steven, "O problema da lacuna da responsabilidade na inteligência artificial", in *Vanguardas da Responsabilidade: Direito, Neurociências e Inteligência Artificial* (coord. por Manuel Curado, Ana Elisabete Ferreira e André Dias Pereira), Lisboa: Petrony Editora, 2019, pp. 171 e ss.

[947] Em geral, por todos, vide a obra essencial de Ferreira, Ana Elisabete, *Neuroética e neurodireito: pensar a responsabilidade a partir das neurociências*, Lisboa: Petrony Editora, 2020.

[948] Para uma análise sobre a responsabilidade dos profissionais médicos por falhas na prescrição (omissão de informação acerca do medicamento, erros na dose do medicamento, erros na escolha do medicamento – os quais assumem novas vestes em tempos de farmacogenética e de farmacogenómica –, uso de medicamentos aos quais o paciente é alérgico, omissão do dever de acompanhamento ou de «*follow up*») ou dos farmacêuticos pela não verificação da validade e consistência da prescrição médica, v. Raposo, Vera Lúcia, *Danos causados por medicamentos: enquadramento jurídico à luz do ordenamento europeu, op. cit.*, 127-135.

inócuos[949]. No caso dos *nanomedicamentos*, várias vozes se têm pronunciado no sentido de estarmos perante um caso de *produtos de risco agravado*, especialmente considerando as incertezas que ainda pairam em torno da utilização de determinados nanomateriais neste domínio (por exemplo, considerando a sua maior *mobilidade, reatividade* e *resiliência*)[950].

Em geral, a consciência do considerável risco que subjaz a estes produtos, *pari passu*, milagrosos (responsáveis por salvar inúmeras vidas...) e diabólicos (... igualmente, responsáveis por ceifar outras tantas) impõe uma estrita e rigorosa regulamentação jurídica dos aspetos relativos à sua criação, fabrico, comercialização, pagamento e reemboloso, distribuição e publicidade. Em especial, o controlo da sua eficácia e segurança (a qual nunca poderá, neste contexto, ser entendida como uma *total ausência de risco*[951]) é levado a cabo, em primeira linha, através da realização dos respetivos *ensaios pré-clínicos* e *clínicos* – os quais antecedem e se afiguram como requisitos necessários para a concessão das designadas autorizações de introdução no mercado (AIM) – e, em segunda linha, já numa fase pós-comercialização, por via da implementação de sistemas e mecanismos de farmacovigilância (cujos resultados "podem alterar a relação risco/benefício do medicamento e, por conseguinte, levar à revogação, suspensão ou modificação da AIM"[952]). Infelizmente, tal não impede, porém, que alguns medicamentos causem danos, mais ou menos graves, a determinados pacientes, abrindo as portas à eventual responsabilização do produtor – responsabilização essa que, na ausência de um regime específico de responsabilidade para produtos

[949] *Idem*, 19.

[950] JUNI, Robin L., "Product liability implications of nanotechnology", in *Practice Perspectives: Product Liability & Tort Litigation* (AA.VV.), USA: Jones Day, 2007, p. 24 e ss.; e ainda, PREBLE, Emilee, "Preemptive legislation in the European Union and the United States on the topic of nanomedicine: examining the questions raised by smart medical technology", in *Indiana Health Law Review*, n.º 7, 2010, p. 402.

[951] Em vez disso, "um medicamento considera-se seguro quando os riscos são toleráveis, a partir de uma análise que tenha igualmente em conta os benefícios esperados e as alternativas terapêuticas existentes". Cf. RAPOSO, Vera Lúcia, *Danos causados por medicamentos: enquadramento jurídico à luz do ordenamento europeu, op. cit.*, 21.

[952] *Idem*, 52.

farmacêuticos, tem de ser ponderada à luz do regime geral de produtos defeituosos[953].

Ora, entre nós, a responsabilidade civil do produtor encontra-se regulada no Decreto-Lei n.º 383/89, de 6 de novembro, o qual procedeu à transposição para o ordenamento jurídico português da Diretiva n.º 85/374/CEE, do Conselho, de 25 de julho de 1985, relativa à aproximação das disposições legislativas, regulamentares e administrativas dos Estados-Membros em matéria da responsabilidade decorrente de produtos defeituosos.

Dispõe o artigo 1.º deste Decreto-lei que "o produtor é responsável, independentemente de culpa, pelos danos causados por defeitos dos produtos que põe em circulação", *i.e.* que "consciente e voluntariamente (...) lança no mercado no tráfico da comercialização"[954]. Está, pois, em causa um regime de responsabilidade objetiva do produtor[955], cabendo ao lesado a alegação e prova do defeito do produto, do dano e do nexo de causalidade entre o defeito e o dano[956].

[953] *Idem*, 62.

[954] Silva, João Calvão, *Responsabilidade civil do produtor*, Coimbra: Almedina, 1999, p. 669.

[955] Poderá, a este propósito, relevar a distinção entre produtor real (fabricante do produto acabado, de uma parte componente ou de matéria prima) e produtor aparente. Cf. Navarro Mendizabal, Iñigo, "Algunas cuestiones acerca de la responsabilidad civil en el caso de los medicamentos en España", in *Revista de Derecho*, n.º 9, 2014, p. 167; e ainda, Coelho, Vera L., "Responsabilidade do produtor por produtos defeituosos: "teste de resistência" ao DL n.º 383/89, de 6 de novembro, à luz da jurisprudência recente, 25 anos volvidos sobre a sua entrada em vigor", in *Revista Eletrónica de Direito*, n.º 2, 2017, p. 10. E note-se, mais adiante, acrescenta esta última autora: "[A responsabilidade civil do produtor] trata-se de uma responsabilidade solidária uma vez que todos os intermediários que tiveram uma intervenção na produção ou construção do produto são solidariamente responsáveis pelo dano ocorrido, quer seja o fabricante do produto acabado, de uma parte componente ou de uma matéria prima, o produtor aparente, o importador e o fornecedor, podendo o lesado demandar qualquer uma delas. Todavia, essa solidariedade só existe apenas em relação a cada uma dessas categorias, não podendo o lesado demandar conjuntamente o produtor real, o produtor aparente, o importador e o fornecedor, devendo escolher uma categoria, atendendo ao critério da subsidiariedade" (p. 31).

[956] Martins, Mickael, "Danos causados por medicamentos: responsabilidade civil do produtor no âmbito da legislação portuguesa", in *Cadernos Ibero-Americanos de Direito Sanitário*, n.º 9, vol. 1, 2020, p. 66; e ainda, Pérez Forero, Andrea C. / Villalba Cuéllar, Juan C., "La responsabilidad civil por medicamentos defectuosos, una aproximación de derecho comparado", in *Revista de la Facultad de Derecho y Ciencias Políticas*, vol. 50, n.º 133, 2020, p. 511.

Por sua vez, entende-se por produto "qualquer coisa móvel, ainda que incorporada noutra coisa móvel ou imóvel" (art. 3.º) – noção que, sem grandes dúvidas, parece abranger os (nano)medicamentos[957].

Além disso, importa analisar o que, à luz do diploma em análise, se entende por "produto defeituoso"[958]. Nos termos do artigo 4.º, "um produto é defeituoso quando não oferece a segurança com que legitimamente se pode contar, tendo em atenção todas as circunstâncias, designadamente a sua apresentação, a utilização que dele razoavelmente possa ser feita e o momento da sua entrada em circulação" – definição que parece ter sido baseada, como se pode depreender, naquilo a que a doutrina norte-americana apelida de «*consumer-expectations test*»[959]. O que está em causa, portanto, não é a análise das expetativas subjetivas do lesado, isto é, a segurança com que ele pessoalmente contava, mas as expetativas objetivas do "público em geral", sempre atenta a peculiaridade do produto em causa e todas as circunstâncias do caso concreto (mormente as informações avançadas pelo produtor relativamente a esse mesmo produto)[960]. Claro que, para estes efeitos, o conceito de "público em geral" terá de corresponder ao conjunto de consumidores a que esse medicamento se destina e não ao conjunto de consumidores comuns[961].

Vale também notar que o mero facto de o medicamento ter sido autorizado a circular no mercado por via da concessão de uma AIM pelas autoridades competentes (e de acordo com os procedimentos legalmente consagrados) não exclui, em caso algum, a responsabilidade do produtor, desde logo por esta autorização não constituir um "selo de

[957] *Idem*, 513.

[958] E note-se, o conceito de "produto defeituoso" não se pode confundir com o conceito de "produto perigoso". Cf. *Idem*, 512.

[959] Navarro Mendizabal, Iñigo, "Algunas cuestiones acerca de la responsabilidad civil en el caso de los medicamentos en España", *op. cit.*, 174.

[960] Silva, João Calvão, *Responsabilidade civil do produtor*, *op. cit.*, 637; e ainda, dando vários exemplos de aspetos a ter em conta, Coelho, Vera L., "Responsabilidade do produtor por produtos defeituosos: "teste de resistência" ao DL n.º 383/89, de 6 de novembro, à luz da jurisprudência recente, 25 anos volvidos sobre a sua entrada em vigor", *op. cit.*, 20.

[961] Raposo, Vera Lúcia, *Danos causados por medicamentos: enquadramento jurídico à luz do ordenamento europeu*, *op. cit.*, 72; e ainda, Navarro Mendizabal, Iñigo, "Algunas cuestiones acerca de la responsabilidad civil en el caso de los medicamentos en España", *op. cit.*, 173.

garantia da segurança do produto"[962]. Por outro lado, qualquer cláusula de exclusão de responsabilidade deve ter-se por não escrita, sendo desprovida de qualquer valor do ponto de vista jurídico.

Feitas estas considerações, atentemos agora nos vários tipos de defeitos que têm sido elencados pela dogmática jurídica e que poderão relevar neste domínio:

i) *Defeitos de conceção ou na idealização do produto*, por exemplo, em consequência da eleição de uma concreta composição química ou da utilização de determinadas substâncias (por exemplo, de um específico *nanomaterial*). Pela sua natureza, tais defeitos acabarão por se manifestar em todos os medicamentos produzidos com base na mesma fórmula ou com recurso às mesmas substâncias[963]. Segundo Vera Lúcia Raposo, a "avaliação deste defeito terá de tomar em consideração vários fatores, tais como a gravidade e frequência do risco, o custo de alteração da conceção do medicamento e a existência de outros medicamentos no mercado destinados ao mesmo propósito terapêutico"[964], o que se traduz, no fundo, numa cuidada e casuística *análise custo-benefício* («*Risk-Utility Test*», havendo quem se refira na doutrina

[962] Raposo, Vera Lúcia, *Danos causados por medicamentos: enquadramento jurídico à luz do ordenamento europeu*, *op. cit.*, 87. Neste sentido, v. o artigo 25.º da Diretiva 2001/83/CE, do Parlamento Europeu e do Conselho, de 6 de novembro de 2001 ("A autorização não afeta a responsabilidade civil e criminal do fabricante e, eventualmente, do titular da autorização de introdução no mercado"); e também o artigo 15.º do Regulamento n.º 726/2004, do Parlamento Europeu e do Conselho, de 31 de março de 2004 ("A concessão da autorização não afeta a responsabilidade civil ou penal do fabricante ou do titular da autorização de introdução no mercado de acordo com o direito nacional em vigor nos Estados-Membros"). No direito português, vide o artigo 14.º/5 do Estatuto do Medicamento (Decreto-Lei n.º 176/2006, de 30 de agosto), o qual dispõe que "a concessão de uma autorização não prejudica a responsabilidade, civil ou criminal, do titular da autorização de introdução no mercado ou do fabricante".

[963] Martins, Mickael, "Danos causados por medicamentos: responsabilidade civil do produtor no âmbito da legislação portuguesa", *op. cit.*, 70; Sousa, Susana Aires de, *A responsabilidade criminal pelo produto e o topos causal em direito penal*, Coimbra: Coimbra Editora, 2014, p. 109; e ainda, Ramos González, Sonia, "Responsabilidad civil por medicamento: el defecto de diseño – un análisis comparado de los criterios de definición del defecto en España y en los EE.UU.", in *InDret: Revista para el Análisis del Derecho*, n.º 2, 2005, p. 5.

[964] Raposo, Vera Lúcia, *Danos causados por medicamentos: enquadramento jurídico à luz do ordenamento europeu*, *op. cit.*, 69.

norte-americana a outras alternativas: o «*Consumer-Expectations Test*», o «*Reasonable Alternative Design Test*» e o «*Reasonable Physician Standard Test*»[965]);

ii) *Defeitos de fabrico*, os quais surgem na "fase propriamente dita de laboração, produção ou fabrico, em execução do projeto ou *design* perfeito, defeitos típicos da moderna produção de massa industrial, automatizada e estandardizada, e devidos a falhas mecânicas e/ou humanas da organização industrial"[966]. Estes defeitos tendem a manifestar-se apenas em alguns produtos de uma série, o que facilita a sua demonstração judicial por via da comparação com os restantes[967]. Neste contexto, podemos estar a referir-nos, por exemplo, a um empacotamento indevido do medicamento, seja porque o mesmo foi colocado na embalagem errada, seja porque foi embalado de tal forma que propiciou a sua deterioração ou contaminação[968];

iii) *Defeitos de informação*, em razão da total ausência, insuficiência ou inadequação de informações, advertências ou instruções sobre a utilização do produto, o que o torna ilegitimamente inseguro[969]. No caso específico dos medicamentos, importa consultar, a este propósito, os artigos 104.º e seguintes do Estatuto do Medicamento (e, em especial, o número 3 do artigo 106.º). Mais releva asseverar que, no que tange à comunicação dos riscos, a empresa farmacêutica tem, a nosso ver, a obrigação de divulgar todos os riscos que sejam *conhecidos*, independentemente da sua gravidade e/ou da sua frequência. No caso específico dos nanomedicamentos, cremos ser igualmente justificado exigir-se a inclusão

[965] Ramos González, Sonia, "Responsabilidad civil por medicamento: el defecto de diseño – un análisis comparado de los criterios de definición del defecto en España y en los EE.UU.", *op. cit.*, 10 e ss..

[966] Silva, João Calvão, *Responsabilidade civil do produtor*, *op. cit.*, 658.

[967] Silveira, Diana, *Responsabilidade civil por danos causados por medicamentos defeituosos*, *op. cit.*, 151.

[968] Raposo, Vera Lúcia, *Danos causados por medicamentos: enquadramento jurídico à luz do ordenamento europeu*, *op. cit.*, 69.

[969] Afirmando que a grande maioria dos casos de responsabilidade civil por danos causados por produtos nanoestruturados se colocarão nesta sede, v. Juni, Robin L., "Product liability implications of nanotechnology", *op. cit.*, 27.

de uma referência expressa às maiores ou menores limitações qualitativas e quantitativas na comunicação do(s) risco(s), munindo-se, assim, o paciente-consumidor de informações pertinentes – por exemplo, sobre a presença de nanomateriais, a sua identificação, as suas principais caraterísticas, *etc.* – para a tomada de uma decisão, tanto quanto possível, consciente e esclarecida. Neste contexto, reconhecemos ser, sem dúvida, muito delicada a tarefa de busca pelo equilíbrio entre a obrigação de informar o paciente para que este possa fazer as suas próprias escolhas e a necessidade de não o sobrecarregar com informação de tal forma que fique impossibilitado de fazer qualquer escolha[970]. Ainda assim, neste domínio específico, será seguramente preferível que se peque por excesso do que por defeito – disso depende o imprescindível *esclarecimento* do paciente-consumidor[971]. Por fim, importa que não se olvide que este dever de informação não cessa a partir da colocação do produto no mercado, exigindo-se que o produtor continue a observar e vigiar os seus produtos (obrigação de vigilância *post-marketing*), se necessário, ordenando a sua retirada do mercado, avisando os consumidores em termos adequados e eficazes das suas conclusões ou procedendo à recolha do produto junto destes[972/973];

[970] Raposo, Vera Lúcia, *Danos causados por medicamentos: enquadramento jurídico à luz do ordenamento europeu*, *op. cit.*, 95.

[971] Neste contexto, releva também chamar a atenção para o facto de as informações deverem ser transmitidas "obrigatoriamente no idioma das pessoas a que se destinam os produtos, em linguagem simples e compreensível para o grande público, e não em formulações técnicas que só os especialistas entendem (...) chamando a atenção para o eventual perigo resultante de um mau uso". Cf. Silva, João Calvão, "Responsabilidade civil do produtor e proteção do consumidor em Portugal e na União Europeia", in *Formação Jurídica e Judiciária*, vol. 9, 2013, p. 494.

[972] Como bem afirma Mickael Martins, essa "monitorização poderá permitir a deteção de imperfeições anteriormente não conhecidas, nem cognoscíveis, induzindo-o a tomar todas as precauções (...), sob pena de vir a ser responsabilizado". Cf. Martins, Mickael, "Danos causados por medicamentos: responsabilidade civil do produtor no âmbito da legislação portuguesa", *op. cit.*, 71.

[973] Note-se que, neste domínio, entre nós, nunca chegou a singrar a «*learned-intermediary doctrine*», segundo a qual o médico (e não a empresa farmacêutica) é o principal onerado com deveres de informação face ao consumidor-paciente, em grande medida, considerando os seus específicos conhecimentos e a liberdade de prescrição reconhecida a estes profissionais. Como é natural, a não subscrição desta tese não desonera, porém, o médico da sua obrigação de prestar ao paciente

iv) Defeitos de desenvolvimento, os quais se caraterizam por serem incognoscíveis e indetetáveis perante o estado da ciência e da técnica no momento da colocação do produto no mercado[974].

Aqui chegados, cabe, desde já, notar que, à luz do ordenamento jurídico português[975], o produtor não poderá ser responsabilizado por eventuais defeitos de desenvolvimento[976]. Nesse sentido aponta expressamente o artigo 5.º/e) do já mencionado Decreto-lei n.º 383/89, o qual dispõe que "o produtor não é responsável se provar que o estado dos conhecimentos científicos e técnicos, no momento em que pôs o produto em circulação, não permitia detetar a existência de defeito"[977]. Segundo a doutrina, a consagração desta causa de exclusão da responsabilidade civil do produtor serve o propósito de não onerar demasiado

um conjunto de informações no momento da prescrição de um específico medicamento (pois tal impõem, desde logo, os seus deveres profissionais de diligência devida). Para mais informações, v. Raposo, Vera Lúcia, *Danos causados por medicamentos: enquadramento jurídico à luz do ordenamento europeu, op. cit.*, 105 e ss.

974 Wesendonck, Tula, "A responsabilidade civil pelos riscos do desenvolvimento: evolução histórica e disciplina no direito comparado", in *Direito & Justiça*, vol. 37, n.º 2, 2012, pp. 214-215.

975 Por força do disposto no artigo 15.º/1/b) da Diretiva 85/374/CEE (o qual dispõe que "qualquer Estado-membro pode, em derrogação da alínea e) do artigo 7.º, manter ou, sem prejuízo do procedimento definido no n.º 2, prever na sua legislação que o produtor é responsável, mesmo se este provar que o estado dos conhecimentos científicos e técnicos no momento da colocação do produto em circulação não lhe permitia detectar a existência do defeito), tal não acontece em outros ordenamentos jurídicos europeus, como é o caso do Luxemburgo, da Finlândia e, ainda que só em certos casos específicos, da Alemanha, da Espanha e da França.

976 Outras causas de exclusão da responsabilidade civil do produtor são: a prova de (1) que o mesmo não pôs o produto em circulação; (2) que o defeito não existia no momento da entrada do produto em circulação; (3) que o produto não foi fabricado para venda ou qualquer outra forma de distribuição com um objetivo económico, nem produzido ou distribuído no âmbito da sua atividade profissional; (4) que o defeito é devido à conformidade do produto com normas imperativas estabelecidas pelas autoridades públicas; ou (5) que, no caso de parte componente, o defeito é imputável à conceção do produto em que foi incorporada ou às instruções dadas pelo fabricante do mesmo (art. 5.º do Decreto-lei n.º 383/89). Para maiores desenvolvimentos, v. Coelho, Vera L., "Responsabilidade do produtor por produtos defeituosos: "teste de resistência" ao DL n.º 383/89, de 6 de novembro, à luz da jurisprudência recente, 25 anos volvidos sobre a sua entrada em vigor", *op. cit.*, 38 e ss.

977 Tal norma parece evidenciar o caráter algo "estático" da responsabilidade civil, o qual se deve, em grande medida, no facto de a mesma se basear numa análise *ex post* da ação e do dano. Cf. Monica, John C. / van Calster, Geert / Patsa, Agapi, "A nanotechnology legal framework", *op. cit.*, 306-307.

a sua posição, tendo-se, nessa medida, optado pela consagração de uma *responsabilidade civil objetiva limitada*[978], o que se revela fundamental para incentivar a investigação e o desenvolvimento de novos produtos (ainda que de *alto risco*), promovendo-se a inovação tecnológica (porque, afinal de contas, não há progresso sem risco...), ao mesmo tempo que se evita o agravamento do custo de eventuais seguros de responsabilidade civil[979]. O avanço da indústria farmacêutica e o acesso a novos medicamentos – mormente, a *nanomedicamentos* – depende, portanto, deste aligeiramento do regime da responsabilidade civil do produtor.

Face aos elevados riscos e às significativas incertezas que pairam em torno da utilização da(s) nanotecnologia(s) neste contexto, é legítimo prever-se que esta causa de exclusão da responsabilidade civil será a principal *válvula de escape* a mobilizar por empresas farmacêuticas que inovem e apostem na produção de nanomedicamentos para se eximirem de eventuais responsabilidades pelos danos causados aos pacientes-consumidores dos mesmos. A nosso ver, tal não se traduzirá necessariamente numa automática e total desproteção dos pacientes, desde logo porque, na prática, não se afigura nada fácil a invocação bem-sucedida desta defesa dos riscos de desenvolvimento. Vejamos.

Por um lado, é difícil para a empresa farmacêutica fazer prova dos factos que consubstanciam este meio de defesa, desde logo, porque tal pressuporá que a mesma logre provar que a identificação de tais riscos era absolutamente impossível à data em que colocou o produto em circulação. Em caso algum, a empresa poderá, porém, alegar que "não conseguiu identificar o defeito porque tal implicaria um investimento exorbitante em equipamentos ou prolongaria desmesuradamente

[978] A par do estabelecimento de um prazo de prescrição (de 3 anos a contar da data em que o lesado teve ou deveria ter tido conhecimento do dano, do defeito e da identidade do produtor) e da fixação de um prazo de caducidade (10 anos após a entrada em circulação do produto causador do dano). Tais prazos afiguram-se-nos desadequados, desde logo tendo em conta que a grande maioria de eventuais reações adversas a nanomedicamentos – e a outros medicamentos em geral – só são identificadas vários anos após a sua entrada em circulação no mercado. Cf. Martins, Mickael, "Danos causados por medicamentos: responsabilidade civil do produtor no âmbito da legislação portuguesa", *op. cit.*, 74.

[979] Wesendonck, Tula, "A responsabilidade civil pelos riscos do desenvolvimento: evolução histórica e disciplina no direito comparado", *op. cit.*, 215.

o período de ensaios clínicos". Em suma, como bem pontua VERA LÚCIA RAPOSO, "o produtor será responsabilizado em relação aos riscos de que não se apercebeu efetivamente, mas dos quais se deveria ter apercebido, atendendo ao estado do conhecimento e da técnica"[980]. E note-se, no atual contexto de globalização e de exponencial agilização do progresso tecnocientífico, tal facto tenderá a afastar a possibilidade de invocação desta causa de exclusão da responsabilidade.

Por outro lado, é preciso relembrar que, mesmo que o risco não seja passível de identificação à data da entrada em circulação do produto, ainda assim existe uma obrigação de monitorização do mesmo, de tal modo que, a partir do momento em que um novo risco é detetado, este passa a fazer parte do estado da arte, exigindo-se que todos os medicamentos daí para a frente produzidos se conformem com estes novos conhecimentos. Assim sendo, se "a dada altura, por força dos novos avanços científicos, a empresa farmacêutica se apercebe que o medicamento envolve riscos para o paciente até então desconhecidos, mas nada faz para alertar o público", daí decorrendo danos para o paciente--consumidor, os quais se afirmam como uma concretização desses riscos, então esta deverá ser responsabilizada caso se prove que os mesmos já eram conhecidos da empresa à data da ocorrência do dano[981]. Cabe precisar, porém, que, neste caso, a eventual responsabilidade civil da empresa farmacêutica será apurada de acordo com o regime geral e não de acordo com a disciplina da responsabilidade do produtor[982].

Apesar de tudo isto, há quem ponha em causa a bondade desta solução político-legislativa, defendendo a sua abolição. Segundo estes autores, é preciso, desde logo, ter em conta os benefícios (muitas vezes, *milionários*, senão mesmo *bilionários*) que advêm para o produtor da colocação do respetivo produto no mercado, o que justifica que o mesmo não

[980] RAPOSO, Vera Lúcia, *Danos causados por medicamentos: enquadramento jurídico à luz do ordenamento europeu*, *op. cit.*, 116-117; e ainda, com uma interessante referência a jurisprudência norte-americana, v. JUNI, Robin L., "Product liability implications of nanotechnology", *op. cit.*, 27.

[981] *Idem*, 116.

[982] WESENDONCK, Tula, "A responsabilidade civil pelos riscos do desenvolvimento: evolução histórica e disciplina no direito comparado", *op. cit.*, 219; e ainda, embora a outro propósito, BARBOSA, Mafalda Miranda, "Inteligência artificial e *blockchain*: desafios para a responsabilidade civil", *op. cit.*, 787.

possa deixar de assumir todos os riscos que daí podem advir[983]. Por outro lado, tem-se entendido que a atual solução se pode revelar demasiado onerosa para o lesado, admitindo a exoneração da responsabilidade do produtor justamente em áreas ou setores em que os riscos e eventuais danos são mais sensíveis e gravosos. Alguns autores creem ainda que a eliminação de uma tal causa de exclusão da responsabilidade civil do produtor tem o potencial de incentivar a investigação antes da colocação do produto no mercado, o que apresenta o potencial de aumentar consideravelmente a sua eficácia, mas também – e de forma especial – a sua segurança. Por fim, há ainda quem entenda, como MICKAEL MARTINS, que a consagração desta causa de exclusão da responsabilidade "é frustrar precisamente aquilo que se quis acautelar, leia-se, é frustrar a tutela eficaz do lesado. Senão vejamos: uma coisa é a existência do defeito, outra é a sua detetabilidade; ainda que seja indetetável, o defeito existe – e existe no momento em que o produto é colocado em circulação no mercado. Assim, se em virtude desse defeito advêm danos, as mais das vezes danos em massa, graves e irreversíveis, não nos parece aceitável a sua não ressarcibilidade, verificados que estão os pressupostos para que exista responsabilidade civil do produtor"[984].

Por nossa parte, e muito embora reconheçamos pertinência a estes argumentos, cremos que pode revelar-se precipitada a defesa da simples abolição desta causa de exclusão da responsabilidade civil do produtor. Quem sabe a sua conjugação estreita com outros mecanismos de socialização do risco não é suficiente para se garantir a adequada tutela dos interesses e direitos do paciente-consumidor – o qual, tendo sofrido danos (por vezes, graves), deve ser compensado –, sem que tal implique uma oneração desproporcional do produtor, levando-o a responder por riscos que não conhecia e que não podia ter conhecido (o que, a ocorrer, poderá acarretar graves consequências no plano da inovação tecnológica).

983 Inspirando-se em JEAN CALAIS-AULOY, v. SILVEIRA, Diana, *Responsabilidade civil por danos causados por medicamentos defeituosos*, *op. cit.*, 256-257.

984 MARTINS, Mickael, "Danos causados por medicamentos: responsabilidade civil do produtor no âmbito da legislação portuguesa", *op. cit.*, 75.

Mas não é só a configuração desta causa de exclusão da responsabilidade civil do produtor que pode dificultar o ressarcimento ao paciente lesado dos danos que, eventualmente, lhe tenham sido causados por (nano)medicamentos. Outra das dificuldades neste domínio é a prova da existência de um nexo de causalidade entre o defeito e o dano causado, desde logo, tendo em conta a dispersão de fontes potencialmente danosas ou a existência de outros fatores – biológicos ou não – que concorrem para o dano (pense-se na possibilidade de que o dano resulte de uma específica predisposição da pessoa lesada, bem como nas dificuldades em identificar o concreto medicamento que causou o dano[985] ou, no caso específicos dos nanomedicamentos, em provar que o dano resultou da concreta exposição aos nanomateriais empregues nesse medicamento e não a outros a que a pessoa possa, *a priori* ou *a posteriori*, ter sido exposta) e pelo facto de a grande maioria dos danos se apresentar sob a forma de *danos futuros*[986]. Tentando suplantar tais dificuldades, há quem sugira – na nossa opinião, com propriedade – o recurso a uma presunção de causalidade[987]. Outra hipótese aceitável seria o relaxamento das exigências probatórias impostas ao lesado para este efeito, considerando-se suficiente a prova da probabilidade de o defeito do produto ser a causa do dano, ao invés de se exigir a pura certeza em torno da existência desse mesmo nexo[988].

[985] Nos Estados Unidos da América, a questão da dificuldade da prova da causalidade e da consequente dificuldade de identificação do produto lesivo tem sido resolvida – não sem severas críticas – com apelo à teoria da «*market-share liability*». Cf. Raposo, Vera Lúcia, *Danos causados por medicamentos: enquadramento jurídico à luz do ordenamento europeu*, *op. cit.*, 80-82.

[986] Silveira, Diana, *Responsabilidade civil por danos causados por medicamentos defeituosos*, op. cit., 144; Juni, Robin L., "Product liability implications of nanotechnology", *op. cit.*, 26; e ainda,em geral, sobre a questão dos danos futuros, v. Campos, Diogo Leite de / Campos, Mónica Martinez de, "Os danos futuros e a sua incerteza", in *Estudos em homenagem ao Prof. Doutor Manuel da Costa Andrade (org. por José de Faria Costa et al.)*, vol. III, Coimbra: Instituto Jurídico da Faculdade de Direito da Universidade de Coimbra, 2017.

[987] Berry, Elsa, "Responsabilité du fait des produits de santé – Rapport français", in *Travaux issus des séminaires "Droits nationaux et projets européens en matiére de responsabilité civile"*, Belgique: Université de Louvain la Neuve, 2013, disponível em: <http://grerca.univ-rennes1.fr/>. Consultado em: 19 de janeiro de 2021.

[988] Esta solução tem, aliás, sido adotada por alguma jurisprudência portuguesa (vide o Ac. TRL, de 27 de fevereiro de 2007, relatado por Roque Nogueira; bem como o Ac. STJ, de 5 de janeiro de 2016, relatado por Pinto de Almeida). Raposo, Vera Lúcia, *Danos causados por medicamentos: enquadramento jurídico à luz do ordenamento europeu, op. cit.*, 80-82.

Por fim, importa referir que são ressarcíveis todos os danos resultantes de morte ou lesão pessoal e os danos em coisa diversa do produto defeituoso, desde que seja normalmente destinada ao uso ou consumo privado e o lesado lhe tenha dado principalmente este destino (art. 8.º)[989]. Mais se estabelece que, caso a conduta do próprio lesado tenha contribuído para o dano, poderá ser reduzida ou mesmo excluída a indemnização (art. 7.º/1). Tal não acontecerá, porém, naqueles casos em que a intervenção de terceiros (pense-se, a este propósito, nos *médicos* ou *farmacêuticos*) tenha concorrido para o dano (art. 7.º/2) – por outras palavras, nestas situações, "a responsabilidade da empresa farmacêutica não será afastada pela atuação destes agentes e na verdade o consumidor-paciente poderá apresentar diferentes pedidos de compensação aos diversos agentes envolvidos"[990].

Ora, como bem refere J. J. Gomes Canotilho, "a responsabilidade responde e a responsabilidade exige respostas (...). E a responsabilidade exige, desde logo, respostas para a crise de confiança das sociedades complexas"[991]. A grave crise de confiança na ciência e na comunidade científica que vivemos poderá, pois, ser combatida através de mecanismos jurídicos que, tendo em conta os diferentes interesses, direitos e expetativas em concurso, promovam a sua harmonização e concordância, incutindo a todos os cidadãos um sentimento profundo de efetivo comprometimento com princípios e valores centrados na própria ideia de dignidade humana. Tal passará, não só mas também, pela adoção de conceções menos individualísticas de responsabilidade, encarando-a a partir de uma perspetiva comunitária ou coletiva (num verdadeiro espírito de distribuição justa e equitativa do risco entre aqueles que beneficiam do progresso científico), eliminando possíveis "lacunas

[989] Para maiores desenvolvimentos, v. Coelho, Vera L., "Responsabilidade do produtor por produtos defeituosos: "teste de resistência" ao DL n.º 383/89, de 6 de novembro, à luz da jurisprudência recente, 25 anos volvidos sobre a sua entrada em vigor", *op. cit.*, 32-34

[990] Raposo, Vera Lúcia, *Danos causados por medicamentos: enquadramento jurídico à luz do ordenamento europeu, op. cit.*, 89.

[991] Canotilho, J. J. Gomes, "Os novos desafios da responsabilidade: irritar e responder", in *Boletim da Faculdade de Direito da Universidade de Coimbra*, vol. 87, 2011, p. 537.

de responsabilidade", as quais, em última instância, podem resultar na indignidade de deixarmos a pessoa à deriva num mar repleto de tormentas e tempestades[992].

[992] GROTE, Thomas / BERENS, Philipp, "On the ethics of algorithmic decision-making in healthcare", *op. cit.*, 209.

PARTE IV.
CONCLUSÃO: DAR NOVOS MUNDOS AO MUNDO?

"Right is right, even if no one does it; and wrong is wrong, even if everyone is doing it."

William Penn

Aqui chegados, estamos em condições de afirmar que a *nanobiotecnociência* contribuirá para consolidar o lugar da técnica e da tecnologia como elementos que marcam presença, a todo o tempo e de forma ubíqua, na vida do ser humano e, quem sabe, no seu próprio *corpo* (aqui *holisticamente* considerado). No domínio sanitário, tais inovações poderão proporcionar, a curto ou médio prazo, benefícios substanciais para a sua saúde humana, por exemplo, abrindo portas à prevenção ou tratamento de enfermidades graves que, até aqui, não conseguíamos evitar ou curar através da utilização dos métodos tradicionais[993]. Apesar disso, sempre importa, como tem defendido JOÃO LOUREIRO, não escamotear o facto de ao sararmos ou tentarmos sarar determinadas feridas, corrermos o risco de, ainda que de forma inadvertida, abrir outras tantas, tão ou mais graves. Nessa medida, é imperativo nunca perdermos de vista a ideia de que o *progresso nanobiotecnocientífico* acarreta numerosos e avantajados riscos, os quais ousam colocar em causa os direitos e liberdades fundamentais da pessoa e revolucionar os sistemas políticos, sociais, económicos e até culturais. Ora, é justamente para estimularmos o debate societário em torno destas questões fundantes que tomámos a iniciativa de publicar este trabalho.

Iniciámos esta investigação com uma breve referência à hodierna crise tecnocientífica, em grande parte causada pela reunião de um

[993] PÉREZ ÁLVAREZ, Salvador, "Paradigmas meta-jurídicos de la nanomedicina", *op. cit.*, 91; e ainda, referindo-se à nanotecnologia como um "expoente do paradigma biotecnocientífico", v. PYRRHO, Monique / SCHRRAM, Fermin Roland, *Nanotecnociência e humanidade, op.cit.*, 151.

conjunto de fatores (como a rutura da tríplice paradigmática "universo/espécie/corpo"[994], o desvanecer do tradicional mito da neutralidade da ciência, o agravamento do "dilema do duplo-uso" e o aprofundamento das múltiplas limitações na gestão de riscos que são cada vez mais complexos e incompreendidos) que tem enfraquecido o delicado cordão umbilical de confiança mútua que liga a ciência e a sociedade. Sem este, será improvável que qualquer uma das partes consiga sobreviver aos hercúleos desafios do novo milénio (*Parte I*).

Em seguida, mergulhámos na análise de algumas das conquistas da designada *Revolução Pós-Genómica* no domínio da saúde – afinal de contas, como afirmou ALFREDO ESPINOSA BRITO, "a sequenciação do genoma marca um antes e um depois na história da medicina"[995]. Nesse contexto, concentrámos a nossa atenção da análise do fenómeno da ascensão da MPP – conceito que encarámos de forma holística e compreensiva[996] –, especialmente considerando os seus efeitos verdadeiramente revolucionários – senão mesmo disruptivos – no atual sistema de saúde, acarretando inúmeras vantagens, mas também sérios desafios (técnicos, económico-financeiros, pessoais e sociais), que nos impõem atuações cautas e nos fazem lembrar que "os possíveis caminhos em direção à personalização apresentam mais curvas e contracurvas do que inicialmente se pensava"[997]. Ao longo deste percurso, muitas vezes procurámos particularizar a nossa análise, tomando por referência os campos da farmacogenética e da farmacogenómica, por entendermos que estes se afirmarão como os principais veículos através dos quais se avançará significativamente em direção a um modelo de saúde verdadeiramente personalizado e preciso (*Parte II, Capítulo I*).

[994] BOETSCH, Gilles, "Enjeux éthiques concernant la recherche en nanomédecine", in *La nanomédecine : Enjeux éthiques, juridiques et normatifs* (coord. por Christian Hervé *et al.*), Paris : Éditions Dalloz, 2007, p. 126.

[995] ESPINOSA BRITO, Alfredo, "La medicina centrada en las personas y la medicina personalizada", in *Medisur*, n.º 6, vol. 13, 2015, p. 922.

[996] Que, no fundo, encare cada pessoa na sua "singularidade multidimensional (biológica, psicológica, social, cultural e espiritual)". Cf. DEODATO, Sérgio, *A proteção dos dados pessoais de saúde*, *op. cit.*, 15.

[997] CHADWICK, Ruth, "Ethical issues in personalized medicine", *op. cit.*, 172.

Logo após, voltando-nos para o domínio da *Revolução Nanotecnológica*, procurámos delimitar e distinguir os conceitos de nanociência e de nanotecnologia, concluindo que ambos, pelas suas múltiplas sinergias, devem ser encarados como uma única entidade dual. Destacámos, a este propósito, as dificuldades sentidas na identificação das notas caraterizadoras de cada um destes vetores conceituais – o que, aliás, apresenta, como vimos, profundas repercussões no campo jurídico –, assim como o seu caráter intrinsecamente interdisciplinar, o qual exige a adoção de abordagens dialógicas, por contraposição a análises unidirecionais e mais ou menos enviesadas. Aproveitámos ainda este ensejo para traçar um breve roteiro histórico da evolução da nanotecnologia e para descrever algumas das suas atuais e potenciais aplicações, mormente no domínio preventivo-terapêutico. Descrevemos, a este propósito, a nanomedicina como o "conjunto de práticas médico-farmacológicas de prevenção, diagnóstico e tratamento de diferentes enfermidades, que requerem a utilização de tecnologias baseadas na interação entre o corpo humano e os materiais, estruturas e dispositivos cujas propriedades se definem à nanoescala". Além disso, apresentámos ao leitor as potencialidades e promessas dos chamados sistemas de nanodiagnóstico, de nanoterapia e de nanogenética, as quais tornam compreensível porque é que os cientistas procuram a todo o custo domar o infinitamente pequeno; afinal de contas, estamos hoje "conscientes de que é ao nível das moléculas, das partículas e dos átomos que se joga parte importante do jogo da vida e da própria composição do infinitamente grande, isto é, do universo"[998]. Apesar de tudo isto, se quiséssemos ser sérios na nossa análise, não era aceitável que ficássemos por aqui. Por essa razão, esforçámo-nos – e, importa esclarecer, com o mesmo afinco – a fim de alertar o leitor para o facto de a possibilidade de se controlar e manipular a matéria à nanoescala também acarretar consigo um conjunto de riscos, até agora não totalmente identificados, nem devidamente avaliados. A nanotecnologia poderá, pois, colocar em causa a saúde humana, quer direta, quer indiretamente, afirmando-se como

[998] Santos, Nivaldo / Nolasco, Loreci, "A ênfase sobre conduta ética e os fatores incerteza e a condição humana inerentes às nanotecnologias", *op.cit.*, 467.

potencialmente perigosos todos os nanomateriais que, uma vez introduzidos no corpo (de forma intencional ou não) não se revelem biocompatíveis ou biodegradáveis. Releva, pois, a chamada "nanotoxicologia" enquanto ciência que, baseando-se nos princípios básicos da identificação do risco e da análise da "relação dose-resposta", procura aclarar qual o potencial toxicológico de cada substância quando manipulada à nanoescala, bem como o potencial de uma maior ou menor exposição à mesma poder despoletar reações biológicas adversas (*Parte II, Capítulo II*).

Tecidas estas imprencindíveis considerações iniciais, partimos para a análise do modo como o Direito tem procurado – não sem dificuldades – responder aos desafios que lhe são colocados por estes novos campos emergentes. Destacámos, neste âmbito, a clara fragmentação e pulverização normativas, quer num plano longitudinal, marcado pela intervenção de diferentes entidades públicas e privadas através de instrumentos jurídicos (e não só) com forças normativas inconstantes, quer num plano latitudinal, de multiplicação das camadas normativas em ação, as quais se complementam e, não raras vezes, entram em colisão. Tal é comprovado, desde logo, pela enorme pluralidade e diversidade de fontes que, atualmente, compõem o designado *Direito do Genoma Humano*, aqui entendido como dimensão essencial integrante do *Biodireito* e à qual deve ser reconhecida clara autonomia dogmática-epistemológica face a todas as outras. No caso da nanomedicina (e da nanotecnologia em geral) não nos foi possível identificar, porém, um qualquer núcleo normativo destinado a responder aos problemas que emergem neste domínio em concreto. No fundo, e atento o atual estado da arte, concluímos que a regulamentação da nanomedicina gira, essencialmente, em torno da regulamentação das condições para a realização de estudos e ensaios clínicos e ao nível da produção, autorização e supervisão dos produtos e dispositivos médico-farmacológicos (nanoestruturados). À semelhança do que acontece no domínio da genética, a principal preocupação de todas estas normas é a proteção da saúde do paciente e a garantia pelo respeito dos seus direitos humanos e fundamentais. Apesar disso, o facto de a maioria dos diplomas em questão não ter sido criado a pensar especificamente no domínio da nanotecnologia e nas suas especificidades gera algumas dificuldades e lacunas normativas que apenas podem ser supridas por outros meios jurídicos (e não jurídicos) de regula(menta)ção da atividade científica (*Parte III, Capítulo I*).

Em seguida, e atenta a importância da realização maciça de testes genéticos (desde logo, com vista à implementação da MPP), ocupámo-nos a analisar o regime jurídico em vigor no ordenamento jurídico português em matéria de oferta e realização dos testes (farmaco)genéticos. Nesse sentido, qualificámos os testes de farmacogenética e de farmacogenómica como testes genéticos preditivos (embora não levados a cabo exclusivamente em pacientes saudáveis ou doentes assintomáticos) e relacionados com a saúde. É com base nessa qualificação que a nossa lei (1) limita – ou, pelo menos, tenta limitar – o acesso a este tipo de testes, (2) exige garantias da sua qualidade, validade, utilidade e fiabilidade e (3) regulamenta o licenciamento e atividade dos laboratórios que os levam a cabo. Ainda nesta seara, analisámos as normas existentes em matéria de realização destes testes em contexto de prática clínica, mas também de estudos e ensaios clínicos, *inter alia*, refletindo sobre o modo como se leva (ou deveria levar) a cabo a sua prescrição e sobre as diversas exigências em matéria de consentimento informado – *rectius*, esclarecido –, quer para efeitos da necessária colheita do material biológico, quer para efeitos da realização do teste propriamente dito. Por fim, analisámos, ainda que de forma breve, as normas em vigor em matéria de comunicação dos resultados dos testes (farmaco)genéticos, aproveitando para tecer algumas considerações acerca da complicada questão dos "achados incidentais" e do relevante "direito a não saber" (*Parte III, Capítulo II*).

Logo após, tratámos de analisar, considerando o atual estado da arte, as normas aplicáveis aos domínios da investigação e da experimentação científicas em torno do genoma e da nanotecnologia, lembrando que a *liberdade de criação científica* é, pela sua relevância para a construção de uma sociedade verdadeiramente profícua e promissora[999], um direiro fundamental constitucionalmente tutelado e sujeito ao regime específico

[999] LYON, Gholson J. / SEGAL, Jeremy P., "Practical, ethical and regulatory considerations for the evolving medical and research genomics landscape", in *Applied & Translational Genomics*, n.º 2, 2013, pp. 39-40.

– e mais exigente – dos 'direitos, liberdades e garantias'. Nesse sentido, escapelizámos as várias normas e princípios consagrados na Lei portuguesa de Investigação Clínica, os quais, quer de um ponto de vista material, quer procedimental, visam proteger o ser humano, evitando que o mesmo seja – uma vez mais – instrumentalizado em prol do avanço científico-tecnológico e reduzido à mera condição de "cobaia". Uma ciência human(izad)a e de confiança é uma ciência que respeita devotamente o ser humano, todas as outras formas de vida e o próprio meio ambiente (*Parte III, Capítulo III*).

Um pouco mais adiante, procurámos destacar, no contexto da atual sociedade mundial do risco, a importância do princípio da precaução no seio da necessária identificação, avaliação, gestão e comunicação do risco (procurando-se, na medida do possível, a justa distribuição do mesmo e socialização dos benefícios das novas tecnologias[1000]). Não obstante as múltiplas críticas que lhe têm sido dirigidas pela doutrina, defendemos a sua mobilização à luz do imperativo de diligência devida, afastando interpretações extremadas do mesmo – quer daquelas que o aniquilam, quer daquelas que o tornam aniquilador. Tomando por referência o domínio da nanomedicina, procurámos colocar em evidência a importância (1) da adoção de uma abordagem «*safe-by-design*», mormente fundada numa cuidada e rigorosa avaliação da segurança físico-química das várias substâncias utilizadas, (2) do cumprimento e respeito escrupuloso pelas *guidelines* internacionalmente definidas e aceites pela comunidade científica, (3) da criação e implementação de mecanismos de vigilância e monitorização da saúde dos indivíduos expostos a nanomateriais e (4) no desenvolvimento de mecanismos eficazes promotores do "nanodiálogo", enquanto requisito fundamental para o funcionamento democrático da sociedade nanotecnológica[1001]. Experimentámos, ainda, o imperativo da diligência devida no âmbito da utilização da nanotecnologia em contexto de edição preventivo-terapêutica do genoma humano, defendendo que a mesma, atento o risco,

[1000] DELGADO RAMOS, Gian Carlo, "El paradigma económico de la nanotecnología", *op.cit.*, 561.

[1001] RODRÍGUEZ VICTORIANO, José Manuel, "Tecnologías convergentes y democratización del conocimiento científico", in *Bioética y Nanotecnología* (coord. por María Casado), Navarra: Thomson Reuters, 2010, pp. 90-91.

só deverá ser levada a cabo para o tratamento de doenças graves, ante a inexistência de alternativas mais seguras, bem como de registos de consequências negativas para a saúde dos indivíduos expostos a tais nanomateriais. Soma-se, além disso, a necessidade de, do ponto de vista procedimental, se respeitarem um conjunto de exigências de «*due diligence*» protetoras da pessoa, do seu valor próprio e da sua "dimensão normativa específica" (*Parte III, Capítulo IV*)[1002].

Além de tudo isto, colocámos também a questão de saber como é que, no hodierno contexto *nanobiotecnocientífico* e considerando o presente modelo de autonomia que norteia a relação médico-paciente, se conseguirá garantir o necessário esclarecimento para assegurar a validade do consentimento a prestar aquando da realização de determinados procedimentos e intervenções médico-farmacológicas. Ante a incerteza que paira sobre os riscos da genética e da nanomedicina, defendemos aquilo a que chamámos de "consentimento esclarecido possível", fundado na explicação ao paciente das múltiplas limitações quantitativas e qualitativas na comunicação dos riscos que são desconhecidos ou que apenas são conhecidos parcialmente. Tal pressupõe, claro está, a existência de mecanismos funcionais de gestão do risco, que, *a priori*, limitem o acesso dos pacientes a aquelas técnicas, produtos ou procedimentos cujos riscos sejam científica e socialmente *toleráveis*. Para além disso, é necessário garantir que os indivíduos são dotados de suficientes conhecimentos técnicos que lhes permitam compreender a natureza e extensão da informação que lhes é transmitida e explicada. *The last but not the least*, impõe-se que o consentimento esclarecido seja prestado num contexto dialógico, de cuidada ponderação e de mútua confiança (*Parte III, Capítulo V*).

Em seguida, após termos tecido algumas considerações em torno do vetor jusfundamental da privacidade (e, em especial, do direito à autodeterminação informacional) e de realçarmos a natureza sensível dos dados de saúde e dos dados genéticos (reconhecendo a estes últimos um caráter pessoalíssimo e singular), tomámos a liberdade

[1002] Canotilho, J. J. Gomes, "Dignidade e constitucionalização da pessoa humana", in *Estudos em Homenagem ao Prof. Doutor Jorge Miranda – Vol. II* (coord. por Marcelo Rebelo de Sousa *et al.*), Coimbra: Coimbra Editora, 2012, p. 285.

de levar a cabo algumas reflexões sobre a proteção de dados (de saúde e genéticos) em contexto de MPP no ordenamento jurídico português (e europeu, considerando o famoso RGPD). A esse propósito, abordámos questões tão diversas como a (1) da identificação do titular da informação; (2) dos diversos requisitos que subjazem ao tratamento dessa informação, incluindo aqui uma especial referência ao relevantíssimo dever de sigilo profissional; (3) do regime jurídico aplicável ao armazenamento da informação e ao direito de acesso à mesma; (4) dos novos desafios e dificuldades em torno da gestão de quantidades astronómicas de dados sensíveis (*Parte III, Capítulo VI*).

Um pouco mais adiante, abordámos o fenómeno da discriminação em razão do património genético – especialmente no âmbito laboral, criminal, civil e dos seguros –, procurando compreender como é que os recentes *avanços nanobiotecnocientíficos* podem dar origem a "novas" situações de discriminação e quais os meios jurídicos de que atualmente dispomos para evitar que tal aconteça (*Parte III, Capítulo VII*).

No capítulo seguinte, refletimos sobre alguns dos desafios ético-jurídicos associados à utilização de sistemas automatizados de decisão no setor da saúde, mormente considerando o papel central que lhes tem sido atribuído pela "medicina do futuro". Não obstante as inúmeras vantagens e oportunidades associadas à mobilização de tais sistemas (e que tanto se fazem sentir num plano individual, como organizativo-institucional), identificámos alguns aspetos que devem ser cuidadosamente tidos em conta e analisados: por um lado, há que considerar a capacidade destes sistemas informáticos de gerar informação não diretamente extraível daquela que já se dispõe; por outro lado, o conceito de "anonimização" de dados pessoais parece estar hoje em crise, especialmente considerando a possibilidade tecnológica de se proceder a uma fácil e rápida reidentificação dos mesmos por via informática; além disso, com a crescente tecnologização da saúde, corre-se o risco de que as decisões médico-farmacológicas passem a ser tomadas de forma automatizada ou num contexto de conflito entre o juízo algorítmico e o juízo do profissional médico; por fim, cresce o risco de classificação das pessoas e pacientes em grupos ou subgrupos de acordo com os seus perfis pessoais, sendo urgente investir, *inter alia*, na programação ética destes sistemas informáticos dotados de inteligência artificial (*Parte III, Capítulo VIII*).

Aproximando-nos do fim, explorámos, ainda que de forma meramente perfunctória (quase tópica), a atual tensão entre a dimensão coletiva ou social da liberdade de investigação científica – formulada quer na sua versão mais ampla, quer na sua versão mais restrita (esta associada à partilha de benefícios derivados da exploração de recursos genéticos) – e os direitos de propriedade intelectual. Pudemos perceber que o delineamento de possíveis caminhos para a resolução de uma tal contenda não é tarefa fácil, por exemplo, considerando a escassez de recursos e a escandalosa desigualdade na sua distribuição, mas também o modo como atualmente se encontra configurado o sistema de patentes. Neste último caso, chegámos mesmo a reclamar a necessidade de se repensar seriamente a estrutura de um tal sistema e o regime jurídico em que o mesmo se funda, harmonizando-o com o direito à partilha de benefícios, mormente em domínios particularmente sensíveis e fundamentais para a promoção da saúde e do bem-estar humano. Já no que respeita à partilha de benefícios derivada da exploração de recursos genéticos (humanos e não humanos), os desafios multiplicam-se não apenas ao nível da prática – mormente tendo em conta as inúmeras dificuldades com vista à sua efetivação (o que é comprovado pelo ainda muito elevado número de casos de biopiratária) –, mas também ao nível teorético-dogmático (havendo quem – a nosso ver, de forma algo duvidosa – qualifique este regime de desnecessário e prescindível) (*Parte III, Capítulo IX*).

The last but not the least, indagámos alguns dos desafios emergentes no plano da responsabilidade jurídica – e, em especial, da responsabilidade civil – na era da *nanobiotecnociência*. Tendo em conta a natureza tão diversa dos problemas encontrados, optámos por limitar as nossas reflexões à questão da responsabilidade civil do produtor (*rectius*, das empresas farmacêuticas) por danos provocados por (nano)medicamentos que por si tenham sido colocados em circulação no mercado – não sem antes destacarmos a importância da realização de ensaios pré-clínicos e clínicos e da implementação de sistemas e mecanismos de farmacovigilância como meios essenciais com vista a assegurar a eficácia e segurança destes (novos) produtos farmacológicos. Embora tenhamos encetado uma análise compreensiva – mas não ostensiva – do regime em causa, a nossa atenção voltou-se, essencialmente, para a temática dos designados "riscos de desenvolvimento" e para os complexos desafios que poderão emergir ao nível da prova do nexo de causalidade entre o defeito e o dano. Neste contexto, parece-nos importantíssimo apostar em sólidos mecanismos de socialização do risco, os quais, não onerando demasiado os investigadores e fabricantes, protejam a pessoa em toda a sua extensão, evitando o seu abandono e a sua desproteção perante riscos que ninguém – e, sublinhamos, *ninguém* – poderia prever que se transformariam em autênticas catástrofes (*Parte III, Capítulo X*).

Concluindo, são, de facto, muitas as razões para acreditarmos que o momento atual é um momento decisivo na história da humanidade. Muito provavelmente, o "futuro daqui a biliões de anos será determinado pelos acontecimentos das próximas décadas"[1003]. Cabe, pois, ao jurista (e a todos os cidadãos) não só racionalizar o presente, mas também programar o futuro[1004]. E a verdade é que, se a técnica tem alterado profundamente os pressupostos da ação e da própria condição humana, tal não tem necessariamente de implicar que tenhamos de a negar ou rejeitar. Poderá ser suficiente que repensemos a nossa relação com ela[1005]. Afinal de contas, quer a utilização responsável da ciência para fins nobres e louváveis, quer a proibição dos seus usos nefastos dependerão "da consciência dos membros da comunidade científica, dos políticos, dos cidadãos, a qual está dependente de processos económicos, políticos, sociais e culturais que, em parte, dependem da [própria] consciência"[1006]. Por isso mesmo, parece que NORBERT WIENER estava correto quando, em 1964, afirmava que "o mundo do futuro será uma

[1003] Palavras proferidas por NICK BOSTROM no documentário "2077: 10 segundos para o futuro", 1.º episódio: Mutações, emitido na RTP1, a 2 de janeiro de 2018.

[1004] MANTOVANI, Ferrando, "Problemi giuridici delle manipolazioni genetiche", in *Derecho penal y criminología*, vol. 15, 1993, p. 92.

[1005] SILVA, Marise Borba da, "Nanotecnologia: novas questões éticas para o Brasil, dimensões legais e sociais numa abordagem interdisciplinar", in *Cadernos de Pesquisa Interdisciplinar em Ciências Humanas*, n.º 46, 2003, p. 6.

[1006] MORIN, Edgar, *Étique : La méthode 6*, Paris: Seuil, 2004, p. 82.

luta cada vez mais acérrima contra os limites da nossa inteligência"[1007], considerando que o conhecimento liberta, mas também responsabiliza[1008]. É preciso, pois, encarar a(s) crise(s) sem rodeios e reunir as nossas forças para enfrentar os grandes desafios que nos vão sendo colocados, adotando como propósito inegociável a máxima potencialização do ser humano – e da sua humanidade –, dos seus direitos e liberdades fundamentais e da sua dignidade intrínseca. Neste percurso que nos conduzirá – como em outros tempos! – a aventurar-nos por águas desconhecidas, não há dúvidas de que seremos constantemente perturbados pelo medo causado por um horizonte incógnito e sempre incerto enquanto nos procuramos guiar pela bússola da esperança de que, para lá do mesmo, lograremos encontrar um mundo mais promissor. Ora, como afirma Carlos Fiolhais, o "medo e a esperança sempre estiveram juntos e é tarefa humana, uma tarefa que deve ser fruto da razão e da paixão, aumentar as razões para a esperança e diminuir as razões para o medo"[1009]. Afinal de contas, vale sempre a pena acreditar que, ainda hoje, é possível dar "novos mundos ao mundo"[1010].

[1007] A referência foi retirada de Martin, Agathe, "Le mythe cybernétique : aux origines de la société du risque", *op. cit.*

[1008] Susanne, Charles / Casado, María / Buxó i Rey, María Jesús, "What challenges offer nanotechnology to bioethics?", *op. cit.*, 30.

[1009] Fiolhais, Carlos, "Nanotecnologia: o futuro vem aí", *op. cit.*, 237.

[1010] A expressão foi retirada da obra magistral de Luís de Camões, *Os Lusíadas*, Canto II, Estrofe 45 (pela primeira vez publicada em 1572).

REFERÊNCIAS BIBLIOGRÁFICAS

A

ABBING, Henriette Roscam, "The Convention on Human Rights and Biomedicine: an appraisal of the Council of Europe Convention", in *European Journal of Health Law*, n.º 5, 1998.

ABBOTT, Kenneth / MARCHANT, Gary / SYLVESTER, Douglas, "A framework convention for nanotechnology?" in *Environmental Law Reporter*, vol. 36, 2006.

ABREU, Luís Vasconcelos, "O segredo médico no direito português vigente", in *Estudos de Direito da Bioética – vol. I* (coord. por José de Oliveira Ascensão), Coimbra: Almedina, 2005.

AHUMADA CANABES, Marcela, "El derecho a gozar de los beneficios de la ciencia. Una aproximación a su contenido, considerando las Declaraciones de la UNESCO sobre el genoma, datos genéticos humanos y bioética", in *Revista de Derecho y Genoma Humano*, n.º 42, 2015.

ALBUQUERQUE, Paulo Pinto de, *Comentário do Código de Processo Penal à luz da Constituição da República e da Convenção Europeia dos Direitos do Homem*, 4.ª Edição, Lisboa: Universidade Católica Editora, 2011.

ALLEN, Ethan / BASSETT, Deborah, "Listen up – the need for public engagement in nanoscale science and technology", in *Nanotechnology Law and Business*, n.º 5, 2008.

ALLHOFF, Fritz, "Risk, precaution and nanotechnology", in *In Pursuit of Nanoethics* (ed. por Bert Gordijn e Anthony M. Cutter), Dordrecht: Springer, 2014.

ALTENSTETTER, Christa, "Medical device regulation and nanotechnologies: determining the role of patient safety concerns in policymaking", in *Law & Policy*, vol. 33, n.º 2, 2011.

ÁLVAREZ GONZÁLEZ, Susana, *Derechos fundamentales y protección de datos genéticos*, Madrid: Editorial Dykinson, 2007.

AMADO, João Leal, "Genética e contrato de trabalho: nótula em torno do mandato antidiscriminatório", in *Direito da Saúde – Estudos em Homenagem ao Prof. Doutor Guilherme de Oliveira – Vol. IV* (coord. por João Loureiro, André Dias Pereira e Carla Barbosa), Coimbra: Almedina, 2016.

AMEISEN, Jean-Claude, "Enjeux éthiques des nanosciences et des nanotechnologies", in *La nanomédecine: Enjeux éthiques, juridiques et normatifs* (coord. por Christian Hervé *et al.*), Paris : Éditions Dalloz, 2007.

ANDORNO, Roberto / BILLER-ANDORNO, Nikola, "The risks of nanomedicine and the precautionary principle", in *In Pursuit of Nanoethics* (ed. por Bert Gordijn e Anthony M. Cutter), Dordrecht: Springer, 2014.

ANDORNO, Roberto, *Principles of international biolaw: seeking common ground at the intersection of bioethics and human rights*, Bruxelles: Éditions Bruylant, 2013.

ANDRADE, Manuel da Costa, *Direito penal médico – SIDA: testes arbitrários, confidencialidade e segredo*, Coimbra: Coimbra Editora, 2008.

ANTUNES, Maria João, *Direito Processual Penal*, 2.ª Edição, Coimbra: Almedina, 2018.

APARISI MIRALLES, Angela, *El Proyecto Genoma Humano: algunas reflexiones sobre sus relaciones con el Derecho*, Valencia: Tirant Lo Blanch, 1997.

ARAGÃO, Alexandra, "Aplicação nacional do princípio da precaução", in *Colóquios 2011-2012*, Associação dos Magistrados da Jurisdição Administrativa e Fiscal de Portugal, 2013.

ARAGÃO, Alexandra, "Art. 191.º - O ambiente", in *Tratado de Lisboa – anotado e comentado* (coord. por Manuel Lopes Porto e Gonçalo Anastácio), Coimbra: Almedina, 2012.

ARAGÃO, Alexandra, "Dimensões europeias do princípio da precaução", in *Revista da Faculdade de Direito da Universidade do Porto*, vol. 7, 2010.

ARAGÃO, Alexandra, "Princípio da precaução: manual de instruções", in *Revista do CEDOUA*, n.º 2, 2008.

ARENDT, Hannah, *A condição humana*, Lisboa: Relógio d'Água, 2011.

ASCENSÃO, José de Oliveira / VIDEIRA, Mafalda de Castro, "'Boas práticas' e ética nos ensaios clínicos", in *Estudos de Direito da Bioética – vol. IV* (coord. por José de Oliveira Ascensão), Coimbra: Almedina, 2012.

AZEVÊDO, Eliane, "Farmacogenômica: Aspetos éticos", in *Gazeta Médica da Bahia*, n. º 74, vol. 2, 2004.

B

BADIA MARTÍ, Anna, "Nanotecnología: elementos de conexión con el ordenamiento jurídico internacional", in *Bioética y Nanotecnología* (coord. por María Casado), Navarra: Thomson Reuters, 2010.

BAGGIO, Antonio, *Il principio dimenticato: la fraternità nella riflessione politologica contemporanea*, Roma: Città Nuova, 2007.

BARAN, Agnieska, "Nanotechnology: legal and ethical issues", in *Economics and Management*, vol. 8, iss. 1, 2016.

BARASH, Carol I., "Ethical issues in pharmacogenetics", in *Action Bioscience*, April 2013, disponível em: <http://www.actionbioscience.org/biotechnology/ethical_issues_in_pharmacogenetics.html>. Consultado em: 15 de outubro de 2019.

BARBAS, Stela, "Contratos de trabalho em face das novas possibilidades de diagnóstico", in *Brotéria*, n.º 150, vols. 5/6, 2000.

BARBAS, Stela, "Direito, genoma e identidade: desafios", in *Os Desafios do Direito no séc. XXI* (coord. por Manuel M. G. Valente), Coimbra: Almedina, 2018.

BARBAS, Stela, "Testes genéticos, terapia génica, clonagem", in *Estudos de Direito da Bioética* (coord. por José de Oliveira Ascensão), vol. I, Coimbra: Almedina, 2005.

BARBAS, Stela, *Direito do Genoma Humano*, Coimbra: Almedina, 2007.

Barbosa, Carla, "Aspectos Jurídicos do Acesso ao Processo Clínico", in *Lex Medicinae*, n.º 13, 2010.

Barbosa, Mafalda Miranda, "Inteligência artificial e *blockchain*: desafios para a responsabilidade civil", in *Revista de Direito da Responsabilidade*, ano 1, 2019.

Barbosa, Mafalda Miranda, "Inteligência artificial, *e-persons* e direito: desafios e perspetivas", in *Revista Jurídica Luso-Brasileira*, vol. 3, n.º 6, 2017.

Barbosa, Mafalda Miranda, "*Robot advisors* e responsabilidade civil", in *Revista de Direito Comercial*, 2018, disponível em: <https://www.revistadedireitocomercial.com/robot-advisers>. Consultado em: 17 de janeiro de 2021.

Barth, Wilmar Luiz, "Nanotecnologia: 'Há muito espaço lá embaixo!'", in *Teocomunicação: Revista da Teologia da PUCRS*, vol. 36, n.º 153, 2006.

Bawa, Raj, "Nanoparticle-based therapeutics in humans: a survey", in *Nanotechnology Law & Business*, vol. 5, n.º 2, 2008.

Beck, Ulrich, *Sociedade de risco mundial: em busca da segurança perdida* (trad. por Marian Toldy e Teresa Toldy), Lisboa: Edições 70, 2015.

Becker, Ulrich, "Legal aspects of personalized medicine", in *Personalized Medicine: A New Medical and Social Challenge* (ed por. Nada Bodiroga-Vukobrat, Daniel Rukavina, Kresimir Pavelic e Gerald G. Sander), Switzerland: Springer, 2016.

Behjati, Sam / Tarpey, Patrick S., "What is next generation sequencing?", in *Archives of Disease in Childhood. Education and Practice Edition*, n. º 98, vol. 6, 2013.

Benedek, Wolfgang, *Compreender os direitos humanos: manual de educação para os direitos humanos* (trad. coord. por Vital Moreira e Carla de Marcelino Gomes), Coimbra: Coimbra Editora, 2014.

Berg, Jonathan / Khoury, Muin / Evans, James, "Deploying whole genome sequencing in clinical practice and public health: meeting the challenge one bin at a time", in *Genetics in Medicine*, n. º 13, vol. 6, 2011.

Berm, Elizabeth J. J. *et al.*, "Economic Evaluations of Pharmacogenetic and pharmacogenomic screening tests: a systematic review. Second update of the literature", in *PLoS ONE*, n. º 11, vol. 1, 2016.

Berry, Elsa, "Responsabilité du fait des produits de santé – Rapport français", in *Travaux issus des séminaires "Droits nationaux et projets européens en matiére de responsabilité civile"*, Belgique: Université de Louvain la Neuve, 2013, disponível em: <http://grerca.univ-rennes1.fr/>. Consultado em: 19 de janeiro de 2021.

Bertelsmann Stiftung, *Algorithms in digital healthcare: an interdisciplinary analysis*, Gütersloh: Bertelsmann Stiftung, 2019.

Billings, Paul R. *et al.*, "Discrimination as a consequence of genetic testing", in *The American Journal of Human Genetics*, n. º 50, 1992.

Boardman, Ruth/ Mullock, James/ Mole, Ariane, *Guide to the General Data Protection Regulation, S.l.:* Bird & Bird, 2017, disponível em: <https://www.twobirds.com/~/media/pdfs/gdpr-pdfs/bird--bird--guide-to-the-general-data-protection-regulation.pdf>. Consultado em: 2 de janeiro de 2021.

Bodiroga-Vukobrat, N. / Horak, H., "Challenges of personalized medicine: socio-legal disputes and possible solutions", in *Personalized Medicine: A New Medical and Social Challenge* (ed por. Nada Bodiroga-Vukobrat, Daniel Rukavina, Kresimir Pavelic e Gerald G. Sander), Switzerland: Springer, 2016.

BOETSCH, Gilles, "Enjeux éthiques concernant la recherche en nanomédecine", in *La nanomédecine : Enjeux éthiques, juridiques et normatifs* (coord. por Christian Hervé *et al.*), Paris : Éditions Dalloz, 2007.

BOLDRIN, Michele / LEVINE, David K., "What's intellectual property good for?", in *Revue Économique*, vol. 64, n.º 1, 2013.

BOSTROM, Ann / LÖFSTEDT, Ragnar E., "Nanotechnology risk communication past and prologue", in *Risk Analysis*, vol. 30, n.º 11, 2010.

BRAVO, Jorge dos Reis / LEAL, Celso, *Prova genética: implicações em processo penal*, Lisboa: Universidade Católica Editora, 2018.

BRAVO, Jorge dos Reis, *I. O aprofundamento da cooperação transnacional em matéria de intercâmbio de prova genética; II. A ordem de recolha de amostras em condenados, para análise e inserção na Base de Dados de Perfis de ADN: abordagens preliminares*, Coimbra: Conselho de Fiscalização da Base de Dados de Perfis de ADN, 2014, disponível em: <http://www.cfbdadosadn.pt/pt/estudosjurisprudencia/Documents/TRABALHOCFBDADNJORGE_RBRAVO.pdf>. Acesso em: 22 de novembro de 2020.

BRECKENRIDGE, Alasdair *et al.*, "Pharmacogenetics: ethical problems and solutions", in *Nature Review Genetics*, n. º 5, September 2004.

BRICE, Philippa / SANDERSON, Simon, "Pharmacogenetics: what are the ethical and economic implications?", in *The Pharmaceutical Journal*, 21 de julho de 2006, disponível em: <https://www.pharmaceutical-journal.com/news-and-analysis/news/pharmacogenetics-what-are-the-ethical-and-economic-implications/10001689.article>. Consultado em: 5 de janeiro de 2019.

BRITO, Miguel N., "O conceito constitucional de dignidade humana entre o absoluto e a ponderação: o caso da reprodução humana", in *Estudos em homenagem ao Prof. Doutor José Joaquim Gomes Canotilho* (org. por Fernando Alves Correia, Jónatas Machado e João Loureiro), Vol. III, Coimbra: Coimbra Editora, 2012.

BRITO, Miguel, "A farmacogenética e a medicina personalizada", in *Saúde & Tecnologia*, n. º 14, 2015.

BRONZE, Fernando Pinto, "A responsabilidade, hoje (algumas considerações introdutórias)", in *Estudos em homenagem ao Prof. Doutor José Joaquim Gomes Canotilho* (org. por Fernando Alves Correia, Jónatas Machado e João Loureiro), Vol. I, Coimbra: Coimbra Editora, 2012.

BRONZE, Fernando Pinto, "Argumentação jurídica: o domínio do risco ou o risco dominado (tópicos para um diálogo pedagógico)", in *Analogias* (do mesmo autor), Coimbra: Coimbra Editora, 2012.

BUCHANAN, Allen *et al.*, *Genética y justicia* (trad. por Cristina Piña), Cambridge: Cambridge University Press, 2002.

BUISAN ESPELETA, Lydia, "Sobre la toxicidad de las nanopartículas en el ámbito de la nanomedicina", in *Bioética y Nanotecnología* (coord. por María Casado), Navarra: Thomson Reuters, 2010.

BUXÓ I REY, Maria Jesús, "Nanodiálogo: la comunicación y la implicación pública en los avances biotecnológicos", in *Bioética y Nanotecnología* (coord. por María Casado), Navarra: Thomson Reuters, 2010.

Buzea, Cristina / Pacheco, Ivan / Robbie, Kevin, "Nanomaterials and nanoparticles: sources and toxicity" in *Biointerphases*, n.º 2, vol. 4, 2007.

Byk, Christian, "Droit et complexité: l'exemple du bio-droit", in *Revue de la Recherche Juridique*, vol. XLI – 164, 2016.

C

Cabrera Medaglia, Jorge / Perron-Welch, Frederic, "The benefit-sharing principle in international law", in *Journal of Intellectual Property Law & Practice*, vol. 14, n.º 1, 2019.

Campillo Vélez, Beatriz / Zuleta Salas, Guillermo, "Bioética y nanotecnología", in *Revista Lasallista de Investigación*, vol. 1, n.º 1, 2014.

Campos, Alexandra Pagará / Faria, Paula Lobato, "A nova lei de ensaios clínicos com medicamentos de uso humano: transposição da Diretiva n.º 2001/20/CE, de 4 de abril", in *Revista Portuguesa de Saúde Pública*, vol. 22, n.º 2, 2004.

Campos, Diogo Leite de / Campos, Mónica Martinez de, "Os danos futuros e a sua incerteza", in *Estudos em homenagem ao Prof. Doutor Manuel da Costa Andrade (org. por José de Faria Costa et al.)*, vol. III, Coimbra: Instituto Jurídico da Faculdade de Direito da Universidade de Coimbra, 2017.

Campos, Juliana, "A responsabilidade civil do produtor pelos danos causados por robôs inteligentes à luz do regime do decreto-lei n.º 383/89, de 6 de novembro", in *Revista de Direito da Responsabilidade*, ano 1, 2019.

Canotilho, J. J. Gomes / Moreira, Vital, *Constituição da república portuguesa anotada – vol. I*, Coimbra: Coimbra Editora, 2014.

Canotilho, J. J. Gomes, "Dignidade e constitucionalização da pessoa humana", in *Estudos em Homenagem ao Prof. Doutor Jorge Miranda – Vol. II* (coord. por Marcelo Rebelo de Sousa *et al.*), Coimbra: Coimbra Editora, 2012.

Canotilho, J. J. Gomes, "Os novos desafios da responsabilidade: irritar e responder", in *Boletim da Faculdade de Direito da Universidade de Coimbra*, vol. 87, 2011.

Casado, María / Corcoy, Mirentxu, "Principios de precaución y gestión del riesgo en el contexto de la nanotecnología", in *Bioética y Nanotecnología* (coord. por María Casado), Navarra: Thomson Reuters, 2010.

Casado, María / López Baroni, Manuel J., "Nanotecnología e inseguridad jurídica: análisis de los criterios sostenidos por la Unión Europea a la luz del principio de precaución", in *Revista de Derecho y Genoma Humano*, n.º 49, 2018.

Cascão, Rui, "O dever de documentação do prestador de cuidados de saúde e a responsabilidade civil", in *Lex Medicinae*, n.º 8, 2008.

Castro, Catarina Sarmento e, "A jurisprudência do Tribunal de Justiça da União Europeia, o Regulamento Geral sobre a proteção de dados pessoais e as novas perspetivas para o direito ao esquecimento na Europa", in *Estudos em Homenagem ao Conselheiro Presidente Rui Moura Ramos – Vol. I* (org. por Maria Lúcia Amaral), Coimbra: Almedina, 2016.

Cepeda Espinosa, Manuel J., "Privacy", in *The Oxford Handbook of Comparative Constitutional* Law (ed. por Michel Rosenfeld e András Sajó), Oxford: Oxford University Press, 2013.

Chadwick, Ruth, "Ethical issues in personalized medicine", in *Drug Discovery Today: Therapeutic Strategies*, n. º 4, vol. 10, 2013.

Chang, Mark, *Artificial intelligence for drug development, precision medicine, and healthcare*, Florida: CRC Press, 2020.

Chapman, Carolyn Riley *et al.*, "Genetic discrimination: emerging ethical challenges in the context of advancing technology", in *Journal of Law and Biosciences*, 2019.

Charlab, Rosane / Zhang, Lei, "Pharmacogenomics: historical perspective and current status", in *Pharmacogenomics: Methods and Protocols* (ed. por Federico Innocenti e Ron van Schaik), vol. 1015, Switzerland: Springer, 2013.

Chen, Ling, "Realizing the precautionary principle in due diligence", in *Dalhousie Journal of Legal Studies*, vol. 25, 2016.

Chueca Rodríguez, Ricardo, "Investigación y experimentación como objetos del derecho fundamental a la investigación científica", in *Los nuevos horizontes de la investigación genética* (ed. por Carlos Romeo Casabona), Granada: Editorial Comares, 2011.

CNECV, "Parecer n.º 56 do CNECV: Parecer sobre venda direta de testes genéticos ao público", julho de 2008, disponível em: <http://www.cnecv.pt/admin/files/data/docs/1273053928_P_056CNECV.pdf>. Consulado em: 5 de janeiro de 2019.

Coelho, Vera L., "Responsabilidade do produtor por produtos defeituosos: "teste de resistência" ao DL n.º 383/89, de 6 de novembro, à luz da jurisprudência recente, 25 anos volvidos sobre a sua entrada em vigor", in *Revista Eletrónica de Direito*, n.º 2, 2017.

Colussi, Ilaria, "Biolaw and the 'dual-use dilemma': the freedom of scientific research in relationship with 'traditional' and emerging sciences and technologies", in *Bio-law and Policy in the Twenty-first Century* (ed. por Erick Valdés e Juan A. Lecaros), Switzerland: Springer, 2019.

Comitato Nazionale per la Bioetica, *Nanoscienze e nanotecnologie*, 9 de junho de 2006, disponível em: <http://bioetica.governo.it/it/documenti/pareri-e-risposte/nanoscienze-e-nanotecnologie/>. Consultado em: 19 de dezembro de 2019.

Commission of the European Communities, "Communication from the Commission on the precautionary principle", Brussels, 2.2.2000. Disponível em: <https://publications.europa.eu/en/publication-detail/-/publication/21676661-a79f-4153-b984-aeb28f07c80a/language-en>. Consultado em: 27 de dezembro de 2019.

Corchete Martín, María José, "El consentimiento informado: algunas apreciaciones conceptuales desde una perspectiva constitucional", in *Estudios sobre la responsabilidad sanitaria: un análisis interdisciplinar* (coord. por Eugenio Llamas Pombo), España: La Ley, 2014.

Cordeiro, A. Barreto Menezes, *Direito da proteção de dados à luz do RGPD e da lei n.º 58/2019*, Coimbra: Almedina, 2020.

Cordeiro, João, "Ethical and legal challenges of personalized medicine: paradigmatic examples of research, prevention, diagnostic and treatment", in *Revista Portuguesa de Saúde Pública*, n. º 32, vol. 2, Portugal, 2014.

Costa, Helena Silva, "Nanomedicina e questões éticas em perspetiva", in *Filosofia: Revista da Faculdade de Letras da Universidade do Porto*, vol. 25-26, 2008-2009.

Cottier, Thomas, "Genetic engineering, trade and human rights", in *Biotechnologies and International Human Rights* (ed. por Francesco Francioni), Oxford: Hart Publishing, 2007.

Cremades, Ana Isabel / Maestre, David, "Nanociencia y nanotecnología", in *Bioética y Nanotecnología* (coord. por María Casado), Navarra: Thomson Reuters, 2010.

Cunha, Paulo Ferreira da, "Do direito fundamental à felicidade: introdução aos seus fundamentos e alguns desafios na sociedade de informação", in *Revista da Faculdade de Direito da Universidade do Porto*, n.º 12-16, 2015-2019.

D

D'Silva, Joel / van Calster, Geert, "Taking temperature – a review of European Union regulation in nanomedicine", in *European Journal of Health Law*, n.º 16, 2009.

Daloiso, Viviana / Spagnolo, Antonio, "Nanomedicina e neurotecnologie: la convergenza delle problematiche etiche", in *Medicina e Morale*, n.º 4, 2012.

Davey, James, "Genetic discrimination in insurance: lessons from *Test Achats*", in *Genetic Discrimination: Transatlantic perspectives on the case for a European-level legal response* (ed. por Gerard Quinn, Aisling de Paor e Peter Blanck), London/New York: Routledge, 2015.

Delgado Ramos, Gian Carlo, "El paradigma económico de la nanotecnología", in *Comercio Exterior*, vol. 57, n.º 7, 2007.

Delgado Ramos, Gian Carlo, "Promesas y peligros de la nanotecnología", in *Nómadas: Revista Critica de Ciencias Sociales y Jurídicas*, n.º 9, 2004, disponível em: <http://theoria.eu/nomadas/9/giandelgado.htm>. Consultado em: 24 de novembro de 2019.

Deodato, Sérgio, *A proteção dos dados pessoais de saúde*, Lisboa: Universidade Católica Editora, 2017.

Dias, Renata, "The potential impact of the EU General Data Protection Regulation on pharmacogenomics research", in *Medicine and Law*, n. º 36, vol. 2, 2017.

Digital Single Market, "EU countries will cooperate in linking genomic databases across borders", 10 April 2018, disponível em: <https://ec.europa.eu/digital-single-market/en/news/eu-countries-will-cooperate-linking-genomic-databases-across-borders>. Consultado em: 12 de dezembro de 2020.

Dorbeck-Jung, Barbel / Bowman, Diana / van Calster, Geert, "Governing Nanomedicine: Lessons from within, and for, the EU medical technology regulatory framework", in *Law and Policy*, n.º 33, 2011.

Dorbeck-Jung, Bärbel / Chowdhury, Nupur, "Is the European medical products authorization regulation equipped to cope with the challenges of nanomedicines?", in *Law and Policy*, vol. 33, n.º 2, 2011.

Drnas de Clément, Zlata, "Los principios de prevención y precaución en materia ambiental en el sistema internacional y en el americano", in *Jornadas de Derecho Internacional*, Washington: Secretaría General de la OEA, 2001.

E

Ebbesen, Mette, "The principle of justice and access to nanomedicine in national healthcare systems", in *Stud. Ethics L. & Tech.*, vol. 3, 2009.

Eser, Albin, "Perspectives of medical law under the challenges of modern biotechnology", in *Revista de Derecho y Genoma Humano*, número extraordinário, 2014.

Espinosa Brito, Alfredo, "La medicina centrada en las personas y la medicina personalizada", in *Medisur*, n. º 6, vol. 13, 2015.

Estorninho, Maria João / Macieirinha, Tiago, *Direito da Saúde*, Lisboa: Universidade Católica Editora, 2014.

European Commission, "Nanotechnology: the invisible giant tackling Europe future challenges", Luxembourg: Publications Office of the European Union, 2013.

European Commission, "Towards a European strategy for nanotechnology", Luxembourg: Office for Official Publications of the European Communities, 2004.

European Science Foundation, *Personalized medicine for the european citizen. Towards more precise medicine for the diagnose, treatment and prevention of disease (iPM)*, Strabourg, 2012, disponível em: <http://archives.esf.org/index.php?eID=tx_nawsecuredl&u=0&g=0&t=1609180848&hash=954d8acd29e37b637ed82dca4e4ed17b30a48d98&file=/fileadmin/be_user/CEO_Unit/Forward_Look/iPM/FL_2012_iPM.pdf>. Consultado em: 26 de dezembro de 2020.

F

Falcão, Amílcar, "Capítulo 2: Farmacocinética", in *Terapêutica Medicamentosa e suas Bases Farmacológicas* (ed. por Serafim Guimarães, Daniel Moura e Patrício Soares da Silva), 5.ª Edição, Porto: Porto Editora, 2006.

Faria, Paula Lobato/ Cordeiro, João, "Health data privacy and confidentiality rights: crisis or redemption?", in *Revista Portuguesa de Saúde Pública*, n. º 32, vol. 2, 2014.

Faria, Paula Ribeiro, "O dever de esclarecimento médico nos casos de diagnóstico de doença grave ou incurável ou prognóstico de vida limitado e o artigo 157.º do Código Penal", in *Lex Medicinae*, n.º 31-32, 2019.

Feito Grande, Lydia, *El sueño de lo posible: bioética y terapia génica*, Madrid: Comillas, 1999.

Feitshans, Ilise L., "Forecasting nano law: defining nano", in *Nanotechnology Perceptions*, n.º 8, 2012.

Feitshans, Ilise L., "Ten years after: ethical, legal and social impacts of nanotechnology", in *BAOJ Nanotechnology*, vol. 1, Iss. 1, 2016.

Feitshans, Ilise L., *Global health impacts of nanotechnology law*, Singapore: Pan Stanford Publishing, 2018.

Feitshans, Ilise, "Spider silk jeans or spider silk genes? The future of genetic testing in the workplace", in *Social Science Research Network Electronic Paper Collection*, 2000, disponível em: <http://papers.ssrn.com/paper.taf?abstract_id=248671>. Consultado em: 2 de janeiro de 2021.

Felício, Manuel J. Dias, *Responsabilidade civil extracontratual por acidente de viação causado por veículo automatizado*, Coimbra: Instituto Jurídico da Faculdade de Direito da Universidade de Coimbra, 2019.

Fernández Domínguez, Juan J., *Pruebas genéticas en el derecho del trabajo*, Madrid: Civitas, 1999.

Ferreira, Ana Elisabete, "Da relevância jurídica das relações com robôs: subsídios para uma análise", in *Saúde e Cyborgs: Cuidar na era biotecnológica* (org. por Manuel Curado e Ana Paula Monteiro), Lisboa/Porto/Viseu/Aveiro: Edições Esgotadas, 2019.

Ferreira, Ana Elisabete, "Partilhar o mundo com robôs autónomos: a responsabilidade civil extracontratual por danos. Introdução ao problema", in *Cuestiones de Interés Jurídico*, IDIBE, 2017, disponível em: <https://idibe.org/cuestiones-de-interes-juridico/partilhar-o-mundo-com-robos-autonomos-a-responsabilidade-civil-extracontratual-por-danos-introducao-ao-problema/>. Consultado em: 11 de janeiro de 2021.

FERREIRA, Ana Elisabete, "Problemas ético-jurídicos concernentes aos danos causados por robôs autónomos na saúde: algumas definições conceituais", in *Cadernos Ibero-Americanos de Direito Sanitário*, n.º 9, vol. 3, 2020.

FERREIRA, Ana Elisabete, *Neuroética e neurodireito: pensar a responsabilidade a partir das neurociências*, Lisboa: Petrony Editora, 2020.

FEYNMAN, Richard P., "There's plenty of room at the bottom: an invitation to enter a new field of physics", in *Engineering and Science*, fevereiro de 1960, disponível em: <http://caltech.library.caltech.edu/47/2/1960Bottom.pdf>. Consultado em: 11 de novembro de 2019.

FIDALGO, Sónia, "As (novas) tecnologias e o (velho) problema da determinação da responsabilidade penal nas equipas médicas", in *Cadernos Ibero-Americanos de Direito Sanitário*, n.º 9, vol. 1, 2020.

FIGUEIREDO, Eduardo, "'*Believe me, we have enough imperfection built-in already*': breves reflexões sobre as denominadas ações de «*wrongful genetic makeup*»", in *Julgar Online*, maio de 2020, disponível em: <http://julgar.pt/_believe-me-we-have-enough-imperfection-built-in-already_/>. Consultado em: 18 de janeiro de 2021 (assim como toda a bibliografía aí oportunamente citada).

FIGUEIREDO, Eduardo, "Edição genética de animais: quando o capricho suplanta a necessidade", in *Revista Julgar Online*, novembro de 2020, disponível em: <http://julgar.pt/edicao-genetica-de-animais-quando-o-capricho-suplanta-a-necessidade/>.

FIGUEIREDO, Eduardo, "Super-man syndrome: Vulnerability(ies) and enhancement(s): Legal and ethical implications of human genetic enhancement", in *Revista de Derecho y Genoma Humano*, vol. 50, Enero-Junio, 2019.

FIGUEIREDO, Eduardo, *Desagrilhoar Prometeu? Direito(s), genes e doença(s): desafios constitucionais na era da engenharia genética*, Lisboa: Petrony Editora, 2020.

FILHO, Airton G. Berger / VIEIRA, Gustavo Oliveira, "O direito internacional e a governança dos riscos ambientais das nanotecnologias", in *O Direito*, n.º 144, 2012.

FIOLHAIS, Carlos, "Nanotecnologia: o futuro vem aí", in *Biologias na Noite* (coord. por Amadeu Soares), Porto: Edições Afrontamento, 2007.

FONTANA, Vanessa *et al.*, "O conceito de gene está em crise. A farmacogenética e a farmacogenómica também?", in *Biotemas*, n. º 19, vol. 3, 2006.

FOVARGUE, Sara / OST, Suzanne, "When should precaution prevail? Interests in (public) health, the risk of harm and xenotransplantation", in *Medical Law Review*, vol. 18, n.º 3, 2010.

FRUEH, Felix W. *et al.*, "Pharmacogenomics biomarker information in drug labels approved by the United States Food and Drug Administration: prevalence of related drug use", in *Pharmacotherapy*, n. º 28, vol. 8, 2008.

G

GARCÍA MANRIQUE, Ricardo, "¿Necesitamos una nanoética? (La nanoética como disciplina específica)", in *Bioética y Nanotecnología* (coord. por María Casado), Navarra: Thomson Reuters, 2010.

GARCIA, Maria da Glória, "Princípio da precaução: lei do medo ou razão de esperança?", in *Estudos em homenagem ao Prof. Doutor José Joaquim Gomes Canotilho* (org. por Fernando Alves Correia, Jónatas Machado e João Loureiro), Vol. I, Coimbra: Coimbra Editora, 2012.

GARCIA, Maria da Glória, "Sociedade de risco, política e Direito", in *Estudos Comemorativos dos 10 anos da Faculdade de Direito da Universidade Nova de Lisboa – Vol. I* (coord. por Diogo Freitas do Amaral, Carlos Ferreira de Almeida e Marta Tavares de Almeida), Coimbra: Almedina, 2008.

GARCIA, Maria da Glória, *O lugar do Direito na proteção do ambiente*, Coimbra: Almedina, 2015.

GARÍ RAMOS, Manuel, "Nanotec: megaganancias y gigarriesgos", in *Bioética y Nanotecnología* (coord. por María Casado), Navarra: Thomson Reuters, 2010.

GASKELL, George *et al.*, "Imagining nanotechnology: cultural support for technological innovation in Europe and the United States", in *Public Understanding of Science*, n.º 14, 2005.

GIDDENS, Anthony, *As consequências da modernidade* (trad. por Raul Fiker), S. Paulo: Editora UNESP, 1990.

GOMES, Carla Amado, *Risco e modificação do ato autorizativo concretizador de deveres de proteção do ambiente*, Lisboa: Faculdade de Direito da Universidade de Lisboa, 2007.

GONÇALVES, Luís M. Couto, *Manual de Direito Industrial*, 8.ª Edição, Coimbra: Almedina, 2019.

GONÇALVES, Maria Eduarda, "Regulação do risco e «risco» da regulação: o caso dos organismos geneticamente modificados", in *Estudos Comemorativos dos 10 anos da Faculdade de Direito da Universidade Nova de Lisboa* (coord. por Diogo Freitas do Amaral, Carlos Ferreira de Almeida e Marta Tavares de Almeida), vol. I, Coimbra: Almedina, 2008.

GORDIJN, Bert, "Ethical issues in nanomedicine", in *Nanotechnologies, Ethics and Politics* (ed. por Henk A. M. J. ten Have), Paris: UNESCO Publishing, 2007.

GOUVEIA, Nélia, *Farmacogenómica/farmacogenética: Realidades e perspetivas na prática clínica*, Coimbra: Faculdade de Farmácia da Universidade de Coimbra, 2009.

GOUVEIA, Steven, "O problema da lacuna da responsabilidade na inteligência artificial", in *Vanguardas da Responsabilidade: Direito, Neurociências e Inteligência Artificial* (coord. por Manuel Curado, Ana Elisabete Ferreira e André Dias Pereira), Lisboa: Petrony Editora, 2019.

GROTE, Thomas / BERENS, Philipp, "On the ethics of algorithmic decision-making in healthcare", in *Journal of Medical Ethics*, n.º 46, 2020.

GRUPO DE TRABALHO DE PROTEÇÃO DE DADOS DO ARTIGO 29.º, *Parecer 05/2014, sobre técnicas de anonimização*, 10 de abril de 2014, disponível em: <https://www.gpdp.gov.mo/uploadfile/2016/0831/20160831045040634.pdf>. Consultado em: 12 de janeiro de 2021.

GUERRA, Giorgia, *Regole e responsabilità in nanomedicina: profili giuridici delle tecnologie biomediche avanzate*, Padova: CEDAM, 2008.

GUPTA, Pooja D., "Pharmacogenetics, pharmacogenomics and ayurgenomics for personalized medicine: a paradigm shift", in *Indian Journal of Pharmaceutical Sciences*, n. º 77, vol. 2, 2015.

GUZMÁN, Katherine / TAYLOR, Margaret / BANFIELD, Jillian, "Environmental risks of nanotechnology: national nanotechnology Initiative Funding 2000-2004", in *Environmental Science & Technology*, vol. 40, n.º 5, 2006.

H

HABERMAS, Jürgen, *A constelação pós-nacional: ensaios políticos* (trad. por Márcio Seligmann-Silva), S. Paulo: Littera Mundi, 2001.

HABERMAS, Jürgen, *Técnica e ciência como "ideologia"* (trad. por Artur Morão), Lisboa: Edições 70, 2016.

HAGA, Susanne B. / MILLS, Rachel, "A review of consent practices and perspectives for pharmacogenetic testing", in *Pharmacogenomics*, n. º 17, vol. 14, 2016.

HALL, Rebecca / SUN, Tong / FERRARI, Mauro, "A portrait of nanomedicine and its bioethical implications", in *Journal of Law, Medicine and Ethics*, vol. 40, 2012.

HARARI, Yuval Noah, *Homo Deus: história breve do amanhã* (trad. por Bruno Vieira Amaral), 4.ª Edição, Amadora: Elsinore, 2017.

HENDRIKS, Aart, "Protection against genetic discrimination and the biomedicine convention", in *Health Law, Human Rights and the Biomedicine Convention: Essays in Honor of Henriette Roscam Abbing* (ed. por J. Gevers, E. H. Hondius e J. H. Hubben), The Netherlands: Martinus Nijhoff Publishers, 2005.

HERMERÉN, Göran, "Ethics and nanotechnology", in *Nanotecnologias e O.G.M. – Ciência, Ética, Sociedade*, Atas do 11.º Seminário do Conselho Nacional de Ética para as Ciências da Vida, Lisboa: CNECV, 2011.

HERRING, Jonathan, *Medical Law and Ethics*, 7nd Edition, Oxford: Oxford University Press, 2018.

HIGHMAN, Ludovic, "Le principe de précaution : vers une redéfinition des frontières du risque ?", in *Trinity College Law Review*, vol. 12, 2009.

HOGLE, Linda F., "Concepts of risk in nanomedicine research", in *Journal of Law, Medicine and Ethics*, n.º 40, 2012.

HONNEFELDER, Ludger, "Science, law and ethics: the biomedicine convention as an ethico-legal response to current scientific challenges", in *Health Law, Human Rights and the Biomedicine Convention: Essays in Honor of Henriette Roscam Abbing* (ed. por J. Gevers, E. H. Hondius e J. H. Hubben), The Netherlands: Martinus Nijhoff Publishers, 2005.

HOOVER, Mark D. *et al.*, "A nanoinformatics approach to safety health, well-being, and productivity", in *Nanotechnology Environmental Health and Safety – Risks, Regulation, and Management* (ed. por Matthew S. Hull e Diana M. Bowman), 3.ª Edição, USA: Elsevier, 2019.

HOTTOIS, Gilbert, *O paradigma bioético: uma ética para a tecnociência*, Lisboa: Ed. Salamandra, 1990.

HULLA, Janis E. / SAHU, Sarat C. / HAYES, A. Wallace, "Nanotechnology: history and future", in *Human and Experimental Toxicology*, vol. 34, n.º 12, 2015.

HURST, Daniel J., "Benefit sharing in a global context: working towards solutions for implementation", in *Developing World Bioethics*, 2016.

J

JAIN, Kewal K., *Textbook of personalized medicine*, 2nd Edition, Switzerland: Humana Press, 2015.

JAIN, Kewal K., *The handbook of nanomedicine*, 3rd Edition, Switzerland: Humana Press, 2017.

JEAN, Michèle S., "Nanotechnologies et nanomédecine. État de la réflexion éthique au niveau international : l'exemple de l'UNESCO", in *La nanomédecine : Enjeux éthiques, juridiques et normatifs* (coord. por Christian Hervé *et al.*), Paris : Éditions Dalloz, 2007.

JIMÉNEZ SAAVEDRA, Ruth, "Nanotecnologías: seguridad y salud laboral", in *Bioética y Nanotecnología* (coord. por María Casado), Navarra: Thomson Reuters, 2010.

JONAS, Hans, *El principio de responsabilidad: ensayo de una ética para la civilización tecnológica* (trad. por Javier Fernández Retenaga), Barcelona: Editorial Herder, 1995.

JONG, De W. H. / BORM, P. J. A., "Drug delivery and nanoparticles: applications and hazards", in *International Journal of Nanomedicine*, vol. 3, n.º 2, 2008.

JUNI, Robin L., "Product liability implications of nanotechnology", in *Practice Perspectives: Product Liability & Tort Litigation* (AA.VV.), USA: Jones Day, 2007.

K

KAHN, Axel, *Société et révolution biologique*, Paris: INRA Éditions, 1998.

KALOW, Werner, "Pharmacogenomics: historical perspective and current status", in *Pharmacogenomics: Methods and Protocols* (ed. por Federico Innocenti e Ron van Schaik), vol. 311, Switzerland: Springer, 2013.

KARIM, Md. Ershadul *et al.*, "Nanotechnology within the legal and regulatory framework: an introductory overview", in *Malayan Law Journal*, vol. 3, 2014.

KHOURY, Lara / BLACKETT, Adelle / VANHONNAEKER, Lukas, "Legal aspects of genetic testing regarding insurance and employment", in *Genetic testing and governance of risk in contemporary economy: comparative reflections in the insurance and employment law contexts* (ed. por Lara Khoury, Adelle Blackett e Lukas Vanhonnaeker), Switzerland: Springer, 2020.

KING, Nancy, "Nanomedicine first-in-human research: challenges for informed consent", in *Journal of Law, Medicine and Ethics*, n.º 40, 2012.

KOLLEK, Regine *et al.*, "Pharmacogenetics, adverse drug reactions and public health", in *Community Genetics*, n. º 9, 2006.

KREPSKY, Giselle Marie, "Responsabilidade na ação tecnocientífica: contribuições para uma nova relação entre ciência, direito e ética", in *Em Tempo - Marília*, vol. 15, 2016.

L

LANCEROS-MENDEZ, Senentxu, "Nanotecnologia: realidade, desafio e oportunidade", in *Gazeta de Física*, Vol. 32, n.º 4, 2009.

LATHAM, Melanie, "Nanomedicine and body modification: critical perspectives", in *In Pursuit of Nanoethics* (ed. por Bert Gordijn e Anthony M. Cutter), Dordrecht: Springer, 2014.

LAZZARETTI, Luisa Lauermann / HUPFFER, Haide Maria, "Nanotecnologia: o olhar da ciência sobre a toxicidade e os potenciais riscos desses produtos", in *Revista Conhecimento Online*, n.º 10, vol. 3, 2018.

LECHUGA GÓMEZ, Laura, "La revolución de la nanomedicina", in *Revista SEDISA*, n.º 10, 2008.

LECHUGA GÓMEZ, Laura, "Nanomedicina: aplicación de la nanotecnología a la salud", in *Curso de Biotecnología Aplicada a la Salud Humana* (ed. por José L. Motellón e Juan Bueren), 9.ª Edición, Barcelona: Editora Edikamed, 2011.

LÊDO, João / HOSSNE, William / PEDROSO, Margareth, "Introdução às questões bioéticas suscitadas pela nanotecnologia", in *Bioethikos – Centro Universitário São Camilo*, vol. 1, n.º 1, 2007.

LEMKE, Thomas, *Perspectives on genetic discrimination*, New York/London: Routledge, 2013.

LENK, Christian / BILLER-ANDORNO, Nikola, "Nanomedicine-emerging or re-emerging ethical issues? A discussion of four ethical themes", in *Med. Health Care Philos.*, n.º 10, vol. 2, 2007.

LEYTON, Fabiola, "Animales y nanotecnología: algunas implicaciones bioéticas", in *Bioética y Nanotecnología* (coord. por María Casado), Navarra: Thomson Reuters, 2010.

LINDEN, Rafael, "Terapia gênica: o que é, o que não é e o que será", in *Estudos Avançados*, vol. 70, n.º 24, 2010.

LIPTON, Peter, "Pharmacogenetics: the ethical issues", in *The Pharmacogenomics Journal*, n. º 3, 2003.

LOUREIRO, João, "Bios, tempo(s) e mundo(s): algumas reflexões sobre valores, interesses e riscos no campo biomédico", in *Estudos em Homenagem ao Prof. Doutor Jorge de Figueiredo Dias – Vol. IV* (coord. por Manuel da Costa Andrade, Maria João Antunes e Susana Aires de Sousa), Coimbra: Coimbra Editora, 2009.

LOUREIRO, João, "Da sociedade técnica de massas à sociedade de risco: prevenção, precaução e tecnociência", in *Estudos em homenagem ao Prof. Doutor Rogério Soares* (AA.VV.), Coimbra: Coimbra Editora, 2001.

LOUREIRO, João, "Em busca do direito da saúde em tempo de risco(s) e cuidado(s): sobre a incerteza do(s) nome(s) e da(s) coisa(s)", in *Direito da Saúde – Estudos em Homenagem ao Prof. Doutor Guilherme de Oliveira – Vol. I* (coord. por João Loureiro, André Dias Pereira e Carla Barbosa), Coimbra: Almedina, 2016.

LOUREIRO, João, "Estatuto del *nasciturus*: una(s) mirada(s) europea(s) – vulnerabilidad, derecho(s) y el «imperativo tecnocientífico»", in *La protección jurídica del nasciturus en el derecho español y comparado* (coord. por Antonio José Sánchez Sáez), Granada: Editorial Comares, 2018.

LOUREIRO, João, "Genética, moinhos e gigantes: Quixote revisitado: deveres fundamentais, sociedade de risco e biomedicina", in *Derecho y Genética: Un reto de la sociedade del siglo XXI* (ed. por Agustín Jorge Barreiro), Madrid: Anuario de la Facultad de Derecho de la UAM, 2006.

LOUREIRO, João, "Prometeu, *golem* & companhia: bioconstituição e corporeidade numa sociedade (mundial) de risco", in *Boletim da Faculdade de Direito da Universidade de Coimbra*, vol. 85, 2009.

LOUREIRO, João, "Tripórtico da esperança e do Direito: I. Esperanças(s), escatologia(s), direito(s): aproximações", in *Revista Portuguesa de Bioética*, n.º 19, 2014.

LOUREIRO, João, *Adeus ao Estado Social? A segurança social entre o crocodilo da economia e a medusa da ideologia dos "direitos adquiridos"*, Coimbra: Coimbra Editora, 2010.

LOUREIRO, João, *Constituição e biomedicina – contributo para uma teoria dos deveres bioconstitucionais na esfera da genética humana – vol. I*, Coimbra: Faculdade de Direito da Universidade de Coimbra, 2003.

LOUREIRO, João, *Constituição e Biomedicina – contributo para uma teoria dos deveres bioconstitucionais na esfera da genética humana – vol. II*, Coimbra: Faculdade de Direito da Universidade de Coimbra, 2003.

LOUREIRO, João, *Constituição, escassez(es) e socialidade(s): entre a(s) realidade(s) e o (s) desejo(s) (versão preliminar para uso exclusivo dos alunos do seminário de Doutoramento)*, Coimbra: Faculdade de Direito da Universidade de Coimbra, 2019.

LOURTIE, Pedro, "Cooperação internacional em ciência e inovação e partilha de benefícios", in *Ética Aplicada – Novas Tecnologias* (coord. por Maria do Céu Patrão Neves e Maria da Graça Carvalho), Lisboa: Edições 70, 2018.

LUBYOVA, Martina *et al.*, "A brief history of nanoscience and foresight in nanotechnology", in *Nanomaterials and Nanoarchitectures: a complex review of current hot topics and their applications* (ed. por M. Bardosova e T. Wagner), The Netherlands: Springer, 2015.

LYON, Gholson J. / SEGAL, Jeremy P., "Practical, ethical and regulatory considerations for the evolving medical and research genomics landscape", in *Applied & Translational Genomics*, n. º 2, 2013.

M

MACHADO, Helena / SAMORINHA, Catarina / SANTOS, Filipe, "Genes maus, genes bons: rumos da justiça personalizada e desafios à cidadania", in *Genética e Cidadania* (org. por Helena Machado), Porto: Edições Afrontamento, 2017.

MACHADO, Helena, "'Genótipos de difícil socialização': crime, genética, neurociências e ethos científico", in *Genética e Cidadania* (org. por Helena Machado), Porto: Edições Afrontamento, 2017.

MAGALHÃES, Carina Carvalho, "A patenteabilidade da indústria farmacêutica: o interesse público na proteção da saúde", in *Revista Eletrónica de Direito*, n.º 3, 2014.

MAHOMED, S. / SANNE, I., "Benefit sharing in health research", in *SABJL*, vol. 8, n.º 2, Supl. 1, 2015.

MALHOTRA, Ashim, "Chapter 8: an introduction to pharmacogenomics", in *Semantic Scholar*, 2015, p. 103, disponível em: <https://www.semanticscholar.org/paper/An-Introduction-to-Pharmacogenomics-Malhotra/cfe6124c7c91cb592f33170cf2da563651fd6ca8>. Consultado em: 1 de dezembro de 2020.

MANTOVANI, Ferrando, "Problemi giuridici delle manipolazioni genetiche", in *Derecho penal y criminología*, vol. 15, 1993.

MARCHANT, Gary *et al.*, "International harmonization of regulation of nanomedicine", in *Studies in Ethics, Law and Technology*, vol. 3, n.º 3, 2009.

MARQUES, J. P. Remédio, *Patentes de genes humanos?*, Coimbra: Coimbra Editora, 2001.

MARTIN, Agathe, "Le mythe cybernétique : aux origines de la société du risque", in *M@gm@*, vol. 13, n.º 2, 2015, disponível em: <https://www.academia.edu/27409253/Le_mythe_cybernétique_aux_origines_de_la_société_du_risque>. Consultado em: 20 de dezembro de 2019.

MARTINS, João Marques, "Ensaios clínicos – uma perspetiva ético-jurídica", in *Estudos de Direito da Bioética – vol. IV* (coord. por José de Oliveira Ascensão), Coimbra: Almedina, 2012.

MARTINS, João Zenha, *O genoma humano e a contratação laboral*, Oeiras: Celta Editora, 2002.

MARTINS, Mickael, "Danos causados por medicamentos: responsabilidade civil do produtor no âmbito da legislação portuguesa", in *Cadernos Ibero-Americanos de Direito Sanitário*, n.º 9, vol. 1, 2020.

MAUTONE, Mariela, "Conflictos éticos vinculados a la nanomedicina", in *Bioética y Nanotecnología* (coord. por María Casado), Navarra: Thomson Reuters, 2010.

MCHALE, Jean V., "Nanomedicine and the EU: some legal, ethical and regulatory challenges", in *Maastricht Journal on European and Comparative Law*, n.º 16, 2009.

MELO, Helena Pereira de, "*Does size matter?* A nanotecnologia e o Direito", in *Estudos Comemorativos dos 10 anos da Faculdade de Direito da Universidade Nova de Lisboa* (coord. por Diogo Freitas do Amaral, Carlos Ferreira de Almeida e Marta Tavares de Almeida), vol. I, Coimbra: Almedina, 2008.

MELO, Helena Pereira de, "*No data, no market* – a aplicação do princípio da precaução à nanotecnologia", in *Revista da Faculdade de Direito da Universidade do Porto*, vol. 7, 2010.

MELO, Helena Pereira de, *Implicações jurídicas do projeto do genoma humano: constituirá a discriminação genética uma nova forma de apartheid?*, Coimbra: Gráfica de Coimbra, 2007.

MELO, Helena Pereira de, *Manual de biodireito*, Coimbra: Almedina, 2008.

MELO, Helena Pereira de, *O consentimento esclarecido na prestação de cuidados de saúde no direito português*, Coimbra: Almedina, 2020.

MERALI, Zeeya, "This 1,600-year-old goblet shows that the romans were nanotechnology pioneers", in *Smithsonian Magazine*, setembro de 2013, disponível em: <https://www.smithsonianmag.com/history/this-1600-year-old-goblet-shows-that-the-romans-were-nanotechnology-pioneers-787224/>. Consultado em: 3 de novembro de 2019.

MERCIER, Hugo / SPERBER, Dan, *The enigma of reason*, Harvard: Harvard University Press, 2017.

MICOVIC, Vladimir / TURINA, Iva Sorta-Bilajac / MALATESTINIC, Dulija, "Personalised medicine and public health", in *Personalized Medicine: A New Medical and Social Challenge* (ed por. Nada Bodiroga-Vukobrat, Daniel Rukavina, Kresimir Pavelic e Gerald G. Sander), Switzerland: Springer, 2016.

MILLER, John, "Beyond biotechnology: FDA regulation on nanomedicine", in *The Columbia Science and Technology Law Review*, vol. 4, 2003.

MILLNS, Susan, "Consolidating bio-rights in Europe", in *Biotechnologies and International Human Rights* (ed. por Francesco Francioni), Oxford: Hart Publishing, 2007.

MIRANDA, Daniela, "Ler a criminalidade pelo corpo: a natureza criminal e os suspeitos do costume", in *Genética e Cidadania* (org. por Helena Machado), Porto: Edições Afrontamento, 2017.

MIRANDA, Jorge / MEDEIROS, Rui, *Constituição portuguesa anotada – vol. I*, 2.ª Edição, Lisboa: Universidade Católica Editora, 2017.

MISSONI, Eduardo / FOFFANI, Guglielmo, "Technology development and global health", in *Studies in Ethics, Law and Technology*, vol. 3, iss. 3, 2009.

MONICA, John C. / VAN CALSTER, Geert / PATSA, Agapi, "A nanotechnology legal framework", in *Nanotechnology Environmental Health and Safety – Risks, Regulation, and Management* (ed. por Matthew S. Hull e Diana M. Bowman), 2.ª Edição, USA: Elsevier, 2014.

MONIZ, Ana Raquel, "Socialidade, solidariedade e sustentabilidade: esboços de um retrato jurisprudencial", in *A Economia Social e Civil: Estudos* (coord. por João Loureiro e Suzana Tavares da Silva), vol. 1, Coimbra: Instituto Jurídico da Faculdade de Direito da Universidade de Coimbra, 2015.

MONIZ, Ana Raquel, *Os direitos fundamentais e a sua circunstância*, Coimbra: Imprensa da Universidade de Coimbra, 2017.

MONIZ, Helena, "'Se uma gota... uma gotinha apenas...': A inserção de perfis de ADN de condenados na base de dados com finalidades de identificação criminal", in *Direito da Saúde: Estudos em Homenagem ao Prof. Doutor Guilherme de Oliveira – vol. V* (coord. por João Loureiro, André Dias Pereira e Carla Barbosa), Coimbra: Almedina, 2016.

MONTEIRO, António Pinto, "'*Qui facit per alium, facit per se*' – será ainda assim na era da robótica?", in *Estudos de Direito do Consumidor – Direito e Robótica : Atas do Congresso* (AA.VV.), Coimbra: Centro de Direito do Consumo/ Instituto Jurídico da Faculdade de Direito da Universidade de Coimbra, 2020.

MORIN, Edgar, *Cabeça bem-feita* (trad. por Eloá Jacobina), Rio de Janeiro: Bertrand Brasil, 2008.

MORIN, Edgar, *Étique : La méthode 6*, Paris: Seuil, 2004.

MURDOCH, Travis B. / DETSKY, Allan S., "The inevitable application of big data to health care", in *JAMA*, vol. 309, n.º 13, 2013.

N

Nabais, José Casalta, "Algumas considerações sobre a solidariedade e a cidadania", in *Por uma liberdade com responsabilidade: estudos sobre direitos e deveres fundamentais* (do mesmo autor), Coimbra: Coimbra Editora, 2007.

Nabais, José Casalta, "Algumas reflexões críticas sobre os direitos fundamentais", in *Ab Uno Ad Omnes – 75 Anos da Coimbra Editora* (AA. VV.), Coimbra: Coimbra Editora, 1998.

Naidu, David, *Biotechnology & Nanotechnology: regulation under environmental, health and safety laws*, New York: Oxford University Press, 2009.

Navarro Mendizabal, Iñigo, "Algunas cuestiones acerca de la responsabilidad civil en el caso de los medicamentos en España", in *Revista de Derecho*, n.º 9, 2014.

Nawrot, Oktawian, "The biogenetical revolution of the Council of Europe – twenty years of the Convention on Human Rights and Biomedicine (Oviedo Convention)", in *Life Sciences, Society and Policy*, n.º 14, vol. 1, 2018.

Nazaré, Maria H., "Big Data e Desafios Éticos", in *Ética Aplicada- Novas Tecnologias* (coord. por Maria do Céu Patrão Neves e Maria da Graça Carvalho), 1ª Edição, Edições 70, 2018.

Nebert, Daniel / Zhang, Ge / Vesell, Elliot, "From human genetics and genomics to pharmacogenetics and pharmacogenomics: past lessons, future directions", in *Drug Metabolism Reviews*, n. º 40, 2008.

Nelkin, Dorothy, *Technological decisions and democracy: European experiments in public participation*, California: Sage Publications, 1977.

Netzer, Christian / Biller-Andorno, Nikola, "Pharmacogenetic testing, informed consent and the problem of secondary information", in *Bioethics*, n. º 18, vol. 4, 2004.

Neves, António Castanheira, "Pessoa, direito e responsabilidade", in *Revista Portuguesa de Ciência Criminal (RPCC)*, n.º 6, 1996.

Nimmesgern, Elmar / Norstedt, Irene / Draghia-Akli, Ruxandra, "Enabling personalized medicine in Europe by the European Commission's funding activities", in *Personalized Medicine*, n. º 14, vol. 4, 2017.

Nimmesgern, Elmar *et al.*, "Personalized Medicine in Europe", in *Clinical and Translational Science*, n. º 10, 2017.

Nogaroli, Rafaella, "Implicações ético-jurídicas da medicina robótica e inteligência artificial nas cirurgias e cuidados de saúde", in *Academia Médica*, 2019, disponível em: <https://academiamedica.com.br/blog/implicacoes-etico-juridicas-da-medicina-robotica-e-inteligencia-artificial-nas-cirurgias-e-cuidados-da-saude#!#_edn48>. Consultado em: 11 de janeiro de 2021.

Nuffield Council on Bioethics, "Medical profiling and online medicine: the ethics of 'personalized healthcare' in a consumer age", October 2010, disponível em: < https://www.nuffieldbioethics.org/publications/personalised-healthcare>. Consultado em: 18 de outubro de 2019.

Nuffield Council on Bioethics, "Pharmacogenetics: ethical issues", September 2003, disponível em: <http://nuffieldbioethics.org/project/pharmacogenetics>. Consultado em: 18 de outubro de 2019.

Nuffield Council on Bioethics, "Emerging biotechnologies: technology, choice and the public good", dezembro de 2013, disponível em: <https://nuffieldbioethics.org/publications/emerging-biotechnologies>. Consultado em: 19 de dezembro de 2019.

Nuffield Council on Bioethics, "Genome editing: an ethical review", setembro de 2016, disponível em: <https://www.nuffieldbioethics.org/publications/genome-editing-an-ethical-review>. Consultado em: 28 de janeiro de 2021.

Nunes, Rui, *GeneÉtica*, Coimbra: Almedina, 2013.

O

Oberdörster, G., "Safety assessment for nanotechnology and nanomedicine: concepts and nanotoxicology", in *Journal of Internal Medicine*, n.º 267, 2010.

Oliveira, Guilherme / Loureiro, João / Reis, Rafael Vale, "Los principios de precaución y de debida diligencia: entre la tradición y la innovación", in *Marco jurídico europeo relativo a la investigación biomédica en transferencia nuclear y reprogramación celular* (coord. por Daniel San José), España: Aranzadi, 2012.

Oliveira, Guilherme de, "Direito biomédico e investigação clínica", in *Temas de Direito da Medicina* (do mesmo autor), 2.ª Edição, Coimbra: Coimbra Editora, 2005.

Oliveira, Guilherme de, "Estrutura jurídica do ato médico, consentimento informado e responsabilidade médica", in *Temas de Direito da Medicina* (do mesmo autor), 2.ª Edição, Coimbra: Coimbra Editora, 2005.

Oliveira, Guilherme de, "Implicações jurídicas do conhecimento do genoma", in *Temas de Direito da Medicina* (do mesmo autor), 2.ª Edição, Coimbra: Coimbra Editora, 2005.

Oliveira, Guilherme de, "O fim da «arte silenciosa»", in *Temas de Direito da Medicina* (do mesmo autor), 2.ª Edição, Coimbra: Coimbra Editora, 2005.

Organization for Economic Cooperation and Development, *Small size that matter: opportunities and risks of nanotechnologies*, 2005, disponível em: <https://www.oecd.org/science/nanosafety/44108334.pdf>. Consultado em: 19 de dezembro de 2019.

Otero, Paulo, "Direitos económicos e sociais na Constituição de 1976", in Tribunal Constitucional: 35.º aniversário da Constituição de 1976 (AA.VV.), vol. I, Coimbra: Coimbra Editora, 2012.

Otero, Paulo, *Personalidade e identidade pessoal e genética do ser humano*, Coimbra: Almedina, 1999.

P

Paor, Aisling de, "Employment practices in a new genomic era: acknowledging competing rights and striking a balance", in *Genetic Discrimination: Transatlantic perspectives on the case for a European-level legal response* (ed. por Gerard Quinn, Aisling de Paor e Peter Blanck), London/New York: Routledge, 2015.

Parliamentary Assembly of the Council of Europe, "Nanotechnology: balancing benefits and risks to public health and the environment", 26 de abril de 2013, disponível em: <http://assembly.coe.int/nw/xml/XRef/Xref-XML2HTML-EN.asp?fileid=19730&lang=en>. Consultado em: 29 de novembro de 2019.

Pavelic, Kresimir / Pavelic, Sandra Krajevic / Sedic, Mirela, "Personalized medicine: the path to new medicine", in *Personalized Medicine: A New Medical and Social Challenge* (ed por. Nada Bodiroga-Vukobrat, Daniel Rukavina, Kresimir Pavelic e Gerald G. Sander), Switzerland: Springer, 2016.

Perbal, Laurence, "Une carte d'identité génétique pour demain?", in *Comptes Rendus Biologiques*, n. º 338, 2015.

Pereira, Alexandre L. Dias, "Big data, e-health e «autodeterminação informativa»: a lei 67/98, a jurisprudência e o regulamento 2016/679 (GDPR)", in *Lex Medicinae*, n.º 29, 2018.

Pereira, Alexandre L. Dias, "Human genes as biotech corporate assets? Nature, morals and the role of intellectual property in healthcare innovation", in *Boletim da Faculdade de Direito da Universidade de Coimbra*, vol. 87, 2011.

Pereira, André Dias / Barbosa, Carla, "Confidencialidade da informação de saúde no direito português", in *Lex Medicinae*, n.º 16, 2011.

Pereira, André Dias, "Experimentação com pessoas humanas e embriões humanos: desafios em tempos de terapia génica", in *Instituto de Derecho Iberoamericano (IDIBE)*, 2017. Disponível em: <https://idibe.org/cuestiones-de-interes-juridico/experimentacao-com-pessoas-humanas-e-embrioes-humanos-desafios-em-tempos-terapia-genica/>. Consultado em: 26 de dezembro de 2019.

Pereira, André Dias, *Direitos dos pacientes e responsabilidade médica*, Coimbra: Coimbra Editora, 2015.

Pereira, André Dias, *O consentimento informado na relação médico-paciente: estudo de direito civil*, Coimbra: Coimbra Editora, 2004.

Pereira, André, "A transposição da diretiva sobre ensaios clínicos de medicamentos para uso humano no direito português", in *Lex Medicinae*, n.º 11, 2009.

Pérez Álvarez, Salvador, "Paradigmas meta-jurídicos de la nanomedicina", in *Revista de Derecho y Genoma Humano*, n.º 37, 2012.

Pérez Forero, Andrea C. / Villalba Cuéllar, Juan C., "La responsabilidad civil por medicamentos defectuosos, una aproximación de derecho comparado", in *Revista de la Facultad de Derecho y Ciencias Políticas*, vol. 50, n.º 133, 2020.

Pinheiro, Alexandre S., *Privacy e proteção de dados pessoais: A construção dogmática do direito à identidade informacional*, Lisboa: Ed. AAFDL, 2015.

Pinho, João Rebello / Sitnik, Roberta / Mangueira, Cristóvão, "Medicina personalizada e o laboratório clínico", in *Revista Einstein*, n. º 12, vol. 3, 2014.

Pinho, João Renato Rebello, "Medicina de Precisão", in *Revista Einstein*, n. º 15, vol. 1, 2017.

Pinto, Paulo Mota, "A proteção da vida privada e a Constituição", in *Direitos de Personalidade e Direitos Fundamentais: Estudos* (do mesmo autor), Coimbra: Gestlegal, 2018.

Pita, Ruben / Ehmann, Falk / Papaluca, Marisa, "Nanomedicines in the EU – Regulatory overview", in *The American Association of Pharmaceutical Scientists Journal*, n.º 18, vol. 6, 2016.

Ploem, Corrette, "The right not to know: scope and limits", in *Medicine and Law*, n. º 36, vol. 2, 2017.

Ponce del Castillo, Aída Maria, "How to regulate the 'nano-revolution'?", in *HesaMag #1*, 2009, disponível em: <https://www.researchgate.net/publication/301287439_How_to_regulate_the_nano-revolution>. Consultado em: 15 de dezembro de 2019.

Pray, Leslie, *Pharmacogenomics: delivering on the promise*, Cambridge: Cambridge Healthtech Institute, 2009.

Preble, Emilee, "Preemptive legislation in the European Union and the United States on the topic of nanomedicine: examining the questions raised by smart medical technology", in *Indiana Health Law Review*, n.º 7, 2010.

Puppinck, Grégor, *Os direitos do homem desnaturado* (trad. por Maria José Figueiredo), Cascais: Princípia Editora, 2019.

Pyrrho, Monique / Schrram, Fermin Roland, *Nanotecnociência e humanidade*, Coimbra: Imprensa da Universidade de Coimbra, 2016.

R

Raghunathan, Balaji, *The complete book of data anonymization: from planning to implementation*, Flórida: CRC Press, 2013.

Ramos González, Sonia, "Responsabilidad civil por medicamento: el defecto de diseño – un análisis comparado de los criterios de definición del defecto en España y en los EE.UU.", in *InDret: Revista para el Análisis del Derecho*, n.º 2, 2005.

Raposo, Vera Lúcia / Osuna, Eduardo, "European Convention of Human Rights and Biomedicine", in *Legal and Forensic Medicine* (ed. por R. G. Beran), Berlin/Heidelberg: Springer, 2013.

Raposo, Vera Lúcia, *Danos causados por medicamentos: enquadramento jurídico à luz do ordenamento europeu*, Coimbra: Almedina, 2018.

Rauscher, Hubert / Rasmussen, Kirsten / Sokull-Klüttgen, Birgit, "Regulatory aspects of nanomaterials in the EU", in *Chemie Ingenieur Technik*, n.º 89, vol. 3, 2017.

Ray, Paresh C. / Yu, Hongtao / Fu, Peter, "Toxicity and environmental risks of nanomaterials: challenges and future needs", in *Journal of Environmental Science and Health*, n.º 27, vol. 1, 2009.

Redekop, W. Ken / Mladsi, Deirdre, "The faces of personalized medicine: a framework for understanding its meaning and scope", in *Value in Health*, n. º 16, 2013.

Regateiro, Fernando J., *Manual de genética médica*, Coimbra: Imprensa da Universidade de Coimbra, 2007.

Resnik, David B. / Tinkle, Sally S., "Ethics in nanomedicine", in *Future Medicine: Nanomedicine*, n.º 2, vol. 3, 2007.

Rocha, João, "Nanotecnologias e nanoética", in *Ética Aplicada – Novas Tecnologias* (coord. por Maria do Céu Patrão Neves e Maria da Graça Carvalho), Lisboa: Edições 70, 2018.

Rocha, Manuel Lopes / Pereira, Rui Soares, *Inteligência artificial & direito*, Coimbra: Almedina, 2020.

Roche, Myra I. / Berg, Jonathan S., "Incidental findings with genomic testing: implications for genetic counseling practice", in *Current Genetic Medicine Reports*, n. º 3, 2015.

Rocher, Luc / Hendrickx, Julien M. / Montjoye, Yves-Alexandre de, "Estimating the success of re-identifications in incomplete datasets using generative models", in *Nature Communications*, n.º 10, 2019.

Rodrigues, João Vaz, *O consentimento informado para o ato médico no ordenamento jurídico português (elementos para o estudo da manifestação da vontade do paciente)*, Coimbra: Coimbra Editora, 2000.

Rodríguez Victoriano, José Manuel, "Tecnologías convergentes y democratización del conocimiento científico", in *Bioética y Nanotecnología* (coord. por María Casado), Navarra: Thomson Reuters, 2010.

Romeo Casabona, Carlos M. / Nicolás Jiménez, Pilar / De Miguel Beriain, Iñigo, *Retos éticos y necesidades normativas en la actividad asistencial en medicina personalizada de precisión*, España: Fundación Instituto Roche, 2018.

Romeo Casabona, Carlos M., "Aspectos específicos de la información en relación con los análisis genéticos y con las enfermedades transmisibles", in *Información y documentación clínica – Vol. I* (coord. por Mata Barranco), Madrid: Consejo General del Poder Judicial, Ministerio de Sanidad y Consumo, 1997.

Romeo Casabona, Carlos M., "La genética y la biotecnología em las fronteras del derecho", in *Acta Bioethica*, n.º 2, 2002.

Romeo Casabona, Carlos M., *Los genes y sus leyes. El Derecho ante el genoma humano*, Bilbao-Granada: Editorial Comares, 2003.

Romeo Casabona, Carlos, "El principio de no discriminación y las restricciones relativas a la realización de análisis genéticos (Capítulo IV)", in *El Convenio de Derechos Humanos y Biomedicina: su entrada en vigor en el ordenamiento jurídico español* (ed. por Carlos María Romeo Casabona), Granada – Bilbao: Editorial Comares, 2002.

Romeo Casabona, Carlos, *Do gene ao direito*, S. Paulo: IBCCrim, 1999.

Rose, Nikolas, "Personalized medicine: promises, problems and perils of a new paradigm for healthcare", in *Procedia – Social and Behavioral Sciences*, n. º 77, 2013.

Rose, Steven / Rose, Hilary, "Can science be neutral?", in *Perspectives in Biology and Medicine*, n.º 16, vol. 4, 1973.

Royes, Albert, "Afilando la navaja de Ockham", in *Bioética y Nanotecnología* (coord. por María Casado), Navarra: Thomson Reuters, 2010.

Rueff, Maria do Céu, *O segredo médico como garantia de não-discriminação – estudo de caso: HIV/SIDA*, Coimbra: Coimbra Editora, 2009.

Ruiz García, Juan A., "Aspectos jurídicos de la medicina personalizada", *in InDret - Revista para el Análisis del Derecho*, n.º 286, 2005.

S

Saldanha, Nuno, *Novo Regulamento Geral de Proteção de Dados*, Lisboa: FCA – Editora de Informática, 2018.

Sales, Maria G. / Ferreira, Eugénio C. / Reis, Maria A., "Biotecnologias", in *Ética Aplicada- Novas Tecnologias* (coord. por Maria do Céu Patrão Neves e Maria da Graça Carvalho), Lisboa: Edições 70, 2018.

Sant'Anna, Leonardo / Ferreira, Aldo / Alencar, Maria Simone, "Nanotecnologia: considerações gerais, patenteamento e implicações para a saúde pública", in *Revista Semestral de Direito Empresarial*, n.º 9, 2011.

Santos, Boaventura de Sousa, "Os processos da globalização", in *Globalização: fatalidade ou utopia* (coord. pelo mesmo autor), Porto: Editora Afrontamento, 2001.

Santos, Heloísa G. / Pereira, André Dias, *Genética para todos: de Mendel à revolução genómica do séc. XXI: a prática, a ética, as leis e a sociedade*, Lisboa: Editora Gradiva, 2019.

Santos, Heloísa G., "Orientação bioética em estudos do genoma: principais regulamentos normativos e legislação", in *Configurações bioéticas* (ed. por António Barbosa), Lisboa: Centro de Bioética da FMUL, 2014.

Santos, Nivaldo / Nolasco, Loreci, "A ênfase sobre conduta ética e os fatores incerteza e a condição humana inerentes às nanotecnologias", in *Revista da Faculdade de Direito UFMG*, n.º 69, 2016.

Santos, Nuno C., "Nanomedicina – ciência, tecnologia e educação", in *Nanotecnologias e O.G.M. – Ciência, Ética, Sociedade*, Atas do 11.º Seminário do Conselho Nacional de Ética para as Ciências da Vida, Lisboa: CNECV, 2011.

Sarahan, Paul, "Nanotechnology safety: a framework for identifying and complying with workplace safety requirements", in *Nanotechnology Law and Business*, vol. 5, n.º 2, 2008.

Schaming, Delphine / Remita, Hynd, "Nanotechnology: from the ancient time to nowadays", in *Foundations of Chemistry*, vol. 17, n.º 3, 2015.

Schork, Nicholas J., "Artificial intelligence and personalized medicine", in *Precision Medicine in Cancer Therapy* (ed. por D. D. Von Hoff e H. Han), Switzerland: Springer, 2019.

Schroeder, Doris / Lasén-Díaz, Carolina, "Sharing the benefits of genetic resources: from biodiversity to human genetics", in *Developing World Bioethics*, vol. 6, n.º 3, 2006.

Schroeder, Doris, "Benefit sharing: it's time for a definition", in *Journal of Medical Ethics*, n.º 33, 2007.

Schroeder, Doris, "Sharing of benefits", in *Handbook of Global Bioethics* (ed. por H. A. M. J. ten Have e B. Gordijn), Dordrecht: Springer, 2014.

Schwab, Klaus, *A quarta revolução industrial* (trad. por Rui Candeias), Portugal: LEVOIR, 2017.

Schwab, Klaus, *Moldando a quarta revolução industrial* (trad. por Rui Candeias), Portugal: LEVOIR, 2019.

Shin, Jaekyu / Kayser, Steven / Langaee, Taimour, "Pharmacogenetics: from discovery to patient care", in *American Journal of Health-System Pharmacy*, n. º 66, 2009.

Silva, João Calvão, "Responsabilidade civil do produtor e proteção do consumidor em Portugal e na União Europeia", in *Formação Jurídica e Judiciária*, vol. 9, 2013.

Silva, João Calvão, *Responsabilidade civil do produtor*, Coimbra: Almedina, 1999.

Silva, Marcus / Jackson, Jonathan / Mitroka, James, "Ethical issues in pharmacogenomics", in *Pharmacy Times*, 9 de abril de 2015, disponível em: <https://www.pharmacytimes.com/publications/issue/2015/march2015/ethical-issues-in-pharmacogenomics>. Consultado em: 1 de março de 2020.

Silva, Marise Borba da, "Nanotecnologia: novas questões éticas para o Brasil, dimensões legais e sociais numa abordagem interdisciplinar", in *Cadernos de Pesquisa Interdisciplinar em Ciências Humanas*, n.º 46, 2003.

Silveira, Diana, *Responsabilidade civil por danos causados por medicamentos defeituosos*, Coimbra: Coimbra Editora, 2010.

Simpson, Robert / Sparrow, Robert, "Nanotechnologically enhanced combat systems: the downside of invulnerability", in *In Pursuit of Nanoethics* (ed. por Bert Gordijn e Anthony M. Cutter), Dordrecht: Springer, 2014.

Singh, Ashok K., *Engineered nanoparticles: structure, properties and mechanisms of toxicity*, USA: Academic Press, 2016.

Snir, Reut, "Trends in global nanotechnology regulation: the public-private interplay", in *Vanderbilt Journal of Entertainment & Technology Law*, vol. 17, 2014.

Soares, Sara *et al.*, "Nanomedicine: principles, properties and regulatory issues", in *Frontiers in Chemistry*, vol. 6, art. 360, 2018.

Sousa, Susana Aires de, "Saúde pública, direito penal e 'novos riscos': um triângulo com lados desiguais", in *Direito(s) dos riscos tecnológicos* (coord. por Carla Amado Gomes), Lisboa: AAFDL Editora, 2014.

SOUSA, Susana Aires de, *A responsabilidade criminal pelo produto e o topos causal em direito penal*, Coimbra: Coimbra Editora, 2014.

SOUTO, Eliana B. (ed.), *Patenting nanomedicines: legal aspects, intellectual property and grant opportunities*, Heidelberg: Springer, 2012.

SUNSTEIN, Cass R., "Beyond the precautionary principle", in *University of Pennsylvania Law Review*, vol. 151, 2003.

SUNSTEIN, Cass R., "The catastrophic harm precautionary principle", in *Issues in Legal Scholarship*, n.º 6, vol. 10, 2007.

SUSANNE, Charles / CASADO, María / BUXÓ I REY, María Jesús, "What challenges offer nanotechnology to bioethics?", in *Revista de Derecho y Genoma Humano*, n.º 22, 2005.

T

TAUPITZ, Jochen, "El derecho a no saber en la legislación alemana (Parte II)", in *Revista de Derecho y Genoma Humano*, n.º 9, 1998.

THAMPAPILLAI, Dilan, "The controversy to come? Patent law and a COVID-19 vaccine", in *ANU College of Law Website*, 10 de junho de 2020, disponível em: <https://law.anu.edu.au/research/essay/covid-19-and-international-law/controversy-come-patent-law-and-covid-19-vaccine>. Consultado em: 13 de janeiro de 2021.

THE NATIONAL NANOTECHNOLOGY INITIATIVE, *Environmental, health and safety research need for engineered nanoscale materials*, USA: NNI, 2006.

TIETZE, Frank *et al.*, "Crisis-critical intelectual property: findings from the COVID-19 pandemic", in *Centre for Technology Management Working Paper Series*, n.º 2, 2020.

TRAFTON, Anne, "CRISPR-carrying nanoparticles edit the genome", in *MIT News*, 13 de novembro de 2017, disponível em: <http://news.mit.edu/2017/crispr-carrying-nanoparticles-edit-genome-1113>. Consultado em: 24 de novembro de 2019.

TYSHENKO, Michael G., "The impact of nanomedicine development on north-south equity and equal opportunities in healthcare", in *Stud. Ethics L. & Tech.*, vol. 3, 2009.

U

URRUELA MORA, Asier, "Los principios de responsabilidad y de precaución como ejes de la intervención jurídica en el campo de la genética y de las biotecnologías", in *Lex Medicinae*, n.º 1, 2004.

V

VALE, Fernando Martins, "Experimentação humana, fatores de erro, sua mitigação pelo método científico e ética", in *Estudos de Direito da Bioética – vol. IV* (coord. por José de Oliveira Ascensão), Coimbra: Almedina, 2012.

VAN CALSTER, Geert, "Regulating nanotechnology in the European Union", in *European Environmental Law Review*, vol. 15, n.º 8, 2006.

VAN LIESHOUT, Marc, "The value of personal data", in *IFIP Advances in Information and Communication Technology*, n.º 457, 2015.

VENTURA, Célia / SANTOS, Heloísa, "Considerações éticas e científicas sobre a medicina personalizada", 21ª Reunião Anual da Sociedade Portuguesa de Genética Humana, Portugal, 2017.

Ventura, Célia, "Questões éticas e sociais da medicina personalizada", in *Boletim Epidemiológico – Observações*, Instituto Nacional de Saúde Doutor Ricardo Jorge, n.º 19, vol. 6, 2017.

Verbelen, Moira / Weale, Mike E. / Lewis, Cathryn M., "Cost-effectiveness of pharmacogenetic-guided treatment: are we there yet?", in *The Pharmacogenomics Journal*, n. º 17, 2017.

W

Weindling, Paul, "From international to zonal trials: the origins of the Nuremberg medical trial", in *Holocaust & Genocide Studies*, n.º 14, 2000.

Wertz, Dorothy C., "Ethical, social and legal issues in pharmacogenomics", in *The Pharmacogenomics Journal*, n. º 3, 2002.

Wesendonck, Tula, "A responsabilidade civil pelos riscos do desenvolvimento: evolução histórica e disciplina no direito comparado", in *Direito & Justiça*, vol. 37, n.º 2, 2012.

West, Simon, "Institutionalised exclusion: the political economy of benefit sharing and intellectual property", in *Law, Environment and Development Journal*, vol. 8, n.º 1, 2012.

Westbrook, Matthew J. *et al.*, "Mapping the incidentalome: estimating incidental findings generated through clinical pharmacogenomics testing", in *Genetics in Medicine*, n. º 15, vol. 5, 2013.

Wheeler, Heather *et al.*, "Cancer pharmacogenomics: strategies and challenges", in *Nature Reviews Genetics*, n. º 14, vol. 1, 2013.

Wolpe, Paul Root / Wu, Lindsey, "Nanotechnology, neurotechnology and the ethical challenges of human interventions", in *The Role of Health Law, Bioethics and Human Rights to Promote a Safer and Healthier World* (ed. por Paula Lobato de Faria), Lisboa: Fundação Luso-Americana para o Desenvolvimento, 2006.

X

Xavier, Bernardo, "O acesso à informação genética. O caso particular das entidades empregadoras", in *Estudos de Direito da Bioética* (coord. por José de Oliveira Ascensão), Coimbra: Almedina, 2005.

SIGLAS

ADN - Ácido Desoxirribonucleico
ADR - *Adverse Drug Event*
AEM - Agência Europeia do Medicamento/ *European Medicines Agency*
AMM - Associação Médica Mundial
ARN - Ácido Ribonucleico
CC - Código Civil
CDB - Convenção sobre a Diversidade Biológica
CDFUE - Carta dos Direitos Fundamentais da União Europeia
CDHB - Convenção sobre os Direitos Humanos e a Biomedicina
CDOF - Código Deontológico da Ordem dos Farmacêuticos
CDOM - Código Deontológico da Ordem dos Médicos
CE - Comunidade Europeia
CEC - Comissão de Ética Competente
CEDH - Convenção Europeia dos Direitos Humanos
CEIC - Comissão de Ética para a Investigação Clínica
CEN - Comité Europeu de Normalização /*European Committee for Standardization*
CES - Comissão de Ética para a Saúde
CLIA - *Clinical Laboratory Improvement Amendment*
CLP - *'Classification, Labelling and Packaging' Regulation* - Regulamento (CE) n.º 1272/2008
CNECV - Conselho Nacional de Ética para as Ciências da Vida
CNPD - Comissão Nacional de Proteção de Dados

CP – Código Penal
CPEPST – Código Profissional de Ética para os Profissionais de Saúde no Trabalho
CRISPR – *Clustered, Regularly Interspaced Short Palindromic Repeats*
CRP – Constituição da República Portuguesa
CT – Código do Trabalho
DIDGH – Declaração Internacional sobre os Dados Genéticos Humanos
DTC-PGT – *Direct to Consumer - Personal Genetic Tests*
DUBDH – Declaração Universal sobre Bioética e Direitos Humanos
DUDH – Declaração Universal dos Direitos Humanos
DUGHDH – Declaração Universal sobre o Genoma Humano e os Direitos Humanos
ECHA – Agência Europeia dos Produtos Químicos / *European Chemicals Agency*
EEOC – *Equal Employment Opportunity Commission*
EFPIA – *European Federation of Pharmaceutical Industries and Associations*
ERC – *European Research Council*
EUA – Estados Unidos da América
FAO – Organização das Nações Unidas para a Alimentação e Agricultura
FDA – *Food and Drug Administration*
FP – *European Union Framework Programmes for Research and Technological Development*
GINA – *Genetic Information Nondiscrimination Act*
HGP / PGH – *Human Genome Project* / Projeto do Genoma Humano
HIV – Vírus da Imunodeficiência Humana
IC PERMED – *International Consortium for Personalised Medicine*
ICOH – *International Commission on Occupational Health*
IMI – *Innovative Medicines Initiative*
ISO – *International Organization for Standardization*
LBS – Lei de Bases da Saúde
MIT – *Massachusetts Institute of Technology* (USA)
MPP – Medicina Personalizada de Precisão

NCB – *Nuffield Council on Bioethics*
NGS-GT – *Next Generation Sequencing – Genetic Tests*
NNI – *National Nanotechnology Initiative*
OCDE – Organização para a Cooperação e Desenvolvimento Económico
ODS – Objetivo(s) do Desenvolvimento Sustentável
OMC / WTO – Organização Mundial do Comércio / *World Trade Organization*
OMS / WHO – Organização Mundial de Saúde / *World Health Organization*
ONU – Organização das Nações Unidas
PERMED – *"Personalized Medicine 2020 and beyond" project*
PIDCP – Pacto Internacional sobre os Direitos Civis e Políticos
R&D – *Research & Development*
RGPD – Regulamento Geral sobre a Proteção de Dados
RNEC – Registo Nacional de Estudos Clínicos
RPB – *Regulation of Biocidal Products* – Regulamento (UE) n.º 528/2012
SI – Sistema Internacional de Unidades
SNP – *Single-Nucleotide Polymorphism*
STJ – Supremo Tribunal de Justiça
TALENs – *Transcription Activator-like Effector Nucleases*
TC – Tribunal Constitucional
TFUE – Tratado sobre o Funcionamento da União Europeia
TIC – Tecnologias de Informação e Comunicação
TRIPS – *Trade-Related Aspects of Intellectual Property Rights*
TSCA – *Toxic Substances Control Act* (USA)
UCLA – *University of California, Los Angeles*
UE – União Europeia
UNESCO – Organização das Nações Unidas para a Educação, a Ciência e a Cultura
WIPO – *World Intellectual Property Organization*
ZFNs – *Zinc Finger Nucleases*